# 1972

## (I posti della ragione erano tutti occupati)

*SECONDA EDIZIONE*

**ENZO REALE**

*A Èric*
*(che spero non mi giudicherà troppo severamente).*

# INDICE

Invece di riportare i titoli degli articoli, ho preferito ordinarli per argomento principale. Troverete di seguito un elenco essenziale dei temi trattati, con i relativi numeri di pagina tra parentesi. Spero che in questo modo la consultazione risulti più semplice. Mentre i concetti si mescolano, si sovrappongono e si alimentano a vicenda, le categorie sono necessariamente schematiche. Molti post potrebbero e dovrebbero appartenere a più d'una. I contenuti sono elencati in ordine di trattazione.

**Iraq, guerra, pacifismo, antiamericanismo**
(pag. 8, 10, 12, 14, 16, 50, 370)

**Media**
(pag. 23, 28, 93, 96, 139, 293, 372, 416, 461)

**Cuba, Venezuela**
(pag. 18, 263, 347, 351, 373, 376, 389, 410, 454)

**Africa**
(pag. 20)

**Israele, palestinesi, antisemitismo**
(pag. 21, 30, 35, 66, 120, 353, 366)

**Iran**
(pag. 40, 295, 297, 299, 474)

**Idee, analisi, dibattiti**
(pag. 81, 85, 91, 101, 123, 142, 161, 189, 357, 385, 387, 414, 451, 456, 457, 464, 472, 484, 486)

**Democrazia, totalitarismo, terrorismo, ideologie**
(pag. 32, 34, 67, 68, 104, 213, 365, 396, 442, 444, 459)

**Spagna, zapaterismo, nazionalismo**
(pag. 53, 79, 108, 124, 144, 156, 159, 354, 377, 392, 462, 466)

**Cambogia, Sri Lanka**
(pag. 37, 241, 310)

**Islam, medioriente, multiculturalismo**
(pag. 42, 368, 379, 418, 470)

**Corea del Nord**
(pag. 45, 207, 215, 233, 264, 269, 311, 476)

**Cina, Tibet**
(pag. 69, 88, 126, 148, 197, 198, 224, 229, 246, 301, 446, 468)

**Russia, Est Europa**
(pag. 77, 187, 195, 481, 485)

**Italia**
(pag. 137, 350, 355, 383, 406, 411)

**Stati Uniti, Bush, Obama**
(pag. 102, 140, 236, 257, 267, 307, 448)

**Birmania**
(pag. 162, 176, 192, 202, 222, 238, 259, 283, 287, 437, 471)

# INTRODUZIONE

Nella prima edizione del libro (2013) riunivo alcuni dei post più argomentati scritti in dieci anni di blog (2003-2012). In questa versione riveduta e aggiornata ho deciso di ridurre il numero di articoli per anno e di ampliare l'arco temporale fino al 2014. Spero che la lettura risulti più scorrevole e meno ripetitiva. I testi sono quelli originali. Le uniche modifiche riguardano correzioni grammaticali o stilistiche e qualche citazione, che è stata accorciata per facilitare la traduzione. I contenuti sono rimasti intatti e devo dire che non sembrano accusare il trascorrere del tempo. Ciò non si deve tanto all'intuizione del sottoscritto, quanto alla prevedibilità e persistenza del pensiero unico e politicamente corretto che ha invaso la mentalità occidentale dopo l'11 settembre 2001 (ma forse anche prima), per farsi elemento costitutivo della sua involuzione.

Nel libro troverete molti tentativi di analisi su temi diversi, inerenti alla politica internazionale, alla storia contemporanea, al giornalismo e – in minor misura – a questioni etiche ed economiche. Gli argomenti trattati rispecchiano le inquietudini e gli interessi personali che ho sviluppato in questi anni, a seconda delle letture, delle situazioni e delle esperienze che ho vissuto. Non è un libro su di me ma è chiaro che io sono *anche* quello che scrivo. Spero che il lettore possa ricavarne spunti interessanti e decidere di dedicare un po' del suo tempo a ragionarci sopra.

Per me quella di *1972* è stata una tappa di crescita e di confronto irripetibile, oltre che la migliore iniziativa che mi sia mai venuta in mente da un punto di vista professionale (considero la redazione di un blog alla stregua di un lavoro, anche se non remunerato e in genere molto più piacevole del normale). Se ho scritto durante tanto tempo è stato soprattutto per ordinare le idee e provare ad elaborare un pensiero coerente. Adesso che le mie priorità sono inevitabilmente cambiate, ricordo quelle lunghe sessioni davanti al computer con nostalgia e tenerezza. Chiedo scusa per eventuali errori o imprecisioni, non per le mie opinioni.

**2003**

27 febbraio

## LEFT SUNSHINE

La sinistra liberale esiste? Per chiarezza di idee, convinzioni, coraggio, Tony Blair ha pochi eguali. Fin dall'inizio della crisi irachena non fa mancare il suo appoggio di alleato senza ambiguità all'amministrazione Bush. Non ha bisogno di teste d'uovo per capire che non si può più aspettare. Noncurante dei sondaggi che lo penalizzano, chiama *terroristi* e *stati canaglia* con il loro nome. Spiega che le democrazie non possono accettare ricatti da despoti e fanatici. In risposta all'asse franco-tedesco che divide l'Europa e l'occidente, co-promuove la lettera degli Otto che ribadisce il legame atlantico e appoggia i paesi dell'est europeo, insultati da Chirac per aver reso pubblica la loro avversione ai mostri totalitari.

Di fronte alle folle di manifestanti che sfilano contro di lui, a Londra, osserva che, se anche fossero un milione, sarebbero sempre meno dei morti che Saddam ha sulla coscienza. Da Blackpool, al congresso dei laburisti, difende come un leone la scelta della linea dura ed i principi della sua azione, contro la miopia dei profeti dell'*appeasement*. Legge una lettera di una esule irachena che chiede: "*Cosa state aspettando?*". Contro la retorica dell'umanitarismo ostentato nelle piazze, risponde che atto umanitario è abbattere un tiranno e liberare il suo popolo dall'oppressione. Alla Camera dei Comuni ribatte colpo su colpo alle critiche di chi, anche dentro il suo partito, lo accusa di sbagliare tutto.

Che nei momenti decisivi la Gran Bretagna abbia sempre tirato fuori grandi *leaders* è noto. Che Tony Blair rappresenti la parte migliore di una sinistra che non teme di confrontarsi con la realtà, senza retaggi ideologici, è altrettanto evidente. Che la cosiddetta sinistra progressista europea lo tratti oggi con diffidenza dopo averlo osannato fino a ieri deve essere considerato un motivo d'orgoglio. Dubito che qualcuno lo premierà con un Nobel (riservato ad Arafat e a Kofi Annan). Ma la sua statura politica non ne ha certamente bisogno. Ma perché da noi non nascono?

27 febbraio

# DUE IMMAGINI PER LA STORIA

Se dalle immagini si può capire un po' di mondo, questo è il caso. Prima scena: Saddam entra in una stanza. Ad attenderlo una cinquantina di gerarchi nazionalsocialisti del Baath nelle loro divise militari, che nel vederlo esplodono in un applauso e ritmano il suo nome. Il gesto è plateale: è evidente che ognuno di loro sta cercando di battere le mani più forte che può, per dimostrare la vicinanza a quel cuore cui il despota porta la mano in segno di riconoscenza. Nessuno vuole smettere per primo. Forse molti vorrebbero essere da un'altra parte, ma tutti sono consapevoli che qualsiasi segno di cedimento potrebbe costare caro. L'entusiasmo del terrore. Seconda scena: Camera dei Comuni di Londra. Dibattito sull'Iraq. Cravatta allentata, Blair fa fronte all'ondata di interventi che gli oppositori gli hanno riservato. Si susseguono domande e risposte, critiche e spiegazioni. Ogni parola del premier è vivisezionata. Spesso i ruoli si invertono. I *Tories* supportano Blair. Centoventidue laburisti contestano il loro leader che, dopo ogni intervento, si alza per esporre le sue ragioni. Anche qui il ritmo è incessante: ma non sono applausi, è discussione.

Ieri i telegiornali hanno mandato in onda queste sequenze una dopo l'altra e l'effetto (forse involontario) è stato impressionante. Va bene che buona parte dell'Europa sia in stato confusionale e in questi momenti faticherà a distinguere l'unanimismo totalitario dal confronto democratico. Ma nulla potrà sporcare la bellezza che a volte la politica sa esprimere e che ieri era di scena alla Camera dei Comuni. Anche Churchill – scrive il *Times* - osservava soddisfatto. Si chiama democrazia, signori. Riconoscerla, tenersela stretta, difenderla.

11 marzo

## IL TEATRO DELL'ASSURDO

Che utilità possa avere per Francia e Russia aver annunciato il loro veto in largo anticipo sulla votazione è materia che lascio agli esperti, perché davvero non riesco a scorgerne il significato profondo. Certamente il risultato di questi pronunciamenti è il rafforzamento della posizione di Saddam, al quale le due potenze europee hanno sostanzialmente assicurato che - ancora una volta - può contare su di loro (c'è anche la Germania ma la sua posizione a questo punto è pura testimonianza). Ma l'obiettivo ultimo è l'evidente tentativo della Francia e dei suoi *partners* di umiliare gli Stati Uniti e di costruirsi una inesistente identità politica, giocando la partita rischiosa e moralmente condannabile dell'opposizione nei confronti dell'alleato storico. Ciò che più sconcerta, a mio avviso, è che il fronte anti-USA non si sia mai preoccupato di pensare e proporre un'alternativa seria, reale, ponderata per raggiungere il disarmo di Saddam senza il ricorso alla guerra. L'unità del fronte democratico e la pressione politica e militare nei confronti dell'Iraq avrebbero potuto rappresentare, anche agli occhi di un despota come Saddam, una concreta e credibile minaccia. Ma il lavoro di Francia, Germania e Russia è stato da subito quello di allentare qualsiasi tipo di tensione e di farsi garanti della sopravvivenza di un regime impresentabile.

Al di là del mantenimento dello *status quo* e della tattica dei rinvii, non si è visto nulla: è stato il trionfo della non-politica della vecchia Europa. La stampella dell'ONU è stata fondamentale per far sì che il disegno anti-Usa si potesse compiere: la farsa delle ispezioni, la cui ripresa è stata ottenuta solo grazie alla pressione anglo-americana, ha finito per essere l'arma usata dal fronte del no contro chi aveva ridato vita e consistenza ai controlli. Ancora ieri De Villepin l'ha utilizzata per ribadire che *"finchè gli ispettori sono al lavoro non c'è ragione per intervenire"*. Tutti sanno che Saddam non ha disarmato né lo farà mai; tutti sanno che la risoluzione che gli concedeva l'ultima possibilità è stata continuamente violata; gli europei mentono sapendo di mentire quando chiedono tempo per gli ispettori, perché la 1441 non assegna loro il compito di trovare qualcosa ma a Saddam l'onere della prova del disarmo, e senza la piena collaborazione irachena tutto diventa una tragica messinscena. Come nota in un editoriale il *Washington Post*, *"ogni discussione* (sull'efficacia delle ispezioni) *appare surreale perché ignora il mastodontico dato di fatto che l'Iraq non ha ancora rivelato le sue armi"*.

28 marzo

## ARIA

Sembra che in Spagna nove cittadini su dieci siano contro l'intervento per disarmare l'Iraq e deporre il suo despota. Una percentuale che persino *El Caudillo* Franco invidierebbe, se fosse ancora vivo. I mezzi di comunicazione diffondono ogni mezz'ora questi sondaggi, e nei telegiornali della sera vanno in onda senza commento i bollettini dei gerarchi di Hussein che fanno la conta dei morti e accusano gli alleati di crimini di guerra. Quasi ogni mattina ragazzi, che a malapena possono conoscere la storia del loro paese e certamente sanno ancor meno di quella del mondo, sfilano per le strade gridando contro Aznar, Bush e Blair, *"fascisti"* e *"terroristi"*. Gli stessi anatemi si ascoltano pronunciati dai loro maestri: quegli adulti che il fascismo lo hanno vissuto davvero e dovrebbero saperlo riconoscere. Le forze politiche che domani potrebbero trovarsi di fronte alle stesse scelte di chi oggi governa assecondano e promuovono questi riti collettivi di purificazione delle coscienze e di lavaggio dei cervelli. Una sorta di pensiero unico che pare inattaccabile si diffonde dalle televisioni, dalle radio, sui quotidiani, ed inonda con la sua forza di omologazione strade, piazze, bar, luoghi di lavoro. Dappertutto lenzuoli, bandiere, poster, adesivi ripetono come un mantra il nuovo credo: no alla guerra. Persino le scuole e le università, luoghi normalmente deputati a fornire a chi le frequenta gli strumenti per leggere la realtà, e non precisamente ad appropriarsene secondo schemi imposti e prefissati, espongono striscioni in cui la parola *Pace* è scritta a caratteri cubitali. La *Pace* come un esorcismo. I politici del Partito Popolare sono accolti con lanci di uova e con insulti praticamente in ogni appuntamento pubblico cui abbiano l'ardire di partecipare. Non si ascoltano voci di dissenso nell'opinione pubblica. Quei pochi che le vorrebbero esprimere se le tengono prudentemente nascoste. Ciò che la democrazia rifiuta, pena la propria scomparsa, il pacifismo cerca ed ottiene: l'unanimismo.

Nel resto d'Europa lo scenario è lo stesso. L'istinto e l'emotività di masse improvvisamente risvegliatesi dal loro torpore hanno la meglio sulla logica del ragionamento, senza dover neanche troppo combattere. Non sembra preoccupare nemmeno il ripetersi piuttosto frequente, nelle città occidentali, degli stessi atti e degli stessi slogan che sono di casa da sempre nelle capitali dell'estremismo e del fondamentalismo. Né sembra turbare la constatazione che, più o meno consapevolmente, milioni di persone appoggino queste espressioni di intolleranza e di fanatismo come se fossero scontate e naturali. Le lezioni di storia addomesticata impartite dai nuovi padroni del pensiero, gli ideologi del mondo capovolto, della realtà in negativo, della filosofia "-*anti*", sembrano determinare il ritorno ad una fase pre-politica, in cui un rassicurante giardino d'infanzia si sostituisce ad una realtà che, richiedendo l'assunzione di responsabilità, rischia di far paura.

Nelle nuove tempeste ideologiche che ne derivano, ancora una volta l'idea di occidente, di democrazia liberale e delle sue forme di rappresentanza ne esce insultata, vilipesa, schernita. A cosa tutto questo possa portare non è difficile prevederlo. In questo ambiente francamente irreale, dai tratti vagamente totalitari, confesso di provare un pesante senso di accerchiamento. Aria, ho bisogno d'aria. Quella che mi circonda si sta facendo davvero irrespirabile.

10 aprile

## QUELLI CHE NON SANNO GIOIRE

I *pacifisti* dicevano di non volere questa guerra. Oggi[1] quindi, per coerenza, dovrebbero festeggiare nelle loro manifestazioni di piazza. E allora perché non ci sono né sollievo, né allegria, né un sorriso sui loro volti? Il *fronte del no* aveva programmato da tempo le iniziative di protesta previste nei prossimi giorni. Però ieri è successo qualcosa. Un qualcosa che avrebbe dovuto consigliare l'inizio di una riflessione almeno a quelli il cui buon senso non era stato completamente soppiantato dalle sirene della propaganda. Che avrebbe dovuto imporre loro di fermarsi un momento per rivolgere a se stessi qualche domanda e soprattutto cercare qualche risposta seria. Inutile dire che questo non è successo. D'altronde cosa volete che sia un regime che crolla con tutti i suoi simboli tra il giubilo della popolazione. C'è chi ha certezze troppo *radicate* per essere scalfite da simili *dettagli*. E così il fronte *pacifista* ha visto, come tutto il mondo, le immagini del 9 aprile 2003 di Baghdad. Ma le ha prontamente rimosse, perché oggi c'era da rispettare il programma.

E il programma, qui in Spagna per esempio, prevedeva due ore di sciopero generale *"contro l'aggressione imperialista"* e manifestazioni studentesche nel centro delle principali città. Per chi passava di lì la scena aveva un qualcosa di surreale.

---

[1] Il 9 aprile 2003 è la data della caduta del regime di Saddam Hussein.

Da una parte le prime pagine dei giornali che annunciavano la fine di una dittatura e l'inizio di una nuova vita per gli iracheni, che - risvegliatisi da un incubo - lo gridavano finalmente senza paura. Dall'altra migliaia di ragazzi e adulti dell'occidente democratico che, di nuovo, non avevano saputo né voluto pensare la realtà. Contro che cosa protestavano stamattina? Contro una guerra che non c'è più? Contro la liberazione di un paese da una tirannia? Sembra incredibile ma la risposta è sì. Fuori dallo spazio, fuori dal tempo, fuori dalla storia. Oggi (con prevedibili repliche nei prossimi giorni nel resto d'Europa) stiamo assistendo alla rappresentazione di una dissociazione collettiva di dimensioni colossali. Colossali come la statua in bronzo del *raìss* che da ieri fa parte del museo degli orrori della storia. Quello che qualcuno non visiterà mai.

14 aprile

## LA GUERRA DI FIDEL

Da 44 anni a Cuba è in corso una guerra. Quella di Fidel Castro contro il suo popolo, imprigionato nell'isola dei *dépliants* turistici dalla dittatura del Partito Comunista Cubano. Questa guerra continua subisce a volte delle accelerazioni particolarmente clamorose che, quando accadono, sembrano risvegliare l'attenzione di un mondo generalmente assopito, quando non soggiogato e fatte salve alcune lodevoli eccezioni, di fronte al *carisma rivoluzionario* di una delle ultime cariatidi dell'ideologia: il criminale Fidel Castro. Stavolta il dittatore pare averla fatta davvero grossa: forse troppo sicuro di sé - come spesso capita ai tiranni - ha approfittato di un momento storico delicato per arrestare e condannare 74 esponenti della società civile cubana (scrittori, giornalisti, intellettuali, ex prigionieri politici) per delitti contro lo stato e condotta controrivoluzionaria (le formule più usuali con cui nei regimi comunisti veniva e viene condannata la dissidenza).

Castro e Cuba sono icone ancora assai in voga nei cortei di mezzo mondo. E anche molti politicanti sembrano, nonostante tutto, ancora poco propensi ad aprire gli occhi sulla realtà che si nasconde dietro al paradiso dei turisti e al postribolo degli europei in vacanza (ricordate quando della Cuba di Batista si diceva che fosse il bordello degli americani?). Se questo grottesco episodio di repressione otterrà il risultato di rivelare una volta per tutte la natura del regime cubano, si potrà almeno dire che sarà servito a qualcosa. Se al contrario, come è successo sempre, all'indignazione momentanea seguirà l'oblio e le icone castriste seguiteranno a sventolare tra le mani di chi si riempie la bocca di pace e tolleranza ad ogni fine settimana, avremo la conferma di quanto l'onda lunga dell'ideologia continui ad influenzare comportamenti e politiche all'interno delle nostre società.

26 maggio

## LA STORIA SI RIPETE

Di fronte ai massacri che stanno sconvolgendo il Congo le Nazioni Unite sono impotenti. Forse bisogna insistere su un punto: *peacekeeping* significa *mantenimento della pace*. Ma finché la pace non è raggiunta, per definizione non si può mantenere. Per conseguire la pace spesso occorre usare la forza, come la storia ha più volte dimostrato. Per usare la forza occorrono eserciti preparati. Per questo Blair sta pensando di mandare i suoi soldati. Il ragionamento è volutamente elementare. Anche le seguenti domande lo sono ma mi piacerebbe comunque ricevere delle risposte, per una volta: perché continuiamo a pensare alle Nazioni Unite come se fossero quello che in realtà non sono? Perché un organismo politicamente screditato e militarmente inesistente continua ad essere visto da molti come la massima garanzia per la pace e la sicurezza internazionale? Perché prendere atto della realtà fa così paura? Perché gran parte delle nostre classi politiche e delle nostre opinioni pubbliche non riescono ad uscire da questa fase di infantilismo politico perenne? Per favore, qualcuno vada in Congo al più presto. Senza risoluzioni, senza assemblee, senza riunioni preventive. Solo con la volontà di far cessare una carneficina e con la forza necessaria per ottenerlo. Può bastare. Perché altrimenti in Congo i *peacekeepers* se li mangiano. E non è un modo di dire.

9 giugno

## GUERRA (IN)CIVILE

La guerra terrorista anti-israeliana condotta dai gruppi estremisti palestinesi è anche una guerra civile scatenata da chi ha assoluto bisogno (Arafat in testa) di altre vittime per continuarla il più a lungo possibile. William Safire[2] ha le idee piuttosto chiare al proposito. Abu Mazen e Sharon appaiono oggi di fatto alleati contro il terrore e contro la vecchia guardia interna all'Autorità Nazionale Palestinese. Può essere questo, nonostante tutte le difficoltà, il fattore davvero decisivo: se le intenzioni di Abu Mazen sono sincere, per la prima volta la società civile palestinese potrebbe avere la concreta opportunità di dimostrare la sua presa di distanza da coloro che in questi anni l'hanno ricattata con l'arma e la minaccia del terrore. L'isolamento di Arafat e la fine della protezione politica da lui accordata ai terroristi costringerebbero i gruppi armati in un angolo. I prevedibili e violenti colpi di coda contribuirebbero allora a svelarne definitivamente la natura anche agli occhi degli stessi palestinesi. Se anche l'Europa si decidesse a dare impulso al processo politico in atto, promosso dall'amministrazione americana, dimostrerebbe per una volta di aver abbandonato la vuota retorica che ne ha accompagnato l'inazione fino ad oggi. Se smettesse di considerare Arafat un interlocutore privilegiato ed appoggiasse i tentativi di riforma dell'ANP

---

[2] The New York Times, 9 giugno 2003: "After 1,000 Days" (http://www.nytimes.com/2003/06/09/opinion/09SAFI.html).

21

renderebbe alla popolazione palestinese il servizio che ci si attende da un consesso di nazioni democratiche. Ma questo, con tutta probabilità, è destinato a rimanere un sogno.

21 luglio

## BAGHDAD BROADCASTING CORPORATION

Così negli ultimi mesi da più parti è stata ribattezzata la *BBC*. Da sempre considerato modello di riferimento per l'informazione, il *network* britannico non si è certo sottratto ultimamente alle responsabilità che il suo ruolo gli impone. Perciò, se la maggioranza dei *media* europei trasuda propaganda pseudo-pacifista, pregiudizio antioccidentale, ideologia, la *BBC* si è incaricata anche questa volta di rappresentarne la punta di diamante. Nuovi Vietnam all'orizzonte, denunce di abusi delle forze angloamericane, interviste ad iracheni entusiasti delle torture di Saddam, racconti su dopoguerra catastrofici, uso abile delle notizie in modo da accreditare l'immagine di una guerra voluta e condotta per ragioni pretestuose, omissioni sulla realtà dell'Iraq sotto il giogo della dittatura nazionalsocialista del Baath, sedicenti *scoop* su *menzogne* dei governi occidentali e così via, nel lungo percorso di disinformazione cui ci siamo purtroppo abituati da qualche tempo a questa parte.

Con sempre maggiore intensità la *BBC* ha da tempo concentrato le proprie energie su un obiettivo dichiarato: screditare Blair e la sua politica. Poter accusare il governo britannico di aver manipolato i dossier sull'Iraq per renderli *"più appetibili"* nei confronti dell'opinione pubblica al fine di giustificare un intervento militare è evidentemente un'occasione troppo ghiotta per non lavorarci su. Così succede che il giornalista Andrew Gilligan incontra il Dott. Kelly, specialista di armi di distruzione di massa attualmente in servizio presso il Ministero della Difesa. Ne nasce un *reportage* in cui, senza rivelarne la fonte, la *BBC* riporta le parole di un *esperto* che accusa Alastair Campbell - *communications chief* di Blair - di aver inserito in un dossier ufficiale dell'*intelligence* un'osservazione non autorizzata sulla capacità di Saddam di impiegare armi di distruzione di massa in un arco di tempo di soli 45 minuti, esagerando in questo modo volutamente la minaccia che il regime iracheno avrebbe potuto rappresentare. La storia assomiglia molto a quella dell'uranio del Niger. Un tentativo un po' rozzo dei detrattori della politica statunitense e britannica di ridurre le sostanziali ragioni della guerra a semplici questioni di estetica. Qualcosa però stavolta sembra essere andato storto[3]. Interrogato da una commissione parlamentare il Dott. Kelly nega di aver mai fornito al giornalista un'informazione di quel genere. Il governo britannico nel frattempo risponde alle accuse, producendo documenti e testimonianze di *intelligence* che scagionano di fatto Campbell dalla responsabilità di aver aggiunto al dossier informazioni che non vi fossero già contenute, e chiedendo alla *BBC* di rivelare la fonte del presunto *scoop* in modo da chiarirne l'origine. La *BBC* rifiuta di farlo fino a ieri quando, pressata dagli eventi tragici di venerdì scorso – il suicidio di Kelly -, conferma[4] che effettivamente è stato lui a riferire quanto riportato da Gilligan. Troppo tardi. Kelly è già morto per potersi difendere.

E qui cominciano i problemi per il *network* pubblico britannico: se Kelly è la fonte del *reportage* (come afferma la *BBC*) ma (come lui stesso ha sostenuto e come ribadisce un amico giornalista che ha parlato con lui poco prima della sua morte) non è stato Kelly a riferire al giornalista la notizia su Alastair Campbell e sul presunto inserimento nel dossier

---

[3] The New York Times, 20 luglio 2003:
"BBC Says Arms Expert Who Died Was Source for Contested Report"
(http://www.nytimes.com/2003/07/20/international/europe/20 CND-BBC.html?hp).
[4] BBC News, 20 luglio 2003: "BBC statements: Full text" (http://news.bbc.co.uk/2/hi/uk_news/politics/3081529.stm).

dell'indicazione *incriminata* dei 45 minuti, da dove Gilligan ha tratto questa informazione sulla quale ha costruito il presunto *scoop* contro il governo Blair? La *BBC* tenta a questo punto una difesa[5] un po' goffa nella quale però finisce sostanzialmente per ammettere che l'argomento è stato trattato con superficialità: riconosce infatti di aver indicato in un primo tempo come "*senior and credible intelligence oficial*", una persona - Kelly appunto - che in realtà era *soltanto* un funzionario del Ministero della Difesa, che non aveva di fatto partecipato alla redazione del famoso dossier. Certamente la cosa non finirà qui. Telegiornali e quotidiani britannici (anche quelli ostili al governo[6]) riportano onestamente le reazioni di tutte le parti coinvolte e si soffermano sulle conseguenze negative che potrebbe avere questa rivelazione per la credibilità della *BBC*. Se non fosse stato infatti il governo Blair ad aver reso "*più sexy*" la sua storia, ma se a farlo fosse stata proprio la *BBC* per portare alle estreme conseguenze la sua campagna antigovernativa, si potrebbe parlare di un caso Blair (Jayson Blair – NYT) all'ennesima potenza, considerato che la *BBC* è oltretutto un ente pubblico.

Ripeto: scrivo di questa vicenda non perché pensi che possa aggiungere o togliere qualcosa alle evidenti ragioni di una guerra che ha abbattuto uno dei regimi più odiosi della storia ed ha aperto prospettive di sviluppo e di rinascita democratica in una zona del mondo cruciale per la sicurezza e la stabilità internazionale; a me interessano le ragioni sostanziali dell'agire politico, non il *gossip* o le pseudo-questioni estetiche cui molti sembrano essere così affezionati. Ne scrivo invece per richiamare l'attenzione su quanto grave possa risultare il danno che un'informazione disonesta e preconcetta rischia di arrecare alla comprensione e alla formazione di un giudizio libero da condizionamenti

---

[5] BBC News, 20 luglio 2003: "No heroes or villains in Kelly tragedy"
(http://news.bbc.co.uk/2/hi/uk_news/politics/3082173.stm).
[6] The Guardian, 20 luglio 2003: "BBC under fire as it admits Dr Kelly was source"
(http://www.guardian.co.uk/media/2003/jul/20/broadcasting).

ideologici.

Ecco, a proposito, come ieri sera hanno dato la notizia i quotidiani[7] italiani[8], per non parlare dei toni con cui la vicenda è stata commentata da illustri analisti politici di casa nostra (Barbara Spinelli su tutti). Di seguito, invece, che cosa era andato a raccontare il Dott. Kelly ad Andrew Gilligan, secondo la testimonianza dell'amico Tom Mangold (da *The Scotsman*): giudicate voi se quanto è stato dato in pasto al pubblico risulta corretto o se, al contrario, è solo l'ennesimo frutto avvelenato di una pratica giornalistica irresponsabile.

*"It is not generally known that David not only briefed Gilligan, but the reporter for the BBC's Ten O'Clock News the same night. He might also have been the briefer for the BBC TV's Newsnight*[9].

---

[7] Corriere della Sera, 20 luglio 2003: "Bbc: David Kelly era la nostra fonte"
(http://www.corriere.it/Primo_Piano/Esteri/2003/07_Luglio/20 /kelly.shtml).

[8] Repubblica, 20 luglio 2003: "Londra, la Bbc ammette: Kelly era la nostra fonte"
(http://www.repubblica.it/2003/g/sezioni/esteri/iraquno/talpa/t alpa.html).

[9] "Quel che in genere non si sa è che David non solo informò Gilligan, ma anche il giornalista del programma della BBC Ten O'Clock News, quella stessa notte. E potrebbe essere stato anche la fonte del Tv's Newsnight, sempre della BBC.
Perché lo ha fatto? Semplice, davvero. E con le migliori intenzioni. Mi disse che era preoccupato che i giornalisti che non comprendevano appieno le politiche e i meccanismi sottesi alle armi di distruzione di massa capissero chiaramente ciò che l'Iraq aveva fatto, e perché potrebbe essere difficile, forse impossibile, trovare armi concrete. Intendendo con questo sistemi di lancio e testate completamente assemblati, preparati con agenti biologici o chimici e pronti ad essere azionati.
Piuttosto, voleva che i suoi interlocutori capissero che l'Iraq aveva un programma flessibile e cattive intenzioni. Ma mi confermò che, di sicuro, non disse a nessuno che l'Iraq aveva armi pronte ad essere usate con un preavviso di soli 45 minuti. Ridemmo di quel

*Why did he do it? Simple, really. From the very best of motives. He told me then he was anxious that reporters who did not fully understand the politics and mechanics of weapons of mass destruction should understand quite clearly what Iraq had been up to, and why it might be difficult, perhaps impossible, to find actual weapons.*

*That means delivery systems and warheads all screwed together, filled with biological or chemical agents and ready to go.*

*Rather, he wanted those he briefed to comprehend that Iraq had a programme - it was flexible, it had malicious intent. But he told me he certainly did not brief anyone that Iraq had weapons ready to go at 45 minutes' notice.*

*We laughed about that "fact" after the Gilligan interview, and he reminded me it would take the most efficient handlers at least 45 minutes just to pour the chemicals or load the biological agents into the warheads.*

*That is why he did not recognise his briefing to Gilligan and assumed that he must have had another source for that information".*

---

'*fatto*' dopo l'intervista di Gilligan, e mi ricordò che anche per i tecnici più efficienti ci sarebbero voluti almeno 45 minuti solo per versare sostanze chimiche o caricare gli agenti biologici nelle testate.

Questo è il motivo per cui non riconobbe la sua intervista con Gilligan e si convinse che il giornalista doveva aver attinto a un'altra fonte per ricavare informazioni di questo tipo".

18 settembre

## UNA PAGINA CHE ERA MEGLIO NON SCRIVERE

Sembra proprio che negli ultimi mesi una fetta consistente del mondo dell'informazione si sia assegnata un compito: mentire il più possibile in nome del *politically correct*. La devastante testimonianza di John Burns, che da qualche giorno è oggetto di dibattito[10], ha scoperchiato un pentolone impressionante fatto di autocensure, connivenze, perfino corruzione, svelando le strane abitudini di molti corrispondenti occidentali in Iraq il cui principale obiettivo era addolcire il volto di un regime altrimenti impresentabile e accreditarsi presso i suoi funzionari. Bisogna dire che queste rivelazioni non giungono inattese. I pochi che erano riusciti a non farsi assordare dalla cagnara di uno *pseudo-pacifismo* prepotente ed onnipresente anche nei *media* provavano da tempo a denunciare le palesi distorsioni della realtà che, soprattutto in Europa, venivano ammannite ad un pubblico predisposto ad accoglierle a braccia aperte. Anche nel mentire, nell'occultare, ci vuole un certo *savoir faire*. E quello che si ascoltava, si leggeva, si vedeva, troppo spesso oltrepassava il limite della decenza e del comune buon senso. Quei pochi, ovviamente, avevano ragione.

---

[10] The Weekly Standard, 17 settembre 2003: "Special Relationships" (http://www.weeklystandard.com/Content/Public/Articles/000/000/003/126llnmh.asp).

Ed il tempo sta dando ragione anche a chi, fin dall'inizio, dubitava della attendibilità del famoso *scoop* della *BBC* sul dossier-Iraq e, dopo la morte di Kelly, non si era unito al coro anti-Blair che risuonava praticamente unanime nell'opinione pubblica. Gilligan sta ritrattando[11]. La *BBC* è sulla graticola perché ogni giorno che passa risulta più evidente come siano stati non i governanti ma proprio i giornalisti del potente *network* britannico a rendere *"più sexy"* una storia che alla fine è costata la vita a Kelly. Perché il *politically correct* imponeva, ancora una volta, di assecondare e alimentare il conformismo imperante, lanciando un attacco frontale ad un primo ministro che aveva avuto il grande torto di mandare le truppe del suo paese a liberarne un altro da una tirannia sanguinaria.

La funzione del giornalismo come contropotere è uno dei cardini della democrazia. Ma il suo esercizio presuppone una precondizione senza la quale – scusate l'espressione – va tutto in vacca: non si chiede ai giornalisti di essere imparziali (nessuno lo è e l'imparzialità è un *nonsense* in politica) ma di essere onesti, quello sì. Di disonestà intellettuale invece ne stiamo masticando troppa, ultimamente. E non è finita.

---

[11] BBC News, 17 settembre 2003: "Gilligan admits dossier row errors" (http://news.bbc.co.uk/2/hi/uk_news/politics/3114738.stm).

6 ottobre

## LA SOLITA STORIA

Mentre scrivo, il Consiglio di Sicurezza ONU si riunisce con urgenza su richiesta della Siria[12]. All'ordine del giorno non c'è l'attacco terroristico di venerdì sera ad Haifa ma la reazione di Israele. L'Europa (Gran Bretagna compresa) non ha mancato di far sentire ancora una volta la sua voce *contro* le vittime del terrore. Con un tempismo straordinario, a cadaveri ancora caldi, Londra Parigi e Berlino non hanno trovato nulla di meglio che dichiarare che l'azione di Israele *"viola il diritto internazionale"* e- udite udite – *"frena il processo di pace nella regione"*. Come si possa considerare esistente un processo di pace negli intervalli tra una strage terroristica e l'altra è un mistero che solo la diplomazia europea può svelarci. Si continua a perpetrare la grande menzogna collettiva secondo la quale il terrorismo palestinese avrebbe motivazioni politiche e territoriali. Se i palestinesi avessero davvero mai avuto come obiettivo reale la creazione di uno Stato autonomo a quest'ora l'avrebbero già ottenuto quattro volte (1948 - 1948/1967 – post 1967 e 2000). Provate a smentire anche questo.

Le espressioni di circostanza con le quali svogliatamente si condanna ogni attentato deliberatamente

---

[12] Repubblica, 5 ottobre 2003: "Israele-Siria, l'Onu convoca il Consiglio di sicurezza" (http://www.repubblica.it/2003/i/sezioni/esteri/moriente3/siria/siria.html).

condotto contro civili israeliani vengono immediatamente messe da parte nel momento in cui Israele esercita il suo diritto all'autodifesa[13]. La parola d'ordine che rimbomba quasi minacciosa dalle cancellerie occidentali è *"nessuno tocchi Arafat"*. Più in là non si va. Mentre prosegue a colpi di propaganda e di esplosioni nei ristoranti e sugli autobus la campagna di odio antiebraico, i principi della guerra al terrorismo sembrano non valere per tutti. Gli israeliani possono morire, quasi fossero vittime di rango inferiore. Anzi, anche quando muoiono in fondo sono un po' colpevoli. E' quanto molti pensano anche delle vittime dell'11 settembre. Difficile trovare un aggettivo per tutto questo. Pensandoci bene uno c'è: disgustoso.

---

[13] CNN, 5 ottobre 2003; "Security Council meets on Israeli attack in Syria" (http://edition.cnn.com/2003/WORLD/meast/10/05/mideast/index.html).

14 ottobre

## QUANDO SCESE LA NOTTE

Qualche riga sui Paesi Baltici. In Lituania sono stati recentemente condannati alcuni ex dirigenti comunisti che parteciparono alla repressione delle manifestazioni per l'indipendenza ad opera delle truppe di Mosca, culminata nel massacro di Vilnius del 13 gennaio 1991. Fu Mikhail Gorbaciov – osannato in quel momento dal mondo intero come il gran riformatore di un organismo marcio e da tempo condannato - ad ordinare l'azione, nel disperato tentativo di ridurre al silenzio, una volta di più, un popolo oppresso da 50 anni di occupazione sovietica (interrotta solo durante i tre anni di occupazione nazista durante la seconda guerra mondiale).

Se non avete ancora visitato Estonia, Lettonia e Lituana, andateci. Andate a respirare la storia di quei luoghi, a confondervi tra la mitezza della gente, passate tra le case basse e a punta dei centri storici, entrate nelle torri, camminate sui ponti, stendetevi sull'erba al fresco sole del nord. Provate a domandarvi cosa abbia potuto significare per tre nazioni indipendenti (che - pur nelle vicissitudini politiche dell'epoca - erano nel 1939 tra le più avanzate dell'Europa centro-orientale per tenore di vita, sviluppo economico e sociale, vivacità culturale) essere inghiottite e stuprate dalla violenza disumanizzante del totalitarismo. Cosa abbia voluto dire essere trascinate indietro nel tempo di decenni, incatenate a lancette che per mezzo secolo non si sarebbero più mosse e che avrebbero scandito solo i rintocchi della miseria, del lutto, dell'indottrinamento ideologico e della sopraffazione. Se potete fate in modo di trovarvi a Tallin il 20 agosto, quando migliaia di bandiere ricordano quel giorno di dodici anni fa in cui si proclamò l'indipendenza dall'URSS (nei giorni a seguire fu la volta di Riga e di Vilnius). Viaggiate sulla strada che porta dalla capitale dell'Estonia a quella della Lettonia ed osservate lungo l'interminabile via di accesso a Riga i segni ancora evidenti dei lasciti architettonici del socialismo reale. Fermatevi a cantare la sera della festa nazionale con gli abitanti della città sotto la *Statua della Libertà* che svetta al centro dell'omonimo viale. E soprattutto andate a vedere questo[14].

Czeslaw Milosz è l'autore di alcune delle più belle pagine mai scritte sull'essenza del totalitarismo comunista. L'ultimo capitolo del suo capolavoro *La mente prigioniera*[15] è dedicato ai popoli baltici. E' una lettura da brividi. Una pagina di storia e di letteratura con pochi eguali, una denuncia impressionante dell'ingiustizia e della barbarie in cui estoni, lettoni e lituani furono fatti precipitare dal momento in cui, nel 1939, il patto Molotov-Ribbentrop sancì l'invasione delle tre repubbliche da parte dell'Unione Sovietica e la loro successiva annessione. Leggetelo. Poi fate questo viaggio. Vi renderete conto del perché con quei popoli la storia sarà sempre in debito.

[14] Museum of the Occupation of Latvia 1940-1991 (http://okupacijasmuzejs.lv/en).

[15] Czeslaw Milosz, "La mente prigioniera", Adelphi, 1981 (http://www.ibs.it/code/9788845904691/milosz-czeslaw/mente-prigioniera.html).

31 ottobre

# CHOMSKY NEL SUO AMBIENTE NATURALE

Il famoso linguista (ma dicono si occupi a tempo perso anche di politica) è stato di recente ospite d'onore di una conferenza svoltasi a L'Avana e intitolata *Dilemmi del dominio*. Secondo voi cosa è andato a dire? Bravi. Proprio quello. Diciamo che ne ha approfittato per dare una rispolveratina al repertorio: ha ribadito la sua ferma opposizione alla liberazione dell'Iraq e ha spiegato come Bush si inventi le minacce alla sicurezza per terrorizzare la popolazione ed essere così rieletto. Non risulta che dalla platea qualcuno gli abbia ricordato quella straordinaria opera di fantasia che ebbe luogo l'undici settembre di due anni fa. Chomsky quindi ha lodato la *"resistenza"* di Cuba contro l'*"ostilità americana"*, ha criticato Aznar per il suo supporto all'azione in Iraq e ha ripetuto che gli Stati Uniti vogliono dominare il mondo con le armi.

Alla *lectio magistralis* ha assistito Fidel Castro in persona. Poi, verso la fine, a Chomsky è venuto in mente che settantacinque rappresentanti del mondo della cultura, dell'informazione, dell'economia sono da aprile nelle carceri cubane per decisione del *lider maximo*: ha preso coraggio e ha criticato il provvedimento definendolo *"un errore"*. Un errore. Perbacco. Vi siete mai chiesti come mai a Cuba Raul Rivero dovrà passare i prossimi venticinque anni in galera mentre Chomsky tiene conferenze alla presenza delle più alte autorità del regime? Mah.

6 novembre

## PERCHÉ SI PARLA DI *NUOVO* ANTISEMITISMO

Emanuele Ottolenghi inquadra perfettamente il fenomeno di fronte al quale ci troviamo: *"Inutile dunque cavillare su insufficienze metodologiche o barricarsi dietro facili critiche a Sharon. Esiste in Europa un antisemitismo di tipo tradizionale che si innesta su una forte ostilità verso Israele. Mentre chi nutre pregiudizi antiebraici di tipo classico appartiene o alla generazione nata e socializzata all'ombra del nazi-fascismo o alla fascia meno istruita, l'istruzione sostituisce al vecchio pregiudizio un nuovo tipo di odio, che spinge alcuni ad accettare la recente violenza antiebraica come comprensibile ostilità ad Israele. In tutto questo ha un ruolo chiave l'informazione propinata al pubblico da media e libri divulgativi, che rafforzano l'opinione negativa di Israele tra chi legge. L'Eurobarometro poteva essere utile per destare le coscienze. Ha invece mostrato come l'Europa sia di nuovo a un passo dal sonno della ragione. L'antisemitismo c'è. Chi lo nega per comodo politico o per imbarazzo non fa che contribuire all'intorpidimento morale europeo".*

Piccola nota a margine: i vari tentativi di camuffamento della realtà ed i soliti equilibrismi verbali a scopo autoassolutorio, cui siamo da tempo abituati, appaiono oggi più che mai patetici. Come tutti sanno (a parte quelli che per definizione preferiscono non sapere) il sondaggio non chiedeva di approvare o meno la politica di Sharon. Non chiedeva se fosse più o meno giusto costruire un muro difensivo. Non chiedeva cosa si pensasse degli assassini selettivi di capi terroristi. Chiedeva semplicemente di indicare quali fossero i paesi più pericolosi per la pace e la sicurezza internazionali. Quel che ne è emerso non è che la conferma di un modo di pensare assai diffuso in Europa. Israele e Stati Uniti - le due democrazie più colpite dal terrorismo - vengono segnalate invece come le principali minacce. Non è necessario essere degli esperti per capire che c'è qualcosa di profondamente malato alla base di tutto questo e non serviva certo un maldestro sondaggio di opinione per dare la misura di quanto si sia vicini ad un punto di non ritorno.

L'Europa antiisraeliana e antiamericana, che per ideologia o per opportunismo crede di poter rimanere ai margini della storia a godersi lo spettacolo, può forse piacere agli orfani di qualche utopia rivoluzionaria o reazionaria ma di certo rappresenta un fallimento agli occhi di chiunque sia cosciente che nessuna capitolazione etica di fronte alla barbarie ha mai preservato una società democratica, che nessun pregiudizio ha mai nutrito una coscienza civile degna di questo nome e che nessuna pace vera sarà mai possibile in assenza di libertà e di rispetto della dignità umana.

5 dicembre

# GIÀ, LA CAMBOGIA

La nota posizione negazionista per lungo tempo mantenuta da Chomsky rispetto ai massacri dei *khmer rossi* mi dà lo spunto per segnalare altri due esempi relativi allo stesso episodio storico, che dimostrano in che misura l'onda lunga dell'ideologia possa essere ancora condizionante: il primo lo troviamo descritto in un articolo[16] di Anthony Daniels su *The New Criterion* di ottobre; il secondo è un libro[17] in cui – a dispetto del titolo - il giornalista italiano Fabio Giovannini riesce nella straordinaria impresa di scrivere per cento pagine del regime di Pol Pot senza mai esplicitamente far cenno al costo in termini di vite umane prodotto da quell'esperimento politico e sociale. Non contento, l'autore decide di dedicare l'intero capitolo conclusivo (*l'appendice*) alla critica dell'approccio *"superficiale"* e delle *"esagerazioni"* che a suo parere sarebbero scaturiti nel corso degli anni dalla *"versione occidentale dei fatti"* in cui spesso - fa capire – *"è difficile distinguere fantasia da realtà"*. Il libro è praticamente introvabile ma è interessante notare come Giovannini - proteggendosi dietro il velo di una pretesa obiettività - sia abile nel costruire l'immagine di un Pol Pot solo contro tutti, quasi costretto

---

[16] The New Criterion, ottobre 2003: "History by other means" (http://www.newcriterion.com/articles.cfm/lettercambodia-daniels-1672).

[17] Fabio Giovannini, "Pol Pot. Una tragedia rossa", Datanews, 1998.

dagli eventi ad agire in un determinato modo, circondato da nazioni ostili, eroe rivoluzionario in certa misura perfino assolvibile.

Il giornalista non nega – non potrebbe – che qualcosa di spaventoso sia successo nella Cambogia comunista tra il 1975 e il 1978 ma né lo qualifica né lo cuantifica, come se sfumare o nascondere aiutasse la comprensione meglio che rivelare. Ogni azione dei *khmer rossi* è attenuata da una patina di malcelata comprensione e in ogni caso sempre messa in relazione con le responsabilità pregresse o successive del mostro imperialista buono per tutte le stagioni. Il meccanismo è noto e sperimentato: le colpe sono sempre attribuibili a qualcun altro e se questo qualcun altro è occidentale ancora meglio.

*"Questo libro ripercorre la vita e l'esperienza politica di Pol Pot senza nessuna indulgenza (...) Quel che non troverete, però, è la demonizzazione"*.

Questo dichiara Giovannini nell'introduzione. Ed è vero: ci si trova di tutto meno la demonizzazione (che per uno che in tre anni ha eliminato più di un milione e mezzo di suoi connazionali ci potrebbe pure stare, no?).
E infatti poi nel testo, inseriti nel contesto generale di cui già abbiamo detto, si possono leggere passaggi come questi:

*"... il governo si dichiarerà soddisfatto del raccolto di riso, alla fine del primo anno di regime socialista, un raccolto definito "non eccezionale, ma sufficiente".*
*Le deportazioni di massa dalle città, e la costruzione di una enorme comune agricola su scala nazionale su esempio della Cina di Mao, avevano evidentemente dato qualche risultato"*.

Se è ironico non si capisce. Se è serio purtroppo sì.

Oppure, a proposito del documentario-intervista che una troupe di giornalisti della televisione jugoslava (l'epoca è quella di Tito) riuscì a realizzare incontrando Pol Pot nel 1978:

*"Con la garanzia cinese, finalmente dei corrispondenti esteri potevano varcare le frontiere cambogiane, e poiché non provenivano da paesi politicamente ostili alla nuova Cambogia (anzi, pare che la Jugoslavia avesse rifornito la Kampuchea democratica di carri armati, nel 1977) il loro resoconto di viaggio diventa uno dei più affidabili a disposizione".*

Certo, come dubitarne.

C'è poi l'omaggio al *maestro* dalla cui lezione evidentemente Giovannini ha tratto ispirazione:

*"L'unica voce discordante è stata quella del celebre linguista del Mit Noam Chomsky. Per aver sollevato qualche dubbio sulle "certezze" occidentali a proposito della Cambogia, Chomsky è stato accusato di compiacenza con i khmer rossi e di complicità con i delitti polpottiani".*

La solita congiura imperialista.

E via di questo passo fino a chiudere il volume con le parole dello stesso Chomsky che definisce la vicenda cambogiana

*"una delle più grandi campagne pubblicitarie della storia".*

Degna conclusione di un saggio in cui pure non mancano notizie utili e perfino alcuni spunti di riflessione interessanti - come ad esempio le considerazioni sull'atteggiamento assunto dalla sinistra occidentale di fronte agli eventi cambogiani (eventi di cui però, se uno leggesse solo Giovannini, non verrebbe a sapere nulla) - ma che gradualmente si converte in una sottile opera di occultamento e, alla fine, di disinformazione.

Per un'analisi dettagliata del genocidio cambogiano vi rimando al sito del *Cambodian Genocide Program*[18] che rappresenta ad oggi la più completa banca dati disponibile in rete interamente dedicata ad una delle più grandi tragedie consumatesi nel XX secolo in nome dell'ideologia.

---

[18] Cambodian Genocide Program 1994-2013 (http://www.yale.edu/cgp/index.html).

12 dicembre

## FALSA PARTENZA

Nel caso di Shirin Ebadi, i toni alti del suo discorso[19] di accettazione del Nobel per la Pace (assolutamente condivisibili in linea di principio) appaiono strumentali se analizzati in congiunto con la parte più politica dello stesso. La Ebadi aveva l'opportunità di ribadire davanti al mondo il senso delle sue battaglie nell'Iran fondamentalista e di richiamare una volta di più l'attenzione dell'opinione pubblica sul destino di quel miliardo di musulmani che ancora vivono senza diritti sotto l'oppressione di regimi illiberali. Ha invece utilizzato lo scenario a sua disposizione per rovesciare completamente la prospettiva e pronunciare un discorso infarcito di stereotipi (non critiche, stereotipi) antiamericani ed antiisraeliani che di sicuro non sarà dispiaciuto agli islamofascisti contro i quali ha combattuto nel corso della sua vita, ma ai quali ieri ha invece accuratamente evitato di riferirsi in modo esplicito. Ad essere ottimisti è stata un'occasione persa. Ad essere pessimisti i prossimi mesi diranno se si è trattato di un ennesimo errore del Comitato per il Nobel. Se così fosse a perderne sarebbe soltanto la causa della libertà in Iran. Vedremo.

---

[19] "Shirin Ebadi's Nobel speech", 10 dicembre 2003 (http://iranian.com/Ebadi/2003/December/Nobel/index.html).

# 2004

16 gennaio

## DONNE E LIBERTÀ

Una delle riflessioni ricorrenti nel pensiero di Bernard Lewis[20] è che il mondo musulmano non potrà mai davvero avviarsi sulla strada della modernizzazione finché le donne saranno relegate ad un ruolo tanto marginale all'interno della società. Le donne – afferma lo studioso – sono la chiave del successo o del fallimento di qualsiasi tentativo di rinascita civile e politica, in quanto sono loro a sostenere il peso più rilevante dell'educazione dei figli. Se il modello di riferimento è screditato, il meccanismo perverso dell'esclusione non può fare altro che perpetuarsi generazione dopo generazione. Come un cervello lobotomizzato o un organismo paralizzato a metà, un intero corpo sociale si vede costretto (perché così ha deciso) a rinunciare a una parte fondamentale delle sue facoltà.

In queste condizioni non vi è crescita possibile e il declino è inevitabile. L'Islam si suicida e uccide (da notare come la figura della donna kamikaze – magari madre – riunisca in sé tutte le componenti di questo processo distruttivo). Leggendo il lunghissimo articolo che Lawrence Wright[21] dedica alla vita in Arabia Saudita (dove ha vissuto

---

[20] Bernard Lewis, "Il suicidio dell'Islam", Mondadori, 2003.
[21] The New Yorker, 5 gennaio 2004: "The Kingdom of Silence"

per tre mesi a cavallo della guerra in Iraq) non si può fare a meno di riflettere sull'insegnamento di Bernard Lewis. Il *reportage* tocca tematiche politiche e aspetti del quotidiano, ci parla di un paese involuto e ripiegato su se stesso, fondato sui divieti e sull'indottrinamento ideologico dei ragazzi nelle scuole, entra nelle redazioni dei giornali e nelle case dei sauditi incontrando la censura, l'omertà, la paura di una società rimasta fino ad oggi bloccata nelle sue contraddizioni, imprigionata tra l'immobilismo della casa reale ed il ricatto degli integralisti: ma è appunto la descrizione della situazione femminile quella che alla fine della lettura non si potrà proprio dimenticare:

"*The self-effacement of an entire sex, and, in consequence, of sexuality itself, was the most unnerving feature of Saudi life. I could go through an entire day without seeing any women, except perhaps some beggars sitting on the curb outside a prince's house. Almost all public space, from the outdoor terrace at the Italian restaurant to the sidewalk tables at Starbucks, belonged to men. The restaurants had separate entrances for "families" and "bachelors", and I could hear women scurrying past, hidden by screens, as they went upstairs or to a rear room. The only places I was sure to see women were at the mall and the grocery store, and even there they seemed spookily out of place. Many of them wore black gloves, and their faces were covered entirely—not even a pair of plummy, heavy-lidded Arabian eyes apparent. Sometimes I couldn't tell what direction they were facing. It felt to me as if the women had died, and only their shades remained*"[22].

---

(http://www.newyorker.com/archive/2004/01/05/040105fa_fact _wright).

[22] "L'annientamento di un intero sesso, e, di conseguenza, della stessa sessualità, è la caratteristica più inquietante della vita saudita. Potevo passare un'intera giornata senza vedere nessuna donna, tranne forse alcune mendicanti sedute sul marciapiede davanti alla casa di un principe. Praticamente tutto lo spazio pubblico, dalla terrazza all'aperto del ristorante italiano ai tavoli sul marciapiede di

Qualcosa sta cambiando. La scossa partita da Kabul e Baghdad è stata avvertita in tutta l'area. E' importante che i suoi effetti continuino a propagarsi. Ne va della loro libertà e della nostra sicurezza.

---

Starbucks, apparteneva agli uomini. I ristoranti avevano ingressi separati per '*famiglie*' e '*scapoli*', e potevo sentire le donne precipitarsi, nascoste dietro schermi, al piano di sopra o in una camera sul retro. Gli unici luoghi in cui ero certo di vedere donne erano il centro commerciale e il negozio di alimentari, e anche lì sembravano spaventosamente fuori luogo. Molte di loro indossavano guanti neri, e i loro visi erano interamente coperti, senza lasciar trasparire nemmeno le palpebre dei loro profondi occhi arabi. A volte non riuscivo a capire in che direzione stessero andando. Mi sembrava che le donne fossero morte, e fossero rimaste solo le loro ombre".

20 gennaio

## BENVENUTI IN PARADISO

L'arcipelago gulag nordcoreano è un sistema finalizzato all'intimidazione, all'eliminazione dalla società degli elementi indesiderati, allo sfruttamento di manodopera schiavistica e allo sterminio. Ufficialmente i campi non esistono: il regime ovviamente non ne ha mai ammesso la presenza sul territorio e la popolazione ne è a conoscenza soltanto perché praticamente tutti in Corea del Nord hanno visto scomparire un parente od un amico senza saperne più nulla. Nella maggior parte dei casi sono nascosti tra le montagne e dall'alto possono sembrare villaggi di grandi dimensioni.

Vi sono rinchiusi uomini, donne e bambini. Kim Il Sung ebbe un'idea originale: per non rischiare inventò la formula della detenzione di intere famiglie fino alla terza generazione in modo da sradicare completamente ogni germe controrivoluzionario. Per finire in un campo di concentramento basta tentare di sintonizzare la radio su una frequenza straniera, essere sospettati di non aver onorato con il dovuto zelo la figura del *Grande Leader* o quella del *Caro Leader*, cantare una canzone sudcoreana, essere denunciati da qualcuno come traditore, spia, elemento deviante.

Nel gulag si lavora: i turni normali sono di quindici o sedici ore al giorno dipendendo dal campo e dal regime di detenzione. Nessuno è escluso perché il lavoro rende liberi e rieduca (come si vede, le formule sono sempre le stesse). Aree speciali di indottrinamento ideologico sono adibite alla riabilitazione politica del prigioniero. Nel gulag si subiscono pestaggi e torture: le umiliazioni e le privazioni inferte ai detenuti sono incoraggiate e motivo di elogio per i carcerieri. Nel gulag soprattutto si muore: si calcola che negli ultimi trent'anni quattrocentomila persone abbiano perso la vita durante la loro prigionia. Gli aborti forzati e gli esperimenti sugli esseri umani sono all'ordine del giorno.

Il gulag ha – come sempre – un suo linguaggio specifico. Da un articolo di Thomas Omestad[23]:

*"Nor does the Orwellian terminology for the camps reveal much. Political prisons are called "management centers." Those centers, in turn, are divided into two categories: "complete control zones," with life imprisonment, and "revolutionizing process zones," from where some inmates, principally family members, might eventually return to society. The prisoners are banally referred to as "resettlers." Other camps, dubbed "re-education" places, lump together common criminals and political prisoners.*

*(...) He was sent to the No. 15 prison camp at Yodok. A banner greeted unlucky arrivals: You shouldn't negotiate with class enemies"*[24].

I campi di concentramento nordcoreani sono un buco

---

[23] U.S. News, 15 giugno 2003: "Gulag Nation" (http://www.usnews.com/usnews/news/articles/030623/23gulag _3.htm).

[24] "Non che la terminologia orwelliana per i campi riveli granché. Le prigioni politiche sono chiamate '*centri di gestione*'. Tali centri, a loro volta, si dividono in due categorie: '*zone di controllo completo*', dove si sconta l'ergastolo, o '*zone di trasformazione radicale*', da dove alcuni detenuti, principalmente famigliari del condannato, potrebbero alla fine tornare in società. I prigionieri vengono banalmente denominati '*emigranti*'. Altri campi, soprannominati di '*rieducazione*' riuniscono criminali comuni e prigionieri politici.

(...) Fu inviato al campo di prigionia n ° 15 di Yodok. Uno striscione salutava gli sfortunati che vi arrivavano: non si tratta con i nemici di classe".

nero nella coscienza del mondo: per troppo tempo le testimonianze di chi riusciva a scappare (fosse guardia o detenuto) sono state ritenute inverosimili e hanno ricevuto scarsa attenzione. Come se l'esperienza comunista del XX secolo non avesse insegnato nulla. La Corea del Sud per esempio – in nome della *sunshine policy* – ha a lungo considerato inopportuno far conoscere quello che veniva rivelato dai racconti dei fuoriusciti, per non turbare le relazioni bilaterali con il tiranno di Pyongyang. Ma negli anni le conferme hanno reso impossibile occultare la tragica realtà di un paese che nella sua totalità non è altro che una tetra prigione collettiva. Pochi mesi fa è stato pubblicato il più completo rapporto[25] mai stilato sull'universo concentrazionario nordcoreano: nessuno può più fingere di non sapere.

Nel campo di Yodok (anche conosciuto come Campo n. 15 – Revolutionized Area) passò parte della sua infanzia e l'intera adolescenza Kang Chol Hwan: *The Aquariums of Pyongyang*[26] è uno dei pochissimi testi che sull'argomento è possibile trovare in italiano (*L'ultimo Gulag*). Anche Son Ok Lee è una sopravvissuta e una rifugiata: la sua testimonianza si può trovare in un altro libro, *Eyes of the Tailless Animals*[27]. Da un *reportage* di Robert Windrem[28]:

*"All of North Korea is a gulag,"* said one senior U.S. official, noting

---

[25] US Committee fo Human Rights in North Korea, "The Hidden Gulag", 2003 (http://www.davidrhawk.com/HiddenGulag.pdf).

[26] Kang Chol Hwan e Pierre Rigoulot, "The Aquariums of Pyongyang", 2002 (http://www.amazon.com/gp/reader/0465011020/ref=sib_dp_pt /002-3634694-1148806#reader-link).

[27] Son Ok Lee, "Eyes of the Tailless Animals", Living Sacrifice Book Co., 1999 (http://www.amazon.com/exec/obidos/tg/detail/- /0882643355/qid=1074555420/sr=1-1/ref=sr_1_1/002- 3634694-1148806?v=glance&s=books).

[28] NBC News, 15 gennaio 2003: "Death, terror in N. Korea gulag" (http://www.nbcnews.com/id/3071466/#.UXQJ1kobn0Q).

*that as many as 2 million people have died of starvation while Kim has amassed the world's largest collection of Daffy Duck cartoons. "It's just that these people [in the camps] are treated the worst. No one knows for sure how many people are in the camps, but 200,000 is consistent with our best guess"*[29].

Ahn Myong Chol era una guardia al Campo n. 22 ed è l'unica persona che sia riuscita a scappare da lì. Adesso vive al Sud. Il suo racconto è uno dei più agghiaccianti anche perché rivela l'esistenza del famigerato *Terzo Bureau*, un corpo scelto di assassini specializzato in *operazioni speciali*. La seguente descrizione dovrebbe ricordarci qualcosa:

*"An Myong-chol's account informs us that the 3rd Bureau, MSS, is a unit of murderers no different from those who operated at Auschwitz. The 3rd Bureau is also called the Preliminary Adjudication Bureau. The 7th Bureau, MSS, operates North Korea's internment camps, but Mr. An says the 3rd Bureau operates a station at each camp. Third Bureau personnel conduct executions, research torture technology, experiment on living inmates, gather oil from human beings, and commit other depredations"*[30].

Ancora da uno dei *reportage* citati in precedenza:

---

[29] *"Tutta la Corea del Nord è un gulag"*, ha detto un alto funzionario americano, notando che ben 2 milioni di persone sono morte di fame, mentre Kim ha accumulato la più grande collezione al mondo di cartoni animati di Daffy Duck. *'Queste persone [nei campi] vengono trattate nel peggiore dei modi. Nessuno sa con certezza quanta gente sia rinchiusa nei campi, ma la cifra di 200.000 è la migliore delle ipotesi"*.
[30] "Il resoconto di An Myong-chol ci informa che il 3° Bureau, MSS, è un'unità di assassini non dissimile da quelle che operavano ad Auschwitz. Il 3° Bureau è anche chiamato Ufficio di Giudizio Preliminare. Il 7° Bureau, MSS, gestisce i campi di reclusione della Corea del Nord, ma il Sig. An dice che il 3° Bureau gestisce una stazione in ogni campo. Il suo personale effettua esecuzioni, ricerche sulle tecniche di tortura, sperimentazioni sui detenuti mentre sono in vita, ricava lubrificante da esseri umani, e commette altre atrocità".

*"Often, individuals and even whole families are whisked away from their homes in the dead of night and packed off to camps. Says Hawk, a veteran of human-rights probes in Cambodia and Rwanda - I don't know of a country in the world today that's as repressive as North Korea. I believe it's the worst"*[31].

Tutto questo sta succedendo anche adesso (mentre leggete) nel luogo più oscuro del pianeta. Prima di gridare al regime per il lodo Schifani, pensiamoci.

---

[31] "Spesso individui e perfino intere famiglie sono portati via dalle loro case in piena notte e spedite nei campi – dice Hawk, un veterano delle investigazioni sui diritti umani in Cambogia e Ruanda -, non conosco nessun paese al mondo oggi con un livello di repressione così alto come in Corea del Nord. Credo si tratti del peggiore di tutti".

4 febbraio

# WMD: PROLIFERAZIONE E PREVENZIONE

John Podhoretz[32] sviluppa il concetto di difesa preventiva: la dottrina non è affatto morta in Iraq ma anzi rimane un pilastro della lotta contro il terrorismo e la diffusione di armi di distruzione di massa. Tecnicamente l'intervento in Iraq non è nemmeno avvenuto in base a considerazioni di natura strettamente preventiva ma – essendo, all'epoca, l'esistenza e la consistenza dell'arsenale di Saddam elementi di fatto pressoché universalmente accettati – per disarmare un regime che stava violando le risoluzioni sulle WMD (che poi l'ONU si sia tirata indietro al momento di rendere effettive le conseguenze di questa violazione è un altro conto).

*"The preemption doctrine wasn't and isn't about a current threat posed to the United States. The preemption doctrine deals with looming threats. It deals with future capabilities that enemies of the United States might conceivably possess. In the case of Saddam Hussein, it had to do with what he might have been able to do later on this decade.*
*According to preemption doctrine, in fact, America was presented with an opportunity in Iraq to prevent precisely what has happened in North Korea - to wage war to prevent a dangerous rogue nation from fully*

---

[32] New York Post, 3 febbraio 2004: "Saddam's Threat – What Kay Gets Wrong – And Right"
(http://www.nypost.com/p/news/opinion/opedcolumnists/item _0q3K4r1YzaN0ixZfhr3KSK).

*developing the kinds of weapons of mass destruction that give it the power to menace, threaten and blackmail the world.*
*This is where intelligence ends and political decision-making begins. Intelligence, even pristine intelligence, cannot tell you what somebody will do if given the opportunity.*
*Saddam's regime was judged a danger to the world that had to be excised because of a concatenation of circumstances - his willingness to make and use weapons of mass destruction, his long-standing support for terrorism and the rise of anti-American suicide bombing*[33].

La nozione di *difesa preventiva* deriva da valutazioni di carattere essenzialmente politico ed è collegata direttamente alla decisiva (e a mio parere sacrosanta) convinzione che le più potenti armi di distruzione di massa siano i regimi dittatoriali ed i fanatismi ideologici. Come giustamente si osserva nel blog *Winds of Change*[34]:

---

[33] "La dottrina della prevenzione non si riferiva e non si riferisce a una minaccia attuale per gli Stati Uniti. La dottrina della prevenzione ha a che fare con le minacce incombenti. Ha a che fare con le capacità che i nemici degli Stati Uniti potrebbero plausibilmente avere nel futuro. Nel caso di Saddam Hussein, riguardava ciò che sarebbe stato in grado di fare in questo decennio.
Secondo la dottrina della prevenzione, infatti, all'America in Iraq si è presentata l'occasione di impedire proprio quel che è successo in Corea del Nord - di fare la guerra per evitare che un pericoloso stato-canaglia sviluppi quel genere di armi di distruzione di massa che gli conferirebbero il potere di minacciare, intimidire e ricattare il mondo.
Ecco dove finisce il ruolo dell'*intelligence* e comincia quello della decisione politica. L'*intelligence*, perfino la più sofisticata, non è in grado di rivelare quel che qualcuno farà, avendone l'opportunità.
Il regime di Saddam è stato giudicato un pericolo mondiale da eliminare per un insieme di circostanze - la sua volontà di produrre e usare armi di distruzione di massa, il suo sostegno di lunga data al terrorismo e l'aumento degli attentati suicidi in chiave anti-americana".
[34] *Winds of Change*, 3 febbraio 2004: "Iraq'd"

*"The case for the war in Iraq was made on September 11, 2001, in New York City"*[35].

Guglielmo Verdirame, su *In The National Interest*, - affrontando l'argomento dal punto di vista politico e giuridico - propone come alternativa alla prevenzione classica il riconoscimento a livello di diritto internazionale della possibilità di far rispettare gli accordi di non-proliferazione anche con l'uso della forza. Si tratterebbe in sostanza di *legalizzare* - attraverso una modifica della Carta delle Nazioni Unite - il principio di prevenzione, sottoponendolo allo stesso tempo ad un controllo multilaterale. L'idea è buona in linea di principio ma nella pratica si scontra con la realtà di un Consiglio di Sicurezza diviso e generalmente incapace di dar seguito alle proprie deliberazioni. Nel momento in cui si verificasse nuovamente una paralisi nel processo decisionale sarebbe impossibile (oltre che ingiusto) impedire ad uno stato di agire unilateralmente per ragioni di sicurezza nazionale. Si torna al problema di fondo, che è quello della inadeguatezza della struttura e del ruolo delle Nazioni Unite. Verdirame è ottimista e conclude:

*"In un sistema internazionale rafforzato dalla possibilità di far rispettare i trattati di non-proliferazione, lo stato che pratica la proliferazione sarebbe uno stato "canaglia" con l'approvazione dell'intera comunità internazionale".*

Ma lo scenario più probabile, allo stato attuale delle cose, è che non si troverebbe l'accordo, nessuno stato verrebbe dichiarato in violazione del diritto internazionale e non si produrrebbe nessuna conseguenza concreta. Iraq *docet*. La prospettiva che l'Iran o la Corea del Nord vengano salvati perché così stabiliscono Parigi e Damasco continua a non essere rassicurante.

---

(http://windsofchange.net/archives/004553.html).
[35] "Il *casus belli* per la guerra in Iraq si produsse l'11 settembre 2001, a New York".

11/12/13/14/15/16 marzo

## 11 MARZO. L'INFERNO

E' difficile anche cominciare. Il fatto, paradossalmente, si può riassumere in poche parole: oggi a Madrid 190 persone sono state macellate dai terroristi di ETA[36]. I feriti oltre 1200. Erano le 7,39 quando è scoppiata la prima bomba su uno dei treni della rete *Cercanias*. Sono seguite le altre esplosioni (dieci in tutto su tredici ordigni collocati) che hanno colpito quattro convogli nelle stazioni di *Atocha*, *El Pozo* e *Santa Eugenia*. Una serie di attacchi programmati nell'ora di punta[37]: perché l'orrore fosse indimenticabile.

Le radio hanno diffuso la notizia verso le 8.00: feriti, cinque morti, una decina, poi il massacro. Si intuiva subito che era successo qualcosa di enorme. Madrid è piombata nel caos: le grida, la confusione, la corsa agli ospedali e tutto il resto. La campagna elettorale è stata sospesa. Sgomento, indignazione, rabbia, vergogna. Appelli alla calma e alla collaborazione da parte delle forze politiche democratiche, ma nessuno sa bene cosa dire né cosa fare. Centinaia di

---

[36] El Mundo, 11 marzo 2004: "El Gobierno no descarta que un grupo árabe esté tras la masacre" (http://www.elmundo.es/elmundo/2004/03/11/espana/1079011 628.html).

[37] El País, 11 marzo 2004: "Relato de la tragedia, minuto a minuto" (http://elpais.com/elpais/2004/03/11/actualidad/1078996625_8 50215.html).

famiglie distrutte, un intero paese scaraventato nella paura e nel pianto da una banda di fanatici assassini. Maledetto chi ha fatto questo. Maledetto chi lo appoggia, chi lo giustifica, chi non lo condanna. Oggi tutti dichiareranno di stare dalla parte delle vittime contro il terrorismo. Sappiate che non è così. Vedremo quanto tempo ci vorrà stavolta per ascoltare i primi vergognosi *distinguo*.

E' il più grave attentato terroristico mai compiuto in Spagna[38]. Se l'11 settembre ha cambiato la storia del mondo, l'11 marzo cambierà la storia di questo paese. Per quanto può servire, da qui un abbraccio ideale a chi sta vivendo ore di disperazione in un giorno così atroce.

*******

## LA SPAGNA A POCHE ORE DAL MASSACRO

Sia l'informazione televisiva che quella su carta stampata sono in edizione speciale. Ogni quarto d'ora aumenta il numero delle vittime. Negli ospedali[39] i familiari sono in molti casi ancora in attesa di sapere se tra i morti o i feriti c'è qualcuno dei loro. Per domani sono state convocate manifestazioni in tutto il paese. Aznar, in un messaggio alla nazione[40], ha definito quanto accaduto "*un'infamia*" e ha

---

[38] La pista di ETA fu la prima ad essere presa in considerazione e, nelle ore inmediatamente successive agli attentati, era opinione comune che si trattasse di terrorismo interno. Non fu solo il governo ad indirizzare i sospetti verso la banda terrorista basca, come i suoi oppositori vollero far credere poi. Quel giorno praticamente tutti pensavano che ETA avesse perpetrato il più grande massacro della sua storia.

[39] El Mundo, 11 marzo 2004: "Drama en el 12 de octubre" (http://www.elmundo.es/elmundo/2004/03/11/espana/1079012 508.html).

[40] El País, 11 marzo 2004: "Aznar garantiza la derrota '*completa y total*' del terrorismo"

aggiunto che i terroristi "*hanno ucciso molte persone per il solo fatto di essere spagnole*".

Il carattere genocida del terrorismo è una componente essenziale nella definizione dello stesso e bene ha fatto il Presidente del Governo a sottolinearlo. Il messaggio non menziona mai direttamente ETA ma le espressioni usate (tra cui quella di "*banda terrorista*") sono un chiaro riferimento al gruppo. ETA non ha rivendicato fino a questo momento l'attentato e stasera il ministro dell'interno Acebes ha fatto sapere che in ogni caso "*nessuna pista può essere esclusa*". Forse è più di una dichiarazione di circostanza. Ma allo stesso tempo, più che significare che si stia davvero pensando ad ipotesi alternative, potrebbe voler dire che qualcuno avrebbe collaborato con ETA. In ogni caso le prossime ore saranno decisive.

*******

## SPAGNA. IL GIORNO DOPO

In questo momento sono in corso manifestazioni in tutto il paese[41]. Il conto delle vittime si sta stabilizzando: sono ora 199 morti[42] (l'ultima, una bambina di sette mesi) e più di 1400 feriti. Tra i racconti più agghiaccianti quello dei soccorritori che, pochi minuti dopo le esplosioni, ascoltavano i cellulari suonare nelle borse delle persone uccise, senza che nessuno potesse più rispondere. Provate

---

(http://elpais.com/elpais/2004/03/11/actualidad/1078996635_8 50215.html).

[41] El País, 12 marzo 2004: "Millones de personas marchan en España para expresar su repulsa al terror"
(http://elpais.com/elpais/2004/03/12/actualidad/1079083024_8 50215.html).

[42] El Mundo, 12 marzo 2004: "Cuarenta cadáveres sin nombre"
(http://www.elmundo.es/elmundo/2004/03/12/espana/1079088 881.html).

solo a pensarci per un momento.

Nonostante le manifestazioni di piazza, la Spagna appare oggi una nazione ancora al tappeto: lo shock è stato enorme e nessuno sta realmente prendendo le redini della situazione. Per ora tutti uniti nel lutto, ma il fatto che il governo sia prudente nell'attribuzione delle responsabilità ha già fatto scattare il riflesso condizionato dei maniaci del complotto istituzionale, che accusano le autorità di non voler far trapelare notizie fino a dopo le elezioni di domenica. Ovviamente è un'idiozia, tanto più grave in un momento del genere. La verità è che le caratteristiche dell'attentato presentano elementi di ambiguità che allo stato attuale non permettono né di confermare né di escludere alcuna ipotesi. Nessuno lo dice ufficialmente, ma la sensazione che possa essere avvenuta una saldatura criminale a più livelli è forte.

Si sta assistendo ad un fenomeno abbastanza paradossale: in molti sperano che non sia stata ETA. E' facilmente intuibile il perché: la strumentalizzazione politica che un attentato di Al Qaeda porterebbe con sé è un piatto troppo ghiotto per gli avversari di Aznar. Passata l'onda emotiva del "*siamo tutti madrileni*" si può immaginare cosa accadrebbe : negli ultimi due anni ne abbiamo avute ripetute dimostrazioni. In realtà il problema è esattamente inverso: se è vero che l'orrore e il dolore non variano a seconda di chi abbia commesso questa carneficina, è però evidente che l'implicazione del terrorismo islamico cambierebbe completamente la prospettiva e metterebbe l'Europa di fronte ad una realtà spaventosa e colpevolmente rimossa dall'orizzonte psicologico (e politico) di questo continente.

Stasera ETA ha chiamato la redazione di un giornale basco per dichiarare la sua estraneità ai fatti. Si sta vivendo in un'atmosfera di incertezza che - se possibile - aumenta l'angoscia e lo stordimento.

********

# PERCHÉ L'IPOTESI ETA È ANCORA IN PIEDI

E' normale che tutti stiano pensando ad Al Qaeda o a qualche gruppo associato. Ed è molto probabile che si tratti del primo catastrofico attacco del terrorismo islamico sul suolo europeo. Ma allo stato dei fatti una delle migliori analisi è quella di Guido Olimpio sul *Corriere*[43] di oggi, in quanto fa capire perché l'attribuzione della paternità della mattanza sia così complicata.

Innanzitutto va sgombrato il campo da un equivoco: al contrario di quanto si sta affermando da più parti, non è affatto inverosimile che ETA abbia potuto compiere un attentato di queste proporzioni. Il che, ovviamente, non significa che lo abbia effettivamente commesso.

Vediamo perché:

- per quanto un'operazione del genere abbia avuto bisogno di una lunga e meticolosa preparazione, la sua esecuzione è stata relativamente semplice: nessun pilota da addestrare, solo una gran quantità di esplosivo collocato in tredici zaini e un gruppo di persone incaricato di occuparsi della logistica (dagli orari dei treni, al trasporto del materiale); nessun particolare controllo da superare, dal momento che una stazione ferroviaria è per definizione un luogo cui tutti possono accedere senza destare particolari sospetti.

- ETA non è quel romantico gruppo di indipendentisti che cerca sostegno per la propria causa con azioni spettacolari, come invece all'estero si è portati a credere. ETA è un'organizzazione di derivazione ideologica marxista-leninista composta da fanatici assassini che non si è mai fatta alcuno scrupolo ad uccidere civili innocenti: il 19 giugno 1987 un attentato all'*Hypercor* di Barcellona lascia sul terreno 21 morti e numerosi feriti; l'11 dicembre 1987 un'autobomba provoca il decesso di 11 persone a Saragozza (tra loro cinque

---

[43] Corriere della Sera, 13 marzo 2004: "I giovani lupi baschi pronti al *megaterrore*"
(http://www.corriere.it/Primo_Piano/Esteri/2004/03_Marzo/13/eta_alqaeda.shtml).

bambine); il 29 maggio 1991 a Vic (Catalogna) 9 morti (quattro bambine) e più di quaranta feriti. E questo solo per citare gli esempi più eclatanti e tralasciando tutte quelle azioni in cui - anche se i principali obiettivi erano membri delle forze di polizia o esponenti politici - sono state coinvolte anche altre persone.

- è falso che ETA abbia sempre avvertito prima di colpire.

Sia chiaro: non si vuole privilegiare un'ipotesi a scapito dell'altra. E' tutto ancora così vago che sarebbe imprudente farlo. Si sta solo provando a riflettere sul perché, quando alle tre del pomeriggio di quel maledetto giovedì il ministro dell'interno Acebes annunciava che tutti i sospetti riconducevano a ETA, nessuno qui si sia stupito. Poi sono cominciate le speculazioni politiche, ma questa è un'altra storia. Inoltre la possibilità di un patto tra ETA e integralismo islamico è tutt'altro che da scartare: ieri non sono mancati i commenti di chi faceva rilevare che, mentre il terrorismo basco ha una matrice nazionalista e laica, quello islamico ne ha una religiosa. E' lo stesso errore che commetteva chi faceva derivare da questa apparente diversità ideologica la conclusione che Saddam Hussein e Al Qaeda mai avrebbero potuto avere legami. Quel che unisce i terroristi è la mentalità totalitaria e la condivisione degli obiettivi: ETA non odia soltanto lo stato spagnolo in quanto tale. ETA, come Al Qaeda, vede nella società democratica liberale un nemico mortale. ETA porta dentro di sè l'avversione per le istituzioni *"borghesi"* occidentali. E' sbagliato applicare ai terroristi le categorie del dibattito politico tradizionale: quando un marxista-leninista e un fondamentalista di Allah si incontrano, sanno bene di avere un avversario in comune e la miscela è esplosiva. I terroristi non ragionano come noi: la loro cultura è quella della morte, il loro obiettivo è chiunque sia *"altro da loro"*.

*******

## ANCHE PRIMA DEL PREVISTO

Sono passate poco più di 48 ore dal massacro terrorista di giovedì e la gazzarra è già cominciata: oggi un migliaio di persone (di cui non è difficile immaginare la provenienza politica) si sono riunite davanti alla sede del *Partito Popolare* a Madrid per gridare slogan come: "*Aznar, colpevole, sei il responsabile*", "*Si nota, si sente, il governo mente*", "*Ne mancano 200 per colpa vostra*", "*La vostra guerra, i nostri morti*". Per la cronaca, l'adunata è stata ampiamente documentata dalla televisione catalana. Temo sia solo un assaggio di quel che verrà.

Domani si vota in un clima irreale.

\*\*\*\*\*\*\*

## LA STRAGE CHE DECISE LE ELEZIONI

Il Partito Popolare ha perso[44]. I socialisti di Zapatero conquistano la maggioranza semplice e dovranno trovare alleati per governare. Ma la sconfitta di Rajoy è nettissima.

Una settimana fa i sondaggi davano i *popolari* intorno alla maggioranza assoluta (176 seggi): questo dato avrebbe significato una lieve perdita in termini di rappresentanti in parlamento (7 seggi) ma pur sempre una consistente affermazione elettorale che avrebbe garantito quella continuità che tutti si aspettavano. Giovedì il massacro. A quel punto lo scenario cambia completamente. In un'elezione con una partecipazione record, sull'onda emotiva di quanto successo (+ 8 per cento rispetto a 4 anni fa), i socialisti passano da 125 a 164 seggi mentre i popolari si attestano sui 148 seggi. Solo tre giorni fa la Spagna è stata

---

[44] El Mundo, 14 marzo 2004: "Los españoles castigan al PP y dan el poder al PSOE" (http://www.elmundo.es/elmundo/2004/03/14/enespecial/1079 289179.html).

brutalmente attaccata ma il messaggio ancora una volta è stato interpretato al rovescio ed il rapporto di causa-effetto di nuovo capovolto (come in tutti questi mesi). Gli spagnoli hanno decretato che i responsabili non sono i terroristi ma chi sta combattendo il terrorismo. Se queste sono le premesse con le quali dovrebbe essere neutralizzata la più grande minaccia per le società democratiche, ci attendono tempi bui.

Detto così può sembrare un po' forte ma la sostanza è questa: con un voto punitivo di queste caratteristiche nei confronti di Aznar (più che di Rajoy), gli spagnoli hanno sostanzialmente detto che i terroristi avevano ragione ad attaccare il loro paese. La mobilitazione del venerdì sera è ormai un'immagine sbiadita. Nonostante l'entusiasmo con cui è stata accolta un po' da tutti, in realtà i segnali erano chiari fin da subito.

Ha appena parlato Zapatero. Naturalmente soddisfatto - non se l'aspettava nemmeno lui - ha detto che lavorerà per la pace e sconfiggerà il terrore. Ha detto anche che la sua sarà una Spagna sociale. Mercoledì sera i socialisti erano rassegnati ad altri quattro anni di opposizione e preparavano già il regolamento di conti interno col *leader* meno carismatico della loro storia. Oggi quel *leader* si trova a dover governare il paese nel momento più difficile dalla fine della dittatura. Zapatero ha concluso dicendo che il potere non lo cambierà. Il problema è proprio questo.

Per dare un'idea di cosa sia successo serva anche quest'altro dato: *Esquerra Republicana*, il partito nazionalista catalano il cui segretario andò ad incontrare i terroristi di ETA per accordarsi su una tregua nella sola Catalogna, ha guadagnato sette seggi (passando da uno a otto). Potrebbe essere una forza decisiva nella formazione del nuovo esecutivo. Per la serie: sconfiggeremo il terrore.

Il Partito Popolare si è giocato la vittoria nelle ultime 72 ore commettendo alcuni errori abbastanza evidenti nella gestione del post-attentato, che un'opposizione senza troppi scrupoli ha utilizzato a suo vantaggio. Il più grave è stato attribuire con troppa precipitazione il massacro all'organizzazione terrorista ETA per poi tornare sui propri passi mano a mano che emergevano dalle indagini nuovi elementi. Si badi bene: nonostante quanto sembri aver già stabilito il popolo spagnolo, la matrice islamica non è ancora stata confermata ufficialmente e l'ipotesi ETA o quella di una *joint-venture* del terrore non sono state scartate definitivamente. Ma la superficialità evidenziata dall'esecutivo nelle fasi iniziali ha permesso alla sinistra di strumentalizzare l'intera vicenda accusando i *popolari* di voler occultare le notizie di cui erano in possesso. L'operazione - piuttosto meschina - ha pagato in termini elettorali.

Il secondo errore è stato la sostanziale latitanza di Aznar che - a parte un primo comunicato alla nazione - è scomparso dalla scena nei giorni successivi: una scena che Rajoy non ha occupato. Dopo l'11 settembre Bush si presentò a *Ground Zero* con un megafono in mano per dire al mondo che l'America non sarebbe stata a guardare quell'infamia senza reagire. Dopo l'11 marzo nessuno ha visto Aznar nei luoghi degli attentati. Mentre nel mondo si continuava ad elogiare lo spirito di una nazione che rispondeva con rabbia e orgoglio all'assassinio di massa, qui si percepiva una evidente mancanza di *leadership* proprio nel momento più importante. Aznar aveva abbandonato il posto di comando troppo presto e nessuno gli era ancora subentrato. Il fatto che la campagna elettorale fosse stata sospesa non vale come giustificazione. Aznar era il presidente del Governo in carica e la Spagna un paese attaccato dal terrorismo.

Infine, il Partito Popolare ha dato l'impressione di subire le vergognose (ed illegali) manifestazioni di protesta del sabato davanti alle sue sedi senza opporre una risposta politica chiara che smascherasse le intenzioni di chi stava dietro a quelle mobilitazioni *"spontanee"*. Tre errori che, in un momento di instabilità emotiva come quello che stiamo vivendo, sono costati cari a chi ha governato per otto anni assumendosi anche responsabilità gravose e dimostrando spesso grande coraggio politico.

Cosa avverrà adesso? Sarebbe bello poter credere che chi governerà questo paese lo farà nella consapevolezza della minaccia che abbiamo di fronte e agirà di conseguenza. Purtroppo nulla di quanto abbiamo visto ed ascoltato nell'ultimo anno e mezzo induce all'ottimismo. Alcune ipotesi. La Spagna, fino ad oggi impegnata nella lotta contro il terrorismo al fianco delle grandi democrazie occidentali, si sposterà gradualmente verso l'asse dell'*appeasement* nei confronti di dittatori ed integralisti di varia estrazione credendo di mettersi al riparo da rischi. Fino alla prossima mattanza. Quel giorno, i tanti per i quali è sempre il 10 settembre 2001 si chiederanno smarriti il perché il fanatico di turno abbia colpito anche la Spagna buona, pacifista, di sinistra e perché il benservito dato ad Aznar non abbia placato l'ira funesta dei vendicatori degli oppressi. Ma di certo - anche in quel caso - non mancheranno le giustificazioni. L'ONU sarà al centro della politica estera della nuova maggioranza ed espressioni dense di significato come *cooperazione internazionale, coesione europea, politica estera comune* saranno all'ordine del giorno. Le truppe spagnole verosimilmente lasceranno l'Iraq, magari non subito ma abbastanza presto. Parigi e Berlino aspettano Madrid a braccia aperte. In fondo non è successo niente, no?

*******

## *"LASCIATECI IN PACE"*

In Spagna nessuno mette in discussione che la vittoria dei socialisti sia stata determinata dal massacro di giovedì scorso. Chi non vuole ammetterlo piuttosto non ne parla ma tutti ne sono consapevoli. Solo Zapatero, per ovvie ragioni, lo nega nelle interviste ufficiali, ma intanto alla prima occasione annuncia il ritiro[45] delle truppe spagnole dall'Iraq

---

[45] El Mundo, 16 marzo 2004: "Zapatero: Los españoles tenían ganas de cambio"
(http://www.elmundo.es/elmundo/2004/03/15/enespecial/1079

entro il 30 giugno. Zapatero a suo modo è un uomo coerente: era sempre in prima fila nelle manifestazioni pacifiste dello scorso anno, si è sempre opposto all'intervento che ha liberato l'Iraq, ha sempre riservato tutta la sua indignazione a quanto Aznar e Bush stavano facendo nella lotta contro il terrorismo. Un classico esempio di politico fermo al 10 settembre 2001 e non per nulla *leader* di un grande partito della sinistra europea. Il futuro capo del governo spagnolo usava ripetere durante gli *indimenticabili* giorni delle mobilitazioni antiamericane lo slogan "*Lasciateci in pace*". Un inno al disimpegno che è diventato il lemma del suo partito nel corso della campagna elettorale.

La Spagna lo ha votato perché lo vuole così e perché, dopo la strage dell'11 marzo, ha definitivamente deciso che non vale la pena combattere la guerra che il terrorismo ha dichiarato e che è meglio nascondersi: chissà che non ci vedano, hanno pensato gli spagnoli, e ci lascino in pace. Zapatero è il capo di governo ideale di questa Spagna che tutti – oltreoceano – consideravano un alleato fedele contro il cancro terrorista, ma il cui impegno in prima linea si doveva soltanto al senso di responsabilità di quella classe dirigente che tra il giovedì di sangue e la domenica della paura è stata invece severamente castigata. "*Lasciateci in pace*", dice la Spagna. Ma non lo dice ai terroristi che l'hanno colpita: lo dice ai politici che le ricordano che i terroristi possono colpirla, che provano a fare qualcosa per impedirlo e che dopo un attacco hanno perfino la malsana idea di affermare che forse bisogna fare di più. La Spagna, come l'Europa, non ha voglia di tutto questo. Non vuol essere disturbata, ha altro a cui pensare. Ecco perchè Zapatero è l'uomo giusto per questo paese. *Bambi* – lo chiamano così i suoi avversari politici – oggi ha fatto la dichiarazione che tutti si aspettavano da lui: via dall'Iraq. Andate in pace.

*******

357170.html).

# SOLTANTO UN INCIDENTE DI PERCORSO

Per chi ha vinto le elezioni di domenica, l'11 marzo è una pagina da archiviare velocemente. C'è sì il dolore da rispettare, il ricordo delle vittime da onorare, il lutto da mantenere. Ma presto e inesorabilmente il più grave attacco terroristico ad una democrazia occidentale dopo quello dell'11 settembre sarà derubricato alla voce "*tragedia*" in modo da evitare complicazioni. C'è una gran voglia di lasciarsi tutto alle spalle e di tornare ad occuparsi di quel che è familiare, che si è in grado di gestire, che è più semplice pensare: la sanità, l'educazione, la scuola. Zapatero ha un bel dichiarare che la lotta al terrorismo è una sua priorità, ma oggi uno dei temi ricorrenti delle interviste ad esponenti socialisti era l'abolizione dell'ora di religione.

Non ci sarebbe nulla di male nel desiderare un ritorno alla normalità dopo aver vissuto momenti drammatici: se non fosse che ancora una volta questa presunta normalità sarà fondata su una colossale rimozione. Non ci è voluto molto perché l'11 settembre scomparisse dall'orizzonte politico e culturale di un intero continente; ci vorrà ancora meno perchè l'11 marzo venga svuotato del suo significato. Già oggi si percepiva che la consegna era passare oltre, dimenticare in fretta un incidente di percorso che potrebbe costringere a confrontarsi con la realtà chi invece pensa di aver ben altro da fare. L'idea che qualche arresto ed un giudizio davanti a un tribunale possano chiudere l'intera vicenda è già abbastanza diffusa qui in Spagna. Come se questa non fosse una guerra, ma un caso come un altro di omicidio plurimo.

*******

# LA SPAGNA DELLA PACE CELESTE

Dicevano i *media* che il *popolo* era assetatissimo di verità nelle notti di venerdì e sabato scorso. Dicevano che non poteva più aspettare, che voleva sapere tutto e che le ore di incertezza che lo separavano dall'attentato del giorno prima erano la dimostrazione dell'ultimo intollerabile abuso che il governo *autoritario* di José Maria Aznar stava perpetrando ai suoi danni. Da qui le manifestazioni *"spontanee"*, da qui la rumorosa indignazione che spingeva folle di manifestanti a circondare le sedi del Partito Popolare nelle maggiori città del paese.

La storia dei quattro giorni che hanno cambiato la Spagna (e non solo) non è poi così difficile da capire se solo si considera che da domenica notte tutta quell'ansia di verità si è improvvisamente placata. Le indagini proseguono al ritmo con cui erano iniziate ed un quadro complessivo di quanto successo è ancora lungi dall'essere delineato, nonostante gli arresti degli ultimi giorni. Ma il *popolo* non ha più fretta. Non teme nemmeno più di essere ingannato. Non urla più la sua rabbia e il suo desiderio di giustizia. Perché? Forse perché quei *media* e quel *popolo* hanno ottenuto quel che stava loro a cuore. E non era esattamente *"la verità tutta la verità"*. Domenica sera Aznar non contava più niente. Nemmeno il terrorismo contava più niente. Per qualcuno nemmeno i duecento morti contavano molto. Contava solo Zapatero e la nuova Spagna della pace celeste. Al *popolo* - che in quelle notti ci veniva descritto come la coscienza critica di un paese ottenebrato dalle menzogne della *junta* della Moncloa - non sembra interessare troppo come questo sia potuto accadere. In fondo già conosce la risposta.

**P.S.** Degli errori del *PP* nella gestione della crisi ho già parlato. Del linciaggio organizzato a cadaveri ancora caldi dall'opposizione politica e mediatica non si parlerà mai abbastanza.

31 marzo

## L'UOMO AI MINIMI TERMINI

Le immagini del ragazzino palestinese mandato ad uccidere e a morire ad un posto di blocco non hanno ricevuto in fondo tutta l'attenzione che avrebbero meritato. La perversione morale di una decisione del genere dovrebbe da sola dare la misura del livello di fanatismo e di cinismo che alimenta il terrore. Quel che è successo – e non è la prima volta – supera ogni normale criterio di valutazione della realtà: destinare deliberatamente al macello i propri bambini dopo averne distrutto l'infanzia a colpi di indottrinamento ideologico è il segnale di un livello di abiezione difficile non solo da spiegare ma perfino da concepire.

Di tutto questo dobbiamo ringraziare l'ANP di Yasser Arafat ed il sistema criminale e criminogeno che ha costruito attorno a sé. Quel ragazzino non andava restituito a chi ne aveva fatto una bomba umana: andava portato via da lì per sempre. Stupefacente ancora una volta il silenzio dell'ONU, degli irriducibili della *causa palestinese* e dei tanti sempre pronti a dare lezioni di legalità e di morale. Hussam era un palestinese di sedici anni e stava per essere ammazzato non da israeliani ma dai suoi connazionali per un brutale calcolo politico: piuttosto imbarazzante per la *causa*. Meglio conservare l'indignazione per altre occasioni e fare come se non fosse successo niente. Ma non basta. Per qualcuno era tutta una messinscena israeliana con tanto di *cameraman* al seguito. Il senso della vergogna, questo sconosciuto.

12 maggio

## ROVESCIARE TUTTO

Oscilla tra il comico e il tragico il diffuso ragionamento secondo il quale, se a compiere violazioni dei diritti umani sono le democrazie, ci troviamo di fronte ad uno scandalo senza giustificazioni, mentre, quando a farlo sono le dittature o i terroristi (ciò che sempre avviene), questo rientra nella logica delle cose e va in un certo senso accettato con rassegnazione. Dal che consegue che basterebbe dichiararsi dittatori o terroristi per poter fare tutto quello che si vuole senza subire la condanna morale riservata ai sistemi democratici. Si tratta di uno dei prodotti avvelenati di quell'ipocrisia generalizzata che con Abu Ghraib ha mostrato il suo volto più sconcio: la democrazia come aggravante, la dittatura come attenuante. Il mondo capovolto di nuovo e sempre.

E se provi a spiegare che *ogni* violazione dei diritti umani - indipendentemente da chi ne sia l'autore - è una vergogna senza attenuanti, cercando allo stesso tempo di non perdere di vista la differenza quantitativa che distingue l'eccezione dalla regola e quella qualitativa basata sulla semplice constatazione che la democrazia rivela e punisce mentre la dittatura incoraggia e premia, allora sarai tu ad essere tacciato di doppiezza e ambiguità. A volte viene da chiedersi se ogni epoca abbia avuto la sua confusione o se sia questa la peggiore di tutte.

20 maggio

# UN EUFEMISMO CI SEPPELLIRÀ

Dopo gli attentati dell'11 marzo la comunità musulmana residente in Spagna ha cominciato a chiedere a gran voce che i *media* non usassero l'aggettivo *islamico* per definire il terrorismo. I campioni del *politicamente corretto* hanno prontamente acconsentito: in alcuni casi si ricorre alla parola *islamista* ma è frequente oggi sentir parlare semplicemente di terrorismo *internazionale*. Questa ennesima opera di rimozione collettiva non solo offende la realtà ma rappresenta un alibi per gli stessi musulmani: inutile cercare di capire cosa sta succedendo perchè il terrorismo non c'entra con la religione. Ancora una volta la nostra società nel suo insieme preferisce una rassicurante menzogna all'assunzione di reponsabilità. Chi scrive non ha mai pensato che il terrorismo sia un prodotto necessario dell'Islam: lo è del totalitarismo, dell'assenza di libertà, della mancata circolazione delle idee, della società chiusa, dell'ideologia. Ma allo stesso tempo l'ipocrisia che vorrebbe cancellare il contesto (anche religioso) nel quale certi fenomeni si producono non fa che rinviare o - peggio - impedire la ricerca di una soluzione.

24 agosto

## CINA. PENSIERI SPARSI

Tre settimane passate in un paese così lontano[46] (in ogni senso) non fanno di un viaggiatore un esperto ma di certo permettono di confrontare la propria percezione con la realtà. A parere di chi scrive, visitare la Cina è ancora – nonostante i grattacieli di Shanghai e i lunghi viali rimodernati di Pechino – un salto indietro nel tempo. Del *miracolo economico* cinese si parla ogni giorno sui giornali ed è evidente come milioni di persone possano oggi godere di un livello di vita che mai avrebbero potuto immaginare alla morte di Mao. Ma i colori e gli odori che tornando a casa vi porterete dietro saranno ancora quelli di un'arretratezza cronica e di una povertà diffusa. Come tutte le nazioni che ne hanno condiviso il destino la Cina è chiaramente un paese piagato da sessant'anni di socialismo reale, a cui le riforme economiche più o meno radicali dell'ultimo ventennio hanno cercato di conferire un nuovo volto. Il problema è che il corpo resta profondamente malato. La Cina è l'ennesima conferma (in questo caso vivente) del disastro del marxismo-leninismo: cresce e genera speranze laddove ha abbandonato l'ideologia, è piegata su se stessa e

---

[46] All'indirizzo che segue si possono trovare alcune immagini scattate nel corso di quel viaggio
(http://www.flickr.com/photos/enzrealepast/sets/721576218231 56919/).

produce dolore e paura dove l'ha mantenuta. Direttamente o indirectamente, tutto in Cina rivela questo fallimento. Anche i dettagli. In una mappa di Xi'an (il *centro storico* del paese) distribuita dalle autorità locali e destinata agli stranieri si legge: "*Negli ultimi anni Xi'an si è data un modello di sviluppo di tipo occidentale che permetterà di accogliere sempre più turisti con amicizia e ospitalità*". Interessante, no? Decenni di indottrinamento ideologico (che continua) contro l'imperialismo, la depravazione borghese e il demone capitalista, e quando la *Grande Proletaria* si muove deve prendere come esempio il modello tanto esecrato. Ovviamente la versione che i padroni del pensiero forniscono ai loro sudditi è un po' diversa: come insegnava Deng si tratta di costruire il socialismo "*adattandolo alla realtà cinese*". Forse è per questo che spuntano come funghi banche e industrie, ma nelle edicole è impossibile trovare un giornale o una rivista in lingua inglese. Forse è per questo che la *modernizzazione* della Cina assomiglia più a un nuovo piano quinquennale adeguato ai tempi che a una effettiva liberalizzazione economica. Forse è per questo che capitalismo e libero mercato in Cina non sono sinonimi. Se la libertà economica prendesse piede sul serio non ci sarebbe più posto per il Partito Comunista che, fino a prova contraria, continua ad autolegittimarsi in quanto guida dell'economia e della società e la cui dottrina ufficiale resta il marxismo-leninismo interpretato attraverso il pensiero di Mao. Lo Stato potrà anche privatizzare fabbriche e fattorie ma non cederà mai l'iniziativa ed il controllo. E all'occidente potrà perfino non importare, ma la nuova Cina non nascerà davvero finché non morirà il regime.

Apparentemente quella cinese non è la società grigia, spenta, anestetizzata, che chi ha viaggiato nei paesi del blocco sovietico nel corso e alla fine dell'era comunista ha potuto conoscere. Le città sono in genere caotiche e disordinate e i cinesi dappertutto. Ad ogni ora si cucina e si mangia e tutto avviene per strada (quasi sempre in condizioni igieniche molto precarie). La circolazione delle auto e delle biciclette è completamente fuori controllo e i pedoni sanno i rischi che corrono. La sensazione è che – al di là del processo macroenomico in corso – la popolazione viva ogni giorno delle piccole attività commerciali aperte al pubblico spesso fino a tarda ora. In Cina si può mangiare (bene) con un euro e mezzo, ci si può vestire con quattro euro, un CD musicale ne costa uno. Alla lunga per un occidentale è faticoso muoversi in un ambiente così difficile da decifrare: Luoyang per esempio è una città di tre strade e sei milioni abitanti. Il governo sta continuando a spostare gente dalle campagne come se avesse un piano. Ma gran parte della popolazione urbana si trova in condizioni di evidente degrado. Non c'è nulla di esotico nella sporcizia e nella miseria: solo lo specchio di un regime che ha sempre utilizzato i cinesi come pedine da muovere a piacimento in un gioco di cui non sono mai stati protagonisti. Camminare in un mercato di Luoyang, nel quartiere musulmano di Xi'an, nelle strade sterrate di Yan'an, tra le baracche addossate ai grattacieli di Shanghai aiuta a capire perchè la Cina sia ancora al novantaquattresimo posto nell'*Indice di Sviluppo Umano* delle Nazioni Unite a venti lunghezze dall'Albania, tra l'Azerbaijan e la Georgia.

In Cina si contano 55 nazionalità oltre alla *Han* che è la principale (91 %): mongoli, manchu, kirghizi, uiguri, tagichi e così via. Lo Stato dichiara ufficialmente di garantirne i diritti e di proteggerle in condizioni di uguaglianza. Ovviamente è un'altra menzogna. Se prendi un treno capisci che i cinesi non sono "*tutti uguali*", nemmeno fisicamente. Ne vedi molti di volti diversi, uomini, donne, anziani, bambini in piedi o seduti nelle gigantesche sale d'attesa, a volte ben vestiti, più spesso con abiti e borse di fortuna. Aspettano. Anche se hanno tutti il biglietto con il posto assegnato, magari sono lì da ore e quando si aprirà il cancello in mille correranno verso l'entrata spingendosi per passare. E non capirai perché. In Cina succede spesso di non capire perché. La Cina delle sale d'aspetto delle stazioni è un affresco che a parole non puoi dipingere.

Riuscite ad immaginare un paese di un miliardo e trecento milioni di persone in cui ufficialmente non succede mai niente? E' la Cina. Non una protesta, non una manifestazione, non uno sciopero, non una pubblica discussione. Niente. Se c'è un tifone, un incontro tra capi di stato, un aumento del prodotto interno lordo, una medaglia olimpica, la Cina è notizia. Ma dentro la Cina, nelle sue strade, nelle sue piazze – nonostante i rumori di clacson e venditori ambulanti - tutto tace. A pensarci meglio una volta qualcuno aveva provato ad alzare la testa e la voce, ma non era finita bene e a scanso di equivoci hanno pensato di cancellare ogni traccia. Quando siete là questa cosa vi spacca la testa. Guardate i cinesi pedalare, giocare, caricare un carro, leggere un giornale e non riuscite a farvene una ragione.

Come si fa a tenere sotto controllo quasi un quarto del pianeta senza che a nessuno vengano ogni tanto strane idee? Evidentemente i dittatori di Pechino ci riescono. Lo fanno da *Zhongnanhai*, che è il quartier generale del governo cinese. La *Xinhua* è la porta d'ingresso e anche l'unica che è consentito fotografare: qui nella notte tra il 19 e 20 aprile 1989 dei *pazzi* che chiedevano democrazia si scontrarono con la *gloriosa Polizia del Popolo* e da quel momento vennero bollati come *controrivoluzionari*, con tutto quel che ne seguì. Ai suoi lati si legge: *"Lunga vita al Grande Partito Comunista Cinese!"* e *"Lunga vita all'invincibile pensiero di Mao Tse Tung!"*. Nonostante questo nome sia convenzionalmente attribuito alla storica residenza degli imperatori, è Zhongnanhai la vera *città proibita*. Il potere è dentro quel recinto a cento metri da Tiananmen. Un muro ed un lago separano dal resto del mondo gli uffici e le residenze dei dignitari del regime, il Consiglio di Stato, la Segreteria del Partito. Ovviamente è impossibile entrare ma anche sostare in prossimità degli altri ingressi o scattare foto ravvicinate (se non di nascosto).

Tra segretezza ed esaltazione collettiva è trascorsa la storia di questo paese nell'ultimo cinquantennio. Le aberrazioni dell'epoca di Mao hanno insegnato ai suoi successori che si può decidere della vita (e della morte) di un popolo anche senza esporsi troppo. Per questo oggi la propaganda è più puntuale che invasiva: alle statue e alle classiche immagini della nomenclatura affisse dappertutto, il Partito preferisce gli slogan nei luoghi più frequentati a richiamare le *conquiste* della Rivoluzione, i giochi militari per bambini in televisione, i manifesti che invitano ad arruolarsi nel già imponente apparato di sicurezza statale, i pellegrinaggi ai luoghi di culto del comunismo. Non si va più in piazza col libretto rosso in mano ma non per questo il cittadino può permettersi di dimenticare che il *Grande Fratello* lo osserva e vigila su di lui. La censura, il controllo totale dei mezzi di comunicazione, l'assenza di qualsiasi fonte di informazione non filtrata dal Centro (si capisce perché Internet rappresenti per molti una via di fuga e una speranza) ed i settanta milioni di iscritti al Partito fanno il resto.

E' evidente che – da solo - lo sviluppo a tratti prepotente che la caratterizza non potrà fare della Cina una società aperta al mondo. E' come se i cinesi te lo rivelassero tutte le volte che riescono a scambiare con te qualche parola in inglese. Dallo straniero vogliono sapere del suo lavoro, della sua città e soprattutto quanto costa andare via. Puoi sentirti chiedere con pudore ma senza mezzi termini se arrivi *"da un paese ricco"* e magari incontrare una ragazzina di dodici anni un po' diversa dalle altre che ti racconta il suo sogno di un futuro londinese. Al di fuori del circuito classico Shanghai-Xi'an-Pechino, un occidentale che visiti la Cina suscita ancora curiosità, la sensazione di sentirsi osservati è a tratti imbarazzante e capita spesso di essere fermati da chi ti chiede una foto. Pensate a un miliardo e trecento milioni di persone. Pensatele a una sola dimensione. Quella pubblica, civile, partecipativa, politica non esiste. Se l'è presa un giorno il Partito e non l'ha ancora mollata. In mezzo ai rumori di fondo la Cina è un grido silenziato.

Yan'an è una località di circa centomila abitanti (per la Cina sono pochissimi) situata nella zona settentrionale della provincia dello Shaanxi. Vi si rifugiarono i comunisti nei tredici anni che precedettero la conquista del potere, pianificando la Rivoluzione. La religione atea della falce e martello in versione cinese ha qui il suo santuario ed il santino di Mao la sua consacrazione. Si può così ammirare il Mao osannato dal suo esercito popolare, il Mao assorto in pensieri profondi, il Mao che svela ai suoi discepoli i segreti del marxismo-leninismo, il Mao a cui mancano solo i baffetti, il Mao che proclama la Repubblica Popolare Cinese. Continuando il viaggio nell'atmosfera da cartolina sbiadita di

Yan'an ci si imbatte poi nel *Quartier Generale Rivoluzionario* di Yangjialing (il più antico dei tre che i comunisti occuparono), con la sala dei primi comitati centrali in cui Mao fu ufficialmente confermato *leader* del Partito. Starci dentro fa un certo effetto. Oltre a Mao risiedevano in questa roccaforte a ridosso della montagna Zhou Enlai, Liu Shaoqi e Zhu De. L'ultimo *Quartier Generale* fu invece quello di Wangjiaping: salone delle assemblee, stanza delle riunioni, abitazione del *leader máximo* e dei compagni di lotta di cui sopra. Non più grotte scavate nella roccia ma appartamenti in piena regola. La Rivoluzione non è un pranzo di gala ma non esageriamo. A un metro da tutto questo la gente vive di espedienti: i successi della Rivoluzione. Ma a Pechino il problema di immagine non sembra interessare più di tanto: in fondo qui ci vengono solo cinesi. La prima sensazione, dopo Yan'an, è quella di aver visitato un museo a cielo aperto. Poi ti fermi a pensare che quel che hai visto non è solo una lezione di storia del ventesimo secolo ma è anche il presente di questo sconfinato paese: e un brivido ti corre lungo la schiena.

Tiananmen è bianca, bellissima. Così grande che non sai da dove cominciare a guardarla. Così semplice nella sua imponenza da far quasi paura. Dal 1949 è il simbolo del potere dei nuovi imperatori della Cina. Dal 1989 anche di qualcos'altro che però non si può dire. Prima di aprirsi, la piazza è obbligata a ricordarti in che paese ti trovi e che storia stai vivendo: il Mausoleo di Mao ti sbarra la strada. Il *Presidente* (come lo chiamano i cinesi) è sotto vetro al centro di una sala che file ordinate di persone percorrono per qualche secondo con lo sguardo fisso al cadavere, avvolto in una bandiera comunista. Però la scena che non dimenticherai mai ha luogo poco prima: dalla coda si staccano a turno in tre o quattro - uomini, donne e bambini – per deporre fiori e inchinarsi davanti alla statua del più grande carnefice del ventesimo secolo. Basterebbe questa istantanea che è vietato scattare a spiegare la forza con cui la menzogna e l'ideologia continuano ad ammorbare la Cina del ventunesimo.

Trentasei metri è alto il *Monumento agli Eroi del Popolo* che ti accoglie all'uscita. Gli *Eroi del Popolo* ovviamente sono gli *eroi* del regime le cui gesta *rivoluzionarie* sono scolpite come bassorilievi sulla superficie dell'obelisco. Quindici anni fa per quarantasette giorni *il popolo* se lo riprese, vi si sedette intorno, vi appese cartelli che parlavano di democrazia e vi costruì vicino una cosa che assomigliava tanto alla Statua della Libertà. Oggi il monumento è recintato e circondato da guardie. Sul lato ovest della piazza si erge il *Palazzo dell'Assemblea Nazionale del Popolo* (il parlamento). L'*Assemblea* è l'unico organo istituzionale che i cinesi possono visitare. Infatti non conta niente: si riunisce una volta l'anno e si limita a ratificare le decisioni che il Partito ha già preso. E siccome la simmetria vuole la sua parte, sul lato est risponde il *Museo Nazionale di Storia Cinese*. Poi Tiananmen può ricominciare.

A Tiananmen una notte arrivarono i carri armati. Era primavera inoltrata, tra il 3 e il 4 giugno. I primi scontri tra militari e cittadini cominciarono verso sera all'altezza di un ponte lungo il viale Fuxingmenwai. Le *truppe del popolo* scendevano dalla periferia ovest ma *il popolo* proprio non voleva lasciarle passare. Così presero a sparare a raffica. Sul *popolo*. Due ore e qualche chilometro dopo, il primo autoblindo entrò nella piazza dal viale Chang'an occidentale (la prosecuzione di Fuxingmenwai) sotto lo sguardo attento dei mandanti riuniti a *Zhongnanhai*, a pochi metri da lì, e del *Grande Timoniere* pieno di orgoglio. All'una tutte le truppe della legge marziale erano a Tiananmen secondo gli ordini ricevuti. Il grosso del lavoro era già stato fatto. Alle 4 si spensero le luci. Alle 5.40 era tutto finito.

Oggi la Cina celebra i cento anni dalla nascita di colui che di fatto decise il massacro, il *Piccolo Timoniere* Deng Xiao Ping.. Al *Museo Nazionale* si cantano le lodi di *"un grande uomo del ventesimo secolo"*. All'*Assemblea del Popolo* si prepara lo spettacolo in suo onore. Il regime mostra il suo volto più vigliacco. La repressione di Tiananmen ovviamente non è mai avvenuta. Quel che successe fu il ristabilimento dell'ordine turbato da una *"sommossa controrivoluzionaria"*. Gli studenti e i cittadini che, non solo a Pechino ma in tutte le principali città del paese, si mobilitarono contro la dittatura sembrano ormai cancellati dalla memoria collettiva. Tutto fa pensare che i padroni del pensiero ce l'abbiano fatta. Ma – si sa – a volte i fantasmi ritornano. E ogni celebrazione ha il suo giorno: tempo al tempo. Tiananmen è bianca, bellissima.

5 settembre

# IL CORAGGIO DI NON NASCONDERSI

Di fronte alle immagini da lager[47] che giungevano dall'ultimo inferno del fondamentalismo terrorista (Beslan), c'è chi non ha trovato di meglio che chiedere "*spiegazioni*" alle autorità russe[48] o invocare un Michael Moore moscovita che mettesse a nudo (magari con la medesima dose di onestà intellettuale) le presunte responsabilità del Cremlino. Fin qui nessuna sorpresa: se muoiono tremila innocenti a New York è per il colpo di stato in Cile di ventotto anni prima e se quaranta persone ci lasciano le penne in un ristorante di Tel Aviv è perché nel 1948 qualcuno ha avuto la malsana idea di dare una terra a quegli *straccioni* di ebrei. A queste pillole quotidiane di pensiero canagliesco siamo purtroppo abituati.

Quando si arriva dalle parti di Grozny però succede che anche molti di coloro che generalmente di questo pensiero rifiutano premesse e conseguenze cedano alla tentazione di omologarvisi. Per farla breve: il fatto che Putin sia un criminale di guerra nulla aggiunge e nulla toglie alla barbarie

---

[47] Da Repubblica alcune istantanee sulla tragedia di Beslan (http://www.repubblica.it/popup/servizi/2004/ossezia/index.ht ml).

[48] Corriere della Sera, 3 settembre 2004: "L'Ue alla Russia: spieghi la tragedia" (http://www.corriere.it/Primo_Piano/Esteri/2004/09_Settembre /03/reazioni.shtml).

che gli esecutori di un'ideologia di morte hanno perpetrato ai danni di migliaia di persone e centinaia di bambini in una scuola dell'Ossezia. Se è vero (come è vero) che il terrorismo non ha dalla sua ragioni e giustificazioni ma soltanto scuse e pretesti, questo vale sempre, anche quando parliamo di Cecenia. Anche perché l'idea di prospettare (più o meno apertamente) un nesso di causalità tra le guerre di sterminio di Putin e del suo predecessore e i cinquecento assassinati nella settimana di sangue che ha colpito la Russia non è soltanto sconsiderata dal punto di vista politico ma è soprattutto offensiva da quello morale: i ceceni sono le vittime della storia, le bestie feroci di Beslan sono i carnefici.

Glucksmann a proposito dell'11 settembre definiva *"un'indecenza"* associare il terrorismo alla povertà nel mondo: tra la lotta per la sopravvivenza e la decisione di distruggere il pianeta c'è un abisso. Allo stesso modo (e anche se Glucksmann probabilmente questa volta non riuscirà ad essere altrettanto netto) è un'indecenza accostare - perfino in buona fede, perfino con le migliori intenzioni - le sofferenze dei ceceni al fanatismo totalitario dei massacratori di bambini. Il lager di Beslan è uno dei più infami campi di sterminio di questa guerra contro i civili dichiarata l'11 settembre 2001 ma cominciata molto prima. E se partecipare della rabbia e del dolore delle vittime di questo orrore[49] significa stavolta stare dalla parte di Putin, bisognerebbe avere il coraggio di non nascondersi.

---

[49] Corriere della Sera, 5 settembre 2004: "Beslan comincia a seppellire i suoi morti" (http://www.corriere.it/Primo_Piano/Esteri/2004/09_Settembre /05/funerali.shtml).

22 settembre

## MOMENTI DI GLORIA

Lo *zapaterismo* in fondo non è difficile. Se visiti il cratere delle Torri Gemelle e vedi i nomi di tremila assassinati dal fanatismo islamico, spieghi che la soluzione sono la legalità dell'ONU e la parità dei sessi. Se poi fai il tuo esordio ufficiale all'Assemblea Generale, tiri fuori dal cilindro la strabiliante idea dell'*alleanza di civiltà*. Seguite il ragionamento, perché l'uomo ha una sua logica. Zapatero è partito dal concetto-spauracchio di *scontro di civiltà*, che è la scusa di tutti quelli che non vogliono combattere il terrorismo. Quindi ha pensato: io sono quello del dialogo, del *buen talante*, il mio mondo non prevede conflitti. Sul dizionario dei sinonimi e contrari ha cercato la parola *scontro*: sinonimo *battaglia*, contrario *alleanza*. Fatto: *alleanza di civiltà*. Kofi ne sarà entusiasta.

Ovviamente nessuno chiederà mai al *genio del bene* che cosa significhi esattamente la sua brillante proposta, come intenda realizzarla e soprattutto come la illustrerà ad Al Zarqawi o ad Al Zawahiri. Zapatero non ha tempo per questi dettagli. Lui parla in generale. Se dice *no alla guerra* è perché la pace è meglio; se ritira le truppe lo fa perché non è il caso di dar fastidio e poi è giusto che i ragazzi stiano in famiglia; se firma documenti contro la fame nel mondo è perché è più bello se tutti hanno un pollo al giorno; se promuove il catalano all'Unione Europea e gli fanno notare che in Spagna ci sono anche altre lingue nazionali, lui ci metterà un secondo a promettere a tutti il loro momento di gloria. Nel meraviglioso mondo di Zap non esiste il male. Ci sono solo sorrisi, dialogo, alleanze, amore. Lui è andato a spiegarlo a New York tutto contento. E se mai un giorno – grazie a qualcun altro - il terrorismo sarà ridotto ai minimi termini e il mondo arabo avviato verso la democrazia, Zapatero sarà in prima fila a rivendicare il risultato con il suo rassicurante sorriso: "*Ve l'avevo detto che si poteva andare a cena tutti insieme*".

Oggi *El Periódico* esce con una prima pagina che la dice lunga sullo stato dell'arte del giornalismo spagnolo: la foto di Zap e quella di Bush accostate, sotto il titolo a nove colonne: "*Antagonisti*". Sottotitolo: "*Zapatero all'ONU smonta la politica di Bush contro il terrore*". Peccato che del suo discorso si siano accorti solo in Spagna. Anzi, meno male.

17 ottobre

# FINCHÉ MORTE NON CI SEPARI

Nella maggior parte dei casi, le opinioni favorevoli ai matrimoni tra persone dello stesso sesso riconducono la questione ad un semplice problema di libertà di scelta: un concetto che, in generale, qui si apprezza parecchio ma che in certi casi non basta a spiegare tutto. A mio parere l'equivoco di fondo consiste nella definizione del matrimonio gay come *"diritto"* e nella relativa pretesa di includere nella categoria dei *"diritti"* ogni rivendicazione - per quanto rispettabile o condivisibile - di qualsiasi gruppo sociale.

In primo luogo, il fatto che gli omosessuali (o alcuni tra essi, o i loro rappresentanti) ritengano che il matrimonio sia un concetto del tutto indipendente dall'identità sessuale non implica automaticamente che così debba essere per chiunque (opinione pubblica, istituzioni, legislatore). Ma soprattutto è falso che l'impossibilità di accedere ad una medesima condizione giuridica di altri soggetti determini sempre e comunque una discriminazione. In quanto negozio giuridico, dal matrimonio discendono diritti ed obblighi. Ma in ogni contratto (o negozio giuridico bilaterale), esistono anche motivi di *incapacità* che non ne consentono la stipula a determinati soggetti senza che per questo si gridi all'intollerabile diseguaglianza di trattamento (prego astenersi dal *"come puoi paragonare l'essere gay con la minore età del contraente..."*, perché non coglie nel segno). Sembra invece che i sostenitori *senza se e senza ma* del matrimonio tra persone dello stesso sesso considerino il suo mancato riconoscimento come violazione di un diritto alla stessa stregua (per esempio) della privazione del voto o di altri diritti civili e politici. La tesi però è quantomeno discutibile. I diritti civili e politici - almeno nella dottrina liberale – appartengono alla persona in quanto tale. La loro negazione risulta intollerabile perché priva la persona di prerogative fondamentali senza le quali la piena espressione della propria personalità, delle proprie ambizioni, del proprio essere diventa impossibile. E' per questo che nessuna inclinazione sessuale, nessuna credenza religiosa, nessuna appartenenza etnica possono – nelle società che rispettano i diritti individuali – giustificare la violazione o la negazione di queste prerogative. E' per questo che, se si impedisce ad un omosessuale (in quanto tale e in quanto persona) di votare o ad un nero (in quanto tale e in quanto persona) di esprimere pubblicamente la propria opiniones, si commette un crimine. Ma l'estensione del matrimonio a persone dello stesso sesso non risponde alla medesima logica perché, invece di riconoscere un'uguaglianza di diritti nella diversità, annulla la diversità in nome del riconoscimento di un preteso diritto.

Quel che più sorprende, infatti, nei fautori del matrimonio tra omosessuali è il darne per scontata l'assoluta equiparabilità al matrimonio eterosessuale: il caso spagnolo è – ancora una volta – esemplare. Il governo socialista ha approvato una riforma di questa portata senza che nella società si sia sviluppato alcun dibattito al proposito. Ogni voce contraria è stata immediatamente bollata come "*reazionaria*" e "*retrograda*" e la componente cattolica (che può non piacere ma esiste ed ha un peso) semplicemente tacitata e spesso in modo sprezzante[50]. Ora: si può pensare quel che si vuole del matrimonio omosessuale e certamente sia chi è favorevole sia chi è contrario ha dalla sua argomenti sostenibili. Ma che si tratti di materia controversa è sicuro. Anche senza scomodare improbabili teorie su

---

[50] Repubblica, 17 ottobre 2004: "La Chiesa non è d'accordo? In Spagna decide il governo"
(http://www.repubblica.it/2004/j/sezioni/esteri/spagnazapa/intv zapat/intvzapat.html).

sconvolgimenti epocali che la riforma provocherebbe nel tessuto sociale, è chiaro che matrimonio eterosessuale e matrimonio omosessuale *non sono la stessa cosa,* per alcune ragioni evidenti che sarebbe superfluo perfino sottolineare. Ciò non implica di per sé il rifiuto del secondo, ma la mancata considerazione di questa differenza rende dubbie le motivazioni di una sua acritica accettazione.

Ecco perché far passare una decisione dalle forti connotazioni ideologiche (l'ideologia è il motore di ogni mossa del governo Zapatero) come l'unica possibile, nella pretesa di rappresentare *eticamente* l'intera società e tentando (riuscendoci) di emarginare ogni voce dissenziente, è un po' come trattare da *pariah* un commissario europeo cattolico dopo aver fatto scempio delle sue dichiarazioni e poi andare a dormire convinti di aver dato lezioni di progresso[51].

---

[51] Mi riferisco al caso-Buttiglione, aperto dalle sue dichiarazioni dell'ottobre 2004 davanti a una commissione del Parlamento Europeo, in cui definiva l'omosessualità "un peccato ma non un crimine".

2005

29 marzo

# TERRI SCHIAVO: E ADESSO?[52]

Si può essere a favore dell'eutanasia e allo stesso tempo considerare moralmente intollerabile la morte per fame di Terri Schiavo. Così come si può essere difensori della certezza del diritto e del rispetto delle leggi e costituzioni vigenti e contemporaneamente ritenere che la fine decretata per questa donna dai tribunali sia profondamente ingiusta. Terri Schiavo non è una malata terminale che sta trascorrendo i suoi ultimi giorni tra indicibili sofferenze. Non è destinata a morire in breve tempo della sua malattia o del suo *handicap*. Non è cerebralmente deceduta come qualcuno si è spinto a sostenere. Il funzionamento dei suoi polmoni o del suo cuore non dipende dal collegamento ad una macchina che garantisca la sua sopravvivenza. Di sicuro non può mangiare da sola e anche se nessuno è capace di determinare davvero le sensazioni che prova, di lei si sa per esempio che non è in grado di formulare un pensiero razionale, né di controllare i propri movimenti, né di usare (e probabilmente capire) suoni o segnali.

Tutto ciò rende la sua vita indegna di essere vissuta? La risposta per molti di noi è sicuramente sì. Ma ciò autorizza chi la circonda - in assenza di un suo consenso esplicito - a decidere che lei non debba viverla? O non obbliga piuttosto a fornirle l'aiuto di cui ha bisogno per continuare la sua esistenza come si farebbe (e si fa) con altri portatori di

---

[52] Da Ideazione.com, 29 marzo 2005.

*handicap*? Anche se la *rule of law* è stata perfettamente rispettata e la decisione giudiziale è intervenuta al termine di un procedimento lungo quindici anni, è difficile negare che l'interruzione dell'alimentazione artificiale per Terri Schiavo assomigli tanto, troppo, al rifiuto di portare il cibo alla bocca di una persona paralizzata agli arti superiori e non in grado di far valere la propria volontà a causa di una qualsiasi menomazione psichica. In entrambi i casi siamo di fronte ad un caso di morte sociale, ma davvero ce la sentiamo di far discendere da questa condizione di debolezza e di oggettiva incapacità a relazionarsi con il mondo esterno la morte fisica dell'individuo?

Non serve scomodare paragoni impegnativi e il più delle volte impropri per rendersi conto che nel caso Schiavo si è saltato almeno un passaggio: se è come minimo discutibile che la vita vada difesa ad ogni costo e contro ogni evidenza è a maggior ragione opinabile che della vita di un soggetto terzo si possa disporre in base a mere considerazioni di carattere qualitativo. Anche i più allergici a valutazioni di tipo religioso o semplicemente etico devono riconoscere che una volta intrapresa la strada della *selezione*, intendendo il termine nel senso più letterale possibile, diventa difficile stabilire dove e quando fermarsi. Perché Terri Schiavo no e un altro sì?

A questo punto si potrebbe obiettare: nessuno ha deciso per lei, è stata lei in un momento della sua vita *cosciente* a chiedere di non essere mantenuta in vita artificialmente. L'argomento è di peso per un liberale. Ma anche volendo credere alla versione del marito e tutore (i giudici lo hanno fatto, e tanto basta in uno stato di diritto) e pur sorvolando questa volta sulle tante decisive sfumature della definizione di *"vita artificiale"*, resta un problema fondamentale: la Terri Schiavo che così si espresse in una determinata epoca della sua vita non è la stessa Terri Schiavo che adesso si trova effettivamente nello stato precedentemente ipotizzato. E' al consenso manifestato nella condizione presente che eventualmente ci si dovrebbe attenere, non ad una espressione di volontà nata in un contesto del tutto differente.

Però Terri Schiavo oggi è così muta che la si può solo

interpretare e la sua vicenda assume ogni giorno di più i tratti di una macabra riedizione della scommessa pascaliana: puntare sull'esistenza di Dio o sulla non-esistenza? Stavolta non è necessario scomodare il Padre Eterno (per chi ci crede) per rendersi conto che nella scelta tra la vita e la morte si è scommesso sulla seconda. Terri Schiavo morirà di fame. C'è chi lo chiama abuso (o peggio) e chi lo considera il solo sentiero percorribile nel rispetto della dignità umana. Ma nessuno d'ora in avanti potrà sottrarsi ad una semplice ma inquietante domanda: e adesso?

10 aprile

## LO SPETTRO DEL NAZIONALISMO COMUNISTA[53]

Una petizione *online* riunisce ventidue milioni di firme contro la prospettiva di un seggio permanente per il Giappone nel Consiglio di Sicurezza ONU; manifestazioni in diverse città si concludono con l'assalto ai negozi che distribuiscono prodotti giapponesi; si comincia a parlare con insistenza di boicottaggio; e sabato a Pechino erano in migliaia a marciare sull'ambasciata. Il tutto negli ultimi quindici giorni e sotto gli occhi di un regime che anche quest'anno *Freedom House* ha inserito nella graduatoria dei più repressivi del pianeta: quello cinese. In un paese in cui non si muove foglia che il Partito non voglia, è lecito chiedersi: cosa succede tra Pechino e Tokyo?

Succede che il governo cinese, preoccupato per la crisi delle vocazioni ideologiche, ha preso a soffiare sul fuoco già acceso del nazionalismo, e a farne le spese è stato il nemico storico. Non è un caso che i protagonisti di questa ondata di risentimento siano soprattutto i giovani, quelli che dell'espansionismo nipponico e dell'invasione del loro paese hanno letto solo sui libri della propaganda e che nelle nuove tecnologie, seppur tra divieti e censure, hanno trovato un'inattesa opportunità di espressione. Tre portali molto popolari in Cina - *Sohu, Sina* e *Netease* - hanno coordinato la raccolta firme senza che, per una volta, la cyber-polizia

---

[53] Da Ideazione.com, 10 aprile 2005.

intervenisse: agli internauti non è sembrato vero di poter aderire a un documento di carattere politico al riparo da ritorsioni. E anche i disordini di Chengdu, Shenzhen e Shenyang - così come la protesta nella capitale - sono stati organizzati da quella che il giapponese *Daily Yomiuri* ha definito "la generazione patriótica", formata da ragazzi tra i venti e i trent'anni educati secondo i dettami dell'ideologia nazionalista che da Tiananmen in poi il regime ha deciso di promuovere.

Alla base dell'odio anti-giapponese (espressione molto diffusa tra i giovani cinesi) c'è la radicata - e in larga misura errata - convinzione secondo la quale il Giappone non avrebbe mai chiesto scusa per la sua aggressione del 1937 e per i crimini di guerra perpetrati. Ma ad alimentare la tensione ha contribuito anche la recente pubblicazione dei nuovi libri di testo per le scuole del Sol Levante, che dipingono la Cina come responsabile della prima guerra scoppiata tra le due nazioni (1894-95) e che definiscono le prove sul massacro di Nanchino (1937) come "*inconcludenti*" e ancora "*oggetto di dibattito*". La visita del premier Koizumi al tempio di Yasukuni - per i giapponesi un omaggio ai caduti, per i cinesi un simbolo di imperialismo - e le rivendicazioni del governo di Tokyo sulle isole Senkaku hanno fornito ulteriori pretesti per accendere gli animi.

Ma segnali che la situazione si è spinta oltre i limiti del consentito sono arrivati negli ultimi giorni dallo stesso Partito Comunista Cinese che, dopo un lungo silenzio ufficiale da interpretarsi come tacita approvazione, ha ordinato ai mezzi di comunicazione di cessare la copertura delle manifestazioni e ai giornalisti di non intervistare i partecipanti. Pechino si trova di fronte a un triplice rischio: il Giappone è il quarto paese per investimenti in terra cinese con un volume complessivo superiore ai 350 miliardi di yen e una crisi nelle relazioni commerciali avrebbe conseguenze enormi; il ruolo della Cina come attore sullo scenario internazionale risulterebbe alla lunga profondamente pregiudicato da una contesa particolaristica e dal sapore provinciale come quella in atto; infine, ma forse il fattore più importante di tutti, nessuno è in grado di garantire che le proteste popolari - permesse o addirittura incoraggiate se anti-giapponesi - non sfuggano al controllo e si traducano in una minaccia per il potere costituito.

Allo stesso tempo la cupola comunista di *Zhongnanhai* ha necessità di continuare a giocare la carta del nazionalismo per due ragioni principali: aumentare la coesione intorno al Partito (e quindi allo Stato) di una popolazione immensa sempre più difficile da controllare e definire a proprio favore gli equilibri geo-strategici dell'area. Impedire al Giappone di contare di più in sede ONU è fondamentale per garantire alla Cina un ruolo politico dominante e potenzialmente esclusivo nel contesto asiatico, ma risponde anche all'esigenza di canalizzare le crescenti tensioni interne dirigendole altrove.

Ufficialmente la Cina non ha ancora espresso la sua opposizione al seggio giapponese, sponsorizzato da Washington. Il suo rappresentante alle Nazioni Unite, Wang Guangya, si è limitato a far sapere che preferirebbe un modello alternativo per l'allargamento del Consiglio di Sicurezza e che, in ogni caso, ogni proposta di cambiamento dovrebbe essere approvata all'unanimità da tutti i paesi membri. Un modo elegante per paralizzare ogni riforma.

Sarà interessante osservare come il regime giocherà la doppia partita sul fronte internazionale e su quello interno. Intanto, per non sbagliarsi, le autorità hanno fatto ritirare dalla circolazione due libri dello storico Yu Jie che negli ultimi quattro mesi avevano venduto cinquantamila copie: parlavano delle relazioni sino-giapponesi e invitavano i cinesi a conoscere il Giappone moderno prima di odiarlo. Propaganda controrivoluzionaria.

19 aprile

## IL BAMBINO E L'ACQUA SPORCA

Anche se viziate da un pessimismo forse un po' prematuro, le considerazioni di Federico Punzi[54] sul Ratzinger-pensiero sono in generale appropriate e condivisibili. Il tempo si incaricherà di definire la statura politica e spirituale del nuovo pontefice, ma se dall'omelia di ieri è consentito trarre già qualche conclusione, allora bisognerebbe cominciare col non nascondersi. Il liberalismo è inserito da Ratzinger tra le *correnti ideologiche* che hanno contribuito al formarsi di quella *dittatura del relativismo* giustamente denunciata come uno dei più letali mali della società occidentale. Purtroppo è un passaggio-chiave e non si può far finta di non averlo letto.

Chi ha sempre considerato l'individuo come la misura laica (e per chi vuole perfino religiosa) di tutte le cose, valutando il grado di decenza di una società dal rispetto dei diritti e delle libertà personali (inclusa quella religiosa), e vedendo proprio nel liberalismo l'argine più solido contro relativismo e nichilismo, non può accettare la propria riduzione alla stregua di ideologie che l'individuo hanno costantemente annullato e umiliato.

*"Seguendo la definizione ratzingeriana di relativismo si finisce col*

---

[54] Dal blog *Jimmomo* (http://jimmomo.blogspot.com.es/2005/04/una-prova-di-forza.html).

*buttare il bambino con l'acqua sporca. Ratzinger qualifica come «inganno» ogni frutto del pensiero moderno, la cui colpa è quella di dubitare e di rifiutare l'assoluto, di rendere possibile una tesi e il suo superamento critico, una mentalità e il suo sviluppo. Ciò non significa essere sbattuti qua e là dalle mode del momento o dal proprio incerto e mutevole interesse egoistico, ma poter cambiare opinione in base a un più convincente sistema di pensiero e a un mutato criterio di giudizio. E' forse questa una dittatura?".*

No, esattamente il contrario. L'analisi di *Jimmomo* ha un solo difetto a mio avviso: quello di cedere alla abusata contrapposizione *modernità vs. antimodernità.* Qui non si tratta di pretendere che la Chiesa segua i canoni della *modernità* - ciò che non può e forse non deve fare - ma piuttosto che non ricorra, per legittimare il proprio ruolo, alla demonizzazione di tutto quanto Chiesa non è, e soprattutto di quello che non merita di essere demonizzato.

Mi piacerebbe che i liberali - e soprattutto quelli che oggi salutano l'elezione di Ratzinger come un fatto altamente positivo - rifiutassero senza mezzi termini un tentativo di omologazione così rozzo. Si potrà continuare a definire il tedesco *un buon pastore di anime* anche dopo aver riconosciuto che quel *"dal marxismo al liberalismo"* risulta indigeribile proprio perché espressione dello stesso relativismo che si dichiara di voler combattere.

17 maggio

# LA PIÙ GRANDE DERIVA MEDIATICA DI
# TUTTI I TEMPI

Forse perfino più grande del previsto e il caso *Newsweek* ne è la sublimazione in negativo. Nessuna copia del Corano è stata gettata nel water durante gli interrogatori dei detenuti a Guantanamo[55]. *Newsweek lied, people died* è probabilmente ingeneroso: se davvero si dovesse scoprire che alla rivista hanno mentito sapendo di mentire le implicazioni sarebbero, se possibile, ancora più devastanti. Ma anche senza spingersi fino al limite, resta la domanda di fondo: perché *Newsweek* si è dimostrata così disponibile a credere che la notizia fosse vera? Per la stessa ragione per cui la *CBS* ha fabbricato dei documenti falsi contro il presidente, per cui il *NYT* ha scritto che Bush si è inventato l'esportazione della democrazia dopo che non si erano trovate armi, per cui la *BBC* ha accusato Blair di aver reso *sexy* il dossier sull'Iraq e così via. Per pregiudizio, disonestà, malafede. Per quello strano concetto proprio di certo giornalismo ideologico secondo cui la libertà di stampa diventa autorizzazione alla menzogna (cosciente o meno) quando l'oggetto sono Bush, l'America, l'occidente, mentre richiede cautela fino all'autocensura se dei nemici di Bush, dell'America, dell'occidente si sta parlando. Osserva, tra gli altri, Glenn

---

[55] Ho aggiunto questa frase per richiamare la notizia a cui faccio riferimento nel commento. Non mi ero accorto che, nel testo originale, non ve n'era traccia.

Reynolds[56]:

*"Nobody's arguing that reporters wake up in the morning asking themselves how to lose the war for America. At least I'm not. Er, except maybe for Robert Fisk. But in many ways, they act almost as if they were doing so, and it's no accident"*[57].

Quando, anche nel dare la notizia della ritrattazione dell'articolo, il *NYT*[58] comincia con una frase come questa

*"After a drumbeat of criticism from the Bush administration and others (...)"*[59].

vuol dire che la lezione non è stata ancora capita. Il problema non è che l'amministrazione Bush protesti, il problema è che un certo tipo di giornalismo sta perdendo credibilità grazie anche allo scrutinio costante cui è sottoposto da blog e siti politici vari. Il *perché rovinare una bella storia con la realtà* non funziona più e nei *mainstream media* qualcuno dovrebbe cominciare a prenderne atto. In America, un paese serio, gli scandali vengono alla luce con una frequenza mai vista prima e portano spesso a pubbliche scuse e dimissioni. Ma in Europa quello dell'informazione è un buco nero che nessuno osa o è capace di mettere in discussione seriamente. Negli ultimi tre anni abbiamo

---

[56] Dal blog *Instapundit*
(http://instapundit.com/archives/023022.php).

[57] "Nessuno sta dicendo che i giornalisti si alzino al mattino chiedendosi come far perdere la guerra all'America. Almeno non io. Ehm, eccetto forse per Robert Fisk. Ma in molti casi, agiscono come se lo stessero facendo, e non è un caso".

[58] The New York Times, 17 maggio 2005: "Newsweek Retracts Account of Koran Abuse by U.S. Military"
(http://www.nytimes.com/2005/05/17/politics/17koran.html?ei
=5065&en=bd787b12972e8b2a&ex=1116907200&partner=MYW
AY&pagewanted=print&_r=1&).

[59] "Dopo un bombardamento di critiche da parte dell'amministrazione Bush e di altri (…)".

assistito ad una involuzione mostruosa negli standard etici e professionali, ad una battaglia culturale lanciata contro noi stessi, alla descrizione di un mondo capovolto in cui le vittime diventano carnefici e i carnefici vittime, al trionfo della disonestà intellettuale. E sempre solo in un senso. Ecco, adesso basta. Che la rivoluzione partita dall'America arrivi presto anche qui e smascheri gli scribacchini ammantati di *politically correct* che impartiscono lezioni dalle colonne dei giornali o dagli studi televisivi, regolarmente smentiti dalla realtà e incapaci di riconoscerlo.

Perché il caso *Newsweek* è così importante? Perché rappresenta certa stampa per quel che è, e non può più essere. I giornalisti, quelli seri, dovrebbero essere i primi ad augurarsi che il vento soffi forte. Anche sui blog sdraiati sulla linea.

16 giugno

## BARCELLONA CHIAMA PYONGYANG

Rafael Poch è il corrispondente dall'Asia del quotidiano catalano *La Vanguardia*. Come molti di voi già sanno, in Spagna non c'è bisogno di essere di sinistra per far parte della corazzata del pensiero unico antiamericano e antioccidentale. E' uno *standard*, un modo di essere, un certificato di legittimità sociale. *La Vanguardia* infatti non è un giornale di sinistra, ma se deve parlare della guerra in Iraq pubblica in traduzione Robert Fisk e se deve scegliere tra Washington e Pyongyang ovviamente sceglie Pyongyang. Non ci credete? Confrontate il pezzo di Rafael Poch[60] sulla cerimonia per i cinque anni dal primo incontro tra i *leaders*

[60] La Vanguardia, giugno 2005
(http://www.lainsignia.org/2005/junio/int_025.htm).
[61] Agenzia di stampa ufficiale della Corea del Nord
(http://www.kcna.co.jp/index-e.htm).
[62] "Insieme a 300 ragazze in abiti tradizionali, aspettano – aspettiamo tutti i presenti – l'arrivo della Grande Marcia Nazionale per l'Indipendenza e la Pace, con la quale si celebra il quinto anniversario del primo vertice presidenziale intercoreano in mezzo secolo, tenutosi il 15 giugno del 2000.

(…) I ragazzi e le ragazze sono distesi e allegri. Come tutti gli abitanti di questa capitale, espongono sul petto l'effigie di Kim Il Sung, fondatore della repubblica e padre dell'attuale leader".

del Nord e del Sud con uno dei dispacci di agenzia della *KCNA* [61], e fatemi sapere se trovate significative differenze. Per aiutarvi estrapolo alcune gemme:

*"Junto con 300 chicas ataviadas con trajes tradicionales esperan - esperamos todos los presentes- la llegada de la Gran Marcha Nacional por la Independencia y la Paz, con la que se conmemora el quinto aniversario de la primera cumbre presidencial intercoreana en medio siglo, celebrada el 15 de junio del año 2000.*

*(...) Los chicos y las chicas están distendidos y alegres. Como todos y cada uno de los vecinos de esta capital, llevan en su pecho la insignia con el retrato de Kim Il Sung, fundador de la república y padre del actual caudillo"* [62].

Tutti in trepidante attesa, il vostro corrispondente compreso, tutti i ragazzi *distesi e allegri* nonostante il cattivo tempo, nella migliore tradizione dei paradisi comunisti.

*"Los compatriotas del sur, mojados por la caminata y enfundados en sus impermeables, parecen vivamente emocionados. Entre ellos hay representantes religiosos, budistas, evangelistas, funcionarios y activistas de la reunificación. Mas atrás viene la formación de jóvenes portando, cada uno de ellos, una bandera de la reunificación, blanca con el mapa de Corea en color azul. Bandera sencilla y clara, que los dos países utilizaron por primera vez en 1991 en el campeonato mundial de tenis de mesa celebrado en Japón. Los coreanos lo llaman han y puede definirse como una emoción contenida, un dolor, común en ambas Coreas, ante la amputación que significa la nación partida. Una división de la que serían responsables, dicen, naciones extranjeras. No hay duda de que detrás del han hay mucha materia"* [63].

---

[63] "I compatrioti del Sud, tutti bagnati per la camminata (sotto la pioggia) e riparati dai loro impermeabili, sembrano vivamente emozionati. Tra di loro ci sono rappresentanti religiosi, buddisti, evangelici, funzionari e attivisti per la riunificazione. Segue una formazione di giovani che portano, ognuno, una bandiera della riunificazione, bianca con la mappa della Corea in azzurro. Bandiera semplice e chiara, che i due paesi utilizzarono per la prima volta nel 1991 nel campionato mondiale di ping-pong

Emozione dei fratelli del Sud, rappresentanze religiose come se piovesse (la tolleranza, il progresso), la bandiera della riunificazione *"chiara e semplice"*, la responsabilità straniera nella dolorosa divisione.

*"En 1993, un año antes de morir, Kim Il Sung, presentó los diez principios para la reunificación, en los que se contemplaba un horizonte de confederación de dos sistemas en coexistencia"*[64].

A cosa volete associare il nome di Kim Il Sung se non al termine *coesistenza*? A *guerra di aggressione*, forse? A *Gulag*? Dannati imperialisti.

Attenzione adesso:

*"Para el Norte, la distensión con el Sur del año 2000 no solo tenía un sentido nacional, sino que se esperaba que contribuyera a la normalización de relaciones con Estados Unidos, pero ocurrió lo contrario, porque en Washington llegó al poder una nueva administración cavernícola, firmemente resuelta a mantener la guerra fría en Asia Oriental. La colisión entre la llamada política soleada de distensión de Seúl (versión asiática de la Ostpolitik de Willy Brandt en Europa) y el discurso de Bush colocó en una profunda contradicción al Gobierno de Seúl y obligó a Corea del Norte a dirigir sus exiguos recursos a un programa nuclear, que aquí es visto como el único medio para evitar que ocurran los cambios de régimen ensayados en Iraq, Yugoslavia o Afganistán. Así las cosas, si el Sur quiere estrechar relaciones con el Norte, debe ser más independiente y soberano de EE.UU. Es lo que está ocurriendo"*[65].

---

celebrato in Giappone. I coreani lo chiamano *han* e può definirsi come un'emozione contenuta, un dolore, comune in entrambe le Coree, davanti all'amputazione rappresentata dalla divisione della nazione. Una divisione della quale sarebbero responsabili, dicono, nazioni straniere. Non vi è dubbio che dietro l'*han* ci sono molti argomenti".

[64] "Nel 1993, un anno prima di morire, Kim Il Sung presentò i dieci principi per la riunificazione, in cui si contemplava all'orizzonte una confederazione di due sistemi che coesistessero".

[65] "Per il Nord, la distensione con il Sud dell'anno 2000 non aveva

Il Nord, notoriamente pacifico, ambiva alla normalizzazione dei rapporti con gli Stati Uniti. Buono a sapersi. Ma cosa successe a quel punto? A Washington *"arrivò al potere"* (si suppone perché eletta, ma Poch non ha tempo per questi dettagli) una nuova amministrazione *"di cavernicoli"* (in contrasto con l'illuminato regime di Kim, probabilmente) il cui unico scopo era ricreare uno scenario da guerra fredda in Asia. I *"cavernicoli"* americani mandarono all'aria la straordinaria *sunshine policy* di Seul (che come tutti sanno ha raggiunto risultati storici) e costrinsero - obbligarono - la Corea del Nord (che altrimenti avrebbe continuato a coltivare i suoi campi in fiore) a farsi l'atomica per evitare di essere invasa dagli imperialisti e di fare la stessa fine della Jugoslavia (Milosevic), dell'Afghanistan (Talebani) e dell'Iraq (Saddam). Non fa una grinza, Poch.

*"En abril, el Gobierno de Roh vetó un plan militar conjunto norteamericano de intervención en Corea del Norte para el caso de que este país se colapse"*[66].

---

solo un significato nazionale, ma rappresentava la speranza di una normalizzazione delle relazioni con gli Stati Uniti, però successe il contrario, perché a Washington arrivò al potere una nuova amministrazione di cavernicoli, fermamente decisa a proseguire la guerra fredda in Asia Orientale. La collisione fra la denominata *sunshine policy* di Seul (versione asiatica della *Ostpolitik* di Willy Brandt in Europa) e il discorso di Bush collocò in una profonda contraddizione il governo di Seul e obbligò la Corea del Nord a dirigere le sue esigue risorse a un programma nucleare, che qui si vede come l'unico mezzo per evitare il prodursi dei cambi di regime che hanno avuto luogo in Iraq, Jugoslavia o Afghanistan. Così stanno le cose, se il Sud vuole consolidare le relazioni con il Nord, dev'essere più indipendente e sovrano rispetto agli Stati Uniti. E' quel che sta avvenendo".

[66] "In Aprile, il governo di Roh ha messo il veto a un piano militare nordamericano per un intervento congiunto in Corea del Nord in caso di collasso del paese".

Un genio questo Roh, e Poch i geni li riconosce al volo.

"*Al mismo tiempo, la arrogante política exterior japonesa (pleito histórico con China y Corea) está uniendo a las dos Coreas con Pekín. El ministro de Defensa surcoreano, Yoon Kwang Ung, anunció que Seúl incrementará su relación militar con China. Mientras en la prensa conservadora americana se tildaba al presidente surcoreano de talibán y filocomunista, la respuesta a todo esto vino de Japón*"[67].

All'imperialismo americano si somma quello giapponese (tradizionalmente alleati, no?). E mentre la stampa *conservatrice* americana (ne esiste forse un'altra?) insulta Roh che vuole la pace con Kim mentre Bush preferisce la guerra (chiaro e semplice), il Sud non può fare altro che cercare in Pechino (altro bastione di democrazia) un compagno di strada più affidabile e meno aggressivo degli Stati Uniti. Poch è felice. *La Vanguardia* pure. La Catalogna legge e tace. Vorrei tanto credere che la censura del regime abbia scritto queste righe al posto di Poch. Ma siccome conosco i miei polli, temo che non ce ne sia stato bisogno.

---

[67] "Allo stesso tempo, l'arrogante politica estera giapponese (storico contenzioso con Cina e Corea) sta unendo le due Coree con Pechino. Il ministro della Difesa sudcoreano, Yoon Kwang Ung, ha annunciato che Seul aumenterà le sue relazioni militari con la Cina. Mentre la stampa conservatrice americana trattava il presidente sudcoreano come talebano o filocomunista, la risposta a tutto questo è arrivata dal Giappone".

27 ottobre

# TERMINOLOGIA APPLICATA

Ahmadinejad e il suo Iran non sono *ultraconservatori.*
Sono *fondamentalisti islamici.* La prima espressione serve al
limite a definire la casta al potere a Teheran rispetto alle
componenti *riformiste* all'interno della società iraniana, ma è la
seconda a definirla davanti al mondo. Non è solo una
questione di vocabolario, è un importante elemento di
chiarezza concettuale. Quando i giornali o i commentatori
occidentali usano categorie interne alla politica di un paese
per illustrarne le dinamiche rispetto alla comunità
internazionale, producono spesso confusione e incorrono il
più delle volte in svarioni imperdonabili. Definire
correttamente un interlocutore o un avversario è la premessa
per non trovarsi impreparati nel momento in cui è necessario
decidere come comportarsi nei suoi confronti. Una delle
principali cause dell'incapacità dei *media* di capire - e quindi di
spiegare - il fenomeno terrorista e la conseguente lotta delle
democrazie contro l'islamofascismo è data proprio dal rifiuto
(la maggior parte delle volte cosciente) di chiamare le cose
con il loro nome. L'inversione dei termini *aggressore* e *resistente*
è forse l'esempio più clamoroso, ma non è il solo.

A Teheran non governa la destra parlamentare
britannica, governa il fondamentalismo islamico. Sono
nazifascisti, non conservatori.

29 ottobre

## LA MONTAGNA E IL TOPOLINO

Per dovere di cronaca un breve commento sul non appassionante caso Wilson-Plame-Mister X[68]. Dunque, ad uscirne male è Libby, capo dello staff del vicepresidente Cheney: le accuse formulate contro di lui da Fitzgerald sono quelle di spergiuro, ostruzione alla giustizia e falsa testimonianza. Nessuna di esse riguarda direttamente la responsabilità di aver rivelato l'identità di Valerie Plame. Pare che Rove sia ancora sotto inchiesta ma la sensazione è che, dopo due anni, l'investigazione sia sul punto di chiudersi con questo risultato. Un po' poco per diventare il *Watergate* di Bush, così ansiosamente cercato da chi non ha ancora

---

[68] La presunta rivelazione – da parte di funzionari del governo americano - del nome di Valerie Plame come agente al servizio della CIA scatenò uno scandalo politico che, secondo alcuni, avrebbe dovuto intaccare la stessa presidenza.
Il marito della Plame, Joseph Wilson, "accusò alcuni membri dell'Amministrazione Bush di aver intenzionalmente lasciato trapelare l'identità segreta della moglie alla stampa per '*vendetta politica*', in seguito alle critiche da lui fatte all'Amministrazione in un editoriale pubblicato sul New York Times il 6 luglio del 2003" (fonte *Wikipedia*). Alla fine l'unico condannato per la vicenda (ma per falsa testimonianza e non per aver diffuso l'identità della Plame) fu Lewis Libby, poi graziato dallo stesso Bush.

digerito le sconfitte elettorali. E' costretto ad ammetterlo anche un riluttante *NYT* che, nell'editoriale istituzionale di oggi[69], si arrampica sui vetri per tentare di tenere in piedi la tesi che l'inchiesta non è riuscita dimostrare, ovvero quella di una cospirazione ai vertici. La stizzosa frase conclusiva (e comunque *"non c'erano armi di distruzione di massa in Iraq"*) testimonia che ieri sulla quarantatreesima si sono vissute ore difficili.

Più che una questione di giustizia, il caso Plame è stato fin dall'inizio un'arma di lotta politica imbracciata dai nemici dichiarati di Bush (Fitzgerald non c'entra, fa il suo lavoro) per fargliela pagare. Personalmente mi è sempre sembrata una storia del tutto marginale nel contesto degli avvenimenti che vedono protagonista l'America sullo scenario internazionale e continuerò a pensarlo anche in caso di nuovi sviluppi. Il tentativo di ridurre ad uno scandalo interno il momento rivoluzionario che l'amministrazione Bush ha propiziato, oltre che patetico, si è rivelato per il momento fallimentare. E' che gli avversari del presidente sono fatti così: vedono milioni di iracheni coinvolti in un processo costituzionale e non fanno altro che interrogarsi sulle ragioni dell'intervento in Iraq. Pazienza. Loro adesso hanno la testa di Libby, noi quella di Saddam Hussein.

---

[69] The New York Times, 29 ottobre 2005: "The Case Against Scooter Libby"
(http://www.nytimes.com/2005/10/29/opinion/29sat1.html).

15 novembre

## *GET REAL*

Nella loro appassionata difesa dei principi del realismo, alcuni *bloggers* italiani[70] tendono a commettere l'errore che imputano ad altri: quello di non tenere conto della realtà, confermando in questo modo la tesi del Prof. Rummel[71] (e di molti altri, tra cui modestamente anche chi scrive). Provo a spiegare perché.

Innanzitutto il concetto di idealismo tratteggiato dai *nostri* realisti non ha niente a che vedere con l'idealismo applicato alla realtà di cui parla Rummel: dire che l'idealista continua a sostenere le proprie posizioni a dispetto della realtà e della storia è un falso clamoroso. E' proprio partendo dall'analisi della realtà che ha preso le mosse l'idealismo democratico dei neoconservatori e dell'amministrazione Bush: la *realpolitik* ha fallito in medioriente, nessuno degli obiettivi di stabilità e sicurezza

---

[70] Soprattutto Andrea e Mauro Gilli, oggi co-autori del sito di politica ed economia *Epistemes.org.*

[71] Rudolph Rummell è, tra l'altro, l'autore della dottrina della "pace democratica", secondo la quale la democrazia è la forma di governo meno incline ad uccidere i propri cittadini e a provocare guerre. A questo indirizzo troverete una spiegazione più estesa (http://en.wikipedia.org/wiki/Rudolph_Rummel).

che i realisti si proponevano è stato raggiunto, l'11 settembre ha spazzato via l'illusione. *Get real*. Dalle società chiuse nascono ideologie di morte, la nostra sicurezza dipende dalla libertà altrui. Non è solo un obiettivo nobile espandere la democrazia dove non c'è, è anche e soprattutto funzionale ai nostri interessi. Più realisti di così, impossibile.

Secondo i *nostri* realisti sarebbe l'idealismo e non il realismo a favorire lo *status quo* in quanto il primo sosterrebbe sempre e comunque la superiorità della pace sulla guerra, prefendo una pace ingiusta a una guerra giusta. Forse stiamo parlando di due cose diverse, ma più che di idealismo democratico ci sembra che qui si stia definendo il pacifismo ideologico. Nell'esportazione della democrazia *anche* attraverso la guerra (quando necessario e inevitabile) c'è la risposta a questa descrizione pittoresca dell'idealismo: la dottrina Bush è la smentita più evidente del postulato secondo cui l'idealista (forse quello caricaturale, non certo quello vero) predilige una pace ingiusta. L'accusa si può rispedire al mittente, è il realista semmai che deve spiegare perché troppe volte le sue posizioni si sono avvicinate a quelle dei fanatici della stabilità a tutti i costi e del *no alla guerra* senza se e senza ma. Francamente non si capisce da dove i *nostri* realisti traggano una conclusione così facilmente contrastabile. Quanto alla superiorità della pace sulla guerra: è indubbio che una pace giusta, cioè una pace nella libertà e nel rispetto dei diritti umani, dovrebbe essere l'obiettivo principale di ogni democratico degno di questo nome, meglio ancora di ogni realista democratico.

Il terrorismo non è la più grande minaccia alla sicurezza del mondo, sostengono i *nostri* realisti, piuttosto teniamo d'occhio la Cina. Chi mi legge sa quanto qui si consideri il regime di Pechino un potenziale pericolo. Ma non combattere il terrorismo (nessuna crociata) in attesa che i cinesi ci attacchino è come minimo irresponsabile. E' un fatto che né l'11 settembre né le decine di attentati che lo hanno preceduto e seguito siano stati portati a termine da Pechino. Prima di combattere il nemico che ci sarà, vediamo di non farci far fuori da quello che c'è già. Il vero pericolo sono gli stati rivali, aggiungono, non la pirateria del XXI secolo. Ma il terrorismo, proprio come la pirateria, è l'arma con cui gli stati rivali fanno la guerra a quelli che considerano i loro nemici. E qui torniamo alla premessa fondamentale: la guerra al terrorismo e l'espansione della democrazia sono due facce della stessa medaglia proprio perché mirano a sradicare la minaccia dalla base, eliminando le sue cause ideologiche. Se il vero pericolo sono gli stati rivali, la risposta è il cambiamento dei regimi che reggono quegli stati. Per parafrasare i *nostri* realisti, *sconfitti gli avversari, per il terrorismo non ci sarà scampo.* Ancora una volta la dottrina Bush interpreta correttamente la realtà e mette a punto una risposta; ancora una volta il realismo degli idealisti ha la meglio sull'idealismo dei realisti. I *nostri* realisti se ne rendono conto e partono al contrattacco, ma non fanno altro che spostare il problema: inutile sconfiggere l'Iran se non si rende inoffensiva la Cina. Suggestiva tesi ma sono sicuro che se domani Bush abbandonasse la democratizzazione del medioriente per invadere la Cina i *nostri* realisti sarebbero i primi a chiedersi se il presidente è impazzito.

Ma il terrorismo è creato dalle dittature? Sì e no, concedono i *nostri* realisti: per esempio la Cina non crea terrorismo. Ma non si era appena detto che tutto cominciava a Pechino? La contraddizione è ben evidenziata dal fatto che sono subito costretti a rifugiarsi nella retorica del perfetto pacifista occidentale e prendere a prestito Robert Pape, per suggerire che il terrorismo potrebbe essere creato dall'occupazione straniera: però su questo preferisco pensare di non aver capito bene la loro posizione e passare oltre, non senza aver sottolineato ancora una volta come la strada del realismo sia costellata di buone intenzioni e di cattivi incontri. I *nostri* realisti affermano poi che la tesi secondo cui le democrazie non si fanno guerra tra loro *"è una grande bufala"* e per dimostrarlo, non trovando di nuovo appigli nella realtà, citano esempi di periodi storici in cui governi non democratici non si sono fatti la guerra. Ma cosa c'entra? La storia è piena di esempi di dittature che si sono attaccate tra loro o che hanno attaccato democrazie, ma non vi è un solo esempio di una democrazia che abbia mosso guerra contro un'altra. Si può speculare quanto si vuole che sia stata la presenza dell'URSS a far sì che l'America non invadesse la Francia ma i fatti parlano chiaro: non è mai successo. Non tenerne conto, per chi fa del realismo una filosofia di vita, è piuttosto curioso. Ci risiamo: la storia è nuovamente dalla parte dei sostenitori della pace democratica, mentre fa a pugni con le teorie dei suoi detrattori. In conclusione, Rummel ha ragione: i cosiddetti realisti sono sempre più lontani dalla realtà.

21 novembre

## TRAMONTO ZAPATERIANO[72]

Questa è la cronaca di un disastro annunciato. È la storia di un'involuzione, di un ripiegamento su se stessi, di una fuga dalla realtà camuffata da progresso, la sintesi e la proiezione della crisi di un continente. È il caso spagnolo dentro il dossier Europa.

*"Il nostro destino è in Europa"*, assicurava l'allora *leader* dell'opposizione José Luis Rodríguez Zapatero in campagna elettorale; *"La Spagna torna in Europa e con l'Europa"*, ribadiva un emozionato Miguel Ángel Moratinos all'indomani dell'inattesa vittoria del 14 marzo. Non una semplice professione di fede nelle istituzioni comunitarie ma piuttosto una dichiarazione programmatica ispirata ad una drastica volontà di rottura con il passato recente: il ritorno in Europa si inseriva necessariamente – nella concezione di chi lo propugnava – in quella sistematica opera di demolizione dell'eredità politica di Aznar che da venti mesi sta segnando l'operato del governo socialista e del suo presidente. Le parole sono importanti. Ritornare in un luogo implica l'essersene allontanati in precedenza. Agli occhi di Zapatero e dell'opinione pubblica maggioritaria nel paese, l'alleanza con gli Stati Uniti significava l'interruzione dei vincoli di solidarietà europea, la fuoriuscita ingiustificata dai salotti della diplomazia franco-tedesca e del mondo perbene, quello in cui *"non si mettono i piedi sul tavolo"*[73] della legalità

---

[72] Da Ideazione.com, 21 novembre 2005.

108

internazionale con la *scusa* di abbattere un dittatore.

Bastano ventiquattr'ore per porre fine all'avventura *neocoloniale* in Iraq e per conquistare la fiducia dell'asse Parigi-Berlino. Il primo atto di Zapatero come capo dell'esecutivo è anche il punto di non ritorno del suo mandato. Con il ritiro immediato delle truppe, la nuova ideologia al potere si presenta alla Spagna e alla comunità internazionale: ciò che agli spagnoli (compresi quelli che non hanno votato socialista) viene venduto come il compimento di una promessa elettorale[74], rappresenta allo stesso tempo la violazione di un patto, l'abbandono degli iracheni alla barbarie terrorista, la resa agli stragisti di Atocha ed il trionfo della logica del disimpegno e dell'*appeasement*. In una parola, lo zapaterismo.

Ma da dove nasce questa malattia infantile del progressismo? Paradossalmente dalle ceneri di due fasi storiche in apparenza antitetiche: il franchismo e il felipismo. Con la morte di Franco la Spagna si riscopre di sinistra: gli anni della transizione sono un periodo necessario per riorganizzare le forze, ma le elezioni del 1982 sanciscono il definitivo passaggio di consegne. Felipe González governerà per quasi tre lustri. Ma non è tanto nelle istituzioni politiche quanto nel tessuto sociale che si produce la conversione e con essa quel ricatto morale di cui questo paese non si è mai liberato: l'opposizione al franchismo (vera o presunta, attiva o passiva) consegna a chi l'ha esercitata una patente di legittimità democratica perpetua attraverso cui riscrivere il

---

[73] Così, testualmente, la vicepresidente del governo María Teresa Fernández de la Vega nel corso di una conferenza stampa a fine settembre.

[74] In realtà Zapatero, sia durante la campagna elettorale che nelle dichiarazioni successive alla vittoria, aveva affermato che, nel caso l'ONU non si fosse fatta carico della situazione in Iraq entro il 30 giugno, avrebbe richiamato i soldati. Una volta giurato come presidente optò invece per il ritiro immediato. La risoluzione del Consiglio di Sicurezza 1546 dell'8 giugno 2004 avrebbe ribadito l'appoggio al processo politico in corso in Iraq e alla presenza delle truppe della coalizione già espresso il 16 ottobre 2003 con la risoluzione 1511.

passato, modellare il presente e imporre la propria egemonia culturale in prospettiva futura. Quando vince di misura le elezioni del 1996 su un Partito socialista piagato dalla corruzione politica e finanziaria[75], Aznar inaugura una parentesi storica certamente significativa e destinata con ogni probabilità a prolungarsi in assenza delle bombe di Madrid, ma pur sempre provvisoria nella coscienza collettiva degli spagnoli. Gli anni di governo del Partito Popolare si caratterizzano essenzialmente per il rilancio di un miracolo economico con pochi eguali nell'esperienza europea: risanamento delle finanze pubbliche, spettacolare diminuzione del tasso di disoccupazione, costante aumento del prodotto interno lordo, riforme fiscali e mantenimento dell'equilibrio sociale, aspetti che fanno della Spagna un modello virtuoso di liberalizzazione e sviluppo. In un simile contesto la schiacciante maggioranza ottenuta da Aznar nel 2000 è il risultato – oltre che dello stato confusionale dell'opposizione – del voto più utile che esista, quello del portafoglio: stiamo meglio adesso o quattro anni fa, si chiesero gli spagnoli? La risposta era chiara.

## L'errore di Aznar: non combattere la battaglia delle idee

Ma in otto anni Aznar non trova il tempo non solo di combattere ma neppure di concepire un'altra battaglia di fondamentale importanza: quella delle idee. Un'omissione imperdonabile che costa al suo partito la continuità al potere e alla Spagna un'opportunità di riscatto. Basti un esempio: se oggi il *Grupo Prisa* di Jesús Polanco – attraverso la concentrazione e il controllo dei principali mezzi di comunicazione del paese – è una poderosa macchina di formazione del consenso e di indottrinamento al servizio della sinistra[76], lo si deve anche all'acquiescenza dimostrata

---

[75] Oltre ai numerosi casi di finanziamento illecito del partito e di arricchimento personale dei suoi membri, emblematica la vicenda dei GAL (Gruppi Antiterroristi di Liberazione), impiegati come struttura paramilitare nella lotta contro ETA e autori di atti di vero e proprio terrorismo di Stato.

[76] Appartengono al Grupo Prisa, tra gli altri, quotidiani come El

da Aznar di fronte al consolidarsi della sua posizione dominante.

Si capisce allora come, senza aver fornito un solo contributo originale al dibattito politico degli ultimi dieci anni, la *izquierda* si ritrovi al governo: forte di un monopolio ideologico quasi incontrastato, si è semplicemente affidata alle circostanze. Per questo la definizione di *premier per caso*[77] connota ma non esaurisce il fenomeno Zapatero. È vero infatti che – nonostante tutto – a catapultarlo alla Moncloa è stata solo l'onda d'urto degli zainetti esplosivi dell'11 marzo, unita ad una strumentalizzazione politica e mediatica senza precedenti in chiave antigovernativa: in fondo non aveva altro da offrire agli spagnoli che un po' di retorica pacifista (peraltro apprezzata); ma è altrettanto palese che il 14 marzo il sentimento prevalente nella società si è ricongiunto con le istituzioni politiche. Non è stato difficile per Zapatero voltare la pagina dell'era Aznar, un *leader* della modernità trattato come un male necessario da un paese destinato a rimpiangerlo: è bastato dichiarare fallimentare contro ogni evidenza il bilancio del suo predecessore e, approfittando del vuoto prodottosi nel suo partito nel dopo-Felipe González, ripercorrere a ritroso le tappe principali dell'affrancamento della sinistra dalle sue tare ideologiche[78] per proporsi in versione *caudillesca* alla guida del neo-populismo in salsa iberica.

Il caudillo neo-populista in salsa iberica

Sostiene Carlos Alberto Montaner[79] che i neopopulisti

---

País, As, Cinco Días, svariate testate locali e riviste, più di 430 stazioni radiofoniche (la Ser su tutte), 87 canali televisivi locali, tutta la televisione a pagamento e il gruppo editoriale Santillana.

[77] The Wall Street Journal, editoriale, 25 novembre 2004.

[78] Fu con Felipe González che il PSOE abbandonò definitivamente il marxismo, fu durante il suo mandato che la Spagna consolidò la sua presenza all'interno dell'Alleanza Atlantica e partecipò alla coalizione guidata dagli Stati Uniti nella prima guerra del Golfo.

[79] "La libertad y sus enemigos", Editorial Sudamericana, 2005.

hanno rinunciato alla razionalità e all'esame della realtà perché risultavano loro troppo incomodi. In cambio si sono appropriati di un discorso dai tratti quasi teologici autoproclamandosi difensori del bene e del giusto, indipendentemente dalle conseguenze delle loro azioni. Lo scrittore cubano si riferisce alla situazione latinoamericana ma il discorso è applicabile alla Spagna di Zapatero. Il paragone farebbe inorridire più di uno da queste parti, però sono i fatti a parlare: non c'è decisione del governo socialista che non sia dettata dall'ideologia, si tratti di politica estera, di questione nazionale o di diritti civili. Se la Spagna fosse una nazione liberale, un esperimento politico di questo genere avrebbe vita breve, ma in un contesto in cui storicamente i concetti di libertà, responsabilità individuale e società civile sono sempre stati subordinati ad una visione organicistica dello Stato, la deriva zapateriana si nutre di un'elevata dose di conformismo sociale e dell'assenza di una cultura critica alternativa al pensiero unico.

Sullo scenario internazionale la situazione è francamente sconfortante. Se si pensa al ruolo di primo piano giocato dalla Spagna a fianco delle grandi democrazie occidentali fino al ribaltone, si fatica a credere che oggi la politica estera di Madrid ruoti attorno all'*alleanza di civiltà*, un concetto così inconsistente e indefinito da suscitare l'entusiasmo di Kofi Annan e meritare una menzione d'onore nel documento conclusivo della sessantesima Assemblea generale delle Nazioni Unite. Se si trattasse solo del giocattolo che Zapatero mostra agli amici nelle occasioni che contano non sarebbe il caso di preoccuparsi troppo. Il problema è che dietro questo uso disinvolto del linguaggio e dei buoni sentimenti si cela una pericolosa incapacità di comprendere il fenomeno terrorista e la guerra in corso. L'*alleanza di civiltà* vorrebbe essere la risposta multilaterale a quello che la classe dirigente spagnola evidentemente considera uno scontro di civiltà alimentato dalle azioni americane. Morale della favola: il terrore è un accidente della storia che è inutile o addirittura controproducente provare a combattere, l'obiettivo è non esporsi, le cause sono sociali e le colpe occidentali, l'esportazione della democrazia è un atto di prepotenza. Il terzomondismo di maniera si fa programma di governo.

Da qui all'abbraccio con i dittatori il passo è breve: Moratinos rende omaggio alla tomba dell'amico Arafat e critica il muro israeliano; la Spagna promuove all'Unione Europea l'alleggerimento delle sanzioni diplomatiche contro il regime castrista; le visite istituzionali a Caracas si fanno sempre più frequenti, la vendita di armamenti anche (tra pacifisti ci s'intende) mentre Chávez riceve un'accoglienza da statista a Madrid; le rivendicazioni del Sahara occidentale sono sacrificate sull'altare della nuova ed eterna alleanza con il Marocco di Mohammed VI, che ricambia con le porte aperte al passaggio di emigranti alle frontiere di Ceuta e Melilla (dove il muro non è più muro). Zapatero è l'uomo del dialogo sempre che gli interlocutori non siano gli iracheni che votano sotto le bombe di al Qaeda o i dissidenti cubani che chiedono di essere ricevuti nelle ambasciate europee: c'è un mondo fatto di compromessi morali là fuori, gli individui possono attendere.

## Riaperte le ferite della società spagnola

Non poteva attendere invece – per tornare alla teoria del destino manifesto – il referendum sul trattato costituzionale europeo che la Spagna ha ratificato nel febbraio scorso. Zapatero ci teneva ad essere il primo della classe e ha fatto le cose in grande stile con spot elettorali, discorsi sull'importanza dell'avvenimento, perfino bibite energetiche per stimolare gli elettori. È mancata una sola cosa, ma in democrazia non è importante: il dibattito pubblico sulle ragioni del *sì* e del *no*. In sostituzione, la campagna del governo si è servita degli illuminati contributi del presidente socialista del parlamento europeo, il catalano Josep Borrell, che andava in televisione a dire che un *no* avrebbe significato la vittoria dei neoconservatori americani. Infatti ha vinto il *sì*, con un quarantadue per cento di partecipazione presentato al pubblico come un grande successo: il primo vagone della locomotiva Europa era partito. Tutto è relativo, si sa, nel nuovo corso progressista.

Perfino il sesso. Sì, avete capito bene. Dal 30 giugno scorso l'identità sessuale in Spagna è una convenzione. Si potrebbe discutere a lungo sull'opportunità e la necessità della riforma che equipara il matrimonio omosessuale a quello eterosessuale ma in questa sede è più interessante capire come si è arrivati all'approvazione della legge. Il primo passo è stato quello di interpretare come diritto *tout court* le rivendicazioni dei rappresentanti del collettivo gay in ambito matrimoniale, con la conseguenza che l'impossibilità di usufruire della stessa qualificazione giuridica (perché di questo si trattava) implicava di per sé una discriminazione da eliminare dall'ordinamento. Occorreva però superare il problema della diversità biologica tra i sessi. Il governo ha pensato che fosse più semplice ignorarlo, determinando così la paradossale situazione per cui, per estendere un istituto giuridico ad uno specifico settore della società che fino a quel momento non vi poteva accedere, si è proceduto ad un capovolgimento della teoria liberale in materia di diritti civili: invece di riconoscere uguali diritti nella diversità, si è scelto di annullare la diversità in nome del riconoscimento di un preteso diritto. A questo punto la strada era aperta ed è stata sufficiente una semplice modifica lessicale: dove c'erano moglie e marito la neolingua ha previsto il termine di coniugi, dove padre e madre quello di genitori. Tutto rigorosamente neutro, tutto concettualmente depurato. Questa operazione dal nemmeno troppo sfumato sapore totalitario è avvenuta, manco a dirlo, nella più totale assenza di dibattito e di confronto. Le voci dissenzienti sono state tacitate senza troppi complimenti. Quando un milione di persone si sono date appuntamento a Madrid per la manifestazione in difesa della famiglia, dimostrando che la normalizzazione delle menti incontra ancora qualche resistenza e che la pretesa di rappresentare eticamente l'intera società può produrre a volte un brusco risveglio, la reazione del governo si è limitata alle sprezzanti considerazioni della vicepresidente María Teresa Fernández de la Vega: *"Chi scende in piazza oggi lo fa per esigere che si neghi un diritto ad altre persone"*. Scomunica socialista. Perché nel paese in cui per avere diritto ad un'opinione rispettabile devi essere di sinistra o nazionalista, il popolo non è più popolo quando invece che contro la guerra si esprime contro la pretesa dello Stato di ergersi ad unico arbitro della convivenza civile.

Spesso, anche da posizioni critiche, si tenta una giustificazione degli eccessi dello zapaterismo in base al principio della volontà della maggioranza: Zapatero agisce in un certo modo, si dice, perché interpreta il sentimento prevalente nella popolazione. Abbiamo già sottolineato come questa coincidenza sia generalmente riscontrabile, ma l'analisi pecca ugualmente di superficialità. Innanzitutto un liberale dovrebbe inorridire al solo pensiero che il ruolo della legge sia imporre la volontà della maggioranza anziché proteggere l'individuo dagli abusi del potere pubblico: Zapatero ha la società a favore, ciononostante governa costantemente contro; in secondo luogo va chiarito che nello schema ideologico dello zapaterismo contano solo le maggioranze conformi e le minoranze politicamente corrette. Gli spagnoli si dichiarano in maggioranza cattolici ma questo non impedisce a Zapatero di lanciare la sua campagna per il laicismo di Stato e per l'emarginazione della Chiesa dalla vita pubblica. Non si capisce perché, ad esempio, per promuovere l'emancipazione di omosessuali e transessuali, per rendere il divorzio una pura formalità, per ridimensionare drasticamente l'insegnamento della religione, sia necessario etichettare le posizioni ecclesiastiche come *"piene di forfora"*[80], a meno di non considerare che l'intenzione dell'attuale classe dirigente sia proprio quella di arrivare ad una resa dei conti con quei settori della società non inclini all'obbedienza. La sensazione che Zapatero voglia vincere la guerra civile settant'anni dopo si fa ogni giorno più concreta: purtroppo è un gioco pericoloso che può anche sfuggire di mano. In Spagna da sempre il fuoco cova sotto la cenere.

## Il cedimento verso le rivendicazioni autonomiste

Per rendersene conto basta osservare cosa resta di quello Stato delle autonomie che per molti anni è stato considerato un modello di equilibrio tra poteri centrali e locali. La leggerezza dimostrata da Zapatero nella gestione delle rivendicazioni nazionaliste provenienti soprattutto dai

---

[80] Dichiarazione radiofonica di José Blanco, segretario organizzativo del PSOE, l'8 novembre 2004.

Paesi Baschi e dalla Catalogna – ma adesso anche dalla Galizia – ha contribuito in modo decisivo all'esplosione della più grave crisi istituzionale che questo paese abbia conosciuto dal ritorno della democrazia. Una crisi da cui, dopo la recente approvazione del nuovo statuto catalano da parte del *Parlament* di Barcellona a maggioranza social-nazionalista[81], appare sempre più difficile individuare una via d'uscita indolore.

L'irresponsabile cedimento del governo sulla questione nazionale e sui principi essenziali dell'integrità territoriale è determinato principalmente da tre fattori: la necessità di blindare la maggioranza parlamentare con l'appoggio delle formazioni nazionaliste; la volontà di isolare politicamente il Partito Popolare; la strutturale incapacità di rinunciare al discorso demagogico per concentrarsi sull'analisi e la soluzione dei problemi reali. Sapeva Zapatero quel che stava dicendo quando in piena campagna elettorale[82] promise che – con lui al governo – il parlamento di Madrid avrebbe recepito senza modifiche qualsiasi riforma statutaria la Catalogna avesse approvato? Certo, non pensava di vincere quattro mesi dopo. Ma allora, era cosciente di come sarebbero state lette a Vitoria o a Barcellona le sue dichiarazioni di presidente del governo quando nel corso di un dibattito al Senato fece chiaramente intendere che il concetto di nazione spagnola era da interpretarsi in maniera flessibile?[83] Fatto sta che lo statuto catalano votato a fine settembre con la sola opposizione dei popolari e attualmente in esame al Congresso prevede che la Catalogna sia una nazione, che disponga di organi superiori di giustizia, di un'agenzia tributaria propria, di competenze esclusive in un ampio ventaglio di materie, dall'istruzione al finanziamento pubblico. Un testo palesemente incostituzionale che, anche se fosse respinto o approvato con modifiche che lo rendano

---

[81] La Catalogna era in quel momento governata da una coalizione di sinistra, formata dal Partito Socialista, dai Verdi e dagli indipendentisti di *Esquerra Republicana*.

[82] Comizio al Palau Sant Jordi di Barcellona, elezioni autonomiche catalane, 14 novembre 2003.

[83] Sessione di controllo, 17 novembre 2004.

più digeribile ai settori non nazionalisti all'interno dello stesso PSOE, è destinato ad alimentare un fronte di contrasto permanente tra costituzionalisti e autonomisti. *"È solo il primo passo"*, ci ha tenuto a far sapere Carod-Rovira, leader della secessionista *Esquerra Republicana*, e fondamentale alleato di Zapatero sia a Barcellona che a Madrid[84].

## Giocare con il fuoco del nazionalismo basco

Poi c'è l'eterna questione basca. Da anni la regione governata dal Partito nazionalista basco (PNV) e indirettamente dal braccio politico di ETA (prima *Batasuna*, poi, per gentile concessione dell'esecutivo, Partito Comunista delle Terre Basche – PCTV – che è la stessa cosa), è il buco nero dei diritti civili nell'Europa occidentale. Il clima di intimidazione ai danni di chi non si riconosce nel progetto dell'estremismo al potere viene denunciato solo da pochi coraggiosi, che il più delle volte sono poi costretti a vivere scortati o ad andarsene.

Zapatero ne fa una questione di principio: il cosiddetto conflitto basco deve essere risolto attraverso il dialogo. Con i terroristi, però. Così, mentre il Patto Antiterrorista stipulato nel 2000 tra le due principali forze politiche spagnole si rompe per decisione unilaterale del PSOE, il lehendakari Ibarretxe va a Madrid ad esporre il suo piano secessionista e il governo lavora per fare di ETA – ormai debilitata dalla linea intransigente di Aznar – un interlocutore politico a tutti gli effetti. Ufficialmente i contatti non esistono, ma allo stesso tempo Zapatero fa approvare al parlamento una mozione che li autorizza. Una messinscena recitata ai danni delle vittime del terrorismo e dei loro familiari che, infatti, scendono in piazza in una manifestazione multitudinaria per far sentire la voce di quelli che non ci stanno. Inutilmente, a quanto pare. La risposta del governo è togliere le sovvenzioni all'AVT (Associazione Vittime del Terrorismo)

---

[84] L'uomo della tregua separata con ETA. All'inizio del 2004 si incontrò a Perpignan con i vertici della banda per concordare la fine degli attentati, ma solo in Catalogna.

e accusare chiunque si opponga alla politica delle concessioni di rompere il consenso istituzionale.

Questo il quadro per sommi capi, al momento. Se due anni fa c'era l'Europa nel destino della Spagna, la domanda adesso è quanta Spagna ci sia nel destino dell'Europa. Da più parti si guarda a Madrid come a un modello da imitare. "*È sempre più la Spagna di Zapatero*", annunciava trionfalmente l'*Unità* lo scorso ottobre, citando gli indici di gradimento degli ultimi sondaggi di opinione. Il problema è che è proprio così.

**2006**

26 gennaio

## IL GIORNO DI HAMAS. MA DOMANI?

Fatte tutte le premesse del caso, è evidente che la vittoria di *Hamas* nelle elezioni palestinesi costituisce un problema politico piuttosto serio. Interessante al proposito mi sembra l'osservazione di Patrick Belton[85] (*in loco*) sulla situazione interna dopo il voto:

*"It's not clear anyone wanted this, least of all Hamas, who in assuming the administration of the Palestinian national authority's creaking and often corrupt bureaucracy single-handed in a moment when its sole lifeline of European and other international support appears threatened, may just have stumbled into the biggest molasses patch the Harakat al-Muqawamah al-Islamiyyah has ever faced. (...) It had prepared for a coalition, or possibly pristine opposition, but not this"*[86].

---

[85] Da *Oxblog* (http://oxblog.blogspot.com.es/2006/01/uf-well-that-wasnt-supposed-to-happen.html).

[86] "Non è chiaro che qualcuno lo volesse, meno di tutti Hamas, che nell'assumere in solitario l'amministrazione della scricchiolante e spesso corrotta burocrazia dell'autorità nazionale palestinese, in un momento in cui la sua sola ancora di salvezza rappresentata dal supporto europeo e internazionale appare minacciata, potrebbe essere incappata nel più grande impasto di melassa cha abbia mai dovuto fronteggiare. (...) Hamas era preparata per un governo di

Se si guarda alla storia e all'evoluzione (ma dovrei dire soprattutto involuzione) della politica palestinese, stupisce lo stupore di molti commentatori. Poteva forse uscire vincitore qualcuno che non fosse stato coinvolto nelle azioni terroristiche degli ultimi decenni? Forse *al-Fatah*, il partito del dittatore corrotto Arafat, rappresentava una garanzia di cambiamento o di progresso? Era il male minore, nelle attuali condizioni, probabilmente. Ma non deve sfuggire un elemento decisivo: tutti i timidi passi avanti compiuti dall'ANP dopo la morte del capo-terrorista Arafat sono stati indotti dall'esterno (USA e Israele). Abu Mazen, nonostante le sue pesanti contraddizioni, è stato in questo senso un interlocutore capace di recepire alcuni messaggi, almeno i più diretti. L'opera di bonifica del sostrato terrorista e mafioso che per anni ha tenuto in ostaggio la società palestinese è appena all'inizio. La vittoria di *Hamas* non sarà in sé così significativa o decisiva come alcuni temono, se solo si capirà che rientra in quel processo tumultuoso che sempre accompagna terremoti politici dell'entità di quello che sta vivendo il medioriente. E' un'illusione pensare che anni di indottrinamento e ideologia possano essere cancellati in un sol colpo. *Hamas* e *al-Fatah* sono le uniche entità che i palestinesi hanno conosciuto fino ad oggi. La sfida consiste nell'aiutarli a conoscere qualcos'altro, e per farlo non c'è momento migliore di quello in cui, perfino chi ha votato *Hamas*, ha capito di poter contare. *Hamas* è un'organizzazione terrorista e va combattuta. Ma la democrazia è un processo e va incoraggiato.

Anche chi pensa che il risultato elettorale ne inficii totalmente le premesse, deve fare attenzione a non confondere le cause con gli effetti. Innanzitutto non si tratta di affermare *dal momento che Hamas ha vinto le elezioni, viva la*

---

coalizione, o probabilmente per un ruolo di pura opposizione, ma non per questo".

*democrazia*, ma piuttosto *nonostante Hamas abbia vinto le elezioni, viva la democrazia*. In secondo luogo il ragionamento secondo cui *le elezioni che vedono la partecipazione democratica di organizzazioni antidemocratiche non sono valide* ha senso in un sistema di democrazia consolidata (esempio: *Batasuna* è giustamente illegalizzata in Spagna), ma non ce l'ha laddove il processo democratico è in fase embrionale. Com'è possibile pretendere che nascano partiti democratici senza una competizione elettorale? Non è certo colpa del processo democratico se tutte le forze politiche palestinesi sono antidemocratiche, ma è solo grazie al processo democratico che possono nascere alternative. Meglio non votare e lasciare che *al-Fatah* e *Hamas* se la giochino con la guerriglia urbana e si spartiscano il potere?

21 febbraio

## PESI E MISURE

La condanna[87] di Irving[88] non è solo un mostro giuridico, è soprattutto l'ennesimo monumento all'ipocrisia. Là fuori c'è gente che per anni ha negato l'esistenza e le conseguenze del gulag sovietico, e alcuni continuano a farlo. Non passano il loro tempo dietro le sbarre ma spesso tra i banchi di un parlamento. Non sono diversi da Irving, negano solo una parte diversa della storia. Evidentemente la storia non è uguale per tutti, né la giustizia, né la verità, né la decenza. E' deprimente che qualcuno dia loro retta, è vergognoso che in certi casi siano rappresentanti del popolo in un contesto democratico. Ma sbatterli in galera per questo rende noi troppo simili a loro per andarne orgogliosi anche solo per un momento.

---

[87] Il Foglio, 21 febbraio 2006: "Condannato David Irving, negazionista"
(http://www.informazionecorretta.com/main.php?mediaId−2&se z=120&id=15563).
[88] Lo storico britannico David Irving fu riconosciuto colpevole da un tribunale austriaco di apologia del nazismo e per questo condannato a tre anni di carcere.

22 marzo

## L'INIZIO DELLA FINE. DEL TERRORE O DELLO STATO DI DIRITTO?

La notizia di oggi è che ETA ha annunciato[89] un *cessate il fuoco permanente* (non esattamente una tregua) in un comunicato fatto pervenire alla televisione basca poco prima delle 13. Apparentemente è una vittoria per la linea-Zapatero, quella del dialogo con i terroristi, e per questo nei prossimi giorni assisteremo alle sfilate dello stato maggiore del partito e ai trionfalismi mascherati da falsa prudenza dei mezzi di comunicazione in quota socialista (cioè quasi tutti). La realtà, ancora una volta, è un po' più complicata. Gli incappucciati hanno fatto la loro comparsa il giorno dopo l'approvazione - da parte della commissione del Congresso - dello Statuto catalano, con tanto di preambolo che si riferisce alla comunità autonoma con il termine di *nazione*. E' la prima volta che un organo istituzionale certifica la liquidazione della nazione spagnola in favore di una sua parte, il tutto sotto l'egida e la benedizione del presidente del governo, protagonista assoluto di questo processo di cessione di sovranità e di resa incondizionata alle pretese nazionaliste. Oggi ETA fa sapere a tutti che, nonostante la cosa possa non piacere a Barcellona, la questione catalana e

---

[89] El Mundo, 22 marzo 2006: "ETA anuncia un alto el fuego permanente" (http://www.elmundo.es/elmundo/2006/03/22/espana/1143026 444.html).

quella basca sono, nella visione dei terroristi, intimamente connesse. Perché questo è stato il messaggio che Madrid ha trasmesso nei ventiquattro mesi di governo Zapatero.

Il linguaggio del comunicato è come al solito intriso di propaganda e di esaltazione. ETA non si scioglie e non si pente ma detta condizioni (esplicite e implicite): la legalizzazione di *Batasuna*, un referendum per l'autodeterminazione, la fine di quella che chiama *repressione* e che nel mondo normale altro non è che l'esigenza di giustizia per i colpevoli delle stragi ed i loro fiancheggiatori. Obiettivo: la soluzione del *conflitto*. ETA non parla da organizzazione sconfitta ma da interlocutore politico. ETA decreta una pausa che è quasi un *ultimatum*, che ha il sapore del ricatto.

Oggi Zapatero può gonfiare il petto, ma da domani si misurerà la sua capacità di confrontarsi con la realtà e, visti i precedenti, permettetemi di essere pessimista. Purtroppo il manico del coltello è ancora dalla parte dei terroristi. E' quel che succede quando uno stato di diritto accetta di sedersi al tavolo con gli incappucciati per negoziare qualcosa che non sia la loro resa. Oggi più che mai il pensiero è per le vittime di decenni di terrore.

10 maggio

# OLTRE LA GRANDE MURAGLIA[90]

Pechino, gennaio 2006. *"Quando non si conosce la verità, si ha paura dei dibattiti; quando non si conosce la verità, si ha paura della trasparenza. Anche se alcune persone al Dipartimento Centrale di Propaganda usassero il loro potere per chiudere tutti i mezzi di comunicazione e i siti web, confidiamo che leggerete questa lettera! Conoscerete il potere della verità!"*. Ad affidare queste parole ad Internet non è un dissidente politico in clandestinità o un ricercato per attività sovversive nei confronti dello Stato, ma il direttore di una pubblicazione della Lega dei Giovani Comunisti Cinesi. Si chiama Li Datong e in occidente è praticamente uno sconosciuto, ma da qualche mese è diventato un problema in più per i padroni del pensiero di stanza a Pechino. Il giorno prima le autorità avevano reso noto che il settimanale da lui guidato durante gli ultimi undici anni – *Freezing Point* – sarebbe stato chiuso. Motivo ufficiale: la pubblicazione di un articolo in cui si mettevano in discussione i metodi di insegnamento della storia nelle scuole cinesi[91] che il Partito aveva considerato un *"odioso attacco al sistema socialista"*.

Non era la prima volta che Li Datong sfidava dall'interno i limiti imposti dalla censura e l'ottusità dei burocrati incaricati di eseguire gli ordini. Lo scorso novembre, dopo aver ottenuto il lasciapassare governativo,

---

[90] Da Ideazione, maggio-giugno 2006.
[91] "Modernization and History textbooks", di Yuan Weishi.

*Freezing Point* dava alle stampe uno scritto critico con il passato autoritario di Taiwan. Fin qui tutto normale: attaccare l'isola ribelle è dottrina ufficiale nella Cina comunista. Ma nella sua analisi di come la discussione sui crimini di ieri stava influenzando il dibattito politico a Taipei, il pezzo conteneva un implicito e impietoso confronto con la situazione nella Repubblica Popolare Cinese, caratterizzata al contrario dall'assenza di un esame obiettivo della propria storia. Nei circoli intellettuali la metafora non passò inosservata e anche a Zhongnanhai alla fine qualcuno se ne accorse.

Più rapidi – anche se non abbastanza – furono i riflessi dei censori la scorsa estate, quando Li Datong fece pervenire al nuovo responsabile editoriale, nominato dal Partito per salvaguardare l'ortodossia, una lettera di protesta per i metodi utilizzati dal quotidiano della Lega dei Giovani Comunisti nella valutazione dei giornalisti: si trattava di un particolare sistema meritocratico alla cinese che faceva dipendere gli stipendi dei collaboratori dall'approvazione o dal biasimo degli ufficiali governativi che leggevano i loro articoli. Bastava un giudizio negativo per perdere la mensilità. La lettera venne immediatamente e anonimamente riprodotta su un popolare forum online – *Yannan BBS* – e poi ripresa da altri siti Internet. In poche ore, nonostante l'ordine di cancellazione del documento dal web, una catena di e-mail e di messaggi istantanei aveva già diffuso la protesta di Li a macchia d'olio con tanto di attestati di solidarietà al seguito. Due giorni dopo la missiva continuava ufficialmente a non esistere, ma il contestato meccanismo di valutazione dei giornalisti veniva sospeso senza ulteriori spiegazioni.

## Messaggi in bottiglia che viaggiano sul web

Li Datong sapeva che gliel'avrebbero fatta pagare. Era già successo diciassette anni fa quando, durante la primavera di Pechino stroncata nel sangue, promosse una petizione a favore della libertà di stampa. All'epoca fu più fortunato di molti suoi colleghi: invece della prigione o dell'esilio lo punirono soltanto con un declassamento. Come allora, da metà febbraio Li e il suo vice sono stati assegnati a lavori di ricerca, mentre la redazione di *Freezing Point* è stata riorganizzata e il settimanale riaperto, una volta depurato da elementi sovversivi. Anche se apparentemente la normalizzazione ha avuto successo, le potenzialità di quei messaggi in bottiglia che galleggiano nel web sono dirompenti. Dieci anni fa la storia di Li e della sua redazione sarebbe rimasta avvolta nel silenzio come molte altre. Oggi invece le sue denunce sull'illegalità del provvedimento di chiusura, sulle minacce ricevute nel corso degli anni dal Dipartimento di Propaganda, sugli abusi di un Partito al di sopra della legge, sono finite nelle pagine degli esteri del *Washington Post* e del *New York Times* e restano a disposizione di chiunque voglia scriverne: il tutto a dispetto della volontà censoria del governo di Pechino e del silenzio imposto ai mezzi di comunicazione cinesi, il tutto attraverso canali di comunicazione non ufficiali. *"Con il nostro comportamento abbiamo voluto comunicare alla gente che la paura non è uno stato normale dell'esistenza"*, ha dichiarato Li Datong nel corso di un'intervista al *Christian Science Monitor*[92]. Indipendentemente da quanti cinesi siano oggi al corrente della sua vicenda, il precedente è di quelli destinati a lasciare un segno, perché dimostra che la catena della paura e del silenzio può essere rotta e che quello della privazione delle libertà civili e politiche non è il destino ineluttabile di milletrecento milioni di persone.

È significativo che il germe della ribellione al potere autoritario provenga in questo caso da quegli elementi interni al Partito – Li ne è membro da oltre trent'anni – più esposti alla modernità e alle influenze esterne per ragioni professionali o culturali. Da una parte essi conoscono meglio di chiunque altro i meccanismi attraverso i quali la dittatura esercita il controllo sulla società e i punti deboli del sistema; dall'altra sono in grado di cogliere il carattere anacronistico ed intrinsecamente perverso del tentativo di gestire la crescita economica chiudendo allo stesso tempo ogni spazio per la nascita e lo sviluppo di una società civile. Se si pensa che Li Datong è riuscito ad ottenere perfino una esplicita

---

[92] Consultabile integralmente all'indirizzo (www.csmonitor.com/2006/0224/p01s04-woap.html).

dichiarazione di appoggio da parte di una decina di anziani del Partito – tra cui un ex segretario di Mao e un ex direttore del *Quotidiano del Popolo* – se ne deduce l'esistenza di un potenziale di mobilitazione politica finora inespresso in grado di rappresentare, in combinazione con fattori sociali di primaria importanza di cui parleremo, la più seria minaccia a quella che il regime chiama "*stabilità*" e che altro non è che il perpetuarsi del potere assoluto di una classe dirigente abituata a decidere delle sorti del suo popolo senza un'opinione pubblica cui dover rendere conto.

L'era di Hu Jintao, descritto a lungo come un riformatore da una stampa occidentale che definire miope è poco, sarà ricordata per le restrizioni più severe imposte ai mezzi di comunicazione nell'ultimo decennio. A lui si deve il ritorno in grande stile dell'ideologia come metodo di educazione dei membri del Partito e di indottrinamento delle giovani generazioni, nonché il rilancio del marxismo come dottrina per l'azione politica. Famoso il suo invito formulato nel corso di un incontro con i quadri dirigenti a studiare il sistema politico cubano e nordcoreano per trarne insegnamento sui metodi di controllo sociale. Non a caso la Cina si ritrova sistematicamente nelle posizioni di coda in tutte le graduatorie sulla libertà di stampa pubblicate annualmente dalle principali organizzazioni per i diritti umani. Non per nulla *Reporters sans Frontières* la definisce "*la più grande prigione di giornalisti al mondo*": 32 professionisti dell'informazione e 49 cyber-dissidenti – secondo stime prudenti – sono rinchiusi nelle patrie galere per reati di opinione o accusati di aver divulgato segreti di Stato. Tra i più famosi Zhao Yan, collaboratore del *New York Times*, che mentre scriviamo è ancora detenuto, nonostante le pressioni internazionali abbiano ottenuto il ritiro delle imputazioni formulate contro di lui[93] e Shi Tao, condannato a dieci anni grazie alla gentile collaborazione offerta alla polizia cinese da *Yahoo*. Ma anche nomi meno noti, come quello di Hao Wu,

---

[93] Il reato da lui commesso sarebbe quello di aver rivelato con due settimane di anticipo sulla comunicazione ufficiale l'intenzione di Jiang Zemin di dimettersi dalla carica di capo della Commissione Militare Centrale.

blogger e documentarista, autore di un film sulle chiese cristiane clandestine, prelevato dagli apparati di sicurezza lo scorso febbraio e scomparso nella notte di Pechino[94].

Sono centinaia di migliaia gli indirizzi web inaccessibili, trentamila i cyber-poliziotti addetti a scrutare le comunicazioni *online* con l'aiuto dei più avanzati sistemi di filtraggio dei motori di ricerca e delle parole proibite, mentre squadre di commentatori ufficiali di Partito si incaricano di indirizzare l'opinione pubblica nei forum online e l'obbligo di registrazione per tutti i siti garantisce che, dove non arriva il Grande Fratello, sarà l'autocensura a fare il resto. E poi il bavaglio sulla cultura: recenti disposizioni governative ricordano per esempio alle compagnie teatrali l'obbligo di rispettare il ruolo-guida del Partito Comunista ed il divieto di produrre spettacoli che danneggino l'unità, la sicurezza, l'onore e gli interessi dello Stato; contemporaneamente sono stati intensificati i controlli sui mezzi di comunicazione stranieri che operano nel paese. Se la Cina del riformatore Hu Jintao è questa, cosa resta ai cinesi se non rassegnarsi e accontentarsi dell'*arricchirsi è glorioso* di denghiana memoria? Devono aver pensato diversamente i cento giornalisti del *Beijing News* che, per protestare contro il licenziamento del loro direttore, Yang Bin, e di due suoi assistenti, sono scesi in sciopero a fine dicembre. Una cosa mai vista. Troppo coraggiosi per passare inosservati alcuni *reportages* della giovane testata, soprattutto quello sulla morte di numerosi allievi di una scuola elementare a causa di una inondazione nella provincia dello Heilongjang o quello sulla repressione violenta di una protesta contadina nella provincia dello Hebei. *"Siamo nati in Cina. Ma accettare questo dato non significa che possiamo cancellare ogni percezione del vero e del falso, del bene e del male. Dobbiamo essere consapevoli che pagheremo un prezzo per*

---

[94] Altri nomi eccellenti: Yu Huafeng e Li Minying (Southern Metropolitan Daily), 12 anni per aver criticato il governo provinciale del Guangdong in occasione della crisi della SARS; Chen Min (China Reform Magazine), arrestato per un articolo sulle madri di Piazza Tiananmen; Ching Cheong (Hong Kong – The Straits Times), accusato di divulgazione di segreti di Stato. Ma la lista potrebbe continuare a lungo.

*questo"*, scriveva una redattrice anonima su un blog dopo il cambio al vertice deciso dalle autorità; *"Ho il diritto di resistere allo stupro, anche se solo per un giorno"*, le faceva eco un collega prima che i messaggi venissero rimossi.

Ho il diritto. È un sonoro schiaffo per i teorici dell'apatia democratica dei cinesi sentir risuonare queste tre parole dai centri urbani alle campagne, ed ancor più paradossale è il fatto che esse siano probabilmente l'unico vero punto di congiunzione tra la Cina del boom economico e la Cina rurale. Parliamo della popolazione dei villaggi, ottocentocinquanta milioni di persone – due terzi del paese – tagliate fuori dallo sviluppo o destinate a subirlo più che a viverlo da protagoniste, per le quali la *rising China* rimane un miraggio e la costruzione di una società armoniosa[95] uno dei tanti slogan coniati per addomesticare le masse. Operazione sempre più difficile. Sono state oltre ottantamila nel corso del 2005 le proteste, a volte violente, che hanno visto coinvolti gli abitanti dei villaggi e le forze dell'ordine. Più di duecento al giorno, un numero impressionante confermato dallo stesso governo cinese, probabilmente convinto di essere in grado di controllare la situazione e in certi casi anche di poterla utilizzare a proprio beneficio. Ad una analisi superficiale parrebbe che le cause del risentimento siano principalmente di natura economico-sociale e non politica: inquinamento, espropri di terre senza indennizzo, corruzione. Ma considerando più attentamente il fenomeno, si giunge alla conclusione che la lotta dei contadini per uscire dal sottosviluppo altro non è che una graduale presa di coscienza dei propri diritti, calpestati dall'abuso e dalla prevaricazione. Alcuni esempi possono aiutare a capire meglio la posta in gioco[96].

---

[95] Le parole d'ordine con cui Hu Jintao ha scelto di definire l'attuale corso politico.

[96] Oltre a quelli citati nel testo, di seguito altri episodi significativi verificatisi di recente: Panlong e Sanjiao (prov. Guangdong), requisizione di terre, scontri con le forze dell'ordine, diversi feriti; Liujiaying (Shandong), proteste contro la costruzione di un parco industriale; provincia dello Sichuan, manifestazioni contro il progetto di costruzione di una diga; Chongqing (provincia

L'armoniosità perduta e il risveglio delle campagne

Villaggio di Huankantou, provincia dello Zhejiang, Cina sudorientale, marzo-aprile 2005. Decine di abitanti erigono barricate sulla strada che dal villaggio porta ad un complesso di industrie chimiche costruite quattro anni prima su terreni confiscati dalle autorità locali e rivenduti alla città limitrofa di Dongyang. Vogliono impedire l'arrivo di materie prime alle fabbriche, responsabili, secondo loro, di aver prodotto danni all'ambiente e alla salute pubblica: morte della vegetazione circostante, inquinamento del fiume, contaminazione degli alimenti. Esasperati dai continui dinieghi dei funzionari del luogo ad occuparsi del caso, decidono di inviare una rappresentanza a Pechino per inoltrare ai vertici la loro petizione, ma anche qui si scontrano con un prevedibile muro di gomma. L'impotenza li spinge all'azione. Il blocco prosegue per due settimane costringendo alla chiusura alcune delle fabbriche. A quel punto intervengono le forze dell'ordine. Quando si diffonde la notizia che due anziane signore del villaggio sono state uccise cominciano gli scontri più violenti tra tremila poliziotti e diverse migliaia di cittadini. Incendi, autobus rovesciati, diversi feriti lasciano sul campo una scena di devastazione. "*Siete peggio dei giapponesi*", grida la gente alle forze dell'ordine. Ai pochi giornalisti stranieri giunti a documentare gli avvenimenti vengono confiscati gli appunti e le macchine fotografiche. Recentemente una corte provinciale ha condannato nove persone giudicate responsabili della rivolta, quattro delle quali resteranno in carcere per i prossimi cinque anni.

Villaggio di Dongzhou, provincia del Guangdong, Cina meridionale, dicembre 2005. Lo schema di fondo si ripete: confisca di terreni senza risarcimento per la costruzione di una centrale energetica a carbone; l'estate scorsa una

---

omonima), rivolte anti-corruzione; Xinchang (Zhejiang) e Xiachaoshui, proteste anti-inquinamento, Wanzhou (Chongqing), manifestazioni di massa dopo il pestaggio di un cittadino da parte di un ufficiale governativo; provincia dello Henan, scontri etnici; provincia dello Shaanxi, sciopero di settemila lavoratori dell'industria tessile contro il divieto di sindacato locale.

delegazione di cittadini presenta una istanza formale alle autorità ricevendo come risposta l'arresto dei suoi membri; l'intero villaggio si unisce alla protesta che si prolunga fino a dicembre quando, dopo un sit-in stroncato dalla polizia, migliaia di persone si riversano nelle strade. Centinaia di agenti paramilitari irrompono nel villaggio, bloccano le vie di accesso e cominciano a rastrellare la zona. I manifestanti resistono ai lacrimogeni per ore ma verso le dieci di sera le forze dell'ordine sparano sulla folla. Il bilancio finale sarà di venti morti anche se le autorità ne riconosceranno solo tre. Seguono giorni di retate, detenzioni e sparizioni ma qualcuno riesce lo stesso a comunicare telefonicamente con la stampa estera, mentre il villaggio viene rieducato per mezzo di slogan che inneggiano alla stabilità e invitano a denunciare gli istigatori della rivolta. Pochi giorni dopo il capo della polizia locale viene arrestato in un inutile tentativo del governo di limitare il danno di immagine che la notizia, ormai diffusasi attraverso Internet e le televisioni di Hong Kong, sta provocando.

Si dirà che non sono proteste dirette contro Pechino. Vero, se si fa il paragone con Tiananmen. Ma i funzionari e i rappresentanti del Partito non sono altro che il volto del regime nelle regioni periferiche, l'unico punto di contatto tra la popolazione ed un potere troppo lontano (in ogni senso) per essere raggiunto e diventare oggetto immediato della rabbia e della frustrazione accumulate[97]. Una delle funzioni più importanti degli ufficiali locali, ammette in un libro di recente pubblicazione uno di essi[98], è proprio quella di tenere i contadini lontani dalla capitale. La narrativa di un potere centrale impegnato a trovare soluzioni ma ostacolato dalla corruzione e dall'incompetenza dei quadri nelle campagne non regge alla prova dei fatti: la corruzione esiste ed è endemica ma le cause sono strutturali. È il sistema autoritario sul quale fonda la sua sopravvivenza il Partito

---

[97] Il sistema delle petizioni all'autorità centrale, residuo di un'arcaica tradizione imperiale, è tuttora vigente ma si riduce ad un rituale meramente simbolico del tutto inadeguato a soddisfare le richieste di giustizia dei reclamanti.

[98] Gu Wenfeng, "Extraordinary Confessions".

Comunista a consentire l'arbitrio nella garanzia di una sostanziale impunità (salvo casi esemplari che servono sempre propositi politici) ed è l'assenza di una vera volontà riformatrice la causa ultima del malcontento. Si dirà poi che non sono proteste per la democrazia. Vero, se con l'obiezione si intende l'assenza di una piattaforma politica condivisa. Ma molto più opinabile se si considera che queste proteste hanno come oggetto la rivendicazione dei fondamentali diritti di proprietà ed esprimono, seppur in maniera non elaborata, l'esigenza della *rule of law* come difesa contro i soprusi del potere pubblico.

## Il caso del villaggio di Taishi in Guandong

Gli scettici comunque farebbero bene a studiare il caso Taishi. Innanzitutto una breve premessa: in Cina, come noto, non si vota ma la legge prevede un'eccezione a livello di villaggi (che non sono considerati unità amministrative), consentendo l'elezione diretta del capo-villaggio. In realtà, secondo i criteri democratici, si tratta di una finzione: i candidati sono normalmente membri del Partito e anche quando si presentano cittadini indipendenti non lo fanno sulla base di piattaforme alternative, non essendo permesso nessun tipo di opposizione; inoltre chi viene eletto non ha nessuna possibilità di far passare proposte che non godano dell'appoggio del Partito e spesso lo stesso processo elettorale è viziato da brogli e manipolazioni in modo da evitare sgradite sorprese. Ma a volte la situazione sfugge di mano. Come a Taishi, un villaggio di duemila anime nel già citato Guandong, dove un giorno di luglio i cittadini decidono di far valere le garanzie che formalmente le leggi accordano loro e di esercitare il diritto di revoca del capo-villaggio, reo di aver fatto sparire una ingente quantità di denaro della collettività.

Si scelgono un leader, Feng Qiusheng, si organizzano e cominciano a raccogliere le firme necessarie mentre prendono possesso dei libri contabili. Le autorità reagiscono intimando ai sottoscrittori di ritirare la propria adesione, irrompendo nel municipio per recuperare i documenti di bilancio e cominciando ad arrestare i manifestanti. Ma gli abitanti di Taishi non demordono e, quando il governo distrettuale annuncia che la loro mozione non può essere accolta per motivi procedurali, cominciano uno sciopero della fame ad oltranza. È il 12 settembre quando mille agenti di polizia intervengono a disperdere la folla e a recuperare i libri; nei giorni successivi due noti attivisti per i diritti civili che da Pechino erano scesi a Taishi per coordinare la protesta, Guo Feixiong e Lu Banglie, vengono arrestati. Altri vengono picchiati e costretti ad abbandonare il villaggio. Nonostante le intimidazioni, i manifestanti riescono ad eleggere un comitato incaricato di gestire la procedura di revoca, ma a poche ore dalla sua costituzione tutti i membri rassegnano le dimissioni. Le autorità annunciano che le firme sono state ritirate. L'esperimento democratico cominciato due mesi prima si conclude qui.

Taishi è paradigmatico per almeno tre ragioni. È la prima volta dalla repressione di piazza Tiananmen che un movimento di protesta organizzato si produce in un braccio di ferro prolungato contro il potere costituito, usando le armi della nonviolenza e della legalità formale; gli abitanti si sono battuti non per generiche rivendicazioni di carattere socio-economico ma per il riconoscimento dei loro diritti di elettorato attivo e passivo e per il rispetto delle leggi: in una parola, hanno condotto una battaglia per la democrazia; l'intervento degli attivisti per i diritti civili ha fornito ai manifestanti un supporto morale e giuridico e alla protesta una direzione politica e un respiro nazionale: un precedente preoccupante per il Centro che infatti, al di là della retorica sulle *grassroots elections*, ha scelto di porre fine con la forza a questo episodio di disobbedienza civile che ancora una volta – grazie ad Internet e ai *reporters* stranieri, minacciati e pestati anch'essi – ha potuto varcare i confini del paese.

All'ultimo plenum dell'Assemblea Nazionale del Popolo, il premier Wen Jiabao ha promesso interventi a favore della popolazione delle campagne[99] – scuole, salute e strade – ma ha evitato di impegnarsi in quella che probabilmente sarebbe la riforma più importante per l'uscita

---

[99] Misure denominate ufficialmente "Costruzione della nuova campagna socialista".

dalla povertà di ottocentocinquanta milioni di cinesi: la concessione della proprietà della terra ai contadini. Come insegna Hernando de Soto[100], solo un sistema di diritti di proprietà affidabile è in grado di riportare dentro la società le masse di esclusi, ed è per questo che l'ottica terzomondista – quella dei molti poveri infuriati contro i pochi ricchi – non serve a spiegare il caso cinese: anche i contadini cinesi, come i loro colleghi africani o latinoamericani, non chiedono più Stato e meno mercato ma più riforme e più libertà.

*"Crediamo che nessun potere forte possa soffocare la sete e la ricerca della libertà da parte delle società umane, inclusa la Cina"*, scrive Li Datong[101]. Pechino attende un'altra primavera.

---

[100] Cfr. Ideazione, marzo-aprile 2006, "Alle radici dell'economia informale".

[101] Dichiarazione congiunta di Li Datong e Lu Yuegang, 17 febbraio 2006.

12 maggio

## UN COMUNISTA COME PRESIDENTE

Federico Punzi si smarca[102] dalla bocciatura *ideologica* di Napolitano e ricorda che il neo-presidente non era tra i duri e puri all'interno del PCI. Se ne potrebbe discutere a lungo ma a cosa servirebbe, in realtà? L'indulgenza dei liberali è incomprensibile e dannosa: la sinistra di governo ha regalato in quindici giorni all'Italia tre cariatidi istituzionali[103], due delle quali con un piede e mezzo dentro la fossa comune della più immane tragedia del XX secolo, e una immersa fino al collo nella sottocultura corporativista che ha strangolato lo sviluppo sociale del paese per mezzo secolo. A che *pro* essere comprensivi, cosa c'è ancora da capire, su cosa vogliamo fermarci a ragionare? Basta. Che si sia costretti a discutere il grado di comunismo latente di un presidente della repubblica eletto dal parlamento è già di per sé uno scandalo, in un paese civile. Chi dobbiamo ringraziare per questo? Sessant'anni di sopruso ideologico, di egemonia fondata sulla menzogna, di compromessi suicidi. Ma anche sessant'anni di

---

[102] Dal blog *Jimmomo* (http://jimmomo.blogspot.com.es/2006/05/le-mie-pregiudiziali-su-napolitano-e.html).
[103] Bertinotti, Marini e Napolitano, eletti rispettivamente alla presidenza della Camera, del Senato e della Repubblica.

latitanza, di mancanza di coraggio, di complessi di inferiorità dei liberali. Sarebbe ora di finirla. Nell'ultimo decennio non si è fatto che parlare dell'*anomalia* del berlusconismo per non affrontare l'anomalia vera. Quella di una sinistra che, non potendo liberarsi dei propri fantasmi, ce li ripropone per l'ennesima volta vestiti con l'abito buono. Non chiedetemi di capire.

26 maggio

## DI FRONTE AL NULLA

L'ultima puntata di *Matrix* è certamente servita a far conoscere Giulietto Chiesa e le sue tesi negazioniste sull'11 settembre a chi ancora non ne sapesse niente. Capita a volte - sempre più spesso da quando la comunicazione è diventata interattiva - di essere costretti a confrontarsi con tesi così assurde e ideologicamente allucinate da non meritare nemmeno di essere prese in considerazione. Purtroppo nei *media* (incluso Internet) la comunicazione si appiattisce e le opinioni, sia quelle supportate dai fatti che quelle che con la realtà non hanno nulla a che fare, finiscono per essere collocate su un piano di parità iniziale, quasi fossero provviste dello stesso grado teorico di credibilità e di attendibilità. La scelta che si propone allo spettatore (o al lettore) è falsa, perché le due alternative che gli si offrono sono assolutamente incomparabili. Gli si dà l'idea di poter scegliere fra il bianco e il nero ma in realtà lo si obbliga a decidere fra qualcosa e il nulla. Non tutti hanno la lucidità per rifiutare il nulla.

30 giugno

## SU GUANTANAMO

Ieri la Corte Suprema degli Stati Uniti ha emesso la più importante sentenza degli ultimi quattro anni in materia di guerra al terrorismo[104]. In sostanza ha dichiarato l'illegalità dei tribunali speciali istituiti dal governo americano per giudicare i detenuti di Guantanamo. Lasciando da parte la retorica un po' sinistra dello *schiaffo a Bush* che campeggia più o meno ovunque nella stampa *liberal* americana e *illiberal* europea, non mi sento di liquidare la decisione semplicemente come

*"Un'altra splendida performance delle Supremes, che rende più difficile (come se non lo fosse abbastanza) la war on terror (...)"*[105].

Mancia ha ragione nel mettere in evidenza - seppur implicitamente - l'eccezionalità della situazione post-11 settembre, ma se siamo d'accordo che quello del carcere di Guantanamo è essenzialmente, al contrario della vergogna di Abu Ghraib, un problema giuridico, è nell'interesse di tutti, e

---

[104] The New York Times, 30 giugno 2006: "A Victory for the Rule of Law"
(http://www.nytimes.com/2006/06/30/opinion/30fri1.html?_r=0).
[105] Dal blog di Andrea Mancia *The Right Nation*
(http://ideazione.blogspot.com.es/2006/06/supremes.html).

*in primis* in quello del governo degli Stati Uniti, trovare una soluzione definitiva alla questione dello *status* dei detenuti e delle leggi che ad essi devono essere applicate. Si può convenire o meno sul contenuto della sentenza ma ad essa va almeno riconosciuto il merito di aprire la strada a un chiarimento a questo punto non più rinviabile. Chiudere Guantanamo sarebbe un errore che comprometterebbe gravemente la lotta al terrorismo e solo l'ipocrisia europeista e *idiotarians* può spingere per un simile approccio al problema. Ma far uscire Guantanamo dall'incertezza giuridica non può che rivelarsi, oltre che giusto, funzionale al perseguimento dell'obiettivo.

18 settembre

## SALVADOR

L'ultimo condannato a morte del regime franchista parlava catalano. Si chiamava Salvador Puig Antich e quando gli spezzarono il collo aveva 25 anni. Non era un santo, piuttosto un bandito. Insieme ai suoi compagni del MIL (*Movimiento Ibérico de Liberación*) assaltava banche per sovvenzionare un movimento operaio che però non aveva molta voglia di farsi strumento degli anarchici di Barcellona. Nel settembre 1973 la *Guardia Civil* lo arrestò mentre entrava in un bar della *calle* Girona, vicino al centro. Fu un suo compagno a tradirlo ma ormai il gruppo era braccato. Nella sparatoria che seguì morì un poliziotto. Un gruppo di avvocati si mise a lavorare al suo caso: la dittatura era agonizzante, se non fosse successo niente di grave nel frattempo, Salvador avrebbe evitato la pena capitale. Però successe. Il 20 dicembre 1973 cento chili di esplosivo firmato ETA fecero letteralmente saltare in aria l'allora presidente del governo, il militare Carrero Blanco. *"Quella bomba ha ucciso anche me"*, disse dalla sua cella Puig Antich.

Il tribunale speciale optò per la vendetta: Salvador doveva morire. L'Europa reagì con manifestazioni e appelli, più fredde la Spagna e Barcellona. Perfino il Papa provò a dissuadere Franco dall'applicare la pena ma il *caudillo* non rispose al telefono: *"Dite che sto dormendo"*, recita la leggenda. Il 2 marzo 1974 alle 9.40 del mattino si eseguì la sentenza, dopo che ogni speranza di indulto si era esaurita. *Salvador* adesso è anche un film. La lunga sequenza finale, quella dell'attesa del condannato, dei familiari e del suo avvocato di un perdono che non verrà, è una delle più angoscianti cui il sottoscritto abbia mai assistito. Salvador era un bandito ma non meritava quella morte. Se uscirà mai in Italia, andate a vedere la sua storia.

21 ottobre

# I SOMMERSI E I SALVATI

"*Ma il comune contesto liberale in cui i due grandi partiti formulano i loro programmi è abbastanza forte da proiettare all'esterno un'immagine coerente e unitaria del paese*". Così Michele Salvati[106], giovedì scorso dalle pagine del *Corriere*, nell'ennesimo peana in ginocchio alla Spagna di Zapatero, il peggior primo ministro degli ultimi sessant'anni di storia europea e - non a caso - il più amato (e necessariamente reinterpretato ad uso e consumo interno) dai giornalisti italiani. Ma non è tutto. La Spagna è sull'orlo dello smembramento politico-territoriale ma Salvati sentenzia: "*Ma si tratta di un concetto utile, se usato con discernimento: esso ci consente di affermare che le classi dirigenti spagnole, sia quelle economiche che quelle politiche, hanno una visione dell'interesse nazionale più omogenea e coerente di quella condivisa dalle classi dirigenti italiane. Anzitutto esse ragionano in modo esplicito in termini di Stato e di nazione e sono animate da una visione - una Spagna moderna, prospera, rispettata - che tempera le diverse concezioni partigiane di cui è fatta la politica. Questo è ammirevole e sorprendente se si tiene conto che la Spagna è composta da comunità nazionali diverse: la Padania è un'invenzione farsesca, la Catalogna e il Paese Basco non lo sono*". Vediamoli, allora, questo

---

106 Corriere della Sera, 19 ottobre 2006: "Prodi, Zapatero e l'interesse nazionale" (http://old.radicali.it/view.php?id=73393).

"*comune contesto liberale*" all'interno del quale si muove la politica spagnola e questa "*visione dell'interesse nazionale*" che "*tempera le diverse concezioni partigiane*", cominciando ad esempio da quel capolavoro di liberalismo e di difesa dell'interesse nazionale che è la resa dello stato di diritto nei confronti della banda terrorista ETA.

Alla Moncloa lo chiamano *processo di pace*, esattemente come Videla definiva *processo di riorganizzazione nazionale* la sua dittatura militare. Sempre di dittatura si parla, infatti. Non quella di Zapatero ovviamente (il suo è un governo neo-populista che persegue obiettivi di potere monopolistici, ma non ancora un regime) ma quella che Zapatero ha promesso ai terroristi sui Paesi Baschi e la Navarra. Il grande patto di stato non dichiarato con *Batasuna*-ETA si basa infatti su una cessione graduale di sovranità per le regioni in questione a favore dei gruppi nazionalisti violenti, in cambio della (presunta) pace sociale nel resto del territorio spagnolo. In sostanza è la consegna di una parte del paese e dei cittadini che ci vivono alla dittatura del proletariato di stampo marxista che gli Otegi e i Chapote rivendicano da sempre come il radioso avvenire del "*popolo basco*". Un *processo* fatto di incontri segreti, di graduali concessioni, di riconoscimenti politici, di menzogne quotidiane in nome del *bene comune*, di progressiva emarginazione delle voci dissenzienti (in primo luogo quelle delle vittime del terrore). Un *processo* che punta alla riscrittura delle regole di quella transizione che consentì alla Spagna di passare dal franchismo alla democrazia, tramite l'accordo tra forze che si riconoscevano nello stato di diritto e che oggi non serve al progetto social-nazionalista che Zapatero sta portando avanti sulla pelle degli spagnoli, con la collaborazione delle appendici succubi o consenzienti all'interno delle comunità autonome catalana, basca e gallega e della magistratura ordinaria, ormai strumento della politica governativa. La *seconda transizione* esclude i popolari e include i nazionalisti. La *Spagna plurale* si dissolve per far posto all'estremismo indipendentista, alla rilegittimazione delle forze eversive (*Batasuna* verrà presto legalizzata, in un modo o nell'altro), al linciaggio morale (e fisico) contro chi non ci sta. Madrid ai socialisti, Bilbao a *Batasuna*-ETA, la Catalogna e la Galizia alla sinistra nazionalista. I popolari fuori, con l'etichetta di fascismo. E' la Spagna "*liberale*", quella che piace a Salvati e ai radicali.

E' sintomatico dell'addomesticabilità degli spagnoli (Franco ne sapeva qualcosa) il percorso attraverso cui Zapatero e i suoi sono riusciti a far passare lo smantellamento delle garanzie democratiche e giuridiche come un inesorabile cammino verso la pace. Mesi fa lo *statista della Moncloa* dichiarava che *Batasuna*-ETA avrebbe potuto rientrare nel gioco politico solo abbandonando la violenza e le armi; poco dopo l'abbandono delle armi era già diventato la condanna del terrorismo; poi anche questa condanna non è stata più ritenuta necessaria perché la marcia di avvicinamento tra terroristi e stato doveva procedere senza intoppi; pochi giorni fa il portavoce dei socialisti faceva sapere che ne corso del *processo* si sarebbero necessariamente dovute riconoscere "*le ragioni dell'altro*". "*L'altro*", lo chiamano. Un copione scritto da tempo, da quei tre giorni dell'infamia (11-14 marzo 2004) che catapultarono Zapatero al governo, o forse perfino da prima. Anche se davvero ETA non c'entrasse nulla con gli attentati (il silenzio che il governo socialista da due anni e mezzo sta tentando di far cadere su chi chiede un'investigazione seria deve essere un altro segnale dell'*aura liberale* che ammanta la politica spagnola), quei 192 morti furono quel che serviva per scardinare il patto antiterrorista e per ridisegnare gli equilibri politico-istituzionali a suo vantaggio. Un copione che una stampa docile (con rare eccezioni) si è prestata a scrivere sotto dettatura giorno dopo giorno, senza farsi domande, senza provare a capire, abdicando, anch'essa, alla sua funzione di controllo del potere.

E' la Spagna *"liberale"*, signori. Quella in cui i candidati del PP non possono fare campagna elettorale in Catalogna perché altrimenti vengono linciati (centinaia di atti di aggressione da parte del nazionalismo di sinistra solo negli ultimi anni) sotto lo sguardo attento e complice di rappresentanti delle forze politiche di governo. Quella in cui il giudice Garzón si appropria di un caso non suo per accusare chi denuncia la falsificazione di documenti ufficiali volta a escludere ETA dalla trama dell'11-M, il tutto tra gli applausi della maggioranza di governo. Quella in cui chi chiede giustizia per le vittime e punizione dei crimini politici viene etichettato come franchista, mentre i terroristi guadagnano il palcoscenico del parlamento europeo. Quella in cui il segretario di stato per lo sport si porta al mondiale di basket in Giappone parenti e amici attingendo dalle casse dello stato, sicuro dell'impunità. Quella che scarica sulle comunità autonome (ovviamente quelle non asservite) il peso di una legge demenziale sull'immigrazione. Quella che rompe con gli Stati Uniti, ritira le truppe dal campo di battaglia della lotta contro il terrorismo, stringe alleanze con Chávez, guarda ai non-allineati, finanzia i libri di testo dell'islamismo radicale, predica laicismo ma lo pratica solo contro la chiesa cattolica. Quella che si può permettere un governo che decide senza dibattere, che riduce il confronto pubblico, che fa del ricatto morale di un progressismo ostentato e ingannevole l'arma decisiva per l'affermazione di un pensiero *debole* non in quanto minoritario ma, al contrario, troppo vicino al pensiero unico.

Comunque voi continuate a leggere i Salvati e il *Corrierino*, lo stesso quotidiano che un mese fa espelleva d'un sol colpo dalla Spagna ottocentomila immigrati clandestini. Perché, si sa, Zapatero è *"un liberale"* con le palle. Li pagano bene, ma non chiedono mai scusa.

10 novembre

# NIXON AVEVA TORTO. SERVE PIÙ DEMOCRAZIA[107]

"*Ciò che importa non è la filosofia politica interna a una nazione*" – disse Nixon stringendo la mano di Mao nel corso della troppo celebrata visita cinese del febbraio 1972 – "*ciò che importa è la sua politica verso il resto del mondo e verso di noi*". Questa frase, di fatto il lemma della scuola realista, è quella che i nipotini di Kissinger amano leggere ogni sera prima di prendere sonno per convincersi che nelle relazioni internazionali contano solo i fattori materiali e i rapporti di potere, e che la natura dei regimi è un elemento sostanzialmente ininfluente nel determinare la politica estera degli Stati. Si tratta di una visione consolante sotto un certo punto di vista: se noi facciamo della storia e della politica scienze esatte possiamo limitarci a considerare ciò che uno Stato fa risparmiandoci la fatica di andare a vedere ciò che uno Stato è; il che ci libera non solo da considerazioni di carattere etico ma anche da una certa dose di responsabilità, perché - se a contare è solo l'interesse nazionale - allora le mie e le altrui azioni non potranno essere esaminate che in base a questo criterio di giudizio: in pratica godranno di un alibi permanente.

Questa autoindulgenza risulterebbe perfino scusabile se non fosse che la prospettiva cui si accompagna si rivela miope ed inconsistente sotto il profilo storico-politico.

---

[107] Da Ideazione, novembre-dicembre 2006.

148

Miope sia perché sceglie il compromesso e la gestione dell'esistente invece della sua evoluzione, sia perché si fa scudo di un ingannevole concetto di stabilità per giustificare un sostanziale immobilismo, foriero di disgrazie e poco altro (i cosiddetti realisti non ne hanno tratto le conseguenze ma l'undici settembre ha rappresentato la loro smentita più tragica ed eclatante); inconsistente perché non tiene conto del fatto che l'ideologia non solo condiziona le percezioni e le priorità delle élites, ma soprattutto è in se stessa uno strumento di potere che determina le relazioni di un sistema politico nei confronti dei propri cittadini e della comunità internazionale.

## Sulla teoria della pace democratica

E dire che basterebbe da sola a far piazza pulita del piccolo cabotaggio quella *teoria della pace democratica* formulata per la prima volta in epoca contemporanea da Dean Babst e sviluppata dagli studi di R.J. Rummel. La dottrina è comunemente nota per il suo enunciato fondamentale: le democrazie non si fanno guerra tra loro, ma è in realtà il risultato di una approfondita analisi storica sui rapporti tra violenza, conflitti e sistemi politici. Rummel ha osservato che nei 190 anni di storia che separano la conclusione del Congresso di Vienna dall'attualità sono scoppiate più di 200 guerre tra regimi non democratici, più di 150 tra regimi non democratici e regimi democratici, ma nessuna tra democrazie. Conclusione: non solo le democrazie non si attaccano tra di loro, ma quanto più democratiche sono due nazioni più ridotto è il grado di violenza reciproca, nonché di quella esercitata in generale all'interno e all'esterno dei propri confini.

Proprio perché basata sull'esame della realtà storica, quella della pace democratica è di fatto – come nota un altro studioso della materia, James Lee Ray – almeno ad oggi la teoria più comprovata nel campo delle scienze politiche. Non è un caso che per confutarla i suoi critici siano costretti a ricorrere ad episodi marginali e non significativi o a ridurre il concetto di democrazia ad una caricatura di se stesso. Ma quando definiamo una democrazia consolidata attraverso i parametri di elezioni libere e competitive, della garanzia dei diritti e delle libertà fondamentali, del primato della *rule of law* e dell'equilibrio tra i poteri dello Stato, allora non possiamo che riconoscerne la specificità assoluta come potente forza di pace e stabilità internazionale, dove pace fa rima con emancipazione e stabilità con riconoscimento reciproco. Diverse sono le spiegazioni che al proposito la politologia ha fornito nel corso degli anni, alcune di carattere normativo, altre di tipo istituzionale, altre ancora di stampo economico o addirittura psicologico, ma non essendo questa la sede per discuterne ci limiteremo a verificare implicitamente la consistenza di alcune di esse, trattando il tema che ci occupa in concreto: se una Cina democratica sarebbe automaticamente un attore più responsabile e meno ostile sul piano delle relazioni internazionali.

Per evitare di scadere nella fantapolitica, non intravedendosi all'orizzonte per il momento nessun significativo segnale di democratizzazione del regime di Pechino, conviene affidarsi ancora una volta all'analisi del reale e considerare come si sta muovendo sullo scacchiere mondiale la Cina autoritaria. Il primo elemento che colpisce è che la proiezione internazionale dell'ex Grande Proletaria, nonostante abbia origini relativamente recenti, si sviluppa ormai a trecentosessanta gradi: dallo scenario eurasiatico a quello latino-americano, passando per l'Africa e il Medioriente, assistiamo ad una strategia di ridefinizione degli equilibri esterni strumentale alle esigenze di salvaguardia del proprio modello interno. In generale la Cina sta giocando la partita del *soft-power* a beneficio delle cancellerie occidentali e quella dell'*hard-power* nelle sue zone di influenza. Mentre l'apparato della propaganda è impegnato ad accreditare un ruolo di moderazione e di collaborazione in linea con le nuove parole d'ordine della *"crescita pacifica"* e della *"società armoniosa"*, sul campo Pechino sta creando una vera e propria rete di alleanze in chiave anti-democratica e anti-occidentale con l'obiettivo di imporre un modello di sviluppo (o sottosviluppo) alternativo a quello della democrazia liberale.

*Soft power* e *hard power*: la doppia strategia politica di Pechino

Quando nel giugno scorso l'ultimo vertice dell'Unione Africana si trasformò in un festival dell'odio anti-americano e anti-imperialista, la Cina era presente con dieci osservatori. Ufficialmente era il Gambia ad organizzare il *summit* ma gli inviti partirono da Zhongnanhai. Ospiti d'eccezione Chávez e Ahmadinejad. Da una parte la necessità di procurarsi le materie prime e l'energia di cui ha bisogno, dall'altra il desiderio delle oligarchie dominanti nel continente africano di ricevere infrastrutture ed aiuti economici senza interferenze negli affari interni: Pechino importa ricchezza ed esporta armi ed autoritarismo, promette assistenza ma agisce come una potenza neocoloniale. Forte del suo sviluppo economico senza libertà, il Partito Comunista Cinese offre un'alternativa ideologica ai nuovi despoti, spacciandola per cooperazione agli occhi di una comunità internazionale disposta a non vedere e non sentire in nome del sacro principio della sovranità (quale sovranità?) e pronta a concedere alla riedizione del fronte dei non-allineati il palcoscenico e il portafoglio delle organizzazioni internazionali. Che bisogno ha lo Zimbabwe – deve aver pensato il tiranno Mugabe – delle aziende occidentali se il nuovo alleato cinese firma con noi accordi economici per l'estrazione ed il trasporto dei diamanti? Perché dovremmo accettare truppe straniere sul nostro territorio – ragionano a Karthoum – se gli stessi che ci inviano le munizioni per compiere il genocidio del Darfur sono anche i nostri principali protettori alle Nazioni Unite? E come interpretare l'avvertimento dell'ambasciatore cinese nello Zambia secondo cui in caso di vittoria del candidato dell'opposizione alle presidenziali si sarebbero interrotti i rapporti diplomatici tra le due nazioni? Stabilità, certo, ma dei regimi.

Discorso analogo vale per l'America Latina. L'abbraccio tra Chávez e Hu Jintao lo scorso agosto all'Assemblea Nazionale del Popolo suggellava qualcosa di più della firma di un accordo petrolifero. Era la rappresentazione grafica di un vero e proprio asse politico-ideologico in quello che una volta veniva definito il *giardino di casa* di Washington. Merita di essere notato che, se fino a pochi anni fa, Pechino manteneva un profilo basso, attualmente – in virtù della crescita economica e militare – pratica una politica più assertiva, come se non temesse lo scontro. Uno degli sviluppi recenti più interessanti è ad esempio il crescente coinvolgimento di personale cinese nell'addestramento delle forze armate in diversi paesi latino-americani, che fino al 2002[108] ricevevano aiuti e supporto logistico dagli Stati Uniti: uno sforzo che va letto sia in chiave di protezione dei propri interessi commerciali sia in termini più strettamente militari, includendo in questa definizione la collaborazione a livello di *intelligence* e la vendita di armamenti.

Solo tenendo presente che tutto quello che Pechino fa al di fuori dei propri confini rientra in una logica di consolidamento del regime all'interno degli stessi, si può capire l'importanza che a Zhongnanhai assegnano alla questione Taiwan anche in contesti apparentemente ininfluenti: sono ancora 12 le nazioni latino-americane che mantengono relazioni diplomatiche con Taipei. L'impegno di Pechino nella regione ha molto a che vedere con l'obiettivo di sottrarre, attraverso il ricatto della dipendenza economica e della tutela politica, potenziali alleati al fronte pro-Taiwan. L'opera di convincimento si è ripetuta all'ultimo vertice dei paesi non-allineati tenutosi a L'Avana due mesi fa, nel corso del quale la Cina ha giocato il ruolo della grande potenza in via di sviluppo intenzionata a difendere la causa terzomondista e multilateralista (leggasi populista e dispotica) dalle ingerenze imperialiste (leggasi occidentali e democratiche). Hu Jintao d'altra parte non ha mai fatto mancare il suo apprezzamento per il *"modello politico cubano"*, prontamente ricambiato dalle parole del ministro castrista dell'economia che, proprio poco prima dell'inizio dei lavori, ricordava come le relazioni tra i due Stati fossero *"maturate nel solco della comune ideologia"*.

Alcuni analisti interpretano l'espansione cinese nel continente americano come una risposta alla crescente

---

[108] Anno di approvazione da parte del Congresso di una legge che ha vietato questo genere di attività nei confronti di quegli Stati che non accettavano di esentare i cittadini americani dalla giurisdizione del Tribunale Penale Internazionale.

presenza statunitense in quello asiatico, prodotta dalla guerra al terrorismo. Ma la tesi della reazione non spiega tutto, perché le cinesi non sono tanto incursioni tattiche quanto piuttosto tentativi (finora coronati da successo) di conquista di posizioni strategiche coerenti con la visione di potere globale alternativo che il regime ha di se stesso. *Realpolitik*, certo, ma di una dittatura. Non può quindi stupire se sui missili che Hezbollah faceva piovere al nord di Israele si sono trovate impronte digitali cinesi.

## La minaccia cinese tra Sud America e Teheran

L'alleanza tra l'ateismo di Stato di Pechino ed il fanatismo religioso di Teheran è probabilmente uno dei fattori di instabilità più inquietanti del nostro tempo. Mai l'equazione *no war for oil* ha assunto un significato tanto preciso come in questo caso, anche se il pacifismo è come sempre occupato altrove. L'11 per cento di tutto il petrolio che la Cina importa proviene dall'Iran e la moneta di scambio sono gli armamenti. In spregio a tutti i trattati di non-proliferazione, nei *rogue-states* del Medioriente[109], ma soprattutto nella terra degli ayatollah, arrivano *tanks*, artiglieria leggera e pesante, missili anti-aerei, componenti di navi da guerra, materiali e consulenza tecnica per la fabbricazione di ordigni chimici e nucleari. L'Iran è una pedina chiave nel grande gioco del consolidamento/esportazione della dittatura perché è l'argine ai disegni democratici americani in Medioriente e in Asia Centrale (l'effetto accerchiamento è l'incubo di Pechino) e perché consente ai cinesi di continuare la melina infinita sulla questione nordcoreana: nel caso questi ultimi fossero costretti a dimostrare una certa dose di collaborazione con la comunità internazionale contro le intenzioni belligeranti dello Stato-vassallo (altro *"modello"* dichiarato di Hu Jintao), l'Iran sarebbe pronto a farsi carico

---

[109] Il generale dell'Esercito di Liberazione Popolare, Liu Yazhou, fervente nazionalista noto per le sue posizioni antiamericane, è considerato il principale ideologo della politica pro-islamista del governo cinese.

di tutta l'assistenza di cui Kim Jong Il ha bisogno. Multilateralismo alla cinese.

Ed è di nuovo nelle sale ovattate delle organizzazioni internazionali – in cui non a caso il protagonismo cinese sta aumentando in maniera esponenziale – che avviene il riciclaggio degli affari sporchi: Teheran ha potuto continuare a lungo il ricatto atomico grazie alla complicità di Pechino (e in minor misura di Mosca) e alla voglia di *appeasement* delle cancellerie europee, delle anime candide onusiane e dei fondamentalisti della stabilità. Ma l'Iran è anche osservatore privilegiato in quella *Shanghai Cooperation Organization* (SCO) che, sotto l'egida cinese, riunisce il fior fiore dell'oligarchia tiranneggiante centroasiatica, una riedizione su scala ridotta del Patto di Varsavia sotto le mentite spoglie della cooperazione internazionale e dell'anti-terrorismo.

Spesso anche ai teorici della minaccia cinese sfugge la dimensione globale ed eminentemente politica della stessa. Limitandosi a valutare i fattori della crescita economica o della spesa militare e a misurare in base ad essi il grado di pericolosità della Cina, perdono di vista l'elemento decisivo: in sé la crescita del potere di una nazione non significa nulla se non si tiene conto di chi esercita quel potere, in che modo e con quali obiettivi. Se la Cina preoccupa non è perché modernizza il suo esercito o investe in Africa ma perché le sue forze armate sono comandate da un gruppo di *leaders* illegittimi, che non hanno esitato ad usarle per massacrare il loro stesso popolo quando l'hanno ritenuto opportuno, che non devono rendere conto delle proprie decisioni ad un'opinione pubblica, che governano uno Stato di polizia fondato sull'intimidazione e la violenza, che usano il nazionalismo come una bomba ad orologeria per garantirsi la sopravvivenza e mandare avvertimenti ai vicini, che dichiarano di non possedere intenzioni egemoniche ma di fatto le esercitano, che praticano una diplomazia anti-democratica in grado di ostacolare qualsiasi iniziativa umanitaria diretta contro i loro *protegés*, "*soffocando sul nascere i fattori che favoriscono lo sviluppo, i diritti civili, la democrazia*"[110]. Se

---

[110] Nelle parole di Nunziante Mastrolia, ricercatore del Centro Militare di Studi Strategici, intervistato da Elisa Borghi su

il Partito Comunista Cinese tesse le sue relazioni con despoti e criminali politici è perché parla il loro stesso linguaggio. Ecco allora che l'interesse per la diffusione della democrazia e dei diritti non è un segnale di inguaribile idealismo ma piuttosto una questione di politica pratica, di fatto la più sostenibile forma di realismo. Parlare di contenimento senza democratizzazione è come parlare di sviluppo senza libertà: una contraddizione in termini, un inganno che la storia si incarica di smascherare.

Prosperità e integrazione da sole non bastano. Si diceva che il mondo avrebbe cambiato la Cina, ma sembra che oggi sia la Cina ad imporre la propria *Weltanschauung* ad una parte consistente del mondo. I partigiani dello status quo avvertono che una Cina forte è in ogni caso più sicura di una Cina debole e in disintegrazione, ma è veramente questa l'alternativa? Perché, invece di accettare compromessi con un regime ossessionato dai suoi fantasmi, non lavorare affinché anche il muro di Pechino cada, una società civile si consolidi e la prospettiva di una transizione democratica prenda corpo? E' così utopico adoperarsi in modo da far coincidere l'interesse nazionale cinese con la promozione della democrazia e dei diritti umani invece che con la loro soppressione? Conviene pensarci perché a puntare sulle buone intenzioni dei tiranni la storia insegna che si perde sempre. Nixon aveva torto.

L'Opinione (1° settembre 2006).

31 dicembre

## UN FINALE GIÀ SCRITTO

Continuano a chiamarli *desaparecidos* ma sono morti. E cominciamo da qui: sotto le macerie del botto di capodanno[111] di ETA sono rimasti due ecuadoriani che non brinderanno mai più con le loro famiglie. Ma l'attentato di ieri all'aeroporto di Madrid è anche l'ennesima dimostrazione di quanto da queste parti si sostiene da sempre: che con i terroristi non ci può essere nessun dialogo, che con gli incappucciati non ci si siede a prendere il caffé, al limite glielo si serve dietro le sbarre. Ecco perché sotto quelle macerie è morta anche la menzogna sulla quale il governo Zapatero ha costruito il castello di carta della sua permanenza al potere: il *processo di pace* non è mai esistito, se non nella fantasia dei dilettanti allo sbaraglio cui un altro attentato consegnò le chiavi della Moncloa.

Purtroppo il neopopulista in capo non ha ancora capito che è ora di smetterla: ieri ha *sospeso* i contatti con ETA ma ha dato ad intendere che è disposto a ritornare al tavolo delle trattative se i criminali ci ripensano. E' significativo che il

---

[111] El Mundo, 1 gennaio 2007: "ETA reaparece con una bomba en la T4 de Barajas; hay dos desaparecidos" (http://www.elmundo.es/elmundo/2006/12/30/espana/1167467 691.html).

*cessate il fuoco permanente* del marzo scorso sia andato in fumo in cinque secondi di brutalità. Di *permanente* in tutti questi mesi c'è stata solo la volontà di resa delle istituzioni di fronte ad una banda che ha chiaramente confermato di avere il coltello dalla parte del manico e di essere in grado di ricattare e di manipolare un esecutivo ai limiti della codardia e dell'alto tradimento. Ovviamente Zapatero non è il responsabile dell'attentato di ieri. Solo i giacobini della sinistra buona e giusta possono trasferire la colpa dalle mani insanguinate dei terroristi a un capo di governo democraticamente eletto. Ma il presidente del sorriso *permanente* (come il *cessate il fuoco*) ha sulle sue spalle altre pesantissime responsabilità: aver ridato ad un'organizzazione boccheggiante ossigeno, visibilità politica ed un ruolo di interlocutore istituzionale; aver ridotto lo stato di diritto ad una caricatura di se stesso; aver emarginato l'opposizione democratica per far posto ai lupi del nazionalismo estremista travestiti da agnelli; aver mentito sistematicamente all'opinione pubblica. Un primo ministro decente chiederebbe scusa, getterebbe via il copione scaduto e tornerebbe alla politica antiterrorista del suo predecessore. Poi eviterebbe di ripresentarsi alle prossime elezioni. Un primo ministro decente, non Zapatero.

**2007**

2 gennaio

## DOV'È ZAPATERO?

Se lo chiedono in molti oggi in Spagna, quattro giorni
dopo gli 800 Kg. di ETA, nelle ore in cui perfino i suoi fidi
scudieri lo hanno platealmente e inappellabilmente smentito,
mentre il paese è ancora in attesa di una sua visita sul luogo
del delitto che, se mai si produrrà, avrà il sapore mesto della
sconfitta. E' probabile che Zapatero riesca ad uscirne
politicamente vivo: nella sua pochezza è comunque un
tattico, nella sua inadeguatezza cronica può far affidamento
su amici influenti. Ma moralmente il suo operato è morto e
sepolto. Per me lo fu fin dall'inizio, da quando appena eletto
rispose agli attentati di Madrid come i terroristi volevano,
consegnando il paese - da nichilista passivo, direbbe
Glucksmann - al ricatto perenne dei nichilisti attivi. Poi un
susseguirsi di atti irresponsabili e demagogici, commentati a
più riprese in questa e in altre sedi, frutti ideologici di un
populismo sconcertante.

In fondo Zapatero finisce dove aveva cominciato:
avvilente protagonista di un progetto di svuotamento
graduale delle istituzioni democratiche, avvilito ostaggio dei
compagni di viaggio che si è scelto. Non bisognava essere
dei geni per capire lo zapaterismo. Io, che genio non sono,
ho provato a raccontarvelo involuzione dopo involuzione,

mentre sui giornali italiani leggevate quotidiane ovazioni all'uomo nuovo che cambiava il volto del suo paese. Sfigurandolo. Una parabola grottesca, una menzogna ben raccontata, un penoso incantamento collettivo, la rappresentazione più pura di una sinistra in perenne ed insanabile contrasto con i valori della liberaldemocrazia: i quasi tre anni del governo del sorriso entrano di diritto nella storia politica contemporanea. Oggi ridono un po' meno. Io, invece, sono sempre stato piuttosto serio.

18 luglio

## DALLA CERTEZZA DELLA PENA A QUELLA DEL DIRITTO

Comprensibile il sollievo alla notizia della commutazione della sentenza[112] contro le infermiere bulgare, ma resta il problema di fondo. Non è la natura della pena in sé a dover suscitare scandalo quanto le modalità con cui è comminata. Più importanti delle moratorie contro la pena di morte sarebbero le mobilitazioni (non popolari ma dei governi democratici) per l'introduzione di regole giuridiche certe laddove i processi sono una tragica farsa. La Libia non è oggi meno barbara perché, invece di sacrificarli sull'altare della vendetta di stato, ha condannato *solo* alla prigione a vita cinque donne e un uomo; se possibile lo è ancora di più per aver probabilmente inventato un'accusa agghiacciante, per averla protratta fino all'estremo come arma di ricatto, per aver preso in ostaggio non solo gli imputati ma anche i bambini malati e le loro famiglie. Insomma, l'obiettivo - una volta smaltito il sollievo - dev'essere passare dalla certezza della pena a quella del diritto.

---

[112] BBC News, 17 luglio 2007: "Libya revokes HIV death sentences" (http://news.bbc.co.uk/2/hi/africa/6903336.stm).

23/24/26/27/28 agosto – 2/4/13 settembre

## BIRMANIA. PENSIERI SPARSI

Legno pregiato, campi di grano e di riso, pietre preziose, risorse di gas naturale. La Birmania sta morendo. Sta tutta in questo paradosso l'essenza di un paese stremato e avvilito da quarantacinque anni di isolamento e di repressione, di saccheggio e di incompetenza. Da quando nel 1962 il generale Ne Win si impadronì del potere con un colpo di stato lanciando *la via birmana al socialismo*, i militari non l'hanno mai ceduto. Nemmeno quando i risultati della prima elezione in trent'anni - era il 1990 - infersero loro un colpo teoricamente mortale, assegnando al principale partito di opposizione, la *National League for Democracy* di Aung Saan Suu Kyi - già allora agli arresti -, 392 su 485 seggi a disposizione. Ma i generali, si sa, hanno sette vite: annullarono il voto e fecero arrestare i principali esponenti della NLD perché non restasse più nulla di chi aveva osato sfidarli. Un trappola, l'ennesima, un inganno ben orchestrato per smascherare la dissidenza e sradicarla dal tessuto sociale. Quella che fu una delle gemme più brillanti dell'ex Impero Britannico è oggi una delle nazioni più povere del mondo, condannata ad una stagnante economia di sussistenza ma con le pagode ricoperte d'oro[113], senza un progetto di futuro

---

[113] All'indirizzo che segue potete trovare alcune immagini scattate nel corso del viaggio
(http://www.flickr.com/photos/enzreale/sets/721576032824302
60/with/1201810153/).

ma con uno dei più poderosi e costosi eserciti per numero di effettivi e spese di gestione. Per raccontare la Birmania bisogna necessariamente cominciare da qui.

Ci vogliono rassegnazione e coraggio per essere birmani. La prima ti serve per continuare a vivere nonostante tutto. Il secondo per non perdere la speranza. Li vedi camminare veloci avvolti nel loro *longyi*, gli sguardi penetranti, i volti sorridenti, quel saluto che ti accoglie ovunque tu vada e ti chiedi perché regalino tutta quella mitezza ai loro aguzzini. C'è davvero una forza discreta nell'accettazione silenziosa della loro condizione o si tratta solo della consapevole rinuncia a cambiare il proprio destino? Fino a che punto si può sopportare? Emma Larkin nel suo *Secret Histories*[114] descrive la Birmania come una donna malata di cancro che sa di esserlo ma rifiuta il trattamento medico e continua la sua vita come se il tumore non la stesse divorando. Va al mercato, si mette fiori tra i capelli e parla con la gente. Tutti sanno della malattia ma nessuno dice nulla. La scrittrice non lo spiega ma non è difficile immaginare il finale della storia. Questa è la rassegnazione. Poi c'è il coraggio. La scorsa settimana la Giunta[115] ha deciso, senza perdere tempo in spiegazioni, di raddoppiare i prezzi del carburante: il trasporto pubblico è andato in panne e in molti si sono ritrovati con i soldi per andare al lavoro la mattina ma non quelli per tornare a casa la sera.

Ma domenica è successa una cosa più unica che rara. Centinaia di persone sono scese nelle strade di Yangon (l'ex capitale, Rangoon prima dell'era del cambio dei nomi) a protestare contro il provvedimento, in testa i *leaders* della cosiddetta *Generazione dell'88*[116], quelli sopravvissuti al massacro. Fu un altro sconsiderato provvedimento di natura economica[117] a far scattare la più imponente sollevazione

---

[114] Emma Larkin, "Secret Histories: Finding George Orwell in a Burmese Teashop", John Murray Publishers Ltd., 2004.

[115] Il cui nome ufficiale era, all'epoca, *State Peace and Development Council*.

[116] BBC News, 22 agosto 2007: "Profile: 88 Generation Students" (http://news.bbc.co.uk/2/hi/asia-pacific/6958363.stm).

popolare nella Birmania (oggi Myanmar, dopo l'era del cambio dei nomi) dei militari. Era l'agosto 1988 e dall'università di Rangoon partirono le manifestazioni studentesche contro il regime. Che reagì sparando, come un anno dopo avrebbero fatto i gerarchi del Partito Comunista Cinese. Furono circa tremila i morti in quelle settimane di speranza affogate nel sangue. Domenica scorsa alcuni degli esponenti di quel movimento, tra cui Min Ko Naing e Ko Ko Gyi, non si sono fatti intimorire dalla prospettiva di altri vent'anni di galera e si sono assunti la responsabilità della protesta. In Birmania la polizia bussa di notte: in quella tra martedì e mercoledì tredici attivisti per la democrazia sono stati prelevati dalle loro case ed arrestati. Tra di loro sette noti dissidenti, compresi i due citati sopra. Nonostante l'intimidazione mercoledì altre cento persone sono tornate in piazza, disperse dalla polizia e dalle milizie in borghese del regime (USDA). Oggi un'altra manifestazione, quaranta persone, in marcia verso il quartier generale della NLD. Altri episodi analoghi si stanno registrando in diverse località, connotando quello in corso come il più importante atto di disobbedienza civile dal 1988. Questo il testo del comunicato con cui la Giunta ha annunciato le detenzioni:

*"Information was received in advance that with the ill-intention of grabbing power, internal and external destructive elements who do not wish to see the endeavours of the government are plotting to oust the government by resorting to three strategies to disrupt the National Convention, to cause civil unrest similar to the 88' disturbances and to commit various acts within the framework of law.*
*Tonight, authorities concerned have taken into custody and are interrogating the so-called 88' generation students Min Ko Naing, Ko Ko Gyi, Pyone Cho (a) Htay Win Aung, Min Zeya, Mya Aye (a) Thura, Kyaw Min Yu (a) Jimmy, Zeya (a) Kalama, Kyaw Kyaw Htwe (a) Markee, Arnt Bwe Kyaw, Panneik Tun, Zaw Zaw Min, Thet Zaw and Nyan Lin Tun for their acts may undermine the efforts for ensuring peace and security of the State, the success of the National Convention and the seven-step Road Map and peaceful transfer of the*

---

[117] Una strampalata riforma monetaria che causò la repentina perdita di valore dei risparmi della popolazione.

*State power*"[118].

Ci vuole tanto, troppo coraggio per essere birmani.

*"Il Tatmadaw e il popolo, collaborano nell'annientamento di tutti coloro che danneggiano l'Unione".* Così recita un enorme striscione appeso all'esterno del recinto del palazzo reale a Mandalay. Sede degli ultimi re birmani prima che i britannici si facessero con il controllo del territorio e ricostruito dopo i bombardamenti della seconda guerra mondiale, è oggi l'unica parte visitabile dell'antica cittadella fortificata trasformata in accampamento militare. La guida cui chiediamo lumi sull'evidente presenza di soldati nei dintorni si limita ad un *no comment* piuttosto infastidito: *"Per questa domanda non ho risposta"*.

Il *Tatmadaw* è l'onnipotente esercito di Myanmar, padrone non solo della politica ma anche dell'economia del paese. Anche dopo l'abbandono della *via birmana al socialismo*, seguito all'abdicazione di Ne Win, le principali attività produttive restano direttamente o indirettamente nelle mani dello stato. Il governo militare è proprietario o dirige attraverso partecipazioni le imprese più importanti e, anche

---

[118] "Secondo informazioni ricevute in anticipo, elementi distruttivi interni ed esterni che non vogliono riconoscere i risultati raggiunti dal governo, stanno complottando per spodestarlo, con l'intenzione di impadronirsi del potere, attraverso una triplice strategia: interrompere la Convenzione Nazionale, provocare una rivolta civile simile ai disordini dell'88 e realizzare diverse azioni (di disturbo) che non trascendano i limiti della legge.
Questa notte, le autorità competenti hanno detenuto e stanno interrogando i cosiddetti studenti della generazione '88 Min Ko Naing, Ko Ko Gyi, Pyone Cho (a) Htay Win Aung, Min Zeya, Mya Aye (a) Thura, Kyaw Min Yu (a) Jimmy, Zeya (a) Kalama, Kyaw Kyaw Htwe (a) Markee, Arnt Bwe Kyaw, Panneik Tun, Zaw Zaw Min, Thet Zaw e Nyan Lin Tun per i loro atti che possono minare gli sforzi per assicurare la pace e la sicurezza dello Stato, il successo della Convenzione Nazionale, i sette punti della *Road Map* e il pacifico trasferimento del potere statale".

quando non compare apertamente, estende il suo controllo attraverso una rete di intermediari legati per vincoli familiari o di interesse all'apparato di potere. Emblematico il caso delle strutture alberghiere recentemente costruite in alcune zone del paese a partire dalla fine degli anni '90, quando la Giunta decise di incentivare il turismo: un intento riuscito solo in parte considerato che ancora oggi la Birmania è la nazione meno visitata del continente asiatico, con l'eccezione della Corea del Nord, e meno esposta al contatto con occidentali. *"Qui quasi tutto appartiene alla cognata del generale"*, ci fa sapere a mezza voce Tun Tun nella calura pomeridiana di Bagan, a due passi dall'infinito silenzio della valle dei templi. Se costruiscono qualcosa è per loro, sia un hotel, una casa in mattoni o una strada asfaltata. A Tun Tun e a quelli come lui non arrivano nemmeno le briciole e devono arrangiarsi fingendosi pittori o riparando le gomme delle biciclette che qualcuno – *"fanno i furbi quelli"* - ci ha rifilato poco prima con sette buchi compresi nel prezzo. E senti che vorrebbe dire di più, spiegare a quegli stranieri capitati lì per caso cosa sta succedendo davvero nel paese delle bianche pagode e della natura selvaggia, sfogare una rabbia repressa, far uscire dallo stomaco quel grido silenziato, smettere di stringere i denti sperando che un giorno, chissà come, qualcosa cambi. E magari chiedere, timidamente, perché nessuno fa nulla per la gente di questa strana nazione dal nome quasi impronunciabile (*Pyi-daung-zu Myan-ma Naing-ngan-daw*).

Poi ci sono i cinesi. *"Loro non vengono qui ad ammirare il paesaggio"*, continua Tun Tun. No, vengono a riempire il vuoto lasciato dall'occidente, letteralmente ritiratosi dalla Birmania e barricato dietro il muro delle sanzioni. Proprio come in Africa, la Cina si sta impadronendo del paese e delle sue risorse. I nipotini di Mao stringono accordi con i generali, immettono denaro nelle disastrate casse delle stato e di fatto mantengono in piedi il regime, coerenti con la dottrina di esportazione e consolidamento della dittatura nelle loro zone di influenza. Li riconosci subito i cinesi, per le strade di Mandalay o Nyaung U e non solo per i tratti fisici: li distingui per i vestiti che indossano e per le macchine che guidano. Capisci che sono venuti qui a fare i signori. Il mondo è un mistero buffo.

Da Mandalay a Bagan la strada a un certo punto scompare. Diventa un terreno coperto di buche, poi di polvere, poi di terriccio. Sono 150 chilometri da percorrere in sette ore. Siccome il tempo si è fermato, non c'è fretta. Riappare, la strada, solo in prossimità della valle dei templi dove gli stranieri di solito arrivano in aereo o navigando sull'Irrawaddy. A loro interessa la destinazione, non certo il cammino, e non si faranno troppe domande una volta seduti al ristorante, la sera, sulla riva del fiume. E' semplice la mente dei generali. Hanno creato un deserto e poi ci hanno piantato qualche oasi, sparsa qua e là. Nessun birmano potrà mai avvicinarsi per prendere un po' d'acqua e nemmeno ci proverà. Anche i birmani conoscono bene la loro destinazione. Ma li troverai sempre lungo il cammino.

Quattro villaggi di capanne di bambù, i carri trainati da buoi, le donne schiena dritta e cesta in testa, centinaia di mani aggrappate alle camionette, le biciclette, i cani randagi, il grano sparso sul ciglio della strada, le risaie, le mucche bianche e ossute, l'uomo, l'aratro, l'animale, il peperoncino piccante avvolto in un lenzuolo, i bambini che tornano da scuola, quelli al lavoro nei campi, la piccola mano aperta in un gesto di saluto, la famiglia seduta fuori ad osservare, le corse impazzite incontro all'auto, i sorrisi, le grida, poi il silenzio, l'abbandono, quasi il nulla. Da Mandalay a Bagan la strada a un certo punto scompare.

Primo comandamento: impedire la comunicazione tra gli individui. Nel decalogo della dittatura questo precetto assume un'importanza fondamentale per perpetuare l'isolamento della società birmana all'interno e all'esterno dei confini del paese. Oltre alle ovvie misure di divieto di riunione, associazione o di qualsiasi assembramento superiore a cinque persone (i mercati no, questi luoghi del male...), è interessante soffermarsi sul rapporto del regime con le nuove tecnologie. Prima di partire ci era stato consigliato di non portare con noi il cellulare perché ci sarebbe stato requisito all'arrivo. Ma non è vero. In effetti non c'è ragione perché questo avvenga, dal momento che semplicemente il nostro telefono non ha nessuna possibilità di funzionare in territorio birmano. Bisogna ricorrere agli apparati pubblici e qui comincia l'odissea. Le tariffe per uno straniero che voglia comunicare con il proprio paese oscillano tra i 5 e i 7 dollari al minuto; quelle per i locali cui venga l'insana idea di mettersi in contatto con l'estero tra i 3 e i 4 dollari. Una cifra inconcepibile per qualsiasi birmano, pari mediamente al salario di metà settimana, che basterebbe da sola a scoraggiare velleità di sorta, nel caso la minaccia del *grande orecchio* non fosse di per sé sufficiente. Prima di fare il numero, i solerti funzionari delle telecomunicazioni ti impongono di dichiarare quanto vorrai parlare: inutile spiegare che pagherai quello che sarà dovuto in ogni caso, chiedendo che ti lascino il tempo per tranquillizzare i tuoi che sei vivo, stai bene e non ti hanno fatto prigioniero. Se dici un minuto, al sessantesimo secondo interromperanno la comunicazione limitandosi ad osservare la tua reazione senza ritenere di doverti alcuna spiegazione. Il cronometro (tutti quelli che gestiscono una postazione telefonica ne hanno uno) parte al primo squillo e dopo il terzo la regola impone che ti venga addebitato il costo della telefonata. Devi farti amico il cronometrista perché questo non succeda. Le linee telefoniche sono limitate, anche nelle principali città, e il telefono pubblico è per la maggior parte della popolazione l'unico mezzo di comunicazione possibile. Il governo gestisce direttamente un alto numero di postazioni ed assegna le licenze delle rimanenti, assicurandosi in questo modo un controllo ferreo degli utenti e dei numeri in entrata e in uscita. Il più delle volte le linee sono condivise: a Nyaung Shwe, ventimila anime, una cittadina tra le più frequentate sulle rive del Lago Inle, ci sono 700 apparecchi ma solo 40 linee telefoniche. Ah, dimenticavo: un cellulare costa dai 2500 ai 3000 dollari. Non bastano sette vite, nemmeno quelle di un generale.

Poi c'è Internet. Per esserci c'è, in effetti, anche se i costi del servizio sono talmente elevati da renderlo impraticabile per l'utenza privata. Il punto è che funziona in maniera un po' peculiare. Già all'entrata di alcuni *cyber* (o simili) ti accoglie un cartello: *"Si prega di avere pazienza"*. Il perché lo capisci quando cominci a navigare per le tormentose acque della rete birmana, a conferma che tra tragedia e farsa il confine è spesso sottile. L'unica connessione consentita è quella attraverso il *server* del governo in cui, come è facile intuire, la falce del censore ha già operato una radicale selezione alla fonte, impedendo l'accesso ai siti *sconvenienti* e trasformando Internet in una triste caricatura di se stesso. Anche l'e-mail è di stato: ogni messaggio viene accuratamente monitorato e registrato perché i birmani - si sa - sono come i bambini e hanno bisogno della tutela costante del *grande occhio*. I più indisciplinati però ci provano lo stesso. Come i loro colleghi cinesi, anche se ad un livello di sofisticazione molto più basso, si appoggiano ad un unico *proxy server* su cui i censori non sono ancora riusciti ad intervenire ma evidentemente sì ad interferire: scaricare una pagina richiede dai 15 ai 25 minuti e sono in molti a desistere a metà dell'intento. Confesso di aver abbandonato. E oltre a quelle già troppo strette del web, il *proxy* ovviamente può aprirti anche le porte anguste della prigione: una frase intercettata di troppo e dal blocco della linea, al ritiro della licenza, alle sbarre di Insein è solo questione di sorte.

Per capire l'importanza della partecipazione di monaci buddisti[119] ad alcune delle manifestazioni di protesta degli ultimi giorni conviene tenere a mente una fotografia[120]. E' l'immagine della triade dei generali[121], Than Shwe in testa, in atto di devozione religiosa presso una importante pagoda del paese. Quelle che tengono in mano sono icone del Budda ricoperte da lamine d'oro. I tre le stanno portando in processione fino all'altare. Il regime, soprattutto negli ultimi

---

[119] The New York Times, 29 agosto 2007: "Buddhist Monks Join Pro-Democracy Protesters in Myanmar" (http://www.nytimes.com/2007/08/29/world/asia/29myanmar.html?_r=2&ref=asia&oref=slogin&).

[120] Immagine scattata dal sottoscritto all'interno della pagoda di Phaung Daw Oo (http://www.flickr.com/photos/enzreale/1215115332/).

[121] Il Generalissimo Than Shwe, e i suoi vice Maung Aye e Thein Sein (oggi presidente non militare del paese).

anni, ha cominciato a strumentalizzare a fini propagandistici il fervore religioso presente all'interno della società birmana.

Il monaco rappresenta in questo contesto un punto di riferimento non soltanto spirituale ma anche politico. Azzardo una considerazione che traggo da quel che ho potuto percepire, più che osservare o ascoltare: alla casta dei religiosi tocca una involontaria funzione di mediazione tra il regime e la popolazione e, a seconda di dove si sposti, può far pendere il piatto della bilancia in questa delicata e a tratti paradossale partita tra chi ha tutto il potere e chi non ne ha nessuno. Non si dimentichi che i monaci pagarono un alto tributo di sangue durante la rivoluzione civile del 1988 nella quale si schierarono senza mezzi termini dalla parte dei dimostranti. La giunta militare usa perciò con il clero il bastone della repressione e la carota della lusinga. Una volta neutralizzate e smembrate le università, i monasteri restano l'unico luogo fertile per una riflessione sui mali del paese e anche per l'elaborazione e la diffusione di idee potenzialmente pericolose per il regime. Ecco perché, nei momenti caldi come l'attuale, la sorveglianza intorno agli stessi si fa particolarmente ferrea[122]:

*"Mandalay—Police tightened up security at leading monasteries in Mandalay on Thursday, while the authorities ordered junior monks and novices from other townships who came to study at Mandalay to return home. The police also checked the monastery walls for notices calling for protests. Security in the entire city remained high"*[123].

Oltre ad essere la sola garanzia per molti bambini di poter godere di un'educazione scolastica fino ai dieci-dodici anni, la vita monastica consente un processo di

---

[122] Da una cronaca della rivista dissidente in esilio *The Irrawaddy*.

[123] "Mandalay – La polizia ha aumentato la sicurezza attorno ai principali monasteri di Mandalay questo giovedì, mentre le autorità hanno ordinato di ritornare a casa ai giovani monaci e alle novizie provenienti da altre località che si trovano a Mandalay per ragioni di studio. La polizia ha anche controllato i muri dei monasteri in cerca di scritte che incitino alla protesta. Il livello di sicurezza in tutta la città rimane elevato".

apprendimento meno condizionato dall'indottrinamento ideologico dell'istruzione di stato e la formazione di un pensiero critico altrimenti assente. Ciò non significa che i monaci rappresentino di per sé un'avanguardia dissidente: al contrario, spesso sono informatori privilegiati della giunta sulla vita dei villaggi. Significa però che, persino per l'onnipotente gerarchia militare birmana, governare contro dio e contro i suoi esegeti può essere rischioso, non foss'altro che per quel superstizioso timore che sembra caratterizzare tutti gli uomini forti che hanno retto le sorti della Birmania, da Ne Win fino a Than Shwe. A Bagan, mille anni dopo, continuano a costruirsi templi ad imitazione degli originali, mattone su mattone. Sono i padroni del paese che provano a guadagnarsi la benevolenza divina. Devono avere qualcosa da farsi perdonare.

*"It is not power that corrupts but fear. Fear of losing power corrupts those who wield it and fear of the scourge of power corrupts those who are subject to it"*[124].

Era una sera di maggio di 4 anni fa. Aung San Suu Kyi viaggiava in una carovana di auto e motociclette diretta a nord. Insieme a lei circa 200 membri della *National League for Democracy*. Era uno dei rari momenti negli ultimi diciotto anni in cui alla oggi sessantaduenne dissidente birmana era stato permesso di circolare per il paese. Per un motivo non meglio precisato il gruppo di veicoli si vide costretto a rallentare (c'è chi dice che un monaco chiese loro di fermarsi per parlare con un gruppo di abitanti del posto). Dal ciglio della strada e dalle camionette che seguivano a distanza il corteo, squadre di uomini armati di bastoni di ferro e di pali di legno circondarono Aung San Suu Kyi e i suoi. Fu un massacro. Più di sessanta membri della NLD, secondo stime prudenti, vennero picchiati a morte. Altri lasciati sulla strada in una pozza di sangue. Altri portati via dalle solerti milizie

---

[124] "Non è il potere che corrompe ma la paura. La paura di perdere il potere corrompe coloro che lo detengono e la paura del flagello del potere corrompe chi vi è sottoposto". Citazione di Aung San Suu Kyi.

dell'USDA, responsabili dell'attacco. *The Lady*, come è semplicemente conosciuta tra i birmani, era prelevata e condotta in una località segreta, *"per salvaguardare la sua incolumità"*. Il segreto si chiamava Insein[125], ancora una volta. Era il terzo arresto per la figlia del generale Aung San, l'eroe dell'indipendenza nazionale, la cui memoria costringe ancora oggi i militari ad un grottesco equilibrismo sul filo della storia. Poi, nel settembre dello stesso anno, il trasferimento alla sua casa di Yangon, date le precarie condizioni di salute. Da allora non è più uscita.

Al 54 di *University Avenue*, la via delle ambasciate, uno spaccato d'altri tempi dentro la bolgia dell'ex capitale, la donna più temuta dal regime ha passato gran parte degli ultimi tre lustri e mezzo della sua vita. Poco lontano l'università di Yangon, o quel che ne resta dopo che la giunta ha deciso di spostare gran parte dei dipartimenti lontano dalla città. Lungo il viale alberato gli studenti si dirigono al luogo da cui, nell'88, partirono le manifestazioni antigovernative. Apparentemente tutto è normale. Proviamo anche noi ad avvicinarci all'ingresso ma non è una buona idea. Una guardia ci fa sapere che l'entrata non è consentita senza un permesso speciale. Passiamo oltre. Sulla sinistra fervono i lavori della nuova sede diplomatica degli Stati Uniti: di americano in Birmania non c'è più nulla, nemmeno la Coca Cola (entra solo di contrabbando, infatti è carissima), ma a quanto pare l'ambasciatore resta. Che la sua residenza non diventi una fortezza. Poco più avanti un posto di blocco. Si accosta un poliziotto e ci informa che non possiamo continuare. Ma quella ragazza che è passata poco fa? *"Agli stranieri non è permesso l'accesso a questo tratto di strada"*. Anche se lo sappiamo, chiediamo il perché: *"Motivi di sicurezza"*, è la sola risposta. Il poliziotto ferma il primo taxi che arriva. E' già occupato ma l'autista non fa domande. Si apre la porta posteriore e un minuto dopo la casa di Aung San Suu Kyi è già lontana. Ogni mattina, al risveglio, *the Lady* si affaccia alla finestra: alla sua destra un presidio militare, alla sua sinistra un altro. La proteggono dai forestieri: il

---

[125] BBC News, agosto 2007: "Inside Burma's Insein prison" (http://news.bbc.co.uk/2/hi/asia-pacific/3006922.stm).

regime ha a cuore *"la sua incolumità"*.

A volte i birmani vogliono solo parlare. Ma i guardiani sono dappertutto. Membri della polizia certo, ma più spesso agenti in borghese, funzionari del regime incaricati di osservare, ascoltare, riferire. *"Tutti sanno chi sono loro qui nel villaggio"*, si lascia sfuggire guardandosi attorno un uomo sui quaranta, un figlio nell'ex capitale e una moglie chissà dove, lui autista per stranieri su una Toyota di vent'anni fa, in fondo un privilegiato. *"Hanno le case migliori, quelle che il vento non si porta via"*, ma anche le attività più redditizie e le auto coi sedili foderati. La Birmania è in mano a una mafia i cui tentacoli si estendono fino alle più remote località del paese, la testa nei palazzi della giunta, gli occhi, le orecchie e il bastone ficcati nella carne della povera gente. Dicono le voci che si debba stare particolarmente attenti ai locali in terra battuta e lamiera che la *Lonely Planet* nel suo zelo da correzione politica battezza *saloni da tè*. E' qui che, tra un sorso e l'altro, le spie intercetterebbero la maggior parte delle conversazioni di interesse, è qui che le *cospirazioni contro la sicurezza dello stato* prenderebbero corpo, è da qui che la polizia del pensiero trarrebbe le informazioni necessarie per compiere la sua meritoria opera di *igiene sociale* e di *salvaguardia della stabilità della nazione*. Ma in fondo non serve una *task force* per imporre silenzio e obbedienza: quando il sospetto si è impadronito della tua mente sei già prigioniero, e non importa se il tuo vicino di casa o di sgabello sia davvero un collaboratore del regime o soltanto un'altra vittima in cerca di una parola e di uno sguardo di umana comprensione. Nelle società della paura ogni minaccia apparente diventa un nemico reale. Il tè in Birmania si serve a tutte le ore.

La Birmania in una foto[126]. Un *uomo* di sei-sette anni, in equilibrio sulla sua barca, il volto serio a fissare un obiettivo che vergognosamente lo ritrae, forse per la prima volta. L'infanzia è finita da un pezzo e a casa c'è chi aspetta qualcosa da mangiare la sera o da vendere al mercato il

---

[126] Immagine scattata durante un'escursione in barca sul lago Inle (http://www.flickr.com/photos/enzreale/1215115364/).

giorno dopo. Noi a pochi metri, senza nemmeno il coraggio di rivolgergli una parola, di chiedere il suo nome. Troppo duro quello sguardo, troppe domande senza risposta. La situazione dei bambini birmani è spaventosa. Nonostante le statistiche ufficiali, meno della metà della popolazione infantile frequenta le scuole primarie e secondarie, e solo un quarto le conclude regolarmente. L'educazione è garantita nelle fasi iniziali, dopodiché le famiglie devono sobbarcarsi ogni spesa: l'abbandono scolastico è persino una ovvietà in queste condizioni e lo sfruttamento minorile è la regola. Appena si è in grado di sostenere un peso o di muoversi con le proprie gambe si diventa carne da lavoro: i più fortunati servono in qualche bar, agli altri tocca la fatica del campo o la calca dei centri urbani. L'arcadia dei primi anni di vita, quando ancora non puoi essere e non puoi sapere, lascia ben presto il posto alla quotidiana lotta per la sopravvivenza. Non c'è tempo, bisogna crescere in fretta. E sembra tutto così scontato che a tratti ti scopri ad osservarli senza più nemmeno stupirti, come se la banalità del male prendesse naturalmente il sopravvento sulla dignità umana

Secondo stime recenti delle Nazioni Unite il tasso di mortalità nei primi dodici mesi si situa intorno al 77/1000 e quello al di sotto dei cinque anni si eleva al 109/1000. La diffusa pratica dei lavori forzati coinvolge anche i più piccoli. Inoltre è dell'esercito birmano il primato di bambini-soldato: si calcola che dai 50.000 ai 70.000 siano i minori reclutati dalle forze armate per servire la patria. Spesso l'arruolamento avviene nei quartieri degradati delle principali città, sotto la minaccia dell'arresto o di ritorsioni contro i familiari. In effetti non è difficile portarsi via un bambino in Birmania. Li trovi per strada fin dalla più tenera età, quasi sempre senza adulti al fianco. Si avvicinano perché la curiosità ha la meglio sulla paura, a volte allungano una mano, di solito si limitano a scrutarti. Quelli che sanno riconoscere la tua faccia di straniero ti chiedono di scambiare qualcosa: un sapone, una penna, una caramella. Se sono bambine sarà un rossetto a renderle adulte, come se la vita non bastasse. Si fanno avanti sorridendo, poche frasi in inglese imparate a memoria, se non hai nulla da dare ti strappano la promessa che tornerai. Sanno che non lo farai ma ti salutano ugualmente, con lo stesso sorriso. "*Tata*", addio, non lasciarmi qui. Ti fissano intensamente i figli della Birmania. Nel loro sguardo un *perché* che non permette repliche.

18/25/26/27/28/29 settembre - 1 ottobre

## BIRMANIA. LA SFIDA DEI RELIGIOSI

Oggi i monaci birmani hanno alzato il livello della protesta. A Yangon si sono disposti in fila indiana per marciare verso la Shwedagon Pagoda, il luogo più sacro del paese, tra gli applausi dei presenti. Le squadre del regime hanno bloccato gli accessi al tempio ma non sono intervenute a disperdere la manifestazione. La stessa scena si è ripetuta quasi simultaneamente in diverse località della Birmania dove gruppi di monaci, in maggioranza giovani, hanno sfidato apertamente il regime in una contrapposizione le cui conseguenze sono ancora tutte da scrivere. In un gesto di ribellione clamoroso e umiliante, i buddisti minacciano di rifiutare le tradizionali elemosine offerte dai militari e dalle loro famiglie, in risposta alle mancate scuse dei responsabili dei pestaggi di Pakokku, due settimane fa. A Sittwe gli scontri si sono ripetuti e gli ufficiali dell'esercito hanno usato i lacrimogeni[127].

La situazione è delicata per i detentori del potere: schiacciare come mosche i civili è un conto, fare lo stesso con la casta dei religiosi un altro. Intanto l'occhio della comunità internazionale si sta lentamente aprendo sui fatti

---

[127] BBC News, 18 settembre 2007: '"Tear gas used on Burma monks" (http://news.bbc.co.uk/2/hi/asia-pacific/7000269.stm).

birmani. Purtroppo nelle prossime settimane il dibattito si sposterà alle Nazioni Unite dove presumibilmente si arenerà. Ma la realtà di una nazione stremata ha il sopravvento. Le proteste di questi giorni non sono nemmeno lontanamente paragonabili a quelle dell'88 per imponenza e partecipazione - non ancora almeno - ma stanno ottenendo una risonanza infinitamente maggiore grazie soprattutto all'immediatezza della diffusione delle notizie nell'era del digitale. Quando diciannove anni fa l'esercito soffocò nel sangue la ribellione civica di studenti e monaci, praticamente nessun mezzo di comunicazione era presente e i testimoni diretti delle proteste e del conseguente massacro non ebbero nessuna possibilità di raccontarlo. Oggi una fotografia rubata o un messaggio telefonico sfuggito alle maglie della censura sono sufficienti ad innescare una serie di reazioni a catena, in grado di finire in pochi minuti sulla prima pagina dell'edizione *online* del *NYT*. Persino in un paese isolato, controllato e tecnologicamente arretrato come la Birmania questo meccanismo dimostra di poter essere vincente ed il suo impatto in una società per molti aspetti arcaica e tagliata fuori dai circuiti internazionali merita di essere attentamente studiato.

*******

## PREGATE PER LA BIRMANIA

Perché la giornata di ieri[128] possa essere ricordata come l'inizio della rivoluzione democratica e non come il preludio di una nuova ondata di terrore. Oltre a pregare, chi può faccia anche qualcosa.

---

[128] BBC News, 25 settembre 2007: "Burmese protesters defy warning" (http://news.bbc.co.uk/2/hi/asia-pacific/7011655.stm).

(Adesso che da qualche giorno il caso-Birmania è sulle prime pagine dei principali organi di informazione di tutto il mondo, è stato per me un privilegio poter descrivere in anticipo sugli eventi il contesto umano, politico e sociale all'interno del quale gli stessi si stanno producendo. Non c'è voluta nessuna particolare abilità: per una di quelle circostanze che a volte si danno, ho solo avuto l'opportunità di visitare il paese poche settimane prima che tutto cominciasse. Confesso che in queste ore non riesco a smettere di pensare a quei volti e continuo a chiedermi cosa ci faccio qui quando dovrei e vorrei essere da un'altra parte, con loro).

Alcuni mi domandano come credo che finirà. Purtroppo sono pessimista. La protesta nonviolenta di un popolo stremato è un atto di valore e di dignità fuori dal comune. In quelle braccia sollevate al cielo, nella gentile fermezza di quegli sguardi, c'è l'uomo condannato a morte che si rialza e chiede aiuto. Ma le mani nude da sole non basteranno ad abbattere un regime brutale, paranoico e pronto a sparare sulla propria gente. La giunta ha atteso fino ad oggi come un cobra nella sua cesta: ha perfino commesso errori come quello di permettere alla folla di raggiungere la residenza di Aung San Suu Kyi sabato scorso. Ma è di pochi minuti fa la notizia che *the Lady* è stata nuovamente trasferita nel carcere di Insein:

*"Rangoon, 9:00 p.m. Detained democracy leader Aung San Suu Kyi was moved to the notorious Insein prison from her Rangoon lakeside home at University Avenue, the Reuters news agency reported"*[129].

Altro sviluppo inquietante. Il governo militare ha dichiarato il coprifuoco notturno a Yangon e Mandalay e truppe armate sono state schierate attorno ai luoghi *sensibili*, teatro negli ultimi giorni delle più numerose concentrazioni popolari.

---

[129] "Rangoon, 9:00 p.m. – La leader del movimento per la democrazia Aung San Suu Kyi, agli arresti, è stata trasferita dalla sua residenza di University Avenue alla nota prigione di Insein, secondo quanto riporta l'agenzia Reuters".

Oggi alle Nazioni Unite Bush ha parlato come dovrebbe fare chiunque si ritrovi a presiedere una nazione democratica[130]. Poche le speranze che la platea abbia colto l'invito a risvegliarsi dal lungo sonno della connivenza attiva e passiva con i regimi criminali, difficile ancora intravedere il barlume di un'azione concreta da parte della comunità internazionale a sostegno della causa birmana. Quando si è costretti a sperare nella Cina qualcosa non funziona. Si fa un gran parlare del ruolo decisivo che Pechino potrebbe assumere nella definizione della crisi: ancora una volta l'equivoco nasce dall'ostinazione a considerare, contro ogni evidenza, il regime cinese un attore responsabile sul piano internazionale, come se si trattasse di un mediatore imparziale e non del principale alleato della giunta birmana. Dietro al principio di *non ingerenza* negli affari interni di un'altra nazione si cela ancora una volta il concetto di *stabilità* alla cinese. Pechino in realtà non ha nessun interesse ad un esito sfavorevole alla giunta, comunque lo si interpreti, sia per ragioni economiche che politiche. Un regime indebolito, costretto al compromesso o fuori dal potere significherebbe per la Cina un pericoloso contrattempo sulla strada del controllo dell'economia birmana e delle sue risorse naturali: aprire la Birmania equivarrebbe a chiudere la corsia preferenziale su cui viaggiano i finanziamenti a Naypyidaw e le materie prime a Pechino. Inoltre, qualsiasi opzione che possa essere interpretata come un successo dei manifestanti costituirebbe un precedente preoccupante per il *Partito Comunista Cinese*, impegnato a mantenere la stabilità interna - leggasi il monopolio del potere - attraverso la carota della crescita economica e il bastone dell'autoritarismo. Come sempre è la natura dei regimi a determinarne in ultima istanza le scelte fondamentali.

*********

---

[130] "A Mission of Liberation Around the World", discorso alle Nazioni Unite, 26 settembre 2007 (http://www.scoop.co.nz/stories/WO0709/S00676.htm).

## PREGARE NON BASTA

Si oscura il cielo della Birmania e questa volta non sono nuvole gonfie di pioggia ma il fumo dei lacrimogeni, la violenza delle cariche, il sangue sull'asfalto, l'aria attraversata dai colpi dei militari, gli arresti. La rivolta nonviolenta si avvia, come prevedibile, ad essere contrastata con la forza, in uno scenario anche visivamente diverso da quello dei giorni scorsi: oggi le immagini[131] da Yangon e dintorni sono quelle della guerriglia urbana. Il movimento di protesta conta le prime vittime. Chi si ferma è perduto. Chi non lo fa rischia la stessa sorte.

Non ricordo il suo nome, mi dispiace. Avevamo messo piede da poche ore in suolo birmano e l'impatto con l'ex capitale non era stato dei più semplici. In una sorta di ipnosi volontaria ci avvicinammo alla Shwedagon Pagoda cercando più che altro un angolo di quiete dove poter mettere ordine a troppi pensieri e a qualche sconforto. Lui fu il primo a fermarci per chiederci da dove venivamo: un giovane monaco sui diciott'anni, sorriso sereno, inglese corretto, i denti immancabilmente consumati dalla droga soave del *betel*. "*Non posso, sono un monaco*", spiegava rifiutando gentilmente la mano di Eva. Un accenno alla sua vita comunitaria, agli studi religiosi, alle statue del *budda* dietro di noi e poi tante domande sul mondo là fuori, lui che mai ci aveva messo piede. Provai con la situazione del suo paese ma fu abile a sorvolare. Non era il luogo né il momento. Mi piace pensare che quel ragazzo senza nome, ma il cui volto rimarrà per sempre in una foto che non mostrerò, sia tra coloro che stanno sfidando la paura nelle strade di Yangon. Mi piace pensare che, se un giorno il riscatto birmano si compirà, sarà

---

[131] BBC News, 26 settembre 2007: "In pictures: Mood darkens in Burma" (http://news.bbc.co.uk/2/hi/in_pictures/7013852.stm).

anche grazie alla consapevolezza discreta di un piccolo grande uomo capace di non confondere la pace interiore con la rinuncia a lottare.

La battaglia intorno alla Shwedagon è raccontata da *Time* in base alle informazioni dei testimoni oculari[132].

In attesa di conoscere la scusa ufficiale con cui anche oggi la comunità internazionale riuscirà a far finta di nulla, continuano le prove di massacro nella terra dei generali. La notte scorsa è stata la volta dei raid nei monasteri[133], tanto per far capire chi comanda: botte, devastazioni varie e centinaia di arresti. Alla luce del sole invece di nuovo barricate e spari ad altezza d'uomo, in un copione destinato a ripetersi con crescente intensità nei prossimi giorni, fino a rompere la resistenza dei manifestanti. Diverse fonti confermano che truppe armate hanno fatto irruzione in alcuni hotel di Yangon in cerca di giornalisti clandestinamente introdottisi nel paese.

Le incursioni notturne sono il segnale della rottura definitiva tra regime e clero, e allo stesso tempo la riprova che i militari sono disposti ad arrivare fino alle estreme conseguenze pur di mantenersi al potere. Ma può un gruppo di generali rinchiusi dentro un fortino ostinarsi a governare contro l'intera popolazione? Può la giunta permettersi di recidere ogni legame con i monaci in un paese che li venera come guide spirituali e come unico contraltare - silenzioso e disarmato - al dispotismo? Per spiacevole che sia, la risposta è affermativa per una serie di ragioni:
- la sproporzione delle forze in campo è oggettiva: l'esercito

---

[132] Time, 26 settembre 2007: "Exclusive: Monks vs. Police in Burma"
(http://www.time.com/time/world/article/0,8599,1665607,00.html).
[133] Asia News, 27 settembre 2007: "Raid on monasteries: hundreds of monks arrested"
(http://www.asianews.it/index.php?l=en&art=10408&size=A).

ha a disposizione ogni mezzo per prevalere, deve solo decidere quando schiacciare la rivolta definitivamente. Se non si incrina la compattezza all'interno del *Tatmadaw* nessuna rivoluzione nonviolenta è in grado di abbattere un regime di queste caratteristiche;

- quando i paesi asiatici dell'area reclamano il ritorno alla *stabilità*, noi pensiamo che invitino alla *moderazione* mentre loro intendono *normalizzazione*, sinistro eufemismo per *mantenimento dello status quo*[134]. L'ennesimo topolino partorito ieri dal Consiglio di Sicurezza, per l'opposizione della Cina, smentisce ancora una volta tutte le speculazioni di illustri analisti su un possibile ravvedimento di Pechino nei suoi rapporti con la giunta;

- le democrazie occidentali non hanno opzioni reali per condizionare l'evoluzione degli eventi, salvo quella di un intervento armato che al momento non sembra essere nei piani di nessuno. La minaccia di ulteriori sanzioni, per quanto giustificata dal punto di vista etico, non può rappresentare un deterrente per un regime già abituato da anni ad un rigido isolamento economico e politico e alla condizione di *pariah* internazionale. Ma forse la razionalità non spiega tutto in circostanze come queste. Forse ha ragione l'anonimo autore di un cartello esposto tra i dimostranti in una delle marce di questi giorni: *"Il cambiamento ci sarà. In fondo i soldati hanno solo i fucili"*.

Mentre noi ci vestiamo di rosso senza sapere bene perché[135], si spengono anche le ultime luci sulla tragedia di un popolo lontano. Oggi il primo comandamento della dittatura è stato stampato a caratteri cubitali sulle

---

[134] The Economist, 27 settembre 2007: "Destructive engagement" (http://economist.com/displaystory.cfm?story_id=9868034).

[135] Mi riferivo alla campagna mediatica che invitava ad indossare magliette di color rosso in segno di solidarietà. Peccato che il colore della "rivoluzione" fosse lo zafferano.

saracinesche abbassate delle città sotto il controllo
dell'esercito: tagliati i collegamenti a Internet, chiusi tutti i
*cyber*, bloccate le linee telefoniche con l'estero, perquisite le
case in cerca di materiale audio e video. I padroni del paese
si sono accorti che stavolta non basta sparare sui birmani ma
bisogna riservare qualche pallottola anche a *computers* e
telefoni. Mai così poche persone avevano fatto conoscere
così tanto al resto del mondo come il manipolo di coraggiosi
che nei giorni scorsi ha rotto il blocco informativo imposto
dal regime, pubblicando e trasmettendo aggiornamenti ed
immagini ai siti dell'esilio birmano, da qui alle principali
agenzie di stampa e di ritorno, in uno scacco telematico
senza precedenti, ad una popolazione altrimenti tagliata fuori
dal flusso delle notizie. Il tutto in un paese che conta
un'utenza *web* inferiore all'1 % della popolazione e una
diffusione di cellulari pari allo 0,3 %.

**Ma** chi segue con una certa attenzione le cronache dalla
Birmania avrà chiaramente notato nelle ultime ore una
diminuzione quantitativa e a tratti anche qualitativa delle
informazioni provenienti dall'interno del paese. Che il
silenzio sulle proteste cali il più presto possibile in modo da
poter agire indisturbati: questa la priorità dei generali,
consapevoli che qualsiasi fuoco tende a spegnersi se non
alimentato e che il tempo gioca a loro favore, mentre la
comunità internazionale continua vergognosamente
impantanata in una palude di veti, divieti, incomprensioni e
indecisioni. In queste condizioni diventa difficile conoscere
la reale portata della repressione.

Oggi le strade sono relativamente calme, controllate dai
militari, segnalate alcune proteste nel centro di Yangon ma
nulla di paragonabile a quanto successo in settimana. Mentre
all'estero si specula su possibili incrinature all'interno
dell'apparato di potere (certi quotidiani vi dedicano persino
l'apertura come se invece che della guerra di un regime
contro il proprio popolo si trattasse di un avvenimento di
cronaca sociale: divorzieranno o no?), la giunta sembra aver
posto la sordina al clamore delle manifestazioni grazie al
blocco dei monasteri, a quello delle notizie e alla repressione
violenta degli scorsi giorni contro i civili disarmati. Fra poco

atterra l'inviato dell'ONU a sancire *il ritorno alla normalità* in un pranzo gentilmente offerto dai generali. Al mondo basterà non vedere altri morti per tornare a dedicarsi alle quotidiane occupazioni, quelle veramente importanti. La sofferenza non esiste se non la senti e non la tocchi, e quella dei birmani è così lontana che solo il rumore degli spari può farcene arrivare un'eco, non certo le grida delle prigioni o il pianto silenzioso delle pagode.

Che i rappresentanti del Palazzo di Vetro siano marionette in *tournée* è noto. Quel che è sconfortante è la sensazione di assoluta impotenza trasmessa dalle democrazie occidentali in questa crisi. Tralasciando i paesi insignificanti come l'Italia in cui il primo ministro non sapeva nemmeno che tipo di regime fosse installato in Birmania e il capo dell'opposizione ignorava persino dove si trovasse sulla carta geografica, tutto quello che Stati Uniti e UE hanno saputo fare fino ad ora è stato pronunciare parole di sdegno, minacciare sanzioni già in essere e, *dulcis in fundo*, sperare nel Partito Comunista Cinese. Bisogna dare atto a Washington di essere l'unico governo che apertamente sta parlando lo stesso linguaggio dei manifestanti, ovvero quello del *regime change*. Ma se le intenzioni sono lodevoli, la pratica è disastrosa. L'occidente è in un vicolo cieco: non può e non vuole usare la forza, essendosi ritirato dalla Birmania economicamente e politicamente non ha nessuna possibilità di esercitare pressioni concrete, attribuendo alla Cina l'onere di una soluzione le sta automaticamente consegnando l'ultima parola sui destini non solo della giunta militare ma dell'intero sud-est asiatico, implicitamente riconosciuto come zona di influenza esclusiva di Pechino. Probabilmente è ancora presto per conclusioni definitive ma la *non gestione* del caso birmano da parte della comunità internazionale manda un segnale sinistro ad ogni popolo che lotta per la propria libertà. Non dovevamo lasciarli soli. Non dovevamo.

Ci sono due Birmanie. La prima è quella reale, della

violenza e dell'intimidazione, dei morti sull'asfalto, dei sequestri, dello stato-carnefice, del lamento silenzioso. Questa Birmania è destinata a scomparire presto dalle prime pagine dei giornali e dai pensieri dei molti improvvisati sostenitori della causa. La seconda è quella immaginaria, dell'ONU e dei suoi inviati, della diplomazia da salotto, del cinismo e del compromesso con gli aguzzini di un popolo stremato. Questa è la Birmania che prevarrà, tra simposi e tavole rotonde, tra inviti alla moderazione e *destructive engagement*. Probabilmente non basteranno anni per conoscere la reale entità di quel che sta accadendo dietro il muro di dolore eretto dai macellai del regime. Mentre dalle videocamere amatoriali arrivano scene di ordinario terrore nelle strade di Yangon, la domanda che oggi tutti si fanno riguarda la sorte di migliaia di monaci e civili scomparsi nel nulla dopo le retate di questi giorni.

*"According to Western diplomats and at least one Burmese government official*[136], *the technical institute has become a temporary concentration camp for 1,700 of the victims of last week's brutal suppression of the democracy uprising. It provides a partial answer to one of the lingering questions about the Burmese junta's crackdown: where are the monks, democracy activists and journalists who have been rounded up and spirited away over the past six weeks?*

*(...) The only thing of which one can be sure is that somewhere in the*

---

[136] "Secondo diplomatici occidentali e almeno un ufficiale del governo birmano, l'istituto tecnico (Yangon Technology Institute, *n.d.a.*) è diventato un campo di concentramento provvisorio per 1.700 vittime della brutale repressione della rivolta democratica della scorsa settimana. Ciò fornisce una parziale risposta alle persistenti domande sul giro di vite della giunta birmana: dove sono i monaci, gli attivisti per la democrazia e i giornalisti che sono stati prelevati e fatti sparire nelle scorse sei settimane?

(…) L'unica cosa di cui si può essere sicuri è che da qualche parte nel paese un gran numero di persone è attualmente detenuto in un campo di prigionia invisibile, senza accuse a suo carico, senza mezzi legali e senza la possibilità di comunicare".

*country large numbers of people are being held in an invisible prison camp, without charge, without legal recourse and without the ability to communicate".*

5 dicembre

## RUSSIA. UN GIOCO A PERDERE

Pur non prevalenti, si delineano due tendenze speculari e ugualmente perniciose nell'analisi della Russia putiniana. La prima è quella che vede in ogni regresso autoritario della politica moscovita il fantasma del ritorno all'URSS: davvero di corto respiro dev'essere la memoria storica se, a soli sedici anni dal suo dissolvimento, si è già persa la cognizione di quel che fu il mostro totalitario sovietico e di dove arrivassero i suoi tentacoli. La seconda è quella che, in un misto di negazionismo ed approvazione esplicita per il *metodo Putin*, finisce per giustificare qualsiasi involuzione come misura necessaria per reggere un paese enorme dopo settant'anni di comunismo e dieci di "*caos*". E' un po' la visione paternalista dei popoli da governare con il pugno di ferro o quella comoda della presunta mancanza di alternative. Ultimamente, nella crescente difficoltà a seguire la strada del *memento negare semper*, questa corrente di pensiero si sta orientando verso il *così fan tutti* (o almeno molti), con risultati a volte piuttosto grotteschi: Putin trucca le elezioni? E il Kazakistan allora? La magistratura fa piazza pulita degli oppositori? Che dire di Mastella? La collusione fra mafia e potere corrompe le istituzioni? Guardate Locri prima di parlare. Putin sta imbavagliando la società civile? Eltsin però beveva un sacco e regalava il paese al suo gruppo di amici. E così via, nella solita orgia di relativismo sciatto cui sempre ci si aggrappa quando diritti, garanzie e libertà diventano semplici dettagli della storia, pure un po' fastidiosi. Ma se ci si limita a constatare l'ampio appoggio che riscuote il padrone del Cremlino senza soffermarsi sulla manipolazione del consenso, se si fa notare la debolezza dell'opposizione senza esaminare le condizioni di oggettiva precarietà in cui il dissenso è costretto a manifestarsi, si compie un'operazione a dir poco scorretta.

Putin non è il demonio dipinto da certo moralismo occidentale, si sente dire. Vero, la Russia non è l'Iran di Ahmadinejad, non è certo la Birmania dei generali e non è nemmeno la Cina dei compagni pseudo-capitalisti: a Mosca è possibile trovare ancora spazi pubblici di confronto e critica impensabili a Pechino. Ma siamo sicuri che siano questi i termini di paragone in base ai quali giudicare l'attuale corso politico? Perché non pretendere dai russi e dalla loro classe dirigente di più e di meglio? Perché continuare a vedere nei settant'anni di comunismo e nei dieci di *"caos"* (ammeso e non concesso che quest'ultima definizione sia accettabile) un alibi per un autoritarismo di ritorno e non piuttosto la necessità di un riscatto definitivo per la società russa? Stefano Grazioli, poco prima delle elezioni, dopo aver citato alcuni dati a sostegno della presunta efficienza economica del sistema Putin si domandava dal suo blog *Poganka*: *"Allora, perché cambiare?"*. Per la stessa ragione per cui i treni in orario non rendevano di per sé accettabile il regime mussoliniano. E soprattutto perché finché ci si ostinerà a considerare sviluppo e democrazia liberale come variabili indipendenti quando non contrapposte, non si otterrà in definitiva che l'illusione del primo nella cronica assenza della seconda. Un gioco a perdere cui, dopo decenni di sofferenze, non si capisce proprio perché si vogliano condannare i russi.

20 dicembre

# L'OSSESSIONE DELLA STABILITÀ (E IL CINISMO)

Ritorno sulla questione della stabilità autoritaria perché i *realisti-conservatori* di destra e di sinistra te la sbattono in faccia senza ritegno ogni volta che provi a invocare un cambiamento. Adesso va di moda Putin, l'uomo forte, il perno attorno a cui si fa la Russia. C'è cascato anche *Time*[137] che lo designa personaggio dell'anno con una motivazione, come nota anche Federico Punzi[138] citando Glucksmann[139], assai significativa dell'equivoco che circonda il dogma della stabilità. Una frase su tutte:

*"(...) occorre ignorare di proposito i regolamenti di conti, gli omicidi su commissione, le detenzioni, le cure speciali negli ospedali psichiatrici e le deportazioni arbitrarie (Khodorkovsky) per chiamare «stabilità» il clima di intimidazione permanente che organizza la spartizione delle ricchezze tra oligarchi e gallonati dell'Fsb".*

---

[137] Time, dicembre 2007: "Person of the Year 2007: Vladimir Putin"
(http://www.time.com/time/specials/2007/personoftheyear/0,28 757,1690753,00.html).

[138] Dal blog *Jimmomo* (http://jimmomo.blogspot.com/2007/12/la-falsa-stabilit-putiniana.html).

[139] Corriere della Sera, 20 dicembre 2007: "Una scelta ingenua e immorale" (http://old.radicali.it/view.php?id=112665).

Ovviamente per i putiniani Glucksmann è solo un vecchio rimbambito (lo sono tutti quelli che si oppongono al capo), ma non è questo il punto. Il punto è che ci vuole una notevole dose di cinismo per confondere deliberatamente e continuamente la rassegnazione al ricatto con la fiducia nella stabilità. Il *totem* appare sempre quando si manifesta un minimo di vitalità democratica nelle zone di influenza (vera, presunta o sperata) di Mosca. Ecco il commento di Stefano Grazioli[140] sulla sofferta elezione della Timoshenko a primo ministro ucraino:

*"Certo é che con questo governo l'Ucraina é ben lontana da quella stabilità che le serve per rimettersi in piedi"*.

Direi che, più che per rimettersi in Pieri, la stabilità - quella vera, non quella della minaccia - serve per rimanerci una volta conquistati l'autonomia decisionale, la libertà d'espressione, la certezza del diritto, il processo democratico (e pur con i suoi tentennamenti l'Ucraina può dare lezioni alla Russia al proposito). La stabilità consolida il risveglio di una società civile, non lo sostituisce. Il cinismo invece fa solo i gattini ciechi, come la fretta.

---

[140] Dal blog *Poganka*.

**2008**

26 febbraio

# BIRMANIA, LA RESISTENZA DI TAUNGGOK[141]

Come nella Gallia di Asterix assediata dai Romani, anche la Birmania avvilita dai generali ha il suo villaggio che non si rassegna. A Taunggok (nello Stato di Arakan, Rakhine secondo la nuova denominazione, parte centro-occidentale del Paese), a cinque mesi dalle manifestazioni nazionali represse nel sangue, la resistenza al regime continua seppur in forma semiclandestina ed isolata. Già nel settembre caldo questa località, nota per il suo attivismo politico, era stata teatro di una delle marce più imponenti al di fuori dell'ex capitale Rangoon: quarantamila civili, accompagnati da centinaia di monaci e novizie avevano sfilato chiedendo condizioni di vita più umane. Poi il silenzio imposto dalla violenza di Stato aveva avvolto anche le sue strade. A metà gennaio, però, una nuova concentrazione popolare davanti al mercato locale (settanta le persone coinvolte) ha costretto le autorità a bloccare le strade e a chiudere le scuole per evitare che altri partecipanti – soprattutto contadini - si unissero al corteo. Nei giorni successivi il consueto paesaggio fatto di squadre anti-sommossa a presidiare i punti nevralgici della cittadina insieme ad un numero crescente di agenti in borghese, in un clima di intimidazione già noto agli abitanti di Taunggok: molti membri della Lega Nazionale per la Democrazia (il partito di Aung San Suu Kyi) sono da mesi detenuti nelle prigioni locali. Ma come in un gioco di squadra

---

[141] Da Ideazione.com, 28 febbraio 2008.

preparato a tavolino, i gregari emergono quando i leader si trovano in difficoltà.

Così Than Htay e Ko Zaw Naing una mattina sono saliti sulla loro bicicletta con le gomme sgonfie e hanno percorso il centro cittadino cantando slogan di protesta e rivendicando la liberazione dei prigionieri politici. Anche loro sono stati arrestati quasi subito. Qualche giorno dopo altri eroi senza nome hanno eluso la sorveglianza per tappezzare di poster anti-regime l'ospedale e la piazza del mercato: i manifesti sono stati rimossi in fretta ma intanto il messaggio era passato. Qualcuno l'ha già definito, esagerando un po', "*l'effetto storno*": come certi volatili quando sono sotto l'attacco dei predatori compiono repentini cambi di direzione senza mai dividersi, così gli abitanti di Taunggok hanno imparato a muoversi insieme contro i rapaci al servizio della giunta militare. "*Non è facile affiggere un poster nel centro della città, infestato da pattuglie di uomini armati, senza un gruppo di supporto e di controllo che lavori con te*", osserva un sito della dissidenza in esilio. "*A Taunggok hanno imparato che l'unione fa la forza, che è necessario agire come una comunità*", continua l'articolo in chiaro riferimento alla mancanza di strategia e di coesione che ha sempre caratterizzato l'opposizione alla dittatura e la popolazione birmana in generale: "*Per quanto potente sia l'esercito, ci sono pur sempre cinquanta birmani per ogni soldato o canaglia del regime*", conclude l'autore.

Ma la lezione di Taunggok rischia di rimanere aneddotica. In una realtà come quella della Birmania dei generali un soldato armato avrà sempre la meglio su cinquanta poveri cristi a mani nude. Le possibilità di un'insurrezione nazionale sono oggi ridotte al minimo dopo la tragedia di settembre. Dall'estero si specula sulla capacità di riorganizzazione dei monaci e su nuove ondate di protesta che potrebbero riesplodere da un momento all'altro, ma in genere si tratta di analisi ingenue se non ipocrite: è decisamente facile lasciare sulle spalle di una casta di religiosi e di una popolazione condannata alla miseria materiale e morale l'intera responsabilità del riscatto di una nazione. La rivolta nonviolenta che ha emozionato per qualche giorno la comunità internazionale, ha soprattutto dimostrato che senza un concreto aiuto esterno ogni speranza di cambiamento è destinata a morire dissanguata sul filo spinato dei campi di detenzione che il regime sta continuando a riempire, non solo di attivisti (ormai ne sono rimasti pochi in giro) ma anche dei loro familiari e di semplici cittadini in lotta per la sopravvivenza.

Mentre Gambari e Fassino sono impegnati a rassicurare tutti sulla bontà del loro mediazione diplomatica, passando da una conferenza stampa ad un ricevimento, la lista dei *desaparecidos* si allunga ogni giorno: poeti arrestati per un messaggio cifrato contro Than Shwe, blogger prelevati dai cybercafé, monaci che mancano all'appello, dissidenti costretti a cambiare rifugio ogni giorno. La generazione dell'88 – gli studenti che già vent'anni fa sfidarono i militari – languisce nelle patrie galere; la NLD, dopo anni di persecuzioni e con Aung San Suu Kyi costretta agli arresti domiciliari, ha perso ogni capacità organizzativa e ogni spinta propulsiva; i legittimi rappresentanti del popolo birmano – quelli eletti nel 1990 e mai entrati in carica – sono fuggiti o si trovano costantemente sotto sorveglianza e minaccia; il numero di prigionieri politici, denunciano le associazioni umanitarie, è cresciuto di settecento unità nel 2007, senza contare i detenuti della *rivoluzione di zafferano*.

Se un giorno la Birmania otterrà la libertà, la resistenza di Taunggok sarà probabilmente ricordata come un passaggio significativo nel cammino verso l'affrancamento. Ma oggi la ragione consiglia di raccontare questa piccola storia per quello che è, un grido di dignità nell'eterna notte birmana, destinato a spegnersi prima dell'alba.

3 marzo

## RUSSIA. UN DESTINO MANIFESTO?

La scontata vittoria di Medvedev alle presidenziali russe
può essere agevolmente archiviata sotto l'etichetta del *tutto
normale, va bene così*. Se invece proviamo a guardare oltre
l'ineluttabile, troviamo un paese immenso governato da un
esperimento politico unico nel suo genere: la Russia non è
esattamente una dittatura - basta pensare per un momento
alla Cina per capire le differenze -, non è certamente una
democrazia, è un sistema in perenne transizione verso un
obiettivo non ben determinato, la cui identità si delinea solo
in negativo - rispetto al passato sovietico - ed è invece
difficilmente declinabile in positivo. Il più grande problema
dei russologi o cremlinologi, sia di quelli bravi che di quelli
un po' sdraiati sulle posizioni del capo, è di non saper
spiegare fino in fondo questo ibrido strano forgiato dalla
coerenza (questa gli va riconosciuta) di Vladimir Putin.

Non che ci sia bisogno di un gran talento per
organizzare un'elezione in cui l'unico candidato credibile,
nonostante tutto, appaia quello *ufficialista*. Quando la scelta è
tra Medvedev da una parte e Zyuganov e Zirinovski
dall'altra, non è che ci si debba pensare molto. Ma la teoria
del male minore crolla di fronte all'evidenza di un teatrino
dell'assurdo costruito metodicamente dal Cremlino,
eliminando poco a poco ogni parvenza di opposizione
credibile all'interno del paese. Quando in occidente parlano
di brogli elettorali sbagliano il bersaglio: non è in discussione
il consenso intorno alla figura del padre-padrone e del figliol

prodigo, quel che si dovrebbe mettere in dubbio invece è l'inevitabilità di questo consenso, assiomaticamente venduto come l'unico dei mondi possibili dai simpatizzanti della *cosa* putiniana.

Commenta Anne Applebaum[142]:

*"According to the Putinist explanation of history, the fall of the Soviet Union was not a moment of liberation but the beginning of collapse. The hardships and deprivations of the 1990s were not the result of decades of Communist neglect and widespread thievery but of capitalism and democracy.*
*In other words, communism was stable and safe, post-communism has been a disaster, and Putin's regime has set the country on the right track again. The more Russians believe this, the less likely they are to want a truly open, genuinely entrepreneurial, authentically democratic society—at least until the oil runs out"*[143].

---

[142] Slate, 3 marzo 2008: "Putin's Potemkin Democracy" (http://www.slate.com/articles/news_and_politics/foreigners/20 08/03/putins_potemkin_democracy.html).

[143] "Secondo la visione della storia di Putin, la caduta dell'Unione Sovietica non fu un momento di liberazione ma l'inizio del collasso. Le difficoltà e le privazioni degli anni '90 non furono il risultato di decenni di incuria e di diffuso ladrocinio comunista ma del capitalismo e della democrazia.

In altre parole, il comunismo era stabile e sicuro, il post-comunismo è stato un disastro e il regime di Putin ha riportato il paese sui binari giusti. Più i russi credono a questa versione, più è improbabile che vogliano una società realmente aperta, genuinamente imprenditoriale, autenticamente democratica – almeno finché non finisca il petrolio".

15 marzo

## IL LEZZO DELL'IPOCRISIA

I Giochi a Pechino non avrebbero mai dovuto essere assegnati. Non c'era bisogno di una nuova repressione[144] per sapere come i cinesi trattavano le minoranze etniche e i loro stessi cittadini. Solo chiudendo occhi, orecchie e bocca si poteva condurre il *business as usual* senza rimorsi di coscienza. Una volta piegatisi alla logica della superpotenza autoritaria, gli inviti al boicottaggio sono subito apparsi fuori tempo massimo: bisognava mobilitarsi prima e in massa se si voleva impedire un altro scempio di diritto e di democrazia. Stupido poi appellarsi al ruolo della Cina all'estero senza premere per un cambiamento all'interno: gli Spielberg e le Farrow sono opportunisti della politica che agiscono in base a riflessi condizionati e a calcoli di visibilità, mai secondo un ragionamento coerente. Ditemi che senso ha guardare al Darfur e a Yangon quando a Pechino continuano gli arresti dei dissidenti e a Lhasa le pulizie etniche. Adesso il Tibet riporta tutti alla realtà. Le Olimpiadi si faranno, chi si sveglia adesso è un ipocrita. E puzza.

---

[144] In questo caso quella della rivolta tibetana del marzo 2008, di cui parlerò in seguito.

31 marzo

# E SE LA VIA DEL DALAI LAMA FOSSE SBAGLIATA?[145]

Questa è la storia di due Tibet. Il primo è quello dei libri proibiti, delle entrate segrete, dei monasteri distrutti, delle preghiere spezzate. Più di mezzo secolo di terrore di stato imposto da Pechino ha ridotto la regione ad una tragica caricatura di se stessa, umiliato i suoi abitanti, profanato le sue tradizioni. E' questo il Tibet che due settimane fa ha provato a rialzare la testa e a gridare di rabbia, come gli uomini disperati a volte sono costretti a fare: prendendo a calci i simboli dell'oppressione. Poi c'è l'altro Tibet, raccontato dai circoli radical-chic di Hollywood e nutrito dalla cattiva coscienza dell'occidente democratico: qui l'uomo in carne ed ossa si spegne per fare spazio al puro spirito, alimentato dalle leggende del Buddha e dai miti della nonviolenza. E' a questa immagine da cartolina che la stampa, la politica e lo spettacolo hanno abituato l''opinione pubblica nel corso degli anni, come se il sorriso bonario del Dalai Lama bastasse da solo a stemperare il dolore e l'accettazione del martirio fosse il destino ineluttabile di milioni di uomini senza armi, da ammirare proprio perché soffocano in silenzio, simboli di uno stoicismo perduto che la sofferenza non fa che esaltare.

L'illusione che i due Tibet possano convivere è destinata ciclicamente a fare i conti con la realtà: avvenne

---

[145] Da Ideazione.com, 31 marzo 2008.

una prima volta nel 1959 quando un vero e proprio conflitto armato scoppiò nelle strade di Lhasa per concludersi con decine di migliaia di morti tra i civili, l'esilio del Dalai Lama e schiere di rifugiati verso i Paesi confinanti; la replica - seppur su scala ridotta – si ebbe nel 1989 e quella volta fu Hu Jintao l'incaricato della repressione, pochi mesi prima della strage di Tiananmen; diciannove anni dopo, sempre di marzo, l'ondata di risentimento anti-cinese ed anti-comunista trova in una nuova generazione di tibetani, monaci e non, una forza d'urto che sembrava ormai smarrita dietro il consolante riparo della sconfitta inevitabile, frutto di una filosofia del compromesso e della rassegnazione ormai elevata a dogma dai troppi *amici* della causa tibetana e dallo stesso Dalai Lama.

Anche se tenuto lontano dai luoghi della rivolta, è attorno alla figura di Tenzin Gyatso che si snoda l'intera vicenda. Per l'occidente resta, almeno a parole, un intoccabile: il Tibet si identifica con la sua guida spirituale la cui santità non ammette critiche sul piano politico. La *Via di Mezzo* da lui indicata è quella giusta, perché moderata, dialogante e nonviolenta. Poco importa se dall'altra parte c'è chi ha poca voglia di ascoltare e molta di sparare: annullata la distinzione fra guerre giuste e ingiuste in nome di un umanesimo dai contorni sempre più vaghi e indefiniti, le democrazie faticano ormai a riconoscere la legittimità e la funzione redentrice della violenza rivolta contro l'oppressore, la forza liberatrice del tirannicidio. Sul fronte opposto, ma più nella forma che nella sostanza, il regime cinese: per Pechino il Dalai Lama è "*l'istigatore della rivolta*". Difficile che i dirigenti comunisti ci credano davvero. Più probabile che la durezza dell'accusa rifletta una precisa strategia volta all'isolamento del movimento di resistenza tibetano: in primo luogo, individuare un grande manovratore consente di declassare il ruolo dei manifestanti a quello di semplici pedine di un disegno concepito altrove e di continuare ad ignorare le cause reali del malcontento popolare; in seconda battuta, concentrare tutta la pressione sulla personalità più rappresentativa mentre sul terreno prosegue la repressione della dissidenza, contribuisce ad indebolirne l'autorità, a fiaccarne lo spirito e a preparare la via per una resa senza condizioni. Il governo cinese confida nella possibilità di manipolare il Dalai Lama a piacimento attraverso un alternarsi di minacce e di false aperture - ciò che ha sempre fatto - nel momento stesso in cui rinchiude nelle camere di tortura gli elementi disposti a sacrificare la propria vita per il riscatto del popolo tibetano.

Dispiace constatare come Sua Santità sia caduto di nuovo nella trappola dei suoi carcerieri. Potendo opporre un sontuoso silenzio al linguaggio stalinista di Pechino, si è invece affannato a precisare di non aver rivestito alcun ruolo nella ribellione e di essere anzi contrario a qualsiasi ipotesi di boicottaggio dei Giochi Olimpici. Prudenza politica, si dirà. Ma come interpretare le dichiarazioni sulla possibilità di dimissioni in caso di prosecuzione delle violenze *"da parte cinese ma anche da parte tibetana"*? Dettate certamente da un sincero desiderio di pacificazione, le sue parole hanno finito per trasmettere un'incomprensibile sensazione di equidistanza, proprio quando i manifestanti avrebbero avuto bisogno dell'appoggio incondizionato della loro guida. Mentre nelle strade di Lhasa i ragazzi morivano, la posizione cinese e quella del governo tibetano in esilio non sembravano poi così distanti. Non stupisce allora che qualcuno abbia avuto il coraggio di affidare agli stranieri presenti nei luoghi della protesta un messaggio in controtendenza rispetto all'immagine ovattata che la pubblicistica occidentale continua a propagandare: *"Questa lotta è per il Tibet, non per il Dalai Lama"*, confessava a denti stretti un monaco nelle ore calde dell'insurrezione. E sorprende ancor meno che proprio dall'esilio di Dharamsala giungano le voci più critiche nei confronti della strategia conciliante di colui che mai sarà discusso come capo spirituale ma le cui direttive politiche sono destinate ad essere disattese con crescente frequenza: *"E' il leader supremo ma non siamo obbligati ad ascoltare tutto quello che dice. Lui è un monaco buddista. Noi siamo uomini comuni"*, dichiarava al *New York Times* un ventinovenne tibetano di ritorno da una manifestazione nella località indiana.

Anche se forse non preludono ad una spaccatura netta, le posizioni dei cosiddetti *radicali*, quelli che puntano ad alzare il profilo della contestazione anti-coloniale, segnalano certamente un disagio all'interno del movimento. Non è solo la contrapposizione fra richieste di autonomia e aspirazioni all'indipendenza a dividere vecchie e nuove generazioni, ma soprattutto la necessità di una risposta seria alla domanda che pochissimi finora hanno osato formulare: quale risultato concreto, quale miglioramento reale nelle vite di milioni di tibetani ha prodotto mezzo secolo di moderazione e di compromesso nei confronti di un potere che non ha esitato a compiere – per usare le parole dello stesso Dalai Lama – un vero e proprio genocidio culturale? Se è vero che l'obiettivo di Tenzin Gyatso è *"la ricerca della verità"* a lungo termine e che l'insegnamento dei maestri buddhisti considera la lotta tra il bene e il male come una condizione permanente (cfr. intervista a Carlo Buldrini su *Ideazione* del 26 marzo scorso), sarebbe peraltro miope non riconoscere nella sofferenza di questo popolo una richiesta di aiuto non più rinviabile. A voler essere cinici, la storia dei due Tibet è purtroppo anche l'interminabile cronaca di un fallimento.

8 maggio

## BIRMANIA, NON SI MUORE MAI ABBASTANZA PER IL REGIME[146]

Quando il cielo è crollato la Birmania dormiva. Nessuno aveva avvisato che la pioggia delle prime ore della sera si sarebbe presto trasformata in un immane disastro naturale e umanitario. Nessuno aveva spiegato che un vortice d'acqua e di vento sarebbe stato capace di cancellare dalla faccia della terra una miriade di villaggi sul delta dell'Irrawaddy, di ridurre Rangoon e la sua periferia ad un cumulo di rovine e di trascinare con sé decine di migliaia di anime perse. Eppure i motivi di allarme non mancavano a dar retta ai bollettini emessi dalla Marina e dall'Aviazione statunitensi fin dal 29 aprile, tre giorni prima della tragedia, e ripresi da alcuni siti Internet specializzati: "*una violenta tempesta ciclonica*" denominata Nargis si sarebbe abbattuta sul territorio della Birmania sudoccidentale nella mattinata del 2 maggio per dirigersi poi nella zona dell'ex capitale. Sebbene l'intensità della perturbazione fosse sottostimata (categoria 2) vi erano segnali sufficienti per far scattare misure di prevenzione dal momento che nel comunicato si annunciavano onde anomale fino a 2,5 metri oltre il livello normale e considerevoli danni ad edifici e vegetazione. Non è tutto: l'agenzia meteo indiana rivela di aver informato con una settimana di anticipo le autorità birmane della forza d'urto della tempesta che si andava formando. Ma l'entità

---

[146] Da Ideazione.com, 8 maggio 2008.

della distruzione è stata determinata da un insieme di fattori di diversa natura: da una parte la noncuranza criminale di chi avrebbe dovuto predisporre misure di prevenzione ed evacuazione, dall'altra le particolari caratteristiche della zona colpita che hanno favorito la formazione di veri e propri muri d'acqua e soprattutto lo stato decrepito delle infrastrutture in un paese paralizzato nel tempo.

A Hla Putta, la prima area densamente popolata ad essere raggiunta dal ciclone, oggi non è rimasto in piedi quasi nulla: *"Il 95 per cento della città è stato distrutto* - riferisce un testimone alla rivista dell'esilio Irrawaddy - *ci sono cadaveri ovunque. I sopravvissuti non hanno né cibo né acqua. Saranno i prossimi a morire"*. Non esistono foto della devastazione fatte salve poche immagini, sempre le stesse, che giungono da Rangoon. Il Paese era già tagliato fuori dal mondo per scelta politica dei suoi dirigenti, adesso lo è anche fisicamente e la reale portata della catastrofe probabilmente non si conoscerà mai. Bogalay, Phyar Pone, Day Da Yel, Mawlamyaing sono nomi che nessuno ha mai pronunciato e che torneranno nell'oblio appena passata la commozione di rito. Oggi però sono i luoghi di questa Pompei d'acqua e fango in cui i corpi continuano a galleggiare in attesa che qualcuno venga a riprenderseli. Solo a Bogalay i morti sono diecimila, il bilancio più pesante stimato fino ad oggi. Dan River della CNN, unico giornalista occidentale giunto sul posto non si sa bene come, descrive scene apocalittiche di cadaveri gettati nei fiumi e di abitazioni completamente rase al suolo. Poi ci sono i villaggi senza nome, dove non si arriva nemmeno quando c'è il sole, dove le case sono capanne di bambù o palafitte, che basta uno scirocco a far tremare, figuriamoci un mostro come il Nargis.

La Birmania vive di superstizione e in tanti avranno visto nel ciclone una punizione divina per l'ostinazione della giunta militare al potere nel condurre il paese in un vicolo cieco di oppressione e decadenza. Il problema però è che la furia degli elementi ha spazzato via la povera gente, non i generali asserragliati a Naypyidaw. Già, dove sono Than Shwe e i suoi fedelissimi nelle ore disperate che si stanno vivendo? Può uno stato fallito e dichiaratamente nemico dei propri cittadini prendersi cura di loro nelle situazioni di emergenza? Non c'erano soldati nelle strade di Rangoon dopo il passaggio del ciclone. Lo stesso esercito che lo scorso settembre era sceso in piazza a sparare contro i manifestanti, stavolta è rimasto a lungo chiuso nelle caserme, al riparo dalle intemperie. Sono stati i monaci, principali vittime della repressione, a farsi carico dei primi soccorsi alla popolazione e dei lavori di sgombero. Nel frattempo le immagini della televisione di Stato ritraevano un consiglio dei ministri improvvisato in cui ufficiali in uniforme fingevano di prendere appunti sulle istruzioni del premier Thein Sein, immortalato poi insieme ad altri suoi colleghi in cerimonie pubbliche di offerte di donativi.

Ma ormai sono passati sei giorni e al di là della propaganda è sul problema degli aiuti umanitari che si misura la natura fraudolenta del regime. Con centinaia di migliaia di senzatetto e vaste zone del paese prive di cibo e di acqua potabile, l'emergenza civile diventa subito sanitaria e la lotta per la sopravvivenza una corsa contro il tempo che i militari rallentano, prolungando l'agonia della popolazione. Nonostante le dichiarazioni formali di apertura agli aiuti internazionali, accolte con prematuro entusiasmo dalle organizzazioni di assistenza, nella pratica il governo di Naypyidaw sta ostacolando l'arrivo dei soccorsi e soprattutto del personale incaricato di gestirli. Le tattiche di dilazione sono le tipiche dei regimi isolazionisti: in questo caso la giunta ha prima fatto sapere che sarebbero stati accettati solo interventi di funzionari delle Nazioni Unite per poi bloccarli in attesa del visto nella vicina Thailandia. Attualmente solo alcuni volontari del *World Food Program* e dell'Unicef hanno potuto cominciare la distribuzione di derrate alimentari nella zona di Rangoon, mentre al grosso del contingente umanitario è ancora impedito l'ingresso in Birmania.

Di fronte ai reiterati appelli alla collaborazione - primo fra tutti quello di Washington - i generali fanno orecchie da mercante. Nella loro versione paranoica della realtà non c'è posto per la presenza di stranieri a pochi giorni dal referendum truffa che hanno deciso di far svolgere nonostante tutto: solo nelle zone disastrate il voto è stato rinviato, mentre nel resto del paese si procederà come previsto all'inutile rituale. Per le ONG le disposizioni sono ancora più rigide. Secondo quanto riporta l'agenzia di notizie *Mizzima*, i servizi di sicurezza dello stato sono stati posti in stato di massima allerta per controllare le organizzazioni internazionali ed impedire ai loro rappresentanti di muoversi liberamente sul territorio, almeno fino alla data del referendum. Ben accetti invece gli aiuti *"dalle nazioni amiche"*, e infatti Cina, India e Thailandia sono subito corse al capezzale dello *State Peace and Development Council*, precedendo Europa e Stati Uniti nello stanziamento di fondi la cui destinazione sarà piuttosto difficile verificare in assenza di osservatori esterni.

Date le premesse, si può facilmente intuire come l'impatto del dopo-ciclone potrebbe essere addirittura più drammatico di quello della stessa tempesta, a meno che la comunità internazionale non riesca ad imporre le proprie condizioni superando le barriere della *"sovranità nazionale"*. Mentre scriviamo, gli ultimi dati ufficiali parlano di più di ventimila morti e il doppio di dispersi ma diplomatici americani elevano la cifra delle vittime a centomila. Oltre alla crisi immediata, a preoccupare sono le prospettive a medio termine: l'area sconvolta dall'inondazione produceva da sola il 65 per cento del raccolto di riso del Paese e ospitava la metà degli allevamenti di polli e maiali. Chi farà fronte alle inevitabili carenze alimentari dei prossimi mesi? Alcuni analisti stanno già speculando sulla possibile ricaduta politica dell'incompetenza del governo. La rabbia fomentata dai postumi della tragedia - in particolare la lentezza nel ripristino dei servizi essenziali e l'aumento dei prezzi di cibo e carburanti - potrebbe sfociare in una aperta contestazione al regime proprio in coincidenza con la data sensibile del referendum costituzionale. Al momento però simili considerazioni sembrano decisamente fuori luogo: pretendere da una popolazione stremata una reazione collettiva del genere significa non tenere conto delle condizioni al limite della sopravvivenza in cui si trova.

Peraltro i padroni del paese non hanno esitato a mostrare il loro volto più familiare nemmeno nell'emergenza: per frenare una sommossa scoppiata nella prigione di Insein la notte dell'uragano, guardie carcerarie e soldati hanno aperto il fuoco uccidendo 36 prigionieri. Non si muore mai abbastanza nella terra delle mille pagode.

5 giugno

## COREA DEL NORD, TORNA L'INCUBO DELLA CARESTIA[147]

Non lontano dal teatro della disperazione birmana si sta materializzando silenziosamente un'altra tragedia umanitaria al momento quasi ignorata dai media. Dieci anni dopo l'ultima grande crisi alimentare, lo spettro della carestia aleggia nuovamente sulla Corea del Nord. Furono da uno a due milioni – in base a stime che variano a seconda delle fonti - le vittime della fame tra il 1996-1999, dopo che inondazioni di grande portata si abbatterono su una nazione già fortemente provata dal fallimento dell'economia pianificata: uno sterminio di massa che il regime non potè occultare a lungo. Il testo di riferimento su quella che la propaganda qualificò romanticamente come "*l'Ardua Marcia*" rimane *The Great North Korean Famine* di Andrew Natsios, ed è proprio dagli eventi di allora che conviene partire per capire che cosa sta succedendo oggi.

Immediata conseguenza della grande depressione fu l'arrivo in Corea del Nord di una ingente quantità di aiuti sotto forma di cibo e fertilizzanti. Principali artefici di questa mastodontica operazione di assistenza postuma furono i fratelli separati del Sud: si calcola che dal 2000 al 2006 Seoul abbia fornito annualmente, senza pretendere nulla in cambio, 450mila tonnellate di beni di prima necessità e materiale per l'agricoltura. La crescente influenza geopolitica

---

[147] Da Ideazione.com, 5 giugno 2008.

nella regione e la preoccupazione per un afflusso incontrollato di profughi portò la Cina a seguire l'esempio e ad assumere un ruolo di protezione del regime di Kim Jong-il, sia dal punto di vista politico che da quello economico. Frutto avvelenato della *Sunshine Policy* e della sua strategia di concessioni unilaterali fu l'assoluta impossibilità di verificare l'effettiva destinazione di questi approvvigionamenti. Ma ancora più grave risultò la mancanza di qualsiasi accordo che legasse la continuità degli aiuti ad un concreto piano di riforme economiche da parte del governo di Pyongyang. La nascita di attività private in ambito agricolo e urbano negli anni successivi alla carestia fu determinata più dalla incapacità del partito-stato di dare una risposta alle necessità di base della popolazione che da una reale decisione politica di allentare i controlli sulla società. In ogni caso la formazione di un'economia di sussistenza parallela a quella statale, anche se consentì a importanti fasce di popolazione di resistere alla crisi, non costituì mai nelle intenzioni dei governanti quella correzione di rotta che sarebbe stata necessaria per rivitalizzare lo stato comatoso in cui si trovava il sistema. Kim Jong-il aveva bisogno della benevolenza di Pechino ma rifiutava il modello di sviluppo cinese. Prova ne sia che, nonostante la retorica della *Juche* continuasse ad esaltare un ideale di autosufficienza nazionale, la Corea del Nord diventava anno dopo anno sempre più dipendente dal soccorso esterno. La resa dei campi crebbe progressivamente fino a produrre nel 2005 quei 4,5 milioni di tonnellate che, pur restando molto al di sotto delle stime della FAO e del *World Food Program* (WFP) sul raggiungimento dell'equilibrio alimentare, rappresentavano un chiaro segno di miglioramento della capacità del Paese di nutrire la sua popolazione.

Fu a quel punto che la natura del regime rivelò tutto il suo potenziale nocivo. Il Caro Leader decise di ripristinare il sistema pubblico di distribuzione degli alimenti (PDS) e di dichiarare illegali i piccoli commerci in ambito agricolo. La criminalizzazione dei mercati in quanto attività controrivoluzionarie ebbe come immediata conseguenza il progressivo smantellamento delle principali fonti di sostentamento nelle aree rurali (la stragrande maggioranza del paese) e la confisca delle riserve di grano nelle fattorie. Contemporaneamente, la presenza degli operatori del WFP e delle agenzie impegnate nella ripartizione degli alimenti, già fortemente ostacolata da controlli e divieti, venne drasticamente ridotta. I successivi test nucleari riportarono alla realtà perfino i sudcoreani, che si videro costretti ad interrompere l'invio di fertilizzanti, e raffreddarono non poco le relazioni con la Cina. Come se non bastasse, una nuova ondata di precipitazioni eccezionali e la recente tendenza all'aumento del prezzo del cibo a livello globale contribuiscono a completare il quadro di desolazione in cui si ritrova oggi immerso il Regno Eremita.

In soli due anni la produttività dell'agricoltura ricollettivizzata è calata a 3,8 milioni di tonnellate e la tendenza è al ribasso. Secondo Stephan Haggard e Marcus Noland, esperti di affari nordcoreani, il disastroso raccolto dello scorso anno riduce il margine tra necessità nutrizionali minime e riserve alimentari a 100mila tonnellate e l'assenza di fertilizzanti fa prevedere un biennio 2008-2009 potenzialmente catastrofico. La seconda *"Ardua Marcia"* è già cominciata. I segnali degli ultimi mesi sono effettivamente preoccupanti, per la popolazione ma anche per il regime. Se è improbabile che le dimensioni di questa crisi raggiungano i livelli di dieci anni fa, le sue conseguenze a livello politico potrebbero essere molto più significative per due ragioni essenziali: da una parte si sono aperte crepe nel muro di isolamento e di controllo ideologico del partito, grazie soprattutto alle informazioni e ai beni di consumo (tra cui videocassette e riproduttori di immagini) che entrano nel Paese attraverso il confine cinese; dall'altra - per la prima volta - la penuria di cibo rischia di coinvolgere anche le *élites* nordcoreane.

Analizziamo i fatti rilevanti emersi negli ultimi mesi grazie al monitoraggio dei pochi operatori umanitari presenti sul territorio e ai contatti locali dei siti della dissidenza. Il sistema di distribuzione pubblica degli alimenti è stato sospeso da aprile ad ottobre, una misura che non ha precedenti nemmeno nell'ultima grande carestia. Se la priorità del regime è sempre stata quella di nutrire l'esercito e i quadri dirigenti per garantirsene la fedeltà, le ultime informazioni dicono invece che gli ufficiali di grado intermedio residenti a Pyongyang non ricevono più le consuete razioni di riso e sono costretti ad utilizzare per le loro necessità quotidiane le riserve ed i risparmi accumulati; in altre province diversi funzionari sopravvivono solo estorcendo ai cittadini denaro e cibo da rivendere sul mercato nero. Il livello di disaffezione nei confronti dell'autorità sta aumentando, tanto è vero che alcuni ufficiali hanno smesso di organizzare le sessioni di propaganda proprio mentre il Caro Leader predica un *"ritorno alla Juche nei metodi dell'agricoltura"*. In alcuni distretti della capitale si mangia avena e molti centri di distribuzione hanno chiuso i battenti per mancanza di materia prima mentre nel centro della città, dove vive la casta dei privilegiati, si calcola che le scorte possano durare altri sei mesi. Ma in periferia la situazione è estremamente critica e nella città portuale di Nampo, che rifornisce normalmente Pyongyang, si sono già registrati alcuni casi di morte per denutrizione.

Nei principali capoluoghi del Paese il cibo si trova ma a prezzi esorbitanti: il riso si compra attualmente a 3100 won al chilo, mentre un anno fa valeva 860, e il grano a 1500 won. Un aumento impressionante, superiore perfino alla tendenza globale al rialzo e difficilmente sostenibile per un salario medio mensile intorno ai 7-8000 won. Per l'esercito, il puntello su cui si sostiene il potere di Kim Jong-il, le autorità hanno cominciato la distribuzione delle provviste accumulate in previsione di un conflitto, mentre casi concreti di penuria alimentare si sono registrati perfino in prossimità della zona demilitarizzata, dove la razione destinata ai soldati è stata dimezzata e la miscela di riso e cereali è ormai al 50 per cento. Il riso scarseggia anche nel South Hwanghae, che è una sorta di delta dell'Irrawaddy nordcoreano, dove i campi sono stati letteralmente saccheggiati per le necessità delle forze armate. Ma in generale sono il nord-est del Paese e le aree rurali quelle che stanno sperimentando le privazioni più evidenti.

Chongjin, centro industriale e tessile affacciato sul mar del Giappone, è stato teatro del più chiaro caso di insubordinazione di cui si abbia notizia ad oggi. Gruppi di donne hanno sfidato le forze di polizia che tentavano di far rispettare il divieto di commercio imposto dal regime: nella sua furia statalizzatrice il governo ha proibito agli uomini e alle donne sotto i cinquant'anni di lavorare nei mercati. La disperazione di una popolazione privata delle razioni alimentari e della possibilità di procurarsi il cibo con altri mezzi ha provocato questo inedito precedente che rischia di ripetersi nelle prossime settimane nelle campagne, dove molti contadini si stanno nutrendo di erba e radici. Nelle contee di Yangduk e Gumchun, praticamente ogni villaggio conta già i suoi morti per fame. E nelle fabbriche di munizioni, un settore strategico, c'è chi lavora senza cibo per giorni interi. I meno giovani non ce la fanno.

Questo lo scenario. Quali le soluzioni a breve termine? Oggi più che mai la sopravvivenza dei nordcoreani e purtroppo quella del regime dipendono dagli aiuti stranieri. Il primo carico è già stato stanziato ed arriverà dal nemico americano ad inizio giugno. Washington ha annunciato l'accordo per la fornitura di 500mila tonnellate di derrate alimentari, la cui composizione non è ancora chiara. Ma soprattutto, nonostante le rassicurazioni da parte statunitense, non si conoscono i termini esatti della distribuzione e del monitoraggio. Pare che i generi di prima necessità saranno convogliati attraverso il WFP e una ONG privata, anche se l'incognita riguarda il grado di libertà di azione che il governo di Pyongyang consentirà loro. La notizia è che l'offerta americana è stata prontamente accettata da Kim Jong-il il quale ha manifestato pubblicamente, tramite l'agenzia di stampa ufficiale, la sua riconoscenza: "*Gli aiuti del governo americano (…) contribuiranno a promuovere la comprensione e la fiducia tra i popoli dei due Paesi*", proclamava la *Korean Central News Agency* poche ore dopo l'annuncio di Washington. Gli Stati Uniti negano che la ripresa dell'assistenza umanitaria (interrotta nel 2005) abbia a che vedere con i negoziati sul nucleare: ma non è un caso che la disponibilità sia giunta dopo la consegna degli ultimi documenti sull'attività delle centrali nordcoreane. Bisognerà vedere che uso faranno gli americani di questa rinnovata possibilità di mettere piede in territorio proibito, soprattutto in un momento di particolare incertezza sull'effettiva tenuta dei quadri dirigenti all'interno del partito. E' difficile però che l'amministrazione Bush ritrovi proprio adesso il nerbo necessario per imporre condizioni.

Più complicato è il caso sudcoreano. Passata la fase del soccorso incondizionato, le recenti elezioni presidenziali hanno portato al potere un presidente meno disposto a concedere aperture di credito al regime comunista. In realtà Lee Myong-bak non ha legato l'invio di aiuti a particolari impegni di Pyongyang in tema di disarmo o diritti umani, limitandosi ad esigere una richiesta ufficiale di assistenza. Kim Jong-il ha preferito rispondere con invettive contro il *"governo reazionario di Seoul"* e con un test missilistico a poca distanza dalla costa, chiudendo la porta ad una collaborazione quantomai necessaria. Ma nel momento dell'emergenza acuta è improbabile che il Sud si tiri indietro: l'uso di canali di smistamento indiretti potrebbe essere una soluzione capace di salvare la forma garantendo la sostanza. E' invece dalla Cina che, paradossalmente, potrebbero arrivare le sorprese più sgradite per il Caro Leader. Pechino ha una serie di problemi legati all'inflazione e all'approvvigionamento interno: dal 2005 al 2007 il carico di aiuti inviati oltre confine si è ridotto della metà e i dazi sulle esportazioni sono sensibilmente cresciuti. Non è un segreto poi che i cinesi si siano sentiti traditi dal test nucleare di due anni fa e soprattutto dalle mancate riforme economiche. D'altro canto l'ultima cosa che nell'anno olimpico il Partito Comunista Cinese può permettersi è un'ondata di rifugiati in cerca di cibo da rispedire al mittente senza troppi complimenti. Pyongyang lo sa ed è anche per questo che ha deciso di intensificare i controlli e la repressione, non solo sui rifugiati ma anche su coloro che alimentano il traffico clandestino tra i due Paesi: quindici persone sorprese ad attraversare la frontiera per procurarsi mezzi di sussistenza sono state pubblicamente giustiziate lo scorso marzo. Tutto indica che proprio su quel confine si deciderà nei prossimi mesi una parte importante del destino di ventidue milioni di nordcoreani.

23 luglio

## LA CATTURA

Più che una cattura, una consegna. Ci hanno messo parecchio, tredici anni, un tempo assurdo. Dire che è una vittoria della Serbia o perfino dell'Unione Europea non ha senso. E' una sconfitta terribile per tutti che Karadzic abbia potuto vivere, mangiare, dormire indisturbato, perfino sorvegliato. Se questa è l'esportazione della democrazia che arriva da Bruxelles, continuo a preferire l'altra, di gran lunga. Forse aveva addirittura aperto un sito Internet (*www.dragandabic.com*), *forse* perché c'è già chi dice sia un falso prodotto per l'occasione. In fondo conta poco o nulla, anche se immaginare che la barba infame abbia fatto bella mostra di sé tutti questi anni[148] e che qualcuno l'abbia potuta riconoscere tacendo per paura o convinzione, non è un pensiero confortante.

Adesso arriva la legge e qui si comincia a tremare. Crimini, responsabilità politiche e storiche diluite in un giudizio da pretura, tra cavilli burocratici e manfrine da legulei. Il senso andrà perduto.

---

[148] The New York Times, 23 luglio 2008: "The Double Life of an Infamous Serbian Fugitive"
(http://www.nytimes.com/2008/07/23/world/europe/23karadzi c.html?hp).

*"In sede processuale si dovrebbero isolare fatti precisi, limitati nello spazio e nel tempo. L'accusa avrebbe dovuto selezionare i fatti per i quali chiedere la condanna sulla base della quantità di testimonianze e di prove incontrovertibili in suo possesso, così da portare a un giudizio il più rapido possibile"*[149].

Tutto vero, purtroppo. Se lo scopo è *una* condanna ha ragione Federico Punzi, imbastire un giudizio storico in una sede giuridica sarebbe un errore grande come la Corte dell'Aja. Ma la memoria non può vivere solo di verità processuale ed è qui che la giurisdizione internazionale mostra la corda. La sentenza servirà come palliativo ma non sanerà la cattiva coscienza di un continente intero. Altro che Europa, qui parliamo di Sarajevo, Srebrenica, Mostar. Nomi che non troveranno mai giustizia.

---

[149] Dal blog *Jimmomo*
(http://jimmomo.blogspot.com.es/2008/07/un-altro-pezzo-del-cuore-nero.html).

5 ottobre

# COREA DEL NORD. LA SCENEGGIATA NUCLEARE

Invece di dimettersi insieme alla sua squadra di collaboratori, Christopher Hill, rappresentante del Dipartimento di Stato americano per l'estremo oriente asiatico, è tornato in missione in Corea del Nord. Evidentemente fallimento chiama fallimento e la fine dell'illusione sull'accordo nucleare con Pyongyang, bruscamente interrotta dall'ennesima retromarcia di Kim Jong Il, o di chi per lui, ha generato una reazione disperata da parte di un'amministrazione Bush ormai agli sgoccioli, nella forma e nella sostanza. Il patto sulla denuclearizzazione della Corea del Nord è stato sbandierato per mesi come un obiettivo raggiungibile e infine raggiunto, nel corso dei negoziati a sei. Lo smantellamento del reattore di Yongbyon in diretta televisiva sembrava suggellare la nuova considerazione del regime affamatore di Pyongyang come partner, interlocutore riammesso nella comunità delle nazioni. Poi la doccia fredda ha riportato i *realisti* alla realtà: la Corea ha annunciato la ripresa dell'attività del reattore e ha imposto all'agenzia di controllo ONU la rimozione dei sigilli e delle telecamere di sorveglianza.

In questa circostanza, ancor più che nelle precedenti, gli Stati Uniti hanno commesso errori a ripetizione. Prima di tutto il peccato originale: nonostante le lezioni della storia recente, essersi nuovamente seduti al tavolo con lo stato-canaglia per eccellenza, non solo regalando a Kim Jong Il una parvenza di rispettabilità e una vetrina internazionale, come se si strattasse di un interlocutore affidabile e di pari livello, ma soprattutto esponendosi all'ennesima manipolazione da parte del dittatore. Il gioco di Kim è sempre lo stesso: fingere un accordo la sera prima e farne carta straccia la mattina dopo; usare il ricatto nucleare per alzare la posta delle concessioni o prendere tempo; illudere la diplomazia internazionale ben sapendo che le condizioni pattuite non lo vincoleranno. L'*appeasement*, ormai l'unica strategia delle diplomazie internazionali nel trattare con la Corea del Nord, ha insegnato al tiranno di Pyongyang che il mancato rispetto dei patti non comporta conseguenze. E' nella convinzione - a questo punto legittima - dell'impunità che il mondo paranoico di Kim Jong Il si muove costantemente. Il secondo errore è stato quello di aver permesso che il documento sottoscritto dalle parti nell'ottobre 2007, pur vincolando la Corea a presentare una dichiarazione dettagliata sulle sue attività in ambito nucleare, non contenesse nessun riferimento concreto ad una serie di questioni fondamentali: l'attuale esistenza di ordigni nucleari, il programma di arricchimento dell'uranio, la proliferazione nucleare con *partners* atomici come la Siria e l'Iran; ma soprattutto il documento lasciava totalmente aperte le interpretazioni sui meccanismi di verifica e monitoraggio degli impianti, volti a constatare l'adempimento del regime ai suoi impegni di smantellamento delle strutture nucleari. Questa omissione è alla base dell'attuale stallo e ha fornito a Pyongyang il pretesto per accusare Washington di non aver mantenuto la promessa di derubricare la Corea del Nord dalla lista degli stati terroristi; ma, quel che è peggio, ha esposto l'amministrazione Bush alle critiche feroci della stampa americana *liberal* che non ha perso occasione per prendere le parti del nemico pur di mettere in cattiva luce anche l'ultima delle iniziative del presidente uscente.

Se è vero che al momento della dichiarazione nordcoreana gli Stati Uniti avevano chiaramente specificato in un documento del Dipartimento di Stato che la rimozione dalla lista terrorista era subordinata alla definizione dei criteri di verifica del disarmo, è altresì vero che nessun cenno a questa condizione era presente nell'accordo di ottobre. E se sembra del tutto ragionevole che la sostanziale riammissione nella comunità delle nazioni di uno stato pariah che ha più volte dimostrato la propria natura fraudolenta debba dipendere da riscontri effettivi, non sono evidentemente di questo avviso editorialisti e commentatori dei principali quotidiani della sinistra americana, che hanno rispolverato le accuse ai *"falchi"* dell'amministrazione per ripetere sostanzialmente le tesi di Pyongyang: che le misure richieste da Wàshington sono inaccettabili e che di fatto hanno causato la rottura del negoziato. Il che è doppiamente paradossale se si pensa che i cosiddetti *"falchi"*, primo fra tutti John Bolton, sono stati chiaramente emarginati in questa fase dei negoziati per lasciare spazio al *realismo* dei moderati del Dipartimento di Stato; e che la Corea del Nord alla prima occasione ha minacciato di riprendere l'attività nucleare alla cui cessazione si era impegnata solo pochi mesi prima, dimostrando come nella psicologia di Pyongyang la trattativa sia solo un'arma di ricatto, una trappola nella quale immancabilmente cadono, per un ingenuo *wishful thinking* o per una di quelle profezie autorealizzanti che invece non si realizzano mai, le diplomazie delle nazioni coinvolte nei negoziati.

Superficialità da parte statunitense, solita malafede da parte nordcoreana: una miscela esplosiva - è il caso di dirlo - che ha portato allo stallo attuale e ha aumentato in forma esponenziale quella tensione che i negoziati si proponevano di stemperare. La domanda che bisognerebbe porsi è: cosa ha spinto gli americani a consegnarsi nuovamente nelle mani di una controparte notoriamente inaffidabile e pericolosa? Cosa li spinga adesso a riprovarci è invece chiaro: la disperazione. In questo i critici *liberal* hanno ragione e la scena non è confortante: Hill va rendere visita allo stato-gulag che graziosamente lo riceve dopo aver minacciato fuoco e fiamme. Gli USA si ritrovano in una posizione di evidente debolezza, costretti in un certo senso a supplicare Pyongyang di ritornare al tavolo delle trattative, perché il fallimento sembri meno eclatante.

Anche se i coreani hanno dichiarato ufficialmente per bocca dell'agenzia di stampa statale che non desiderano né si aspettano che l'America mantenga la sua promessa, l'eliminazione dalla lista di stati terroristi avrebbe per Pyongyang un doppio importante significato: primo un lavaggio di immagine almeno agli occhi della diplomazia internazionale. Il regime rimarrebbe terrorista (certamente lo è nei confronti dei propri citttadini) e minaccioso (nei confronti del resto del mondo) ma i documenti non lo attesterebbero più. Secondo, le istituzioni finanziarie potrebbero cominciare a pensare a promuovere qualche programma di sviluppo senza troppe preoccupazioni di carattere politico, visto che non è conveniente mettere i soldi in mano ad uno stato-canaglia, riconosciuto come tale. Insomma una grande, immensa ipocrisia, una recita immorale sulle carne di ventitre milioni di disperati. E allo stesso tempo un inganno collettivo alimentato dall'illusione di poter mantenere separate la questione atomica, quella del natura del regime equella della violazione dei diritti umani. Quest'ultimo punto è stato completamente sacrificato sull'altare dell'*appeasement*. A ricordarsene somo ormai in pochi, tra loro i soliti Vaclav Havel e Elie Wiesel, principali firmatari di un appello in cui si denuncia che:

*"The international community has far too long neglected the human rights situation in North Korea because of the nuclear threat"*[150].

Non ci vuole molto a capire, anche da segnali come questi, che la Corea del Nord non rinuncerà mai davvero alla tecnologia nucleare: la minaccia atomica è uno scudo contro gli attacchi esterni, non solo militari ma anche diplomatici; una leva, forse l'unica, per guadagnarsi un rispetto fondato sulla paura, che è quello che Kim esattamente cerca. Per questo i nordcoreani non permetteranno mai un regime di ispezioni realmente effettivo, essendo questa la chiave della propria sopravvivenza e in un certo senso anche della propria legittimazione, all'interno come all'esterno. Qualcuno ha preso nota? Sembra di no. Tenendo presente questo elemento - la priorità del regime comunista è garantire la

---

[150] "La comunità internazionale ha per troppo tempo ignorato la situazione dei diritti umani in Corea del Nord a causa della minaccia nucleare".

propria sopravvivenza - diventa secondario anche chiedersi quale sia l'obiettivo a breve termine dell'ennesimo dietrofront di Kim Jong Il: se semplicemente prendere tempo in attesa che il Caro Leader si curi in salute, se ottenere realmente un regime di ispezioni meno stringente, se ottenere ulteriori concessioni in termini di aiuti alimentari ed economici. Tutto serve per cementare la roccaforte inespugnabile del regno eremita. La Corea del Nord semplicemente non vuole e non può disarmare.

Più che la riattivazione del reattore al plutonio di Yongbyon, la cui ripresa richiederà comunque tempo, sono altri elementi dell'arsenale nordcoreano che dovrebbero preoccupare analisti e politici. In fondo Yongbyon ha sempre rappresentato solo la punta dell'iceberg visibile di un complesso di armi e tecnologie per la maggior parte nascosto. Facilmente riconoscibile dai satelliti spia americani, è servito ad inscenare lo spettacolo della disattivazione in diretta televisiva e conseguentemente è stato merce di scambio al tavolo delle trattative. Ma c'è da scommettere che l'interesse nucleare di Kim Jong Il risieda altrove. Per esempio nel programma parallelo di arricchimento dell'uranio di cui nessuno sa praticamente nulla e sul quale i diplomatici si guardano bene dall'insistere (non fosse mai che Kim si arrabbiasse). O nel nuovo sito per il lancio di missili di Tongchang-ri, ancora in costruzione e il cui completamento si prevede per il prossimo anno, nel quale si stanno già testando i processi di combustione per ordigni di lunga gittata, l'incubo per eccellenza di ogni amministrazione americana che si rispetti. Gli Stati Uniti considerano che attualmente il regime sia in possesso di 50 kg. di plutonio, potenziali per la fabbricazione di una decina di testate nucleari. Sul fronte internazionale si sta muovendo anche il Giappone che ha stretto il patto di reciproca assistenza con gli americani e ha aperto il porto di Yokosuka ad una portaerei equipaggiata per un eventuale conflitto nucleare, ottenendo in cambio l'ok per effettuare altri test il prossimo novembre nei pressi delle Hawaii. Dalla parte opposta la Siria, dopo mesi di sconcerto seguiti alla distruzione del reattore nucleare di El Kibar da parte di Israele, sta gradualmente ricostruendo il suo arsenale con l'aiuto di tecnici nordcoreani mandati appositamente sul posto.

Cosa ha detto Christopher Hill al ministro degli esteri di Pyongyang? Finora non è dato sapere, dal momento che l'inviato ha riferito l'esito dei colloqui solo ai cinesi e al corpo diplomatico. Ma per capirlo basta pensare che la situazione ad oggi è quella di una parte non disposta a concedere nulla - Pyongyang - e di una disposta a concedere tutto - Washington -, non solo per salvare un accordo che in realtà mai è stato effettivo, ma soprattutto per continuare a dare un senso ad una strategia di *appeasement* che fin dall'inizio è stata una forzatura destinata all'insuccesso. Hill è tornato a Pyongyang perché non poteva più fare altro. La vittoria di Kim Jong Il è assoluta, grazie ai saggi consigli dei "*moderati*" del Dipartimento di Stato. Un lavoretto coi fiocchi. Il grande accordo prevederebbe un ruolo della Cina come intermediario: Pyongyang consegnerebbe ai suoi protettori cinesi i documenti, i campioni e un elenco di siti da visitare richiesti da Washington, che in cambio provvederebbe ad escludere provvisoriamente la Corea dalla lista degli stati terroristi in attesa che le verifiche abbiano inizio. Così i comunisti otterrebbero l'agognato riconoscimento internazionale prima della loro formale accettazione di un piano di verifica. Un artificio diplomatico da far rizzare i capelli ma l'unica via d'uscita per l'amministrazione Bush ormai in un vicolo cieco, dentro il quale si è infilata da sola

Le parole definitive su questa sceneggiata le scrive Joshua Stanton[151]:

"*Con il senno di poi, la ragione del fallimento ha più a che vedere con il quadro generale che con i suoi dettagli. Noi non possiamo presumere di operare con le stesse strutture morali, legali e diplomatiche di coloro per i quali gravi crimini contro l'umanità rappresentano soltanto il normale corso degli eventi. Se hai già lasciato le tue impronte sul collo di bambini razzialmente impuri, gasato ragazzi con le loro famiglie, e affamato milioni di persone, cosa vuoi che sia la rottura di un trattato*

---

[151] Dal blog One Free Korea
(http://freekorea.us/2008/09/22/grim-vindication-predictably-appeasement-fails-to-disarm-north-korea-again/).

*stipulato con gli imperialisti? Se la perdita di alcuni milioni di vite nordcoreane significa così poco per Kim Jong Il, perché dovrebbe significare qualcosa la perdita di alcuni milioni di vite americane, sudcoreane o giapponesi? Il solo inferno di cui Kim Jong Il ha paura è una terra di cui lui non sia più il dio".*

22 ottobre

# BIRMANIA. LA FINE DI UN'ILLUSIONE

Sotto lo pseudonimo di Norman Robespierre, l'autore di questo ampio e documentato articolo[152] pubblicato da *Asia Times*, affronta un argomento tabù nel campo pro-democratico fuori e dentro la Birmania: a cosa sono serviti vent'anni di opposizione nonviolenta al regime militare? Se si guardano i fatti il quadro è desolante: al di là del Nobel per Aung San Suu Kyi, siamo di fronte ad una realtà in cui la giunta ha progressivamente rafforzato il suo potere mentre la Lega Nazionale per la Democrazia (NLD) e la sua leader sono stati ridotti ad un ruolo puramente testimoniale, direi ormai virtuale. Tempo fa scrivevo che Aung San Suu Kyi, pur avendo mantenuto inalterata la sua statura simbolica e morale, politicamente era un'anatra zoppa, che i generali utilizzavano nel loro gioco di intimidazione e logoramento degli avversari. Dovessi scrivere un libro sulla sua figura, partirei da qui. L'analisi di *Asia Times* si sofferma sia sulla praticabilità di una strategia di opposizione nonviolenta ad un regime fondato sulla violenza, sia sullo stato attuale della NLD e dei movimenti ad essa collegati. Il giudizio è impietoso ma purtroppo giustificato. Le basi dello *State Peace and Development Council*, invece di traballare, sono vent'anni dopo sempre più salde, anche grazie al miope disinteresse

---

[152] Asia Times, 23 ottobre 2008: "Myanmar's failed non-violent opposition"
(http://www.atimes.com/atimes/Southeast_Asia/JJ23Ae01.html).

della comunità internazionale per la situazione birmana. La battaglia nonviolenta dei seguaci di Aung San Suu Kyi sembra oggi definitivamente persa.

25 ottobre

# LA CINA IN AFRICA. I NUOVI NEGRIERI

Pochi giorni fa nove lavoratori cinesi dell'industria del petrolio di stanza in Sudan sono stati sequestrati da un gruppo armato che chiede l'uscita delle compagnie asiatiche dal paese. L'agguato è avvenuto vicino alla regione del Darfur e non è la prima volta che da quella zona di territorio partono attacchi contro interessi cinesi. Negli ultimi tempi i ribelli che combattono contro il governo di Bashir hanno più volte compiuto incursioni contro installazioni petrolifere. Pechino si è affrettata a chiarire che l'incidente non metterà a rischio i rapporti di collaborazione che la legano al regime sudanese perché, come noto, la Cina è probabilmente il più grande sponsor politico e finanziario del governo di Karthoum ed il suo ruolo nel genocidio in corso nel Darfur è un segreto di pulcinella che la comunità internazionale come al solito custodisce gelosamente. Il rapimento è certo un episodio che potrebbe non avere conseguenze maggiori ma allo stesso tempo un segnale delle profonde ferite provocate dall'innesto di uomini, tecnologie e capitali cinesi in territorio africano.

Per la Cina l'Africa è un nuovo *far west*, terra di conquista e di sfruttamento, vero e proprio serbatoio di risorse e manodopera a basso costo. Ogni anno le percentuali che indicano il coinvolgimento di Pechino negli affari del continente africano aumentano vertiginosamente. Le ragioni dell'invasione cinese - ché non di investimento ma di vera e propria colonizzazione si tratta - sono diverse: da una parte la fame di materie prime e risorse energetiche, una costante nella contemporaneità del gigante asiatico; dall'altra la necessità di una manodopera a bassissimo costo, adesso che il mercato del lavoro cinese si sta gradualmente emancipando a livello salariale (almeno nelle grandi industrie dei principali centri urbani); poi la conquista di nuovi mercati, e in questo senso il potenziale dell'Africa è stato sempre colpevolmente sottovalutato dall'occidente. Ma alla base della neocolonizzazione cinese c'è soprattutto la volontà di espansione e di influenza a livello geostrategico attraverso un piano di creazione di stati vassalli legati da rapporti di dipendenza con Pechino. La Cina sta diventando non solo uno spregiudicato concorrente economico per un occidente ormai stranito ma anche un pericoloso esportatore di instabilità e di autocrazia. Quello dei cinesi infatti non è certo il ruolo del partner commerciale né quello del protettore benevolente: piuttosto quello del negriero.

Sul britannico *Daily Mail*, Peter Hitchens ha pubblicato uno straordinario reportage dall'inequivocabile titolo: "*Come la Cina ha creato un nuovo impero schiavista in Africa*"[153]. Il giornalista si sofferma in particolare su due realtà di questo imperialismo (questo sì che lo è) dai tratti schiavisti, la Zambia - formalmente una democrazia in transizione, sostanzialmente un protettorato cinese - e il Congo, sempre in bilico fra tregua e guerra civile, una delle nazioni più martoriate del pianeta. Hitchens visita le miniere di cobalto e di rame, le *bidonvilles* in cui vivono i disperati e le loro famiglie, i quartieri del degrado pre e post-moderno, i cantieri della morte dove le norme di sicurezza non è che siano violate, semplicemente non esistono. "*Vederli, mentre trascinano penosamente il passo*", scrive, "*ricorda le immagini dei minatori disoccupati nell'Inghilterra degli anni 30 (...) La differenza è che il calore implacabile rende il lavoro cinque volte più duro e le condizioni di vita e di lavoro sono di gran lunga peggiori di quelle dell'Inghilterra del XVIII secolo*". Come una colonia penale in

---

[153] Daily Mail, 28 settembre 2008: "How China has created a new slave empire in Africa" (http://www.dailymail.co.uk/news/article-1063198/PETER-HITCHENS-How-China-created-new-slave-empire-Africa.html).

un antico impero di schiavi. *"Per disperazione, continua, un intero continente si sta vendendo in una nuova era di corruzione e di schiavitù virtuale, mentre la Cina cerca di comprare tutti i metalli minerali e petrolio che può: rame per cavi elettrici e telefonici, cobalto per cellulari e motori di aerei, le materie prime essenziali per la vita moderna".*

La Cina promette prestiti ingenti ai governi, costruzione di infrastrutture, annullamento dei debiti e ottiene in cambio il via libera per installare uomini e mezzi in un'avventura predatoria potenzialmente illimitata. I cinesi si portano tutto da casa: macchinari, *know-how*, supervisori, tecnici, a volte persino manodopera non qualificata. Costruiscono le loro scuole, i loro ospedali, i loro centri commerciali, piantano le loro bandiere come se si trattasse di un terreno vergine. Nei cantieri gli incidenti sul lavoro sono all'ordine del giorno: i controlli sulla sicurezza vengono evitati con una buona mancia e il giro di corruzione si sta moltiplicando. La vita dei lavoratori locali vale meno di niente. Nel 2005 a Chambishi, nello Zambia, più di cinquanta persone persero la vita in un'esplosione in miniera. I cinesi ci sono abituati: ogni anno sono centinaia gli incidenti di questo tipo, la maggior parte dei quali passati sotto silenzio. Ma agli africani la morte fa ancora qualche effetto. Chi chiede spiegazioni si sente rispondere così dai nuovi padroni: *"In Cina muoiono 5000 persone e non succede niente. Nello Zambia ne muoiono 50 e tutti piangono".* Ma il silenzio del governo locale è garantito dalla cancellazione del debito dello Zambia e soprattutto dalla *longa manus* cinese a determinare il risultato elettorale delle ultime presidenziali, a favore di quel *Movement for Multiparty Democracy* al potere da quasi vent'anni. Ironia della storia, in Cina nemmeno si vota. In Congo invece si sono comprati tutto con la corruzione, dice Sata, principale esponente dell'opposizione sconfitta del 2006. Tutti in Africa sono al corrente dei *Congo deal*: 5 miliardi di dollari in prestiti, strade, ospedali e scuole per le *élites* al potere. La gente non vede un quattrino ma a nessuno importa.

Tutto questo è successo sotto gli occhi dell'occidente: i cinesi si mangiano un continente mentre le democrazie inviano aiuti e stilano programmi anticorruzione. Una strategia perdente, se non supportata da una volontà politica di sviluppo. Perché lo sviluppo promesso dai cinesi è una menzogna, costruita ad uso e consumo dei colonizzatori e delle classi dirigenti locali. Qual è la nostra reazione di fronte a questo scempio in divenire? Sono due dollari al giorno di salario un'alternativa degna alla prospettiva di morire di fame? Degna certamente no, ma forse l'unica alternativa, in assenza di un risveglio civile dell'occidente che ha abbandonato l'Africa al suo destino, consegnandola al PCC. Se l'Europa dorme, l'America almeno prova ad organizzarsi[154].

E' questa una delle tante eredità che il *perfido* Bush lascerà al suo successore, una visione africana da concretizzare. Per ora questa visione si chiama AFRICOM ed è un comando integrato formato da personale civile e militare e composto da esperti del tesoro, del dipartimento di stato, del commercio estero e dell'esercito. La sua funzione dichiarata è coordinare le relazioni militari con 53 nazioni africane ma la sua missione è anche civile e diplomatica. Obiettivo: contenere l'espansione cinese in Africa, economicamente e militarmente.

La proliferazione di armi leggere è uno dei principali grattacapi di Washington, impegnato anche in Africa nella lotta antiterrorista. Sudan, Zimbabwe e Nigeria hanno stretto alleanze militari con Pechino e se i despoti dei primi due paesi sono ancora in sella nonostante le condanne internazionali è solo perché Hu Jintao e compagni continuano a bloccare ogni iniziativa volta a neutralizzarli. Pechino consolida i regimi illiberali ed esporta instabilità attraverso la sua azione espansiva. Ciò di cui gli antiamericani accusano gli Stati Uniti lo sta attuando invece concretamente la Cina senza che nessuno si scandalizzi. Per alimentare la sua presunta stabilità interna, il PCC ha bisogno di rendere conflittive altre aree del pianeta, prima di tutto per sottrarle alla potenziale influenza americana e poi per giocarsele sullo scacchiere internazionale. Il *soft power* cinese è una storia per fare addormentare i bambini. Conclude Peter Hitchens: "*Forse, dopo due secoli di ipocrisia,*

---

[154] The Weekly Standard, 9 ottobre 2008: "The Great Game in Africa"
(http://www.weeklystandard.com/Content/Public/Articles/000/000/015/673xzgig.asp).

*questi metodi funzioneranno dove altri interventi hanno fallito. Ma dopo aver visto la amara e violenta disperazione nelle miniere di Likasi, mi riesce difficile credere che da tutto questo possa nascere qualcosa di buono".*

27 ottobre

## CINA. I BUCHI NERI

La mattina del 21 settembre scorso, Xu Zhiyong, professore di telecomunicazioni all'università di Pechino riceve un *sms* sul suo cellulare. E' di una donna che scrive di essere rinchiusa in una *black jail*, una prigione nera, in pieno centro della capitale. Le *black jails* ufficialmente non esistono. In realtà sono parte di un complicato sistema detentivo sotterraneo, al margine di ogni legalità, usato per imprigionare al di fuori di qualsiasi procedimento giudiziario i cosiddetti *petitioners*, ovvero quei cittadini cinesi che si rivolgono alle autorità per denunciare soprusi da parte dei funzionari pubblici locali. Il *petitioning* è una tradizione che risale all'epoca imperiale e che, in assenza di uno stato di diritto e di un sistema di regole che garantiscano i diritti individuali, dovrebbe permettere una riparazione dei torti subiti per mano delle supreme istanze politiche e istituzionali del paese. In concreto ben poche di queste rimostranze arrivano allealte sfere, soprattutto perché vengono intercettate e bloccate prima dalle stesse autorità locali, per nulla interessate a che le loro malefatte vengano rese pubbliche. Ma anche quando dalle campagne i *petitioners* riescono a raggiungere la capitale, il più delle volte sono oggetto di retate e di intimidazioni che aggiungono sopruso al sopruso. Molti di loro finiscono nelle *black jails*, galere provvisorie e improvvisate all'interno dei locali di ostelli della gioventù situati, nel caso di Pechino, nella zona degli *hutong*, i vicoli stretti che si diramano attorno alla città proibita. Per le Olimpiadi molti *hutong* sono stati letteralmente spazzati via ma quelli rimasti in piedi costituiscono un luogo privilegiato per mantenere in custodia segreta i *petitioners*, sequestrati e detenuti come elementi antisociali. Prima, fino al 2003, era in vigore un sistema di centri di custodia e rimpatrio in cui si imprigionavano coloro che erano arrivati in città senza permesso di lavoro o di residenza, in attesa di essere rispediti a casa. Dopo la morte violenta di un ragazzo, il clamore popolare portò alla chiusura di questi centri, in uno dei primi segnali di risveglio di un'opinione pubblica generalmente intimorita dalle violenze delle autorità. Le *black jails* sono oggi nient'altro che una riedizione di quella rete di carceri nascoste fra gli edifici civili, mantenute però nel segreto assoluto e la cui esistenza è ufficialmente negata.

Xu Zhiyong, dopo aver ricevuto il messaggio, si dirige immediatamente al luogo in cui la donna dice di essere rinchiusa, all'ostello della gioventù di Taiping Street, vicino al parco Taoranting. Il resoconto[155] di quello che succede in quella visita e nelle successive è affidato al suo blog, e rappresenta la prima denuncia pubblica dell'esistenza di queste carceri segrete nei centri urbani cinesi. Quando arriva sul posto il professor Xu chiede a un vicino dov'è la prigione in cui si tengono i *petitioners*. Per sua sorpresa l'uomo gli indica esattamente il luogo, un'entrata posteriore nell'edificio dell'ostello della gioventù. In una stanza all'interno ci sono un uomo e una donna, probabilmente i tenutari della mansione. Xu chiede loro di Wang Jinlan ma si sente

---

[155] Dal blog *Black and White Cat* (http://www.blackandwhitecat.org/2008/10/13/a-visit-to-one-of-beijings-black-jails/).

rispondere che da loro non c'è nessuno con quel nome. Lui allora la chiama al cellulare e dopo qualche secondo la vede avvicinarsi ad una finestra, subito chiusa da un terzo uomo. Sei o sette energumeni lo circondano inmediatamente armati di catene, uno di loro lo colpisce e lo minaccia. *"Pagherai caro quello che hai fatto"*. La prima missione finisce così.

Il giorno dopo Xu ritorna sul luogo del delitto, insieme ad un amico giornalista che gli fa da palo. Gli sbirri, pagati dal governo per garantire la segretezza delle installazioni, lo stanno aspettando. Arriva anche il direttore del centro, il capo dei secondini, tale Liu al quale il professore si rivolge così: *"Voi state detenendo illegalmente persone innocenti"*. Liu risponde che tutti quelli che si trovano nel centro sono lì per volontà propria e, contraddicendosi, che in ogni caso questo è un affare di governo e non riguarda i cittadini come lui. Xu non demorde e grida a voce alta cosa sta succedendo nella *black jail* proprio mentre alcuni ragazzi stanno uscendo da una vicina scuola media. Viene nuovamente aggredito e colpito mentre da dentro Wnag Jinlan gli invia questo messaggio: *"Non mi lasceranno uscire. Ci sono 21 persone qui dentro. Ad una donna hanno rotto una costola"*. Ma dopo dieci minuti, all'arrivo della polizia locale, la donna viene fatta uscire.

Xu ritorna alla prigione il 5 ottobre dopo che una telefonata lo ha avvertito del sequestro di tre bambini, figli di una donna che aveva inoltrato una petizione per protestare contro le mancate indagini su un caso di assassinio. Sono un ragazzo e due ragazze di 13 e 14 anni. Anche loro avevano comunicato alla famiglia dove si trovavano grazie al cellulare nascosto da un altro detenuto. Questa volta Xu ci va insieme ad altri due giornalisti-blogger (Zola e Doubleaf) che a loro volta racconteranno sui loro siti l'intera vicenda[156]. I

---

[156] Dal blog *Global Voices Online*
(http://globalvoicesonline.org/2008/10/17/china-co-operation-

guardiani del centro li stanno aspettando e questa volta evitano lo scontro: "*I ragazzi sono stati trasferiti questa mattina*", dicono come se se lo aspettassero. E' interessante perché il professore aveva annunciato quella visita il giorno prima proprio sul blog. Qualcuno l'aveva letto. Il 14 ottobre l'ultima incursione, ancora una volta terminata con un pestaggio, documentato via audio e via *Twitter* da uno di loro. Il blogger Isaac Mao l'ha definito la prova di come i *social media* stiano trasformando la Cina. L'analisi pecca di ottimismo ma è certamente vero che la realtà delle *black jails* non sarebbe mai emersa senza l'azione coraggiosa di un professore-blogger e di due colleghi al seguito.

Dopo i loro resoconti il *SCMP* (Hong Kong) ha scritto che le *black jails* si stanno moltiplicando in tutto il territorio nazionale in una campagna delle autorità regionali per purgare la società da elementi indesiderati quali i *petitioners*. Il sistema è semplice. I governi locali affittano camere in ostelli o alberghi compiacenti e strategicamente collocati al riparo da sguardi indiscreti: 150 yuan a persona, più persone in una stanza. Poi si comprano i servizi di delinquenti e picchiatori professionali per tenere lontani i curiosi: 1000 yuan per un pestaggio leggero, 3000 per una dose più intensa. Xu elenca 4 buchi neri a Pechino: oltre al *Youth Hostel*, il *Fenglong Hostel*, il *Juyuan Hotel* e il *Jingyuan Hotel*. Se dovete viaggiare in Cina tenete a mente questi nomi. L'industria del sequestro e delle sparizioni è molto fiorente nella Cina dell'efficienza autoritaria. Tutte le menzogne del *soft power* raccontate dalla vulgata benevolente vengono inghiottite dalle decine di storie dell'orrore che descrivono la realtà di questo paese, per molti versi ancora spaventosa.

---

20-on-beijing%E2%80%99s-black-jails/).

1 novembre

## PENSIERI DI UN SOLDATO
## NORDCOREANO

Pochi istanti prima di varcare la linea che separa le due
Coree, lungo la zona demilitarizzata. Il fatto è realmente
accaduto la settimana scorsa[157]. Le parole che seguono sono
una mia libera interpretazione.

E' stata la più bella notte della mia vita. Prima di
addormentarmi ho guardato l'uniforme, non me la sarei più
messa addosso, pesante, grigiastra, puzzolente. Nemmeno
uniformi nuove ci danno quelli, eppure noi siamo qui in
prima linea, a mostrare a tutti quanto radioso sia l'avvenire
della nostra patria. Stanotte ho sognato che la guardavo da
lontano questa patria assassina. Non l'ho mai detto a voce
alta, il solo pensiero di unire queste due parole *"patria
assassina"* mi produce un brivido freddo lungo la schiena. E
non c'è un abbraccio caldo a confortarmi. Mamma è lontana
e dei miei fratelli non so nulla. Le lettere non arrivano qui, ai
confini del mio mondo conosciuto. Restiamo soli, io e il mio
brivido. Ma non è paura, è attesa. Io so che fra poco volerò
via. Dall'altra parte sono d'accordo, è tutto fatto, ne abbiamo
già parlato. Poche frasi, abbiamo accento diverso ma ci

[157] NBC News, 28 ottobre 2008: "N. Korean soldier defects to
South via DMZ"
(http://www.nbcnews.com/id/27413846/ns/world_news-
asia_pacific/t/n-korean-soldier-defects-south-dmz/).

siamo capiti lo stesso. Ho detto al mio nemico che volevo scappare e lui mi ha fatto un cenno con la testa. Ha risposto che sì, che mi avrebbe aiutato. Poi non l'ho più visto ma domani sarà lì, ne sono sicuro, dietro quegli occhiali scuri in cui tante volte ho visto riflesso il mio volto. E' un soldato anche lui, non mi tradirà. Io lo odiavo, ma non volevo. Mi hanno spiegato che ci avrebbero attaccato e che dovevamo stare all'erta. Che quei cani puzzolenti e i loro amici non aspettavano altro che spararci, invaderci e fare del male alle nostre famiglie. Non mi sono mai chiesto se fosse vero. Era così e mi bastava. Poi un giorno non mi è bastato più e mi ha sfiorato un pensiero ribelle. Io l'ho ucciso col mio fucile tante di quelle volte che la notte ero esausto e crollavo sulla brandina. Quando ero senza difese, quando dormivo, quel pensiero tornava a torturarmi. Non ci capivo niente. Dovevo amare il mio leader e lo detestavo. Dovevo disprezzare chi mi stava di fronte e lo cercavo. Devo essere impazzito, mi dicevo. Se i pensieri facessero rumore non arriverei mai a quella linea. Ma non fanno rumore, io lo so. Mi rimbombano dentro come cannoni ma sono miei, solo miei, l'unica cosa che mi resta. Nessuno sa che volerò via. Non me lo perdoneranno, come potrebbero? Vedo mamma piangere di nascosto, come faceva quando papà non tornava, la sera, dopo aver cercato da mangiare. Devono essere dieci anni ormai, o giù di lì, perché io ero un ragazzino e in quel periodo non andavo a scuola perché la scuola era vuota e l'avevano chiusa. Rubavo ai contadini con i miei amici di sempre, eravamo veloci come fulmini, nessuno ci prendeva. Loro non so ma io anche adesso sono veloce, a sparare. Mangio di più, forse è quello. Allora erano settimane intere di erbacce schifose che la mamma bolliva e sembravano dolci. Lei non ci diceva nulla, nemmeno quando i vicini morivano dopo averci chiesto qualcosa di quello che non bastava nemmeno per noi. Ne ho visti crollare più in quel campo davanti a casa che qui, in questa strana battaglia senza colpi. Per me la guerra c'è sempre stata, la guerra è quando avevo fame e non ce la facevo più. Io non sono un traditore, non lo sono. Me ne andrò piangendo di felicità e rabbia. Me ne andrò perché oggi come allora, più di allora, non ce la faccio più. E' il segreto più grande della mia vita, sono giorni che non parlo con nessuno per non tradirmi. Siamo cavalli con i paraocchi, guardiamo solo davanti, fissiamo quel muro invisibile e restiamo in silenzio. I miei compagni non mi fermeranno, non potranno, sarò più veloce di loro, come sempre. Non mi volterò, non tornerò indietro. Ci hanno detto che di là c'è solo miseria, che le strade sono pericolose, che la polizia picchia senza pietà. Non mi sono mai chiesto se fosse vero. Era così e mi bastava. Ma poi ci ho pensato, sempre lo stesso pensiero che torna per infilzarmi come una baionetta: non ho mai visto nessuno correre da questa parte, nessuno avvicinarsi di nascosto per chiedermi di salvargli la vita. Come ho fatto io, fidandomi di quello sconosciuto, il mio nemico. E' stata la più bella notte della mia vita. Però adesso ho le gambe d'acciaio e le ali, le ho sognate stanotte ali bianche e grandi e leggere, di legno massiccio. Ma è solo un passo e di là mi aspettano. Fra poco mi manderanno un segnale, lo imploro ma ho tanta paura. Vorrei che mi prendessero per mano, come quando ero un bambino a un attimo dal pianto. Sta per finire, sta per finire, sta per finire. Ecco, mi chiamano. Non mi volto, non torno indietro. Apro le ali. E volo via.

10 novembre

## LA VITTORIA INEVITABILE

Non è stata un'elezione come le altre: è stato un appuntamento con la storia che gli americani non hanno voluto mancare. Il trionfo di Obama si inserisce all'interno di quella ristretta lista di eventi che caratterizzano un'epoca, scrive in questo splendido articolo Anne Applebaum[158], non per il suo contenuto politico (che resta da verificare) ma per il suo significato simbolico rappresentato dall'ingresso di un presidente di colore alla Casa Bianca. E' certamente vero che il personaggio Obama porta con sé un importante messaggio di svolta generazionale, che incarna le attese di cambiamento di buona parte della società americana, che si propone come energia rinnovatrice in un momento particolarmente complesso e incerto per il suo paese. Ma l'elemento definitivo del passaggio storico che l'America sta vivendo e che il voto del quattro novembre ha consacrato è la vittoria di un candidato nero, un precedente la cui portata sarà pienamente compresa solo con il tempo.

Per una volta non c'è posto per *pruderies* moralisteggianti, che pretenderebbero di vedere nel solo

---

[158] Articolo del 5 novembre 2008
(http://www.anneapplebaum.com/2008/11/05/barack-obamas-victory-was-inevitable/).

accenno al colore della pelle di Obama un segnale inequivocabile di un razzismo o di un paternalismo latente, a meno di non considerare razzisti anche i quotidiani statunitensi, le cui prime pagine mercoledì scorso evidenziavano senza falsi scrupoli l'aggettivo *"black"* come tratto distintivo di un neo-presidente che *"fa la storia"* per il solo fatto di essere eletto. Così come sarebbe stato meglio evitare di analizzare la vittoria di Obama esclusivamente sotto il profilo dell'appartenenza politica, come è capitato ad alcuni bloggers e giornalisti conservatori del nostro paese, intrappolati in logiche di schieramento che, stavolta più che mai, lasciano il tempo che trovano. Di nuovo, ben diverso è stato l'approccio della destra americana, pienamente consapevole (con poche eccezioni) del significato profondo di questa svolta. L'ho scritto altre volte: la storia non basta conoscerla, bisogna anche sentirla.

*"But when the first black president-elect took the podium, with the new black First Lady beside him, it was impossible not to feel that something profound really had just changed, and that all kinds of other things really are now possible"*[159].

---

[159] "Ma mentre il primo presidente nero saliva sul podio, con la nuova First Lady nera dietro di lui, era impossibile non sentire che era appena avvenuto un cambiamento profondo, e che in quel momento tutto diventava davvero possibile".

11 novembre

# BIRMANIA. UN MASSACRO DI DIRITTO E DI DIGNITÀ

Vent'anni di galera[160] a un blogger e sessantacinque ciascuno[161] a quattordici attivisti dell'opposizione. Sono condanne terribili, assurde, grottesche, comminate in assenza di qualsiasi garanzia legale, in processi a porte chiuse, senza avvocati (anche loro incarcerati) né testimoni. Succede in Birmania, in due oscure giornate di ordinaria repressione, in cui le autorità hanno voluto mandare un segnale inequivocabile ad una dissidenza già ridotta ai minimi termini: nessuna deviazione sarà tollerata, nessuno può sentirsi al sicuro.

Il blogger è Nay Phone Latt, ventottenne di Rangoon, proprietario di tre Internet-café nell'ex capitale fino alla data del suo arresto, lo scorso gennaio, ufficialmente per aver pubblicato una vignetta satirica su Than Shwe. Ma dai sui computer erano partite alcune delle immagini e delle informazioni che fecero il giro del mondo durante la rivolta dei monaci stroncata nel sangue. Nay Phone Latt è stato condannato per diversi reati commessi in violazione di leggi sul possesso e la diffusione di materiale informativo. Con lui

---

[160] BBC News, 11 novembre 2008: "Burma blogger jailed for 20 years" (http://news.bbc.co.uk/2/hi/asia-pacific/7721271.stm).
[161] BBC News, 11 novembre 2008: "Harsh sentences for Burma rebels" (http://news.bbc.co.uk/2/hi/asia-pacific/7721589.stm).

sono stati giudicati colpevoli Thin July Kyaw, due anni, e Saw Wai, poeta, altri due anni per un messaggio cifrato pubblicato in un settimanale in cui si leggeva *"Than Shwe va pazzo per il potere"*.

Ma oggi è stato soprattutto il giorno delle sentenze esemplari imposte ai principali esponenti della *Generazione dell'88*, quel gruppo di ex studenti che vent'anni fa diedero vita alle prime imponenti manifestazioni anti-regime, conclusesi anche allora con un bilancio di tremila morti. Quattordici di loro passeranno il resto della loro vita in carcere, se non succede qualcosa prima: sessantacinque anni a testa per la partecipazione alla protesta del settembre 2007, l'inizio della *rivoluzione zafferano* poi proseguita dai monaci. Spiccano le figure di Nilar Thein e del marito Kyaw Min Yu (*alias* Jimmy), la cui vita è trascorsa tra la cella e la fuga. Nilar Thein si è nascosta per un anno mentre gli sbirri della giunta le davano la caccia, lasciando dietro di sé una bambina che potrebbe non rivedere più i genitori. L'hanno catturata, come una preda, poche settimane fa, appena in tempo per la sentenza.

Altri *leaders* storici della *Generazione dell'88* stanno ancora aspettando di conoscere la loro pena: tra questi Min Ko Naing e Ko Ko Kyi, la cui sorte è già scritta. Alla lettura della decisione Min Zeya ha urlato alla corte: *"Solo 65 anni?"*, e poi *"Non ci spaventerete"*, mentre i suoi compagni scandivano *"Birmania libera"*. A Su Sun Way, attivista per i diritti dei lavoratori, sono toccati dodici anni e mezzo per *"attentato alla stabilità del governo"*. Pochi giorni fa i suoi due avvocati si erano ritirati dal giudizio per l'impossibilità di esercitare le loro funzioni. L'eliminazione degli avvocati difensori ha preceduto le pronunce di oggi: nei giorni scorsi diversi legali sono stati condannati a pene da quattro a sei mesi per *"oltraggio alla corte"* e ad altri è stato di fatto impedito di rappresentare i loro assistiti. Molti hanno rinunciato prima di cominciare. In totale sono una quarantina i dissidenti vittime di questa nuova ondata di repressione, tra cui monaci, attivisti sociali, poeti e musicisti. La durezza delle pene comminate è inusuale perfino per gli standard di un regime così brutale, segno evidente di una campagna volta ad annientare anche gli ultimi barlumi di opposizione. Un massacro di diritto e di dignità, di fronte al quale è inutile chiedersi quale sarà la risposta della comunità internazionale: costernazione, indignazione e inazione.

11 dicembre

## CAMBOGIA. LA GIUSTIZIA PUÒ ATTENDERE

A gennaio saranno passati 30 anni da quando l'esercito vietnamita entrò in territorio cambogiano liberando i sopravvissuti dal regime sanguinario dei *Khmer* rossi. Pol Pot e i suoi si sarebbero rifugiati da quel momento sulle montagne nel nord e nell'est del paese, continuando la loro triste vicenda umana con una guerra di guerriglia che si sarebbe conclusa solo molti anni dopo. Se dal punto di vista politico e morale la Cambogia ha già fatto i conti con il suo recente passato, non così da quello giudiziario[162].

I cambogiani parlano apertamente della loro storia, del genocidio che costò la vita a quasi due milioni di persone su sette, in una follia ideologica insuperata per intensità e metodologia di sterminio. Se visitate la Cambogia troverete innumerevoli testimonianze del periodo 1975-1979, musei del genocidio, campi di sterminio, librerie dove predominano i testi sull'era di Pol Pot. Ma soprattutto potrete fare domande sulle vicende personali di ciascuno e riceverete quasi sempre risposta: non c'è nessuna famiglia che sia stata risparmiata, nessuno che non abbia perso madri, padri, fratelli maggiori, in un delirio collettivo in cui i bambini potevano decidere della vita e della morte dei loro genitori dentro un immenso campo di concentramento piagato di

---

[162] The Economist, 15 ottobre 2008: "Delayed and denied" (http://www.economist.com/node/12411498).

scheletri. Difficile trovare un cinquantenne nella Cambogia del XXI secolo tra milioni di giovani che conoscono quell'epoca più per i racconti dei superstiti che per esperienza diretta. Ma stupisce la maturità di un popolo che comprende l'enormità di quanto accaduto e che dimostra almeno la volontà di cercare risposte.

Sembra che queste risposte non arriveranno dal tribunale misto ONU/cambogiano, istituito due anni fa al termine di un lungo e faticoso peregrinare ma ancora al palo. Sono sei gli illustri imputati, ex leader di primo piano del movimento comunista, che a partire da gennaio dovrebbero essere giudicati dalla corte speciale insediatasi in un quartiere periferico della capitale Phnom Penh: tra di loro Khieu Samphan, ex presidente della Kampuchea Democratica (questo il nome ufficiale che si era dato il regime totalitario), e Kaing Guek Eav (meglio conosciuto come Duch), direttore della famigerata prigione di Tuol Sleng, la S-21, un ex liceo adibito a centro di detenzione e tortura: da qui passarono, per uscirne solo da morte, circa 17000 persone, bambini, giovani, anziani, tutti *"nemici della rivoluzione"*. Ma una serie di problemi procedurali sta condizionando l'avvio di un processo che la comunità internazionale e le istituzioni nazionali devono da troppo tempo ai cambogiani. L'ultima diatriba sembra anche la più grave perché nasconde dietro ad un cavillo legale una questione di sostanza assolutamente fondamentale: ovvero se oltre alle accuse di crimini di guerra, crimini contro l'umanità ed omicidio premeditato, Duch debba rispondere anche di cospirazione[163], di impresa criminale congiunta in concorso con altri esponenti del gruppo dirigente. L'eventuale aggiunta di questo capo d'imputazione implicherebbe verosimilmente il coinvolgimento di personaggi finora rimasti fuori dall'inchiesta, alcuni dei quali riciclatisi all'interno degli apparati dello stato.

Non si dimentichi che l'attuale primo ministro Hun Sen aveva combattuto con i khmer rossi, pur senza assumere un ruolo di primo piano: l'occhio di vetro che orgogliosamente

---

[163] BBC News, 9 dicembre 2008: "Prosecutor dispute at Khmer trial" (http://news.bbc.co.uk/2/hi/asia-pacific/7772624.stm).

ostenta è il risultato degli scontri che precedettero l'entrata a Phnom Pehn da parte dei miliziani di Pol Pot. Hun Sen si era allontanato dal regime prima della sua caduta ed era stato poi scelto dai vietnamiti come il loro uomo di fiducia durante l'occupazione, prima di diventare il leader di quel *Cambodian People's Party* al governo del paese da quindici anni. I giudici cambogiani (il tribunale è formalmente misto ma di fatto la giurisdizione è nazionale) si sono già opposti all'estensione dell'incriminazione al reato di cospirazione e lo stesso ha fatto uno dei due procuratori che sostengono l'accusa, quello di casa appunto. Il che ha creato un conflitto con il collega internazionale Robert Petit, il quale ritenendo che altri esponenti dell'antico regime debbano rispondere davanti alla giustizia ha ufficializzato l'*impasse* attraverso un documento di disaccordo formale consegnato alla corte. L'ennesimo incidente procedurale rischia di far saltare le prime udienze previste per gennaio, rinviando ancora una volta un dibattimento che potrebbe contribuire a dare risposta ad alcuni degli interrogativi più inquietanti della storia del XX secolo: non solo il classico *come è potuto succedere*, ma i più interessanti *come un nutrito ma ristretto gruppo di cambogiani ha potuto umiliare, torturare e annichilire milioni di connazionali* e *come venivano prese le decisioni all'interno del regime, come funzionava la catena di comando, chi decideva che cosa*: per oliare una macchina di morte come quella dei khmer rossi non bastava la volontà del capo supremo, il fratello numero uno, il diavolo in persona. Era necessaria una struttura organizzata di volenterosi carnefici pronti a firmare ed eseguire le sentenze di morte e le deportazioni.

Se andate a Tuol Sleng lo capirete meglio[164]. Lo scheletro è ancora quello della scuola, ma al posto della classi vedrete le camere di tortura e le celle delle prigioni, recintate dal filo spinato per evitare che i detenuti si buttassero di sotto, per morire da soli, senza aiuto. La S-21 è l'essenza del centro di sterminio, un luogo lugubre come pochi altri, l'emblema della banalità del male. All'entrata ti

---

[164] Troverete immagini del viaggio in Cambogia a questo indirizzo (http://www.flickr.com/photos/enzreale/sets/721576124335427 00/).

accolgono le foto dei condannati, bambini anche piccolissimi, giovani, anziani. I carnefici le scattavano dopo l'arresto e sono le ultime immagini di migliaia di uomini e donne che avrebbero di lì a poco sofferto l'indicibile: alcuni di loro sorridono, forse per sfida, forse per incoscienza. Nelle stanze della morte il letto metallico e gli attrezzi dei torturatori, poi le macchie di sangue sul muro, sul tetto, dove uno non pensa mai che gli schizzi possano arrivare. Le scale da cui salivano e scendevano i prigionieri, prima e dopo i pestaggi, trascinati dalla bestia umana. Il cigolio degli stipiti delle celle di isolamento, colpite dal lamento del vento che sembra non poter dimenticare. Sui registri i nomi di ciascuno, scrupolosamente appuntati, l'amministrazione dello sterminio in una capitale deserta. Dicono che lì vicino fosse rimasta solo l'ambasciata cinese, a Pechino c'erano i grandi protettori di Pol Pot. Più di un funzionario finì in manicomio per ciò che aveva visto e sentito. I muri di Tuol Sleng non hanno mai smesso di urlare.

2009

18 gennaio

## *CHARTA 08.* UN'ANALISI

Vorrei provare ad analizzare il contenuto e le implicazioni politiche della *Charta 08*, il documento firmato da almeno duemila (ma c'è chi dice settemila) cittadini cinesi in favore dell'instaurazione di un regime democratico e rispettoso dei diritti umani in Cina. Tra di loro attivisti, intellettuali, leaders rurali, avvocati, professori e perfino funzionari del partito di livello intermedio. La carta è stata resa nota il 10 dicembre, in occasione dell'anniversario della *Dichiarazione Universale dei Diritti dell'Uomo*, e si basa sull'analoga esperienza della *Charta 77*, il manifesto della dissidenza cecoslovacca, attorno a cui si costituì quel nucleo di resistenza che avrebbe portato dodici anni dopo alla fine del regime a partito unico. Proprio il superamento del monopolio politico del PCC e la costituzione di un gruppo informale di cittadini che si richiamano ai principi della carta sono i due campanelli d'allarme più preoccupanti per la dirigenza cinese. Esaminiamo nel dettaglio prima il testo del documento, poi la reazione del governo e infine le conseguenze che la *Charta 08* potrebbe avere sul futuro della Cina.

In rete, dove il documento è stato diffuso, circolano due traduzioni del testo, la prima[165] del giornalista Perry Link

---

[165] La trovate a questo indirizzo (http://www.nybooks.com/articles/archives/2009/jan/15/chinas-charter-08/).

pubblicata sulla *New York Review of Books*, la seconda[166] sul sito dell'organizzazione *Human Rights in China*. Pare che Link abbia fatto riferimento ad una prima bozza del documento, mentre quella di HRC sarebbe la versione definitiva, leggermente riveduta prima della pubblicazione. A livello di contenuti non vi sono differenze sostanziali tra i due scritti, fatta eccezione per un riferimento esplicito al massacro di piazza Tiananmen contenuto nel preambolo, che scompare nel testo finale, forse in seguito all'arresto preventivo di Liu Xiaobo (noto dissidente attivo fin dall'89 e primo firmatario della dichiarazione), avvenuto due giorni prima della sua diffusione. Farò riferimento alla versione di HRC, se non altro perché più sobria e per enfatizzare c'è sempre tempo.

La *Charta 08* si divide in tre sezioni: un lungo preambolo (forse la parte nel complesso più significativa), una dichiarazione di principi fondamentali e infine una serie di proposte. Dico subito che a mio avviso si tratta del documento più significativo mai prodotto dagli oppositori al regime comunista cinese, innanzitutto per il richiamo esplicito alla tradizione liberale e illuminista del costituzionalismo occidentale che pervade tutta la stesura e poi per il salto di qualità che suppone il non limitarsi ad esigere un processo riformatore interno al regime ma il proclamare la necessità di un suo superamento. I coraggiosi sottoscrittori certamente non incitano alla rivolta ma dichiarano esplicitamente di lavorare per una rivoluzione politica finalizzata all'instaurazione di una democrazia liberale al posto del partito-stato. Al di là delle conseguenza che a breve termine la *Charta* potrebbe avere (e a mio avviso non c'è dubbio che a lungo termine ne avrà di decisive), questo è già di per sé un fatto storico, una pietra miliare nella lotta per il riscatto civile del popolo cinese.

Il testo

Il preambolo comincia con un riferimento alla *Dichiarazione dei diritti dell'uomo*, alla *Convenzione Internazionale*

---

[166] La trovate a questo indirizzo (http://www.hrichina.org/content/238).

*sui Diritti Civili e Politici* firmata anche dalla Cina e alla breve ma intensa esperienza del muro della democrazia, che per quasi un anno animò le spente strade di una Pechino che stava faticosamente provando a recuperarsi dall'incubo maoista. Segue immediatamente il riconoscimento della libertà, dell'uguaglianza e dei diritti umani come *"principi comuni e universali condivisi dall'intera umanità"*, e della democrazia e del governo costituzionale come strutture politiche essenziali alla protezione di questi valori fondamentali. Tradizione liberale allo stato puro e anche il rifiuto netto di quella strana teoria, tanto cara agli autocrati e purtroppo accettata perfino da buona parte dell'opinione pubblica occidentale, secondo la quale esisterebbe una *via cinese alla democrazia*, un sistema alternativo di valori adattato alla realtà asiatica. La *Charta* fa piazza pulita di questa forma di paternalismo peloso e trasversale: solo la democrazia liberale è in grado di garantire i diritti e le libertà fondamentali dell'individuo; ogni versione riveduta e corretta altro non è che una scusa per non cambiare.

Quale direzione prenderà la Cina del XXI secolo, si chiedono gli autori? Continuerà la sua *"modernizzazione"* all'interno di un sistema autoritario o riconoscerà i valori universali (di nuovo torna l'insistenza sul concetto di universalità dei diritti) aggiungendosi al novero delle nazioni civilizzate e costruendo un sistema politico democratico? Mi fermo ancora perché è importante estrapolare i concetti. Qui ce ne sono due: il primo è che quella cinese è una crescita economica senza una reale modernizzazione, perché solo una società aperta, in cui i cittadini possano liberamente esercitare le loro prerogative può consentire ad una nazione in via di sviluppo di diventare definitivamente un paese moderno; il secondo è che l'idea di civiltà deve essere intimamente legata al rispetto dei principi di libertà ed uguaglianza e dei diritti umani, e che in assenza di queste condizioni essenziali non si può parlare di contesto civile. Alla faccia di tutti i relativismi. Il preambolo prosegue con un rapido *excursus* dei regimi che dal XIX secolo ad oggi hanno governato la Cina. Quando arrivano alla vittoria dei comunisti del '49 i firmatari denunciano *"l'abisso totalitario"* che da quegli eventi è derivato, responsabile di una *"serie di catastrofi umanitarie"* come la Campagna contro gli elementi di destra, il Grande balzo in avanti, la Rivoluzione culturale e, sacrilegio, il 4 giugno, ovvero la data del massacro di piazza Tiananmen che compare qui nel testo per la prima e unica volta.

Pur riconoscendo che le riforme economiche del post-maoismo hanno portato ad un miglioramento delle condizioni sociali per una parte significativa della popolazione, i redattori constatano che il potere è rimasto arroccato alle sue posizioni di privilegio e di monopolio, rifiutando qualsiasi cambiamento significativo dal punto di vista politico: *"in Cina ci sono molte leggi ma non esiste uno stato di diritto, c'è una costituzione ma non un governo costituzionale"*, e soprattutto c'è un blocco di potere che *"insiste nel perpetuare il regime autoritario"*. Da qui la corruzione diffusa, il declino dell'etica, la polarizzazione sociale e lo sviluppo economico diseguale, l'impunità delle classi dirigenti. E ancora la mancata protezione della proprietà e gli ostacoli che il potere oppone alla *"ricerca della felicità"* (avete letto bene, la *Charta* prende a prestito l'esatta espressione della *Dichiarazione di Indipendenza* del 1776), con il progressivo aumento dei conflitti sociali per l'intensificarsi dell'ostilità tra ufficiali del governo e popolazione. Il cambiamento – conclude il preambolo – non è più rinviabile.

La seconda parte del documento è dedicata all'enunciazione dei principi ispiratori della *Charta*. Al primo posto la libertà, declinata secondo il paradigma delle libertà negative, le libertà *dallo* stato: espressione, stampa, religione, riunione, movimento, protesta. Senza libertà non c'è civiltà possibile. La difesa dei diritti umani si richiama espressamente alla tradizione giusnaturalistica: i diritti non sono concessi dallo stato ma inerenti alla persona umana fin dalla nascita. Lo stato esiste solo per garantire la protezione di questi diritti ed il loro libero esercizio. Basterebbe questo enunciato da solo ad aprire e chiudere l'intera dichiarazione. Si tratta della più netta difesa dell'universalità dei diritti umani mai pronunciata in territorio cinese. Un concetto di per sé così evidente che risulta incomprensibile come possa essere messo continuamente in discussione non solo (ovviamente) dal potere costituito, ma anche da ampi settori all'interno della stessa popolazione cinese (e qui i motivi possono essere molteplici) e da buona parte dell'opinione pubblica occidentale (in questo caso si tratta invece solo di cattiva coscienza o ignoranza). Poi l'uguaglianza, degli individui tra di loro e di fronte alla legge. Si parla sempre di singoli, mai di comunità, il messaggio è rivoluzionario per la Cina. L'uguaglianza è nei diritti, non necessariamente nelle condizioni, nelle situazioni di partenza, non in quelle finali. Il repubblicanesimo, inteso come bilanciamento dei poteri tra i diversi organi dello stato e degli interessi dei diversi gruppi sociali, che devono poter esprimersi in un clima di giustizia e correttezza istituzionale. La democrazia, il governo *"dal popolo, attraverso il popolo, per il popolo"*. La sovranità popolare è l'unica fonte di legittimazione delle classi dirigenti. Le mura di Zhongnanhai registrano a questo punto una scossa. Solo i cittadini e non il partito, che ne ha sequestrato le prerogative politiche, possono decidere chi li governerà. Diritto di voto, elezioni regolari e rispetto delle minoranze. Infine il costituzionalismo, il riconoscimento delle libertà e dei diritti e la loro protezione all'interno della costituzione, ma soprattutto una chiara definizione dei limiti dell'azione governativa, sottoposta anch'essa alle regole dello stato di diritto. Il contrario di quanto sta avvenendo nella Cina attuale. Occore passare - chiosano gli autori - da un sistema in cui il cittadino si affida totalmente alla benevolenza dei suoi governanti, ad un contesto in cui egli diventi protagonista in prima persona dello sviluppo della nazione in cui vive, sviluppando una coscienza civile in un contesto in cui i diritti corrispondano alle responsabilità. L'autoritarismo è in declino ovunque - si nota - e anche per la Cina deve finire l'era dei poteri imperiali, dell'assolutismo di qualsiasi colore.

Da qui una serie di proposte che costituiscono la terza ed ultima parte del documento. Sono 17 punti, alcuni dei quali forse entrano troppo nel dettaglio rischiando di attenuarne la solennità, più proposte elettorali che dichiarazioni di principio: parlo ad esempio della riforma fiscale (che però contiene il fondamentale principio della *no taxation without representation*), della protezione dell'ambiente o della creazione di una repubblica federale (una prospettiva al momento difficilmente concretizzabile). Ma questa sezione contiene altri elementi di portata dirompente. L'abolizione di tutte quelle disposizioni costituzionali non in linea con il principio della sovranità popolare: in pratica la cesura drastica con i pilastri che reggono attualmente l'edificio del regime. Il principio della separazione dei poteri e la chiara definizione dell'autorità del potere centrale, sia in chiave politico-amministrativa che territoriale. L'elezione diretta di tutti i corpi legislativi. Altro che voto a livello di villaggi, pratica truffaldina su cui si sta costruendo una letteratura scandalosamente apologetica volta ad accreditare una presunta volontà riformatrice dei gerarchi del PCC. L'indipendenza del potere giudiziario dai diktat del partito e la conseguente abolizione di quei Comitati Politici e Legislativi attraverso cui la struttura di potere controlla e condiziona l'amministrazione della giustizia. Primo avviso ai naviganti. Sottrazione delle forze armate al controllo del partito. L'esercito deve rispondere solo alla costituzione e mantenere la neutralità, così come gli altri corpi di pubblica sicurezza a cominciare dalla polizia. Divieto di discriminazioni tra i pubblici ufficiali a seconda dell'appartenenza politica. Secondo avviso ai naviganti. Creazione di una commissione per i diritti umani contro gli abusi del potere (in uno stato di diritto però dovrebbero bastare i tribunali ordinari, almeno in teoria); abolizione del sistema carcerario chiamato *rieducazione attraverso il lavoro*, uno dei cardini dell'arcipelago-gulag cinese. Elezione dei pubblici ufficiali secondo il principio una persona un voto. Abolizione dell'attuale sistema di registrazione per i lavoratori che dalle campagne si trasferiscono nelle città, fonte di palesi disuguagliaze tra cittadini. Garanzia della libertà di associazione, articolo fondamentale della dichiarazione: abolizione del divieto di formazione di partiti politici (terzo avviso ai naviganti) e fine del monopolio politico del partito unico (quarto e definitivo avviso, nave affondata). Nessun infingimento, nessuna blandizie. La dittatura di una *élite* deve lasciare il posto alla libera concorrenza fra idee e schieramenti. Non esistono alternative credibili per il futuro democratico della Cina. Libertà di assemblea, di religione e di espressione: "*la pratica di considerare le parole come crimini non è più accettabile*".

Le ultime osservazioni riguardano altri due fattori assai controversi nell'attuale situazione politico-sociale del paese: il primo è l'educazione, attualmente al servizio dell'ideologia del partito-stato, da riformare in senso liberale; il secondo è la protezione della proprietà, formalmente riconosciuta nella costituzione ma di fatto continuamente oggetto di provvedimenti abusivi da parte delle autorità: è necessario che si costruisca un'economia di mercato realmente libera e aperta alla partecipazione di tutti i soggetti (un'implicita denuncia del capitalismo di stato e dei monopoli economici ed amministrativi che determinano e condizionano la crescita dell'economia cinese) e che si avvii una riforma agraria finalizzata alla privatizzazione delle terre. Rilevante anche il richiamo conclusivo all'esigenza di ristabilire la verità storica, compensare moralmente ed economicamente le vittime delle persecuzioni politiche e liberare tutti i prigionieri di coscienza. Non c'è libertà senza giustizia, non c'è riconciliazione senza verità, questo il messaggio dei trecento (e più) coraggiosi. "*Oggi la Cina resta l'unica tra le grandi nazioni a rimanere infangata in politiche autoritarie, ciò che non solo condiziona lo sviluppo cinese ma limita anche il progresso dell'intera civiltà umana*". Per cui, prosegue il testo, "*ci auguriamo che tutti i cittadini che provino un senso di crisi, di responsabilità e di missione simile al nostro mettano da parte le differenze ed abbraccino gli ampi obiettivi di questo movimento di cittadini*".

## La reazione del governo

L'accenno finale al *movimento* non è causale, come già spiegato all'inizio. Era un movimento civico aperto quello nato intorno alla *Charta 77* della dissidenza cecoslovacca: almeno nelle intenzioni dei suoi promotori è questo il cammino da seguire in Cina. Non un partito, non un gruppo ristretto di intellettuali, ma una piattaforma attorno a cui si possano riunire sensibilità molteplici, accomunate dal fine ultimo della democratizzazione del paese. Proprio attorno a questa temuta prospettiva si stanno concentrando gli sforzi delle autorità cinesi per disinnescare la miccia della potenziale ribellione. Sono stati più di cento i firmatari della *Charta* ad essere fermati e interrogati dal 6 dicembre ad oggi. Le modalità d'azione del regime sono significative. Le persone implicate vengono avvicinate per strada, prelevate dalla propria abitazione, avvisate per telefono e successivamente sottoposte ad una serie di domande sull'identità dei promotori, sui motivi della sottoscrizione, sulle tattiche di coinvolgimento della popolazione: segue poi la minaccia di ritorsione in caso di mancato ritiro della firma.

E' successo, spiega lo stesso Perry Link, allo scrittore Wen Kejian, cui gli agenti del regime hanno fatto sapere che la *Charta* costituiva *"un fatto di estrema gravità"*; è successo a Zhao Dagong, anche lui scrittore, considerato responsabile della diffusione del documento nell'area di Shenzhen; ma è successo anche a Zhang Zuhua, a Pechino, cui hanno perquisito la casa, confiscando libri, passaporti e computers e svuotato il conto in banca. E poi a Pu Zhiqiang, avvocato, e a Jiang Qisheng, filosofo, e a Gao Yu, giornalista, e a Teng Biao, anche lui avvocato. Poi c'è la storia di Xu Youyu, professore di filosofia all'Accademia Cinese di Scienze Sociali, vero e proprio laboratorio di idee del partito. Xu ha scritto una lettera aperta, anch'essa diffusa su Internet, in cui denunciava le pressioni dei superiori affinché ritirasse il suo appoggio alla *Charta*, in quanto *"contro la legge e la costituzione"*. Ex guardia rossa, convertitosi all'anticomunismo (uno che lo conosce bene insomma), il professore ha gentilmente declinato l'invito qualificando apertamente come insensate le minacce dei suoi superiori. *"A tutti i firmatari* – ha spiegato – *sarà vietata la pubblicazione dei loro lavori in patria. E certamente, quando sono seduto a casa mia, aspetto sempre da un momento all'altro l'arrivo della polizia"*.

Sembra che le autorità cerchino principalmente informazioni per rompere quella rete di contatti che unisce i promotori della dichiarazione e che potrebbe costituire l'embrione di un gruppo di dissidenza attiva. Stanare i responsabili e intimidire il resto della popolazione per stroncare sul nascere qualunque movimento organizzato. E' la soglia intollerabile del dissenso organizzato quella che la *Charta 08* ha superato: finché l'opposizione rimane una manifestazione personale ed isolata, si può chiudere un occhio. Quando però comincia ad essere condivisa, a diventare piattaforma politica, a riunire istanze diverse in una causa comune, allora scatta la repressione. E' chiaro che in questa fase il regime predilige la sorveglianza e l'intimidazione perché la sua intenzione è risalire ai *mandanti*. Uno di questi è Liu Xiaobo, critico letterario ed attivista dai tempi di piazza Tiananmen, l'unico dei firmatari che sia stato finora arrestato: di lui non si sa nulla dall'8 dicembre, due giorni prima della pubblicazione. Le autorità non hanno informato delle ragioni e delle modalità della sua detenzione, né si conosce il suo luogo di detenzione attuale. Liu Xiaobo è una spina nel fianco del regime proprio perché il suo nome è intimamente legato ai fatti del 4 giugno di vent'anni fa, l'anniversario terribile per il partito-stato che mobiliterà la sua macchina da guerra per evitare qualsiasi commemorazione.

Le conseguenze della Charta

La generazione di democratici che si affaccia sulla scena con la *Charta 08* nasce a Tiananmen, da quel movimento prende ispirazione, la dichiarazione di principi liberali di oggi è l'equivalente della statua della libertà che per settimane campeggiava sulla piazza prima della repressione. Ma anche la generazione che governa il paese deve, seppur per motivi opposti, a quegli eventi la sua attuale presenza sulla scena. Tiananmen, voluta e ordinata dall'intoccabile Deng Xiaoping, ha consegnato ai suoi successori (tra cui gli attuali dirigenti) una Cina normalizzata, ammutolita, impaurita. Quello che è successo dopo è storia e cronaca insieme, il patto col diavolo delle classi medie cinesi, la ricchezza per alcuni in cambio del silenzio di quasi tutti. Questo patto osceno oggi viene messo in discussione per la prima volta dalla *Charta 08*, elaborata e diffusa nel momento più difficile per un regime alle prese con una crisi economica difficilmente gestibile e con i conseguenti rischi di accentuazione dell'instabilità sociale. La dichiarazione rompe volutamente l'armonia imposta dall'alto e manda in scena una storia diversa: la sfida frontale di un gruppo di persone di diversa estrazione sociale e culturale ad una casta onnipotente. Che ne ha paura e reagisce dimostrandolo, dando la caccia a chi ha osato semplicemente esprimere pubblicamente un punto di vista diverso da quello ufficiale. E' per questo che quello della diffusione reale del documento tra la popolazione cinese è un falso problema. Gli scettici e i critici fanno notare che si tratta pur sempre di un progetto élitario, incapace di far breccia nel cittadino comune, sia egli un esponente di quella classe media accomodata sia un lavoratore del proletariato urbano e rurale: quanti conoscono l'esistenza della *Charta 08* in Cina? Probabilmente più di quanti si possa pensare visto che, anche se i censori hanno fatto di tutto per bandirlo, il testo è rintracciabile su Internet e la Cina è ormai il primo paese al mondo per numero di utenti della rete. Ma in ogni caso importa poco a questo punto della storia. La carta non ha come obiettivo il provocare una rivolta popolare a breve termine, ma quello di gettare nell'uniformato panorama della società civile cinese e in quello strettamente controllato della politica una pietra dello scandalo, un testo che parla di libertà dove c'è dittatura, di diritti umani dove ci sono carceri segrete, di libertà di espressione dove si va in galera per aver firmato un foglio, di pluralismo politico nel regno del partito unico. Vi sembra poco? L'impatto della coraggiosa iniziativa dei trecento si vedrà solo con il tempo: la goccia scava la pietra, la *Charta 77* ebbe bisogno di più di un decennio per avere ragione della dittatura.

Non si può sottovalutare il fatto che riunire migliaia di firme attorno ad un testo che parla apertamente di diritti e di cambio di regime nella Cina di oggi rappresenta già di per sé un atto eroico per le implicazioni personali che ne possono derivare. La *Charta 08* non si limita a reagire ma propone, diventa documento programmatico, e gradualmente ma inevitabilmente si trasformerà in oggetto di dibattito, fuori ma anche – nonostante gli enormi ostacoli – all'interno del paese. E' un peccato che la stampa occidentale non si sia ancora accorta della più importante azione in favore dei diritti umani mai realizzatasi in Cina. L'attenzione che i giornali dell'occidente democratico hanno dedicato al documento è stata quasi nulla, fatte salve pochissime eccezioni. Forse lo considerano la solita iniziativa velleitaria di un gruppo di intellettuali fuori dalla realtà, forse pensano che in poche settimane il regime sarà riuscito a cancellare ogni traccia e che non valga nemmeno la pensa di parlarne. Forse hanno solo timore di offendere i boss della superpotenza emergente. Forse tutto quel liberalismo, quei richiami espliciti alle storiche dichiarazioni del XVIII secolo non vanno attualmente molto di moda nelle redazioni. Però in Cina c'è chi sta rischiando grosso per rompere il silenzio e per far nascere un'alternativa alla stagnazione politica. C'e chi ha deciso di parlare per tutti quelli che non possono farlo. In Cina c'è chi dice no e spiega chiaramente perché. Forse varrebbe la pena dare un'occhiata.

19 gennaio

## UN ABBRACCIO (DEDICATO A GWB)

Gli hanno schiantato addosso quattro aerei e lui ha
risposto piantando la democrazia liberale in mezzo al
deserto. Lo hanno insultato come mai nessuno prima e lui ha
riscattato sessanta milioni di persone da due tirannie
intollerabili. Errori ne ha commessi, grandi come i suoi
propositi. In un mondo normale sarebbe un eroe, in
quest'altro mondo lo hanno trattato da villano. Io gli ho
voluto bene e ci tengo che resti scritto.

*"Five days from now*[167], *the world will witness the vitality of American
democracy*[168]. *In a tradition dating back to our founding, the presidency*

---

[167] Per il testo integrale
(http://www.realclearpolitics.com/articles/2009/01/president_bu
shs_farewell_addre.html).

[168] "Fra cinque giorni, il mondo sarà testimone della vitalità della
democrazia americana. Secondo una tradizione che risale ai nostri
padri fondatori, la presidenza passerà a un successore scelto da voi,
il popolo americano. Sui gradini del Campidoglio ci sarà un uomo
la cui storia riflette l'eterna promessa della nostra terra. Questo è
un momento di speranza e di orgoglio per l'intera nazione. E io mi
unisco a tutti gli americani nel porgere i migliori auguri al
presidente eletto Obama, a sua moglie Michelle, e alle loro due
belle figlie.

*will pass to a successor chosen by you, the American people. Standing on the steps of the Capitol will be a man whose history reflects the enduring promise of our land. This is a moment of hope and pride for our whole nation. And I join all Americans in offering best wishes to President-Elect Obama, his wife Michelle, and their two beautiful girls.*

*(...) In the 21st century, security and prosperity at home depend on the expansion of liberty abroad. If America does not lead the cause of freedom, that cause will not be led".*

---

(...) Nel ventunesimo secolo, la sicurezza e la prosperità interne dipendono dall'espansione della libertà all'esterno dei nostri confini. Se l'America non promuove la causa della libertà, nessuno la promuoverà".

22 gennaio

## LE PERSECUZIONI RELIGIOSE IN
## BIRMANIA

Due recenti episodi hanno portato alla luce il tema della persecuzione delle minoranze religiose in Birmania. Nascosta dietro la più generale azione repressiva della giunta al potere, questa ulteriore forma di discriminazione si rivela invece specialmente odiosa in una nazione buddista in cui gli stessi militari non perdono occasione per proclamare ufficialmente la loro devozione. Ciò che peraltro non ha impedito loro di sparare sui monaci meno inclini all'obbedienza durante la *rivoluzione zafferano* del 2007.

I Rohingya sono una minoranza musulmana che vive (o almeno ci prova) nell'Arakan State, parte occidentale del paese. Se per l'intera popolazione birmana le violazioni dei diritti umani sono all'ordine del giorno, i Rohingya sono semplicemente *non-persone*. Privi di documenti, non possono spostarsi senza autorizzazione, ma nemmeno sposarsi e aprire attività commerciali. Educazione e sanità, già precarie nel resto del territorio, sono di fatto negate ai membri di questa etnia. Il confinante Bangladesh ospita al momento duecentomila rifugiati, sfuggiti alle violenze dei militari e alla fame. Si tratta di campi profughi improvvisati in cui si vive in condizioni, a detta dei testimoni, squallide. Non è difficile immaginarlo, visto che dei Rohingya non si è occupato mai nessuno, non fanno notizia, non danno visibilità, sono musulmani la cui difesa non interessa le grandi masse del sabato pomeriggio.

Tanto è vero che la brutta storia che li riguarda, l'ultima, è emersa ed ha incredibilmente ottenuto l'attenzione dei media internazionali solo perché è avvenuta almeno in parte sotto gli occhi di qualche turista occidentale che stava prendendo il sole nelle Similan Islands thailandesi, proprio mentre un gruppo di rifugiati approdava sulla costa dopo giorni di navigazione su una chiatta. Le foto scattate da un australiano e diffuse da un sito web hanno spalancato la porta su una forma di punizione collettiva fino a quel momento ignorata da tutti, a parte la guardia costiera della Thailandia che evidentemente la praticava da tempo. I Rohingya sono stati ritratti con le mani legate dietro la schiena e stesi al suolo mentre i soldati della marina di Bangkok li controllavano armi in pugno. Una testimonianza telefonica raccolta dall'organizzazione umanitaria *Arakan Project* e dalla *BBC* (si tratta di un rifugiato attualmente ospitato in un campo profughi in India) descrive il contesto in cui questa immagine deve essere inserita. Pare che le autorità militari, dopo aver ammanettato i profughi al loro arrivo, li trasferiscano provvisoriamente sull'isola di Koh Sai Daeng e li trattengano a pane e acqua per diversi giorni prima di ributtarli a mare. Nello specifico, dopo l'arresto, i Rohingya verrebbero accompagnati in mare aperto in un viaggio della durata di 36-48 ore per poi essere lasciati in balia delle onde e degli squali dentro una imbarcazione senza motore e con razioni di cibo e acqua insufficienti al fabbisogno alimentare minimo. L'odissea si concluderebbe in tragedia per la maggior parte di loro se è vero che, dei quattrocento disperati di cui faceva parte anche chi ha reso la testimonianza, solo 98 sono stati recuperati vivi nei pressi delle Andaman Islands, già in territorio indiano, ed altri 190 vicino alle coste dell'Indonesia da imbarcazioni di pescatori.

Questi numeri presumibilmente sono solo la punta dell'*iceberg* visto che gli arrivi sulle coste thailandesi sono continui. Il che porta a chiedersi da quanto tempo vada avanti questa condotta omicida da parte della Thailandia, perpetrata certamente con il consenso delle autorità birmane. Ufficialmente la marina thailandese nega tutto ma alcuni suoi funzionari avrebbero invece confermato al reporter della *BBC* che si tratta di una pratica consolidata. Il nuovo primo ministro Abhisit ha detto che si riunirà con i rappresentanti di alcune associazioni per i diritti umani, ma è una risposta piuttosto debole visto che la sua carica lo rende direttamente responsabile di quanto accade sulle coste del paese che governa. Ovviamente queste accuse dovranno essere confermate ma tutto fa pensare che il racconto non sia molto distante dalla realtà se la stessa India ha riconosciuto di aver assistito a più riprese diversi profughi che giungevano in prossimità delle sue coste quasi in fin di vita, dopo molti giorni di navigazione. La Thailandia finisce per riconoscere implicitamente il trattamento vessatorio quando adduce ragioni di sicurezza legate alla prevenzione del terrorismo: secondo Bangkok i Rohingya sarebbero legati alle frange dell'estremismo islamico presenti nel sud del paese e molti di loro sarebbero destinati ad arruolarsi nelle file dei gruppi combattenti. Un'affermazione come minimo difficile da verificare e che sa di lasciapassare valido per tutte le stagioni.

Il secondo episodio ha avuto luogo di recente in territorio birmano e riguarda la comunità cristiana ivi presente. Secondo quanto riferisce l'agenzia di stampa dell'esilio *Mizzima* e riprende[169] l'organizzazione *Christian Solidarity Worldwide*, la giunta avrebbe ordinato la chiusura di cento chiese cristiane a Rangoon con la conseguente minaccia ai sacerdoti di cessare ogni attività religiosa, pena il carcere. Nel provvidemento sono inclusi gli appartamenti privati nei quali si tengono le messe, che possono arrivare a riunire numerosi fedeli. La recrudescenza della repressione religiosa in questa fase può essere dovuta alla volontà dei militari di sgombrare il campo da qualsiasi gruppo organizzato alternativo a quelli esplicitamente allineati con il regime, in vista delle elezioni-farsa previste per il 2010. E' la stessa logica che ha portato alle condanne decennali inflitte ai dissidenti a partire dallo scorso ottobre. Ma esiste anche un'altra versione: che si tratti del castigo delle autorità per l'assistenza prestata dalle comunità cristiane in occasione

---

[169] Religiontoday.com, 16 gennaio 2009: "Burma Cracks Down on Rangoon Churches"
(http://www.religiontoday.com/articles/burma-cracks-down-on-rangoon-churches-11598201.html).

della devastazione del ciclone Nargis, una carità costata cara anche ad altri volontari, il più famoso dei quali è il comico Zarganar cui sono stati inflitti 45 anni di galera. *Christian Solidarity Worldwide* denuncia però l'esistenza di un disegno più ampio che prende le mosse da un documento proveniente dal ministero degli affari religiosi, un programma in 17 punti volto a sradicare il cristianesimo dal territorio birmano (il titolo recita precisamente così). Il punto uno stabilisce che *"non esisterà più nessuna casa in cui si pratichi la religione cristiana"*. Il tempo confermerà intensità e caratteristiche dell'offensiva. Quel che sembra indiscutibile è che l'ostilità nei confronti delle minoranze religiose da parte del regime aggiunge dolore e ingiustizia alla già devastata terra delle mille pagode.

17 febbraio

## VENEZUELA. CAMBIA QUALCOSA?

E' scontato, persino banale, ma dai giornali in genere non emerge. Il fatto che Chávez sia rieleggibile indefinitamente non è certo il trionfo dell'alternanza, ma di per sé non significa che il Venezuela abbia "*scelto la dittatura*". Teoricamente il *caudillo* le elezioni potrebbe anche perderle, è già successo una volta di recente. La dittatura in cui il Venezuela si sta cacciando non dipende da una modifica costituzionale ma da una pratica istituzionale e sociale. E' la cultura del ricatto, del sospetto, della minaccia, di cui il *líder máximo* e il suo *movimiento* si nutrono quotidianamente, a spalancare le porte all'autoritarismo benedetto dalle urne. E' l'impossibilità di credere che Chávez possa davvero perdere un voto che conta ad alimentare la paura dell'ennesimo socialismo dal volto inumano. Ma è sbagliato far credere che oggi il Venezuela sia meno democratico di ieri solo perché lui, il re, si è fatto un vestito su misura. Sono dieci anni che l'esperimento Chávez sta ammorbando l'aria di Caracas. Non credo che stamattina abbiano indossato le mascherine per la prima volta.

19 febbraio

## COREA DEL NORD. UNA TRAGEDIA EVITATA?

Lo scorso giugno la Corea del Nord si trovava, secondo alcuni riconosciuti esperti, sull'orlo di una nuova carestia. I prezzi degli alimenti erano esplosi e la scarsità di cibo stava provocando le prime morti nelle campagne, soprattutto nel nord-est del paese. Si descrivevano scene già viste dieci anni prima durante la grande fame che uccise da uno a due milioni di persone. Famiglie costrette a mangiare erbe, rinascita del mercato nero e perfino rivolte più o meno estese nei centri urbani e in alcune fabbriche. Ma soprattutto i granai dell'esercito erano vuoti e i militari, la prima linea del potere di Kim Jong Il, mostravano segnali di insofferenza che in alcuni casi sfioravano l'insubordinazione. Anche nella capitale Pyongyang, dove le classi dirigenti vivono al riparo dalle avversità che quotidianamente colpiscono il resto della popolazione, le razioni alimentari avevano subito una brusca riduzione. Oggi, otto mesi dopo, gli stessi esperti constatano che la temuta carestia non si è prodotta e che addirittura i prezzi del riso, alimento essenziale nella scarna dieta dei nordcoreani, stanno sensibilmente diminuendo: in media, rispetto a due mesi fa, un chilogrammo di riso costa 300-400 won in meno, un quinto del totale.

Cosa è accaduto? Erano sbagliate le previsioni catastrofiste o il regime è corso ai ripari? In effetti gli elementi per una ripetizione della crisi alimentare c'erano tutti, non ultima una serie di inondazioni che avevano devastato parte dei raccolti nel 2007 lasciando allo scoperto milioni di persone. Ma probabilmente - e quando si parla di Corea del Nord il condizionale diventa imperativo - il rischio di una rivolta dell'esercito ha fatto scattare l'allarme nei palazzi del potere, in cui in questi mesi peraltro ha comandato non si sa bene chi, causa malattia del Caro Leader. E' successo allora che il governo ha deciso di comprare cibo, convertendo i proventi dell'export in alimenti e sopperendo in questo modo alla carenza interna. Informa la stazione *Open Radio*, che trasmette illegalmente in alcune zone di territorio nordcoreano, che a gennaio è arrivato il primo carico di 500 tonnellate di riso dalla Cina, acquistato con una sorta di baratto sulle materie prime esportate. "*Il carbone - si legge sul sito web della stazione - è normalmente venduto per l'equivalente di 65 $ per tonnellata ma l'importo guadagnato con queste transazioni è in questo momento convertito in cibo e trasportato in Corea. Per 7,5 tonnellate di carbone si ottiene una tonnellata di riso*". Questo riso non è destinato a nutrire direttamente la popolazione ma piuttosto a soddisfare le necessità dell'esercito. Il risultato finale è lo stesso, considerato che la paura di confische per mantenere fedeli i militari era stata una delle cause principali dell'impazzimento dei prezzi nei mesi scorsi: "*Il riso - leggiamo ancora - è immagazzinato per l'emergenza e non viene venduto nei mercati ai cittadini. Sembra che queste attività siano finalizzate a creare scorte per i soldati in preparazione di un inasprimento delle ostilità fra nord e sud*".

E' quindi probabile che la Corea del Nord, nel ripristinare una situazione alimentare accettabile, abbia comunque come primo obiettivo la compattezza delle truppe in vista di uno scontro con il Sud. Potrebbe sembrare fantascienza ma, vista la retorica e soprattutto la natura del regime di Pyongyang, non lo è affatto. Proprio in occasione del viaggio di Hillary Clinton, i comunisti hanno alzato il livello dello scontro, minacciando il lancio di nuovi missili e sfidando apertamente Seoul. Che Kim Jong Il si stia davvero preparando per la guerra o meno, è certo che l'importazione di cibo ha determinato una drastica riduzione dei prezzi e scongiurato per il momento la carestia. A questo elemento si devono aggiungere un raccolto 2008 certamente superiore al previsto e un verosimile aumento di aiuti provenienti dagli Stati Uniti (nonostante lo stallo sul nucleare) e dalla Cina. Il quadro ad oggi, se non stabile, è almeno quello di una tragedia evitata.

E' interessante comunque evidenziare alcune dinamiche interne all'economia nordcoreana che dimostrano tutta la nocività di una politica di controllo assoluto dello stato sull'economia. Quando parliamo di *mercati* nel caso nordcoreano non dobbiamo pensare ad un giro di compravendite o di transazioni nemmeno lontanamente paragonabile a quello cui siamo abituati. Stiamo invece ragionando su attività economiche il più delle volte improvvisate, createsi in maniera spontanea, per necessità o disperazione, al di fuori dei vincoli della pianificazione statale, quasi sempre represse e a volte tollerate in situazioni di particolare emergenza. Una valvola di sfogo naturale, l'unica possibile, per una popolazione costantemente alle prese con problemi di sussistenza. Queste attività, quando raggiungono livelli di diffusione che il regime considera suscettibili di sfuggire al suo controllo, vengono schiacciate senza troppi patemi. E'successo più volte negli ultimi anni e, nota ancora *Open Radio*, è stato proprio in occasione di queste ondate repressive che i prezzi alimentari sono schizzati verso l'alto: *"L'aumento del prezzo del riso nell'ottobre 2005 fu influenzato dall'annuncio del governo di ritornare al vecchio sistema di razionamento del cibo. Nel maggio 2006 il governo riprese il controllo dei mercati con il pretesto di piantare più riso e provocarne un innalzamento del prezzo. Nell'agosto 2007, quando vennero lanciate diverse campagne di controllo dei mercati sotto lo slogan "Sconfiggiamo gli elementi antisocialisti", il prezzo del riso crebbe di nuovo drasticamente. Infine, nell'aprile scorso anno, ha toccato il tetto dei 4000 won al chilogrammo, una quota senza precedenti. Durante questo periodo sono state adottate misure che limitavano l'età delle donne nei mercati"*. Insomma, solo nei rari e brevi momenti in cui una società totalmente oppressa ha trovato la forza di sfidare le regole, l'economia ha respirato. Per il resto sono stati sessant'anni di catastrofi e arretratezza, in uno dei più folli esperimenti sociali mai concepiti.

24 febbraio

## AMICI IN CINQUE MINUTI

Dal punto di vista *realista* il viaggio di Hillary in Asia è stato un successo[170]. Di democrazie e diritti umani non si è parlato e, quando il tema è stato affrontato incidentalmente, si è risolto in qualche formula diplomatica piuttosto astrusa. La visita cinese è stata un caso paradigmatico: non solo la nuova segretario di stato non ha fatto cenno alle tematiche spinose per il governo cinese, non solo ha mantenuto il silenzio sul Tibet e sulla *Charta 08*, ma ha addirittura esplicitamente dichiarato che le questioni inerenti ai diritti umani non devono interferire con le relazioni bilaterali. E' un passo in più, che solo i fanatici di una malintesa *realpolitik* o l'attuale (confusa) sinistra *liberal* possono applaudire.

E pensare che fu proprio lei a galvanizzare la platea negli anni '90, quando suo marito era presidente, parlando dei diritti delle donne conculcati dalla dittatura e per estensione delle libertà da difendere dalla violenza di stato dei poteri autoritari. E pensare che fu proprio lei a criticare aspramente Bush per la sua presenza all'inaugurazione dei

---

[170] The New York Times, 22 febbraio 2009: "A Clinton Listening Tour, but China Gets an Earful"
(http://www.nytimes.com/2009/02/23/world/asia/23notebook.html?_r=1&ref=asia).

giochi olimpici, in nome di quegli stessi principi di cui si è volentieri dimenticata nella sua nuova veste. Certo, si dirà, una cosa è fare politica militante, l'altra governare un paese. Vero, ma proprio qui sta il punto. Ci sono molti modi di difendere i principi di civiltà che stanno al centro della nostra visione del mondo. Non si trattava di dichiarare guerra alla Cina, si trattava solo di far presente che, oltre ai buoni del tesoro americani, forse Pechino poteva cominciare a comprare anche qualche altro valore. Così non è stato, anzi Hillary ci ha tenuto a far sapere che il passato è passato e comincia una nuova era di collaborazione in un momento critico come quello che stiamo vivendo. Se questa è la carta di presentazione di Obama nelle relazioni internazionali e in particolare nei confronti delle dittature, meglio non farsi troppe illusioni.

20 marzo

## PIZZA E GULAG

Che sia come ce la raccontano i giornali o no, questa storia[171] della prima pizzeria aperta a Pyongyang ha qualcosa di straordinario. Non tanto per il fatto in sé, ormai la pizza è davvero ovunque, ma per le vicissitudini che hanno accompagnato durante questi anni i vari tentativi di introdurla, fino al sospirato esito finale. Trattasi d'altronde di sospiro eccellente, se è vero che è stato il Caro Leader in persona ad interessarsi e ad ispirare l'impresa, come si conviene ad ogni tiranno buongustaio che si rispetti. Tutto cominciò nel 1997, in piena crisi alimentare, quella che costò quasi due milioni di morti al regno eremita. Quell'anno una missione diplomatica si incaricò di rintracciare proprio in Italia il miglior maestro pizzaiolo per insegnare ai cuochi nordcoreani l'arte della pizza. Lui si chiama Ermanno Furlanis, è friulano ovviamente, ed ha vissuto una delle più incredibili esperienze che si possano raccontare. Il suo viaggio segreto in Corea e le sue lezioni speciali sono oggetto di un memorabile resoconto in tre parti che campeggia da anni nell'edizione *online* di *Asia Times* e che è lettura obbligata per chiunque sia curioso della realtà del comunismo

---

[171] BBC News, 16 marzo 2009: "First North Korean pizzeria opens" (http://news.bbc.co.uk/2/hi/asia-pacific/7945816.stm).

dinastico di Pyongyang[172]. Ci tornerò fra poco.

Le cronache di questi giorni spiegano che da quel primo corso ci sono voluti più di dieci anni perché i nordcoreani raggiungessero una perfezione nel fare la pizza tale da convincere lo stesso Kim Jong Il che sì, il momento era arrivato, e il forno si poteva aprire. Pare che per questo l'ex dittatore grasso (ex grasso, non ex dittatore) abbia mandato sul posto i futuri pizzaioli. Riportano sia la *BBC* che il *Corriere* (che l'ha copiata) che le lezioni stavolta le hanno fornite pizzaioli napoletani e romani, direttamente in pizzeria. Il che sembra quantomeno improbabile, visto che nessuno finora ne aveva mai avuto notizia, e queste cose a Napoli e a Roma difficilmente sfuggono all'attenzione generale. Per la verità il *Corriere* ci ha messo del suo, aggiungendo che evidentemente il corso del maestro Furlanis non aveva soddisfatto le aspettative dei nordcoreani, il che ha fatto giustamente infuriare il sopracitato che ha inviato una lettera spiegando che in quindici righe il malcapitato redattore era incorso in una ventina di errori (esagero un po', per rendere l'idea). Ma la sostanza della questione rimane, ed è che grazie prima al friulano, poi forse ai napoletani, alla fine la pizza è arrivata a Pyongyang. Chi la mangerà? La domanda non è così peregrina come potrebbe sembrare visto che gli stipendi medi da quelle parti, capitale compresa, non sono esattamente da escursioni culinarie esotiche. Sicuramente la mangeranno Kim e i suoi familiari, poi le famiglie degli alti funzionari del Partito che occupano i quartieri bene di Pyongyang. Poi, si vedrà, anche se il gestore

---

[172] Asia Times, agosto 2001: "I made pizza for Kim Jong-il":
I parte
(http://www.atimes.com/atimes/Korea/DK21Dg03.html),
II parte
(http://www.atimes.com/atimes/Korea/DK22Dg01.html),
III parte
(http://www.atimes.com/atimes/Korea/DK23Dg01.html).

del locale assicura che da dicembre la pizzeria ha avuto un gran successo.

Vedremo, ma torniamo alla storia di Furlanis, narrata da lui medesimo. Allora, un mese di luglio di dodici anni fa, è svegliato da una telefonata di un amico chef, in piena notte. Si sente chiedere se sarebbe disposto a dare un corso di pizza in un lontano paese asiatico. "*Vietnam, azzarda, no Corea del Nord gli risponde il collega*". Dopo quindici giorni i due partono, insieme alle rispettive consorti, portandosi dietro anche forni e attrezzature varie, tutto pagato in anticipo dagli inviati di Kim incontrati in Italia giorni prima. All'arrivo a Pyongyang vengono affidati ad una prima guida, cioè guardiano, che non li mollerà un attimo in questa prima tappa che durerà tre giorni. Invece di essere trasferiti in hotel, vengono portati in una sorta di quartier generale militare, ma non si capisce bene cosa sia in realtà, fatti accomodare nelle *suites* e informati del programma da seguire. Poi Furlanis e il collega chef - Antonio Macchia .- vengono prelevati e accompagnati in una clinica ultramoderna ma vuota, dove vengono sottoposti ad esami clinici, raggi x, urine, sangue etc... Qui Furlanis comincia ad associare il viaggio ad una sorta di sequestro e capisce di essere totalmente in mano ai suoi gentili ospiti, anche perché i passaporti gli sono stati requisiti all'arrivo. Seguono gite organizzate per la città, enorme, imponente e tristemente vuota, a tratti spettrale. Dall'alto della torre *Juche* fanno bella mostra di sé tutti i monumenti del comunismo realizzato e gli slogan che celebrano la gloria del regime. Sotto terra la rete di tunnel si rivela per quel che è: un immenso rifugio antiatomico per una nazione che si considera assediata. Tutti portano la spilletta con le immagini del Grande e del Caro Leader, nessuno escluso. C'è tempo anche per un ballo nella piazza Kim Il Sung, insieme a trentamila comparse che stanno preparando chissà quale celebrazione di massa.

Poi una mattina il brusco risveglio. Alle sei il guardiano

butta tutti giù dal letto e annuncia che in un'ora comincia il viaggio verso una località vicino al mare. Il percorso in limousine è desolante e a Furlanis appare per la prima volta la vera realtà del paese. Già, perché ciò che rende ancora più straordinaria la sua esperienza è che capita in Corea del Nord proprio mentre si sta consumando la tragedia della grande carestia. I segni sono evidenti: adulti e bambini persi nei campi senza uno scopo apparente, soldati semisvestiti ciondolanti lungo la strada, contadini che riempiono i sacchi di erba appena tagliata, lunghe strade dissestate senza un veicolo. La Corea muore di fame ma Kim vuole la sua pizza. Ma è solo la punta dell'*iceberg*, tanto è vero che più tardi Furlanis riconoscerà di non aver avuto una percezione chiara delle difficoltà che stava passando il paese. La tragedia doveva ovviamente rimanere lontana da sguardi indiscreti e il suo viaggio blindato ne era una prova. Il punto d'arrivo è una base militare, questa volta non ci sono dubbi, con tanto di filo spinato e torrette di sorveglianza. A Furlanis chedono subito di fare una pizza, gli danno quattro ore di tempo. Il risultato è così buono che l'eminenza grigia di tutta questa trama, tal Mr. Pak, una sorta di commissario politico con Rolex al polso si scioglie in complimenti. Poi cominciano le lezioni che diventano piano piano *routine*. Gli allievi dei due cuochi italiani sono tre ufficiali dell'esercito che annotano tutto con precisione scientifica: perfino la distanza fra le olive viene misurata. La base militare è di fatto un centro di ricerca dove vengono riprodotti i piatti dellla cucina internazionale, con l'aiuto di esperti del settore provenienti da tutto il mondo. Inglesi, francesi, pakistani hanno preceduto l'arrivo dei nostri e pare che prima di loro fosse stato invitato perfino un altro pizzaiolo, un romano, di cui non si sa però molto di più. Alla sera abbondanti libagioni importate dai paesi d'origine, formaggio francese, vino piemontese, senza badare a spese.

Poi il colpo di scena: le cucine vengono smontate e

rimontate su una nave ormeggiata in prossimità della costa e cominciano le lezioni sull'acqua. Il perché di tutto ciò sarebbe risultato chiaro di lì a poco. L'arrivo del Caro Leader era imminente, annunciato dal nervosismo dello staff. Furlanis è trascinato via e rinchiuso in una stanza con birra incorporata mentre lo chef Macchia è più ostinato e fortunato: rifiuta di lasciare il posto di lavoro e da lontano vede passare il taglio di capelli più ardito d'oriente. Kim Jong Il in persona, arrivato a controllare lo stato dei lavori. O almeno uno che gli assomigliava, anche se l'atmosfera che si respirava in quei momenti, avrebbe spiegato Macchia, aveva qualcosa di ultraterreno. Poi un piatto troppo salato rovina la cena a Mr. Pak e i due maestri di cucina sono convocati al cospetto della *"direzione"* per dare spiegazioni. L'orgoglio ferito non basta per mandare tutto all'aria, ci sono ancora molte cose da fare e da vedere e poi gli allievi imparano in fretta. Così la vita continua e c'è modo perfino per qualche visita turistica, come quella su un'isola deserta che deserta non è: anzi alla fine ci scappa anche una partita di calcio, la rivincita di quella famosa di tanti anni fa.

Piano piano ci si avvia verso il finale dell'avventura e la pizza al salamino strappa, oltre all'ammirazione, anche le mance dei presenti. Dopo i saluti e qualche lacrima, di nuovo di rotta verso Pyongyang per vedere il gigantesco Palazzo dell'Amicizia dove sono raccolti i doni di cui i capi di stato stranieri hanno gentilmente omaggiato il padre della patria, morto da tre anni: il suo funerale fu una indescrivibile manifestazione di lutto collettivo, senza eguali nella storia contemporanea. Ci sono pure i regali di Bettino Craxi ed Enrico Berlinguer, una brutta pagina di storia anche questa per la sinistra italiana. Poi l'addio alla guida/guardiano, quel signor Om a cui non scappa un sorriso nemmeno nell'atto finale. Venti giorni da raccontare ai nipoti, e non solo. Poi un silenzio di una decina d'anni e improvvisamente la pizza a Pyongyang. Cosa sia successo nel frattempo non è dato saperlo, ma ditemi che non è una storia da film.

Attorno alle cucine di Kim Jong Il la realtà resta però piuttosto cruda. L'anno scorso gli esperti hanno lanciato l'allarme su una carestia imminente, se non pari almeno avvicinabile a quella degli anni '90. Per adesso la tragedia non si è ripetuta, grazie anche ad un raccolto più abbondante del previsto e soprattutto alla nascita di mercati privati, una sorta di economia sommersa che sta emergendo con sempre maggiore veemenza, in assenza di risposte da parte di uno stato al collasso, assai più impegnato a lanciare missili (o satelliti) che a trovare il modo di nutrire la propria popolazione. L'atteggiamento di sfida che Kim sta mantenendo nei confronti del resto del mondo non aiuta la ricerca di una soluzione. Di pochi giorni fa la notizia del rifiuto da parte delle autorità nordcoreane degli aiuti alimentari provenienti dagli Stati Uniti, mentre da tempo Seul ha condizionato il proprio contributo alla fine della belligeranza verbale dei fratelli separati del nord. Adesso più che mai ci sarebbe bisogno di nutrizionisti, di gruppi ed organizzazioni in grado di comprendere la reale situazione alimentare del paese e cercare risposte concrete. Ma si tratta di una prospettiva assolutamente irrealizzabile perché il regime gli esperti li fa rinchiudere in torri di vetro, invece di consentire loro di agire come agenti di trasformazione.

Ecco perché la notizia della pizza a Pyongyang, se da una parte contribuisce ad aumentare l'alone folcloristico e misterioso allo stesso tempo che circonda il paese, dall'altra provoca sconcerto e anche rabbia, se si pensa a cosa sia in realtà la Corea del Nord, al di là della coreografia preperata per i pochi stranieri che visitano la sua capitale: una immensa prigione che non riesce a nutrire i suoi carcerati. Si calcola che almeno cinque milioni di persone abbiano oggi bisogno di aiuti alimentari urgenti e che tutte le strutture pubbliche, dalle scuole, agli ospedali ai numerosi orfanotrofi siano in grave difficoltà. Ci si salva solo se si ha qualcosa da vendere, la dimostrazione lampante del fallimento di uno dei più folli esperimenti mai tentati. Anche l'esercito è in crisi: alcuni reparti hanno visto ridotta la dose di cibo giornaliera a due razioni, e gli osservatori considerano che un quarto degli effettivi abbia oggi seri problemi di denutrizione, che renderebbero difficile il loro utilizzo in caso di conflitto. Kim Jong Il ha bisogno di alzare il livello dello scontro in un momento in cui cominciano chiaramente a percepirsi importanti crepe nel sistema di controllo assoluto che ha sempre caratterizzato il suo potere. La sua pizza, oggi, assomiglia sempre di più ai cornetti di Parigi, quando fuori pane proprio non ce n'era.

Di seguito l'intervista del sottoscritto a Ermanno Furlanis per *Il Foglio*[173].

**Innanzitutto una breve presentazione per chi ancora non la conosce. Chi è Ermanno Furlanis e di cosa si occupa esattamente?**
Più che un pizzaiolo mi considero un ricercatore e un istruttore: ho sviluppato un metodo didattico per la pizza che cerca di adattare l'insegnamento ad ogni allievo. Attualmente sto lanciando un centro di formazione in Friuli, il primo in tutta Italia con ambizioni internazionali.

**Si era mai interessato di Corea del Nord prima che la mandassero a chiamare?**
No, a malapena sapevo che la Corea fosse ancora divisa.

**Le autorità italiane sapevano della sua visita?**
No, non ne erano al corrente.

---

[173] Il Foglio, 16 aprile 2009: "Così la mia pizza ha conquistato Kim Jong-Il" (http://www.ilfoglio.it/soloqui/2206).

**Brevemente. Cosa ricorda di Pyongyang? Com'era la città, come si comportava la gente?**

E' pur sempre una immensa metropoli abitata da milioni di persone, ricostruita per il 90 per cento dopo i bombardamenti a tappeto della guerra di Corea. Tutta la città risponde ad un piano urbanistico avanzato, moderno e di alto livello: molto ariosa, larga, immersa nel verde, le strade sono come quelle di New York a sei corsie o anche più in alcuni tratti. Il problema è che il traffico è rarefatto: poche *limousines* diplomatiche, alcune auto di delegati e turisti, poi i mezzi pubblici e militari e pochi mezzi privati scassati. Il clima è surreale. Anche i condomini dei centri residenziali sono stranissimi: è città ma si vedono le caprette e le galline come in campagna. La sera il tutto assume un aspetto ancora più strano. Le luci sono quanto di più fioco esista: per risparmiare energia hanno lampadine che sembrano candele. Il risultato finale è quello dei loculi di un cimitero. Di giorno comunque la gente a Pyongyang non pareva troppo scontenta: i giardini pubblici erano accoglienti e ben curati e si giocava a scacchi cinesi o si dipingeva. Le arti estetiche sembravano mediamente più diffuse che da noi.

**Che aspetto avevano gli abitanti?**

Le persone che abbiamo incontrato erano ben vestite e curate. La maggior parte erano militari in divisa o studenti anche loro con belle divise a seconda del grado. Spesso camminavano in fila, anche qualche centinaio per volta. Gli scorci che ci fecero visitare della città, pur con qualche sbavatura, comunicavano un'atmosfera molto piacevole e un clima quasi bucolico.

**E' riuscito a parlare con qualcuno che non fosse il suo guardiano/guida nella capitale?**

Nella capitale no, oltre ad alcune battute col personale di servizio abbiamo solo parlato per pochi istanti con qualche passante, durante una fuga per fare delle foto. In un'altra località abbiamo parlato a lungo con una cameriera di un hotel.

**Ci racconti cosa trasmetteva la tv nordcoreana mentre eravate là.**
Un canale trasmetteva un notiziario a intervalli regolari ma riportava solo notizie interne, a quanto ho potuto capire. Un altro canale per tutto il tempo della nostra permanenza in città ha trasmesso delle pantomime che parevano comiche con attori tutti in divisa militare, un terzo canale era di karaoke con canti struggenti e patriottici sui quali scorrevano immagini di parate trionfalistiche dell'esercito e immagini gloriose di guerra.

**Lei scrive che all'arrivo vi confiscarono i passaporti fino alla fine del soggiorno. Inoltre non avevate nessuna libertà di movimento e dovevate seguire un programma prestabilito. Vi siete sentiti sotto sequestro in alcuni momenti?**
In verità loro sono stati molto premurosi nei nostri confronti e hanno cercato sempre di metterci a nostro agio; ci organizzavano belle gite ed escursioni e ci hanno poi sistemato in appartamenti con la parabolica in modo da vedere anche canali cinesi e giapponesi. Anche con tutte queste premure in ogni caso ci siamo sentiti spesso degli animali da cavia in un laboratorio.

**Lei conosceva la storia del regista sudcoreano sequestrato dalla Corea del Nord perché Kim voleva rinnovare la sua collezione di film? Lui non ha vissuto una bella avventura. Lei ha mai avuto paura?**
Questa storia non la conosco ma so della passione per il cinema di Kim. Vera paura direi proprio di no: da molti segnali emergeva che ci tenevano nella massima

considerazione e che avevano avuto ordini di farci stare meglio possibile. Un piccolo dettaglio che spiega questa condizione: quando salivo sullo *yacht* che era ormai il mio taxi privato per raggiungere la postazione sul mare, c'erano ben due marinai che mi trattenevano per le braccia per evitare che potessi scivolare in acqua o anche solo mettere male il piede.

**Vi hanno mai comunicato i risultati delle analisi mediche cui siete stati sottoposti?**
Al mio collega che ha insistito per averle hanno dato una copia! Io non li ho voluti, erano in coreano e quindi inutili. In ogni caso se ci fosse stato anche un piccolo raffreddore non ci avrebbero fatto neanche avvicinare alle cucine.

**Avevate la sensazione di essere spiati anche nell'intimità delle vostre stanze?**
Non ci abbiamo mai pensato ma posso escluderlo quasi certamente.

**Secondo me uno degli aspetti che rendono questa vicenda ancora più affascinante è il fatto che arrivaste in Corea del Nord nel bel mezzo della grande carestia che si dice uccise quasi due milioni di persone. Lei che percezione ebbe di quel che le stava succedendo attorno?**
Una percezione minima: abbiamo appreso di questa catastrofe dai notiziari della CNN rimbalzati tramite la tv cinese. Eravamo talmente increduli da pensare che fossero delle vere e proprie montature per screditare il paese. Dopo avere visto i servizi sulla carestia abbiamo cominciato a essere più circospetti ma non abbiamo visto nessun segno della fame, a parte alcune scene di gente che raccoglieva erba nei campi, come si usa anche da noi. Il sospetto che fossero delle montature ci è rimasto.

**Torniamo alle sue lezioni di cucina. Mentre voi eravate impegnati tra forni e lieviti le vostre mogli come passavano il tempo?**

Hanno cercato di farle divertire: ogni giorno ci dicevano che stavano cercando un'interprete che le accompagnasse in giro, ma i giorni passavano e loro restavano nelle stanze. Al mare meglio: sulla spiaggia era stato allestito nei giorni di sole un intero stabilimento balneare ad uso solo delle due dame italiane. Erano comunque sempre guardate a vista anche perchè c'era il pericolo di imbattersi in guardie con ordine di sparare: un ragazzino di 16 anni, terrorizzato, ha perfino puntato loro addosso il fucile. Poi sono arrivati i sorveglianti, ma le guardie non erano avvisate della nostra presenza.

**In che lingua comunicava con i suoi allievi?**

Inglese, prima con l'interprete, poi mi sono fatto insegnare qualche parola in coreano e tanto bastava per poter lavorare.

**Pizza a parte, di cosa avete parlato in quei giorni?**

Parlavamo spesso di politica internazionale! Ovviamente il discorso non andava molto al di là di una celebrazione monocorde della Nord Corea e di una condanna senza appello dell'imperialismo degli USA. A loro piaceva vantarsi della loro potenza. Mi hanno spiegato il piano di emergenza sempre attivo: tutta la popolazione è inquadrata in plotoni, compagnie, brigate e battaglioni. Nei villaggi esistono centinaia di depositi di armi e i battaglioni possono essere armati in pochi minuti, mobilitati entro un'ora. Gli piaceva molto anche vantarsi dei missili atomici: ne parlavano con disinvoltura e naturalezza. Ci confessarono che una rampa era proprio dietro a un cancello verde che un giorno avevamo varcato in limousine per errore.

**Qualcuno di loro ha mai accennato a Kim Jong Il**

direttamente o alla situazione politica del paese?

Più che altro parlavano sempre in terza persona del "*Grande Leader*" Kim-Il-sung. Del successore meno, come fosse un astro minore che brillava di luce riflessa. Della situazione del paese parlavano continuamente e convintamente: la loro missione è liberare i fratelli del Sud dall'oppressione capitalistica e riunire il paese, al quale si riferiscono sempre in toni unitari.

**Cosa sapevano del mondo esterno le persone con cui entrò in contatto?**

I nostri allievi abbastanza, erano tutti ufficiali ed avevano un buon grado di conoscenza. Una ragazza dell'albergo che parlava inglese era assolutamente indottrinata e non sapeva niente se non dei paesi comunisti: quando le abbiamo detto che eravamo italiani ci ha guardato con stupore.

**I suoi interlocutori, sia i guardiani/guide che gli apprendisti, le facevano domande sulla vita in Italia? Dimostravano qualche curiosità?**

Non molto. I miei allievi, ripeto, erano tutti ufficiali ben a conoscenza del sistema e della vita capitalistica che non invidiavano per niente. A loro, dicevano, non serve denaro, non serve lo stress: lo stato ti passa tutto, basta metterti in lista. Qualcuno aggiungeva che però le liste duravano decenni. Se avevi un figlio dovevi già iscriverlo per l'automobile perchè così da grande forse gli arrivava.

**Lei racconta che Kim Jong il un giorno venne personalmente a controllare i lavori. Lei non lo vide ma il suo collega Macchia lo scorse da lontano. Ci descrive brevemente quel momento? Poi ci dice anche se alla fine Kim Jong Il provò la sua pizza.**

Certo che l'ha assaggiata! Lui e il suo *entourage* facevano queste scampagnate sul mare e si concedevano lo sfizio della pizza. Un giorno volle salire sul piroscafo dove c'erano la cucina con la mia pizzeria trasferita quotidianamentea sul posto e riportata poi la sera alla base. Il nervosismo fu totale. Man mano che il motoscafo *"imperiale"* si avvicinava, i miei allievi si facevano più tesi. Uno di loro chinò il capo e contemporaneamente mi fece schermo sul viso per impedirmi anche solo di guardare in quella direzione. Il mio collega invece era in cucina, proprio di fronte all'attracco, e da un grande finestrone vide tutta la scena. Alcuni minuti dopo mi confessò di sentirsi ancora turbato, *"è come avere visto Gesù Cristo"*.

**Le hanno mai proposto una sceneggiatura cinematografica a partire dalla sua storia?**
A parte un piccolo radiosceneggiato sulla *BBC* per ora no, ma effettivamente non sarebbe una cattiva idea.

**Perché non ha ancora scritto un libro su questa vicenda?**
Il manoscritto c'è, con alcune premesse e dei risvolti interessanti, quasi da *spy-story*...ora serve un editore.

**E' vero che l'hanno contattata i servizi segreti italiani? A che scopo?**
E' uno dei risvolti contenuti nel libro...

**E' più tornato in Corea del Nord negli anni successivi? Ha in programma di farlo?**
Non ancora, certo che mi piacerebbe tornarci, al di là di tutto è una nazione bellissima con una condizione sociale e politica unica e coinvolgente.

**Ha mantenuto qualche contatto nel paese?**
Purtroppo no.

**Un'ultima domanda. Che impressione ebbe del regime in quei giorni e qual è oggi la sua opinione sulla situazione politica nordcoreana?**

Il mio giudizio sul regime è meno severo di quel che ci si potrebbe attendere. La popolazione della capitale mi è sembrata fondamentalmente contenta e pareva avere un livello di vita più che accettabile. Le testimonianze dirette che abbiamo raccolto dimostravano una fede salda nel paese, nel suo sistema, nei reggenti e nelle istituzioni. Parlando del *"Grande Leader"* tutti si commuovevano sinceramente, anche se abbiamo contattato solo personale dell'*entourage* del regime. Segni di disagio comunque non ne mancavano, spesso abbiamo visto gente dispersa per ogni dove a fare cose poco spiegabili alle ore più disparate: in particolare molti pedoni che camminavano sui bordi delle strade tra una città e l'altra e che di notte dormivano lì dove si trovavano, anche sull'asfalto, a rischio di venire calpestati dai pochi mezzi in transito, soprattutto camion militari e *limousines*. Una notte abbiamo anche attraversato una piccola città, vicino alla base di servizio: nell'oscurità si percepivano migliaia di persone vocianti attorno a noi. Le situazioni che si vedevano scorrere accanto alla macchina erano strane, gente trasportata in carriole che cercava riparo nel caldo opprimente, niente a che vedere con la capitale. E gli sguardi puntati verso la limousine erano davvero poco amichevoli. In generale comunque la situazione era solida e monolitica attorno al regime.

12 maggio

## UNA *CHARTA 09* PER LA BIRMANIA
## (L'OCCASIONE PERDUTA DELLA NLD)

Lo scorso dicembre in Cina ha cominciato a circolare clandestinamente in rete un documento politico dal potenziale rivoluzionario. Frutto dell'elaborazione di un gruppo di attivisti, intellettuali e professionisti, la *Charta 08* - ispirata all'analogo manifesto della dissidenza cecoslovacca negli anni del comunismo (*Charta 77*) - è una vera e propria dichiarazione di principi volta al superamento dell'attuale sistema autoritario e all'instaurazione di una democrazia liberale in Cina. Richiamandosi all'universalità dei diritti umani, i suoi autori chiedono essenzialmente la fine del regime a partito unico, la celebrazione di libere elezioni, l'affermazione di uno stato di diritto, il rispetto delle libertà fondamentali e una separazione dei poteri costituzionalmente garantita. Ma perfino più importante è la dichiarata intenzione di costituire attorno a questi principi fondamentali un movimento civico in grado di stimolare la partecipazione dei cittadini verso il cambio politico. Come ovvio il documento è stato censurato in tutti i modi dal regime. Ma, grazie alle possibilità offerte dalla rete, è riuscito comunque a raggiungere un'ampia platea dentro e fuori dal paese, tanto è vero che dai trecento sottoscrittori iniziali si è passati ad un numero di aderenti vicino ai diecimila. Molti di loro sono stati successivamente sottoposti ad interrogatori da parte delle autorità e restano sotto costante sorveglianza.
Qualche settimana fa il governo cinese, che

ufficialmente non riconosce l'esistenza della *Charta 08*, ha pubblicato il cosiddetto *"Piano di azione nazionale per i diritti umani"*, in cui si annunciano misure per il miglioramento delle condizioni carcerarie dei detenuti e, più in generale, una serie di provvedimenti a medio termine (due anni) nel campo dei diritti civili e sociali. Si tratta ovviamente di propaganda nel più puro stile pechinese e sarebbe ingenuo pensare che da questo programma burocratico possano derivare reali cambiamenti. Ma è comunque significativo che il piano d'azione del governo arrivi solo pochi mesi dopo la diffusione della *Charta 08*, in un certo senso confermandone la rilevanza politica. I promotori e i firmatari della *Charta* ottengono in questo modo una doppia vittoria: in primo luogo perché la loro dichiarazione è evidentemente riuscita a bucare le maglie della censura e del silenzio ufficiale, diventando un punto di riferimento anche per i suoi oppositori; ma soprattutto perché obbliga il Partito Comunista a misurarsi sul terreno dei diritti umani.

A Rangoon la *National League for Democracy* (NLD) ha recentemente tenuto un incontro nazionale al quale sono stati invitati i parlamentari eletti nelle consultazioni (poi annullate) del 1990 e un numero limitato di delegati dagli stati e dalle divisioni amministrative della Birmania. Era la quarta volta che il principale partito di opposizione si riuniva in sessione plenaria e l'ultimo tentativo, nel 1998, fu frustrato dagli arresti preventivi operati dalla giunta militare. La NLD mostra i segni di un ventennio di persecuzione: i suoi leaders principali e molti dei suoi militanti sono detenuti o in esilio, le sue sedi frequentemente attaccate, la sua organizzazione territoriale praticamente disarticolata. In queste condizioni il ricambio generazionale necessario a continuare la lotta per la democrazia è praticamente impossibile. Prima dell'assemblea gli stessi delegati non sapevano esattamente di che cosa sarebbero stati chiamati a discutere, al di là di un riferimento generico a *"questioni rilevanti per il paese"*. Da parte sua la giunta, dopo le decennali condanne inflitte ai principali oppositori politici, si è potuta permettere la celebrazione di questa riunione senza troppi patemi d'animo.

Al termine di due giorni di dibattito la NLD ha sospeso

la decisione sulla sua partecipazione ai comizi elettorali del 2010 reiterando le richieste di liberazione dei prigionieri politici e di revisione della costituzione "*approvata*" un anno fa. Ma sarebbe stato forse opportuno che, sull'esempio cinese, i delegati della NLD avessero approfittato di questa rara occasione per concepire una dichiarazione di principi di più ampia portata. Un documento che andasse oltre i consueti annunci sporadici o i brevi dispacci interni e che si proponesse di aggregare attorno a sé un consenso più vasto. Un testo che, invece di reiterare richieste parziali destinate a cadere nel vuoto, elevasse il livello della sfida al regime con un programma politico ed ideale ispirato ai valori del liberalismo classico e alle storiche dichiarazioni di diritti. Una *Charta 09* anti-totalitaria, sull'esempio delle rivoluzioni di velluto dell'Europa dell'Est o di altre esperienze analoghe. E allo stesso tempo una risposta esemplare alla costituzione-farsa con cui i militari pretendono di legittimare la loro permanenza al potere.

A cosa sarebbe servito questo documento? Non certo a produrre un cambio di regime il mattino dopo, né a stimolare una reazione da parte di un governo ben più repressivo e paranoico di quello cinese. Ma certamente avrebbe avuto conseguenze importanti sotto altri aspetti:

- prima di tutto quella di dimostrare che la NLD e più in generale l'attivismo democratico in Birmania sono in grado di rinnovarsi nonostante le persecuzioni del regime e di produrre un'alternativa ideale che non si limiti ad un concetto di nonviolenza ormai diventato ideologico e più simile alla rassegnazione che alla resistenza civile;

- in secondo luogo quella di costituire un punto di riferimento attorno a cui promuovere la formazione di un movimento civico che coinvolga un numero sempre maggiore di cittadini, un embrione di società civile la cui assenza è oggi uno dei principali ostacoli al riscatto della Birmania e allo stesso tempo la maggior vittoria della casta militare;

- infine quella di obbligare la comunità internazionale a riconoscere nel nuovo movimento democratico birmano una realtà viva da alimentare e sostenere, smascherando chiaramente l'ipocrisia di chi è disposto a farsi ingannare dalle trappole diplomatiche della giunta al potere.

I delegati della NLD non hanno trovato il tempo per accennare alla *Charta 08* cinese nel corso delle loro discussioni. Ma avrebbero dovuto.

24/26 maggio – 1 giugno

## ASSK. L'ULTIMA UMILIAZIONE

La prima settimana del processo orchestrato dalla giunta militare contro Aung San Suu Kyi ha confermato tutte le peggiori aspettative. Udienze a porte chiuse, salvo un'eccezione che analizzeremo tra poco, testimoni dell'accusa preparati a dovere, imponente schieramento di milizie in uniforme e in borghese per le strade, notizie col contagocce. La giunta sta celebrando la festa dell'inganno, della repressione, dell'umiliazione con una sicurezza di impunità che dovrebbe far vergognare la cosiddetta comunità internazionale, in tutte le sue varianti. Ci sono ragioni per credere che il pretesto della nuotata dell'americano nel lago antistante la residenza della Dama sia qualcosa di più vicino ad un piano che ad una semplice opportunità abilmente sfruttata per prolungarne la detenzione. La rivista *Irrawaddy* cita fonti vicine al regime che descrivono la soddisfazione di Than Shwe nell'osservare lo svolgersi degli eventi delle ultime settimane. Sembra che la cupola militare fosse ansiosa di trovare una ragione di peso per ammantare di *"legalità"* l'ennesima proroga degli arresti domiciliari, proprio mentre stavano scadendo i termini di carcerazione del premio Nobel per la pace. Di fronte alla presumibile pressione internazionale che ne sarebbe derivata, Than Shwe e i suoi hanno costruito un vero e proprio caso giudiziario dai tratti grotteschi. Ma, si sa, il grottesco è caratteristica essenziale della dittatura birmana.

Se è vero che Yettaw tentò un'impresa analoga alla fine

dello scorso anno e che il medico di ASSK ne denunciò alle autorità la presenza, come è stato possibile, si chiedono i siti dell'opposizione in esilio, che sia potuto entrare indisturbato nel paese a pochi mesi di distanza? Come è possibile che abbia potuto saltare ogni controllo di polizia nella zona più sorvegliata di Rangoon e percorrere a nuoto due volte la lunghezza del lago senza essere intercettato? Oltretutto non ci sono dettagli del suo arresto, solo un verbale preparato da un ufficiale di sicurezza e prontamente comparso in una delle prime udienze. Insomma i militari volevano il loro processo, per chiudere i conti con la Dama, con la comunità internazionale, con quel che resta dell'opposizione. Il piano sta riuscendo alla perfezione mentre diplomazie varie, burocrati onusiani, premi Nobel, cantanti e *soubrettes* fanno finta di sbraitare fino al prossimo fine settimana.

Il processo è cominciato lunedì a porte chiuse con il blocco delle strade e dei negozi attorno alla prigione di Insein. Due giorni prima le autorità avevano revocato la licenza ad uno degli avvocati di ASSK, tanto per far capire chi decide della vita e della morte, della libertà e della cattività. Nel corso di queste prime udienze sono stati sentiti testimoni prodotti dall'accusa, tutti ufficiali o sottufficiali di polizia che hanno confermato, non c'è bisogno di dirlo, il copione preparato con cura: l'arresto dell'intruso, la sua permanenza nella casa, gli oggetti ritrovati. Come dirà successivamente l'ambasciatore britannico Canning, gli elementi sono quelli di un normale processo, lo scenario è stato adeguatamente preparato: peccato che il finale sia già scritto. Fuori dall'aula ogni giorno una folla in attesa di qualche spiraglio di luce: un appoggio silenzioso alla prigioniera di stato, dai suoi compagni della NLD capitanati dall'immarcescibile U Win Tin, gli ultimi 19 anni passati dietro le sbarre, scarcerato in un atto di clemenza lo scorso anno e ancora tanta voglia di lottare. Quello che doveva essere, secondo il portavoce della NLD nonché avvocato difensore Nyan Win, un processo lungo, sembra si risolverà invece rapidamente, visto il ritmo delle udienze. Il regime ha interesse a chiudere il tutto al più presto per dedicarsi alla preparazione delle elezioni truccate del prossimo anno senza oppositori tra i piedi. Ormai non rimane quasi più nessuno,

nessuno che conti davvero. ASSK è già esclusa dal voto per espressa disposizione costituzionale ma i generali non vogliono vederne nemmeno l'ombra.

Della folla che siede paziente a debita distanza da Insein, controllata e fotografata dai membri delle milizie in borghese della giunta, convocati e assoldati in gran numero, sono circolate l'altro giorno alcune immagini: lontane, sfuocate, rubate, sembravano scattate cinquant'anni fa, non l'altro ieri. La Birmania è un luogo del tempo, di un tempo passato, bloccato, distante. Mercoledì la sorpresa: trenta diplomatici e dieci giornalisti birmani (di cui cinque appartenenti a testate internazionali) vengono ammessi in aula, peraltro senza traduzione. Nessuna foto, solo le loro testimonianze, per sapere che la Dama sta bene nonostante tutto, che ha ringraziato tutti, che ha ancora fede in una conclusione positiva di questa brutta storia. E' il gioco di sempre della giunta: alzare la posta, fare qualche concessione di facciata, e intanto consolidare le posizioni sul campo di battaglia. Perché questa è una guerra, di un governo illegittimo e criminale contro il proprio popolo.

Il ticchettio della macchina da scrivere, fuori un cane che abbaia: così l'*insider* della *Reuters* descrive il clima dell'udienza. Sembra di sentirli quei rumori, sembra di vederli gli imputati. Oltre ad ASSK sono incriminate le sue badanti e, ovviamente, l'americano. Ma lui se la caverà, il suo compito è già concluso. Poi giovedì di nuovo a porte chiuse, poche notizie sparse. Tra queste la proiezione di un video di due ore, girato dallo stesso Yettaw in casa della Dama, in cui dichiara fra l'altro che lei ha rifiutato di farsi fotografare e lui ne è molto dispiaciuto. Surreale, grottesco, patetico. Fra qualche giorno tutti passeranno ad altro. Than Shwe continuerà a leccarsi i baffi e ASSK a parlare di riconciliazione. Peccato che nessuno potrà ascoltarla.

Il giorno delle dichiarazioni alla corte di ASSK si può considerare un'occasione perduta. Per uno di quei paradossi delle dittature, per la prima volta dopo molti anni di isolamento, l'icona del movimento democratico birmano aveva a disposizione un palcoscenico pubblico per esprimersi. C'è voluto un processo-farsa per farla uscire di casa, per permetterle di incrociare lo sguardo con estranei, nel caso specifico i diplomatici e i giornalisti birmani presenti all'udienza. ASSK ha preferito però attenersi al copione scritto per lei dalle autorità militari e si è limitata ad esporre la sua versione della vicenda che la vede imputata. Anche nell'ingiustizia in fondo lei è una privilegiata. Gli oltre duemila prigionieri politici che affollano le carceri birmane non hanno avuto la possibilità di fare dichiarazioni davanti a un tribunale, di avvalersi di avvocati difensori (per quanto solo formalmente), la maggior parte di loro non è mai stata sottoposta ad alcun procedimento *"legale"*. ASSK avrebbe potuto oggi parlare per tutti. Non aveva nulla da perdere. Credo sia stato un errore non farlo.

Rispondendo alle domande del giudice ha esposto la successione degli eventi, spiegando di essere stata informata della presenza dell'americano dalle sue badanti, di averlo invitato a lasciare la casa ma di non averlo denunciato perché non voleva creargli problemi con le autorità. Ha poi accusato gli stessi apparati di sicurezza di non aver garantito la sua incolumità. Una linea difensiva prevedibile, quasi scontata, certamente logica, per questo del tutto irrilevante ai fini del processo. Più interessante la dichiarazione di Yettaw, il *casus belli* attorno a cui si svolge l'intero psicodramma. Ha confermato alla corte che ben cinque ufficiali di sicurezza lo hanno visto dirigersi verso la casa di ASSK ma nessuno di loro lo ha fermato. Pur avendo armi, ha sottolineato, si sono accontentati di tirargli qualche pietra. Purtroppo queste affermazioni arrivano da un personaggio che dice di aver ricevuto una missione divina, quella di avvisare ASSK e il governo birmano del rischio di un attentato terrorista contro la Dama.

Ad estremo scherno, in una sorta di conferenza stampa, l'alto ufficiale di polizia Gen. Myint Thein, ha avuto la sfrontatezza di dichiarare che la giunta stava considerado la possibilità di rilasciare ASSK, una volta esauriti i termini del suo arresto (che era scaduto già l'anno scorso, che lui dice si sarebbe potuto prolungare altri sei mesi, ma fa niente). Solo che *"purtroppo"* proprio in quel momento è arrivata la nuotata dell'americano, e le autorità non hanno potuto fare altro che *"aprire un'azione giudiziaria contro di lei, unavoidably and regretfully*". Disdetta. Formalmente il provvedimento che imponeva gli arresti domiciliari è stato revocato. ASSK adesso è detenuta in base alle nuove accuse formulate contro di lei. Lo ha riferito uno dei suoi avvocati. La rappresentazione dell'abuso di potere non potrebbe essere più evidente.

U Win Tin e qualche centinaio di simpatizzanti della NLD continuano ogni giorno la loro veglia silenziosa fuori dal carcere di Insein, dove si sta svolgendo il processo-farsa. "*A show trial*", così lo ha definito lo stesso presidente Obama che, dopo un lungo silenzio durato quasi una decina di giorni, ha deciso di esporsi in prima persona (prima era stata Hillary a condannare le azioni della giunta). Secondo l'anziano giornalista, che ha passato gli ultimi diciannove anni della sua vita dietro le sbarre, la prevedibile sentenza di condanna non chiuderà i conti con la frustrazione repressa della popolazione: "*Mentre siedo davanti al bazaar di Insein ogni giorno - dice all'agenzia Mizzima - vedo la rabbia della gente, in particolare dei giovani. Mi chiedono cosa dovrebbero fare dicendomi che non possono stare seduti tutto il giorno senza agire. Questa volta, ne sono sicuro, non sarà soltanto un'altra storia di ordinaria ingiustizia da parte della giunta militare, perché il livello di rabbia tra la popolazione è alto. E la giunta non può aspettarsi che la gente semplicemente torni a casa, dopo la sentenza contro ASSK. Non sarà così semplice come chiudere il sipario e basta*". Ma altri testimoni della realtà birmana non sono d'accordo e spiegano che, se è vero che il livello di preoccupazione e il sentimento di frustrazione sono elevati, lo è altrettanto la paura della repressione, dopo gli eventi del 2007. La gente sussurra intimorita quando parla del processo e in generale non si pronuncia in pubblico. Prevale l'istinto di sopravvivenza, che in Birmania è una questione pratica, non solo psicologica.

Mercoledì la NLD ha ricordato il diciannovesimo anniversario delle elezioni del 1990, le ultime svoltesi nel paese. Il partito di ASSK aveva vinto con largo margine quelle consultazioni elettorali, poi annullate dai militari. Negli ultimi giorni lo schieramento di polizia e milizie in borghese attorno alla prigione di Insein si è fatto ancora più imponente, segno che la sentenza si avvicina e che il governo teme proteste di piazza. Anche a Mandalay, città ad alta concentrazione di monaci, la sorveglianza è stata aumentata. La NLD ha diramato l'ennesima lista di richieste al regime, le stesse di sempre: liberazione prigionieri politici, legalizzazione dei partiti, apertura di un processo di dialogo con l'opposizione. Come le altre, anche questa dichiarazione è destinata a rimanere lettera morta.

Sul piano intrernazionale continuano le prese di posizione istituzionali e le campagne degli attivisti per la liberazione della Dama. La giunta è impermeabile, non c'è bisogno di dirlo. L'unica reazione da Naypyidaw si è avuta nei confronti della Thailandia, colpevole di aver espresso *"preoccupazione"* a nome dell'ASEAN per il giudizio in corso; comunque Bangkok ha già fatto sapere che sono solo parole e che il principio di non interferenza resta alla base della sua politica regionale. La presentazione delle conclusioni è stata fissata per venerdì prossimo. Poi il verdetto di condanna[174]. E sarà di nuovo silenzio.

---

[174] La sentenza stabilì che ASSK avrebbe dovuto scontare 3 anni di lavori forzati. Than Shwe commutò il verdetto a 18 mesi di arresti domiciliari.

11 giugno

## LA MORTE DEL CONTESTO

Lo sforzo dei *media* per far passare quelle iraniane come elezioni vere[175] è davvero encomiabile. Quasi pari all'impegno profuso nello screditare nel recente passato quelle irachene, per fare solo un esempio. Sarebbe interessante capire una volta per tutte il meccanismo mentale che porta *networks* interi a veicolare messaggi di questo tipo, a guidare il pubblico verso conclusioni così manifestamente ingannevoli. Non credo vi siano direttive precise in questo senso, credo sia un riflesso condizionato che spinge chi scrive e chi confeziona le notizie verso una deriva francamente difficile da comprendere.

In questi anni i casi sono stati innumerevoli e su questo blog ho cercato di esaminarne alcuni. Soprattutto è interessante notare fino a che punto il fattore ideologico condizioni le redazioni: per me la principale funzione dei professionisti dell'informazione è fornire agli utenti elementi per contestualizzare una notizia. Non è lo stesso essere

---

[175] CNN, 10 giugno 2009: "Iranian political drama unfolds as election nears"
(http://edition.cnn.com/2009/WORLD/meast/06/09/iran.electi on.debate/index.html).

processati a Parigi o a Rangoon, anche se in entrambi i casi gli imputati entrano in una sala e ascoltano una sentenza. Non era lo stesso comprare il pane a New York o a Leningrado, anche se in entrambi i luoghi si doveva aspettare il proprio turno. Ciò che è scomparso negli ultimi anni è la capacità o la volontà dei giornalisti di contestualizzare le notizie, di spiegare le differenze, di inserire i fatti all'interno di una cornice. E tutte le vacche, o quasi, sono diventate nere. Per me il contesto è tutto e la vita è una lotta continua per trovare la cornice giusta.

19 giugno

# IRAN. ELEZIONE TRUCCATA O TRUCCO ELETTORALE?

Tra le tante peculiarità di questa presunta *rivolta anti-sistema* in corso in Iran c'è la sua origine, ovvero l'accusa di irregolarità elettorali a favore del riconfermato Ahmadinejad. Insomma le elezioni sarebbero state truccate. Sorprende che questa denuncia non sia mai emersa con altrettanta contundenza in tutte le tornate precedenti, visto che quello dell'Iran è un caso classico di dittatura elettorale in cui il processo di selezione delle classi dirigenti è inficiato fin dall'origine dal ruolo del Consiglio dei Guardiani della Rivoluzione. Questo organo, come noto, decide chi può partecipare alle elezioni ed ha il compito di escludere tutti quei candidati non graditi alla casta religiosa che detiene il potere reale. Basta questo semplice elemento di fatto per ridurre l'intero processo alla categoria di farsa.

Il fatto che probabilmente in questa occasione il conteggio dei voti sia stato pesantemente manipolato per garantire la vittoria di Ahmadinejad è perfettamente coerente con la natura di questa messinscena, alla quale per decreto divino non possono nemmeno partecipare le forze che si oppongono sul serio al regime degli ayatollah. Se si tiene conto di questa premessa essenziale, francamente non si capisce che senso abbia gridare allo scandalo e vestirsi di verde. Cos'altro cera da aspettarsi da un sistema politico bloccato e corrotto come quello iraniano? Il dovere di qualsiasi democratico sarebbe osservare questa faida interna con lo scetticismo che merita. E più che di elezione truccata sarebbe giusto parlare di trucco elettorale.

22 giugno

## IRAN. *DO NOT DISTURB*

E' con la furia dei convertiti (ma lui alle conversioni è abituato) che Andrew Sullivan sta usando la crisi iraniana per screditare i neoconservatori, attribuendo loro le più turpi intenzioni. Oggi rispolvera perfino Brzezinski[176] per concludere che quello che gli ex falchi caduti in disgrazia vogliono è un conflitto aperto con l'Iran. Per questo preferiscono il *tanto peggio, tanto meglio* e via dicendo con la solita solfa che già conosciamo. Io non so quale sia la linea ufficiale *neocon*, né se ce ne sia una. Ho letto opinioni molto diverse tra loro, come in qualsiasi movimento intellettuale che si rispetti. Penso che se non se ne facesse a tutti costi una battaglia ideologica si potrebbero individuare due correnti principali: la prima, minoritaria, che diffida di questa faida politica tutta interna al regime e fatica ad individuarne le credenziali democratiche; la seconda, maggioritaria, che vorrebbe un Obama decisamente più implicato a fianco dei manifestanti.

Personalmente, senza avere la tessera del movimento, appartengo alla categoria dei diffidenti, come si sarà capito. Ma posso ammettere che tanta attesa per vedere sbocciare qualcosa generi un entusiasmo a volte difficile da controllare. Quello che non riesco proprio a comprendere è la posizione

---

[176] Dal blog di Andrew Sullivan (http://www.theatlantic.com/daily-dish/archive/2009/06/zbig-on-the-neocons/199858/).

di chi associa il silenzio di Obama al successo della protesta. Io penso che Obama faccia bene a non schierarsi, ma per la ragione che non esiste alternativa reale. Invece, a dimostrare quanto nebulosi siano gli scopi e i protagonisti di questa rivolta, pare che l'America dovrebbe a tutti i costi restarne fuori, quasi vergognandosi di un eventuale appoggio diretto. Insomma, Obama avrebbe preso la saggia decisione di *"non disturbare"*. Fatemi capire. Cosa vogliamo per l'Iran? Una rivoluzione democratica che superi il medioevo degli ayatollah o una operazione gattopardesca che ci faccia andare in vacanza con la coscienza a posto? Un'adesione ai principi del liberalismo o un camuffamento della dittatura? Ho letto anche che la popolazione non gradirebbe un intervento esplicito da parte statunitense. Forse non lo gradirebbero i seguaci di Mousavi, che si richiamano al khomeinismo. Ma è noto che quella iraniana è l'opinione pubblica più filo-occidentale del medioriente, anche se non può gridarlo nelle piazze tutte le mattine. E allora, di cosa dovremmo vergognarci? Come al solito decidiamo di non decidere. Invece, se non ci piacciono Mousavi e i suoi dobbiamo farlo sapere forte e chiaro. Ma se ci piacciono, dobbiamo aiutarli, finanziarli, schierarci al loro fianco finché non avranno la meglio. Il *do not disturb* è penoso.

30 giugno

## IRAN. LE ARMI SPUNTATE DELL'OPPOSIZIONE

Uno dei problemi della mancata rivoluzione iraniana è stato la limitatezza degli obiettivi. Scambiata per prudenza dagli osservatori occidentali - da qualcosa si deve pur cominciare, si è detto - la protesta si è concentrata sulla presunta frode elettorale a favore di Ahmadinejad. E' possibile, anzi probabile, che la manipolazione ci sia stata. Ma il punto è un altro, come ho già provato a spiegare in precedenza: se io contesto un risultato elettorale, implicitamente do per buone le regole in base alle quali quelle elezioni si sono svolte. Nel caso specifico, legittimo di fatto la selezione previa operata dal Consiglio dei Guardiani, con tutto ciò che questo comporta. Chi è sceso in piazza a manifestare, anche a rischio della propria vita, lo ha fatto principalmente contro *quel* risultato elettorale, rifiutando un candidato e sostenendone un altro, ma non contro i principi fondanti della Repubblica Islamica. Non era prudenza ma calcolo. La teocrazia iraniana non è mai stata in discussione, *Allah è grande* echeggiava in ogni angolo della città. Per questo l'abbaglio - e le conseguenti giustificazioni *a posteriori* - di chi ha scambiato una protesta elettorale per una battaglia per la democrazia è, a mio avviso, clamoroso. Non era in discussione il regime ma la vittoria di Ahmadinejad; non c'era un democratico ad ispirare e condurre la protesta ma un khomeinista; non si lottava per la fine del medioevo ma

per un abbozzo di rinascimento all'interno dell'*ancien régime*.
Da qualcosa si doveva pur cominciare, certo: il guaio è che
sembra tutto già finito[177].

---

[177] CNN, 29 giugno 2009: "Iran's election authority: Partial
recount shows election valid"
(http://edition.cnn.com/2009/WORLD/meast/06/29/iran.electi
on/index.html).

9-10 luglio

## NEL FAR WEST CINESE

Non conosco lo Xinjiang e gli uiguri li ho visti una volta sola, almeno che io sappia. Fu a Pechino, nell'estate del 2004, mentre si esibivano in uno spettacolo circense per stranieri. Un circo, sì, a tutti gli effetti, organizzato in un locale della capitale, uno strumento di propaganda in più nella descrizione di quella *società armoniosa* che piace tanto ad Hu Jintao e a cui l'occidente finge di credere (speriamo, almeno, che finga). Erano bravi quegli artisti, e sorridevano. Molti erano bambini, in venti in equilibrio su una bicicletta, accompagnati da canzoni regionali che promettevano allo spettatore una stabile felicità protetta dal Partito. Vorrei conoscere lo Xinjiang, per capire come si canta davvero da quelle parti, e soprattutto se si sorride tanto. Il viaggio l'ha compiuto l'anno scorso un *fotoreporter* di stanza in Cina, il cui blog è ospitato da *Le Monde*, lasciando una testimonianza di immagini e testi che, di questi tempi, diventa lettura obbligata per chiunque voglia saperne di più sul riottoso occidente cinese. Qui la prima parte[178] di una serie in sette episodi.

*"Le chef du Parti Communiste régional, Wang Lequan,* **a annoncé** le *15 septembre dernier une grande campagne de rééducation destinée à*

---

[178] Dal blog *Un oeil sur la Chine* (http://chine.blog.lemonde.fr/2008/10/07/a-l%E2%80%99ouest-1/).

*renforcer l'identification à la Nation et à la culture chinoise*"[179].

Nazionalismo *han* contro nazionalismo uiguro? Indipendenza contro centralismo? Democrazia contro dittatura? Islamismo radicale contro ateismo di stato? Difficile decifrare il rebus dello Xinjiang, soprattutto dopo la confusione iraniana, alimentata dall'ingenuità occidentale. Forse un po' di tutto questo, mescolato in una miscela esplosiva. Uno che ha già la diagnosi pronta[180] però è Francesco Sisci, perfino più rapido del solito questa volta nello scrivere un articolo favorevole al governo di Pechino. Per la punta di diamante del giornalismo italico in ambito cinese, il PCC non ha sparato sulla folla e i 156 morti non devono essere attribuiti alla repressione armata ma ai manifestanti:

*"There is abundant evidence that the protesters set the city on fire, causing the casualties directly (by beating people) or indirectly (because innocents were in the buses on fire). Their actions could have reasonable motives and could be justified, but the killing of scores of innocent people is blood on their hands, and it is not pretty"*[181].

Alla base delle proteste, secondo Sisci, gruppi anti-cinesi con base all'estero. Insomma la stessa versione del Politburo. Adesso però il suo amico Hu Jintao dovrà spiegare a Sisci cosa intende quando parla[182] di *"punizione severa"* e di

---

[179] "Il capo del Partito Comunista regionale, Wang Lequan, ha annunciato lo scorso 15 settembre una grande campagna di rieducazione destinata a *rafforzare l'identificazione con la Nazione e con la cultura cinese*".

[180] Asia Times, 9 luglio 2009: "Beware the Tiananmen reflex" (http://www.atimes.com/atimes/China/KG09Ad03.html).

[181] "Ci sono prove schiaccianti che i manifestanti abbiano dato fuoco alla città, provocando vittime dirette (attraverso i pestaggi) o indirette (gli innocenti che si trovavano sugli autobus incendiati). Le loro azioni potrebbero avere alla base motivazioni ragionevoli ed essere giustificabili, ma l'uccisione di un gran numero di innocenti sporca di sangue le loro mani, e non è gradevole".

esecuzioni per chi è sceso in piazza.

Il problema fondamentale, come in ogni colonizzazione che si rispetti, è che i soldati mandati a *"ripristinare l'ordine"* dal governo centrale sono amici degli uni e nemici degli altri. In questo caso la polizia cinese, nonostante la retorica ufficiale, è nello Xinjiang per difendere l'etnia *han*. Le famiglie cinesi protagoniste della grande migrazione nel *far west* vivono il loro dramma come un dilemma tra appartenenza (nazionale) e condivisione (di un territorio). C'è chi negli scontri ha perso i figli[183] e nonostante il lutto continua ad esprimersi secondo lo schema della propaganda imposta da Pechino:

*"We wanted to do business," Lu Sifeng, 47, the father, said Tuesday, his eyes glistening with tears as he sat smoking on his bed. "There was a calling by the government to develop the west. This place would be nothing without the Han"*[184].

Nel caso specifico – ovviamente - non si può biasimare la reazione, ma sì riflettere sull'uso sapiente delle pedine (cioè delle persone) che il regime continua a fare. La Cina del XXI secolo è un luogo molto più complicato di prima: il Partito Comunista da una parte compra l'obbedienza e dall'altra castiga l'insubordinazione. La quantità di violenza totale dispiegata per mantenere la *"stabilità"* è inferiore rispetto al passato ma la cifra di tensione sociale aumenta esponenzialmente, così come la frattura fra etnia dominante e popolazioni minoritarie. Le nazionalità le *inventò* in un certo

---

[182] BBC News, 9 luglio 2009: "China leaders vow Xinjiang action" (http://news.bbc.co.uk/2/hi/asia-pacific/8141657.stm).

[183] The New York Times, 8 luglio 2009: "Migrants Describe Grief From China's Strife" (http://www.nytimes.com/2009/07/09/world/asia/09han.html?ref=asia).

[184] "Volevamo fare affari – diceva martedì Lu Sifeng, 47 anni, il padre, fumando sul letto con le lacrime agli occhi -. Ci fu una chiamata del governo a sviluppare la parte occidentale del paese. Questo posto non sarebbe nulla senza gli Han".

senso il maoismo, seguendo lo schema sovietico, ma oggi che il riconoscimento formale pretende un'evoluzione sostanziale, la situazione diventa impossibile da gestire per un esecutivo ancora fortemente autoritario, anche se non più totalitario.

La rivolta dello Xinjiang permette di evidenziare alcuni elementi di grande interesse dal punto di vista della propaganda dei regimi in generale e di quello cinese in particolare. La Cina ha un problema, il classico rompicapo che ha sempre assillato i sistemi comunisti plurinazionali ed è poi sistematicamente esploso in faccia ai governi centrali: la periferia dell'impero. Si può leggere in tanti modi la storia del XX secolo, ed uno di essi è certamente l'emergenza di forze centrifughe all'interno di strutture statali ortopedicamente assemblate. La lotta degli imperi comunisti centralizzati contro le tendenze disgregatrici si è svolta sempre attraverso i classici strumenti dello spostamento di popolazioni (colonizzazione dei territori periferici), della propaganda nazionalista e della repressione violenta. Ciascuno di questi tre elementi è presente nel caso uiguro.

Mi soffermo qui sul secondo, prendendo spunto di nuovo dall'intervista citata. Quando il padre del ragazzo afferma che lo Xinjiang *"non sarebbe nulla se non fossero arrivati i cinesi"* (gli *han*) fa sua senza riserve la narrativa ufficiale propagandata dal Partito Comunista durante decenni. Come per il Tibet *"strappato al feudalesimo"*, i cinesi pensano davvero di essere stati mandati in missione civilizzatrice nei confronti di popolazioni arretrate che abitavano territori inospitali. Se io - *han* - mi sono preso il disturbo di colonizzare, è stato per sottrarre alle tenebre una parte del mio paese altrimenti condannata all'arretratezza e al sottosviluppo. Quindi non solo le etnie originarie dovrebbero rispettarmi, ma da loro mi aspetto un riconoscimento. Le immagini delle truppe inviate da Pechino accolte nelle strade di Urumqi dagli applausi[185]

---

[185] L'immagine in questione al seguente indirizzo (http://static.guim.co.uk/sys-images/Guardian/Pix/pictures/2009/7/8/1247062054950/Resid ents-greeting-soldie-002.jpg).

dei cinesi non dimostrano solo sollievo ma segnalano la consapevolezza dell'arrivo di coloro che riporteranno l'ordine prestabilito nelle strade, difendendo gli *han* - vittime della barbarie locale - da qualsiasi sopruso. Molte guerre civili sono cominciate così: ricordate Milosevic a Kosovo Polje?

Le cose non succedono per caso ed ogni azione ha delle conseguenze. Vale per le persone, figuriamoci per i governi. La situazione dello Xinjiang[186], i disordini odierni, la necessità dell'intimidazione per reprimere le proteste, sono il segno evidente del fallimento della politica nazionale del Partito Comunista Cinese. E' l'eterno circolo vizioso delle dittature: la negazione del problema porta all'impossibilità di prevederne l'evoluzione e quindi di anticiparne gli effetti. Per questo i regimi illiberali finiscono, perché sono fondamentalmente ottusi. La Cina, che pretende di essere una grande potenza internazionale, si sta comportando come la più becera delle cricche autoritarie: prima permette la presenza di giornalisti stranieri[187] nella convinzione di veicolare meglio la propaganda di stato; poi si accorge che altrove funzionano meccanismi diversi e li fa arrestare[188], minacciando ulteriori ritorsioni; prima attribuisce la rivolta a gruppi anti-cinesi di stanza all'estero e all'estremismo islamico, poi chiude le moschee[189] dove la popolazione - tutta la popolazione di fede musulmana - si riunisce per

---

[186] China Digital Times, 8 luglio 2009: "The Current Situation in Urumqi" (http://chinadigitaltimes.net/2009/07/bbs-posts-the-current-situation in urumqi/).

[187] BBC News, 8 luglio 2009: "China seeks control through openness" (http://news.bbc.co.uk/2/hi/asia-pacific/8140901.stm).

[188] Foreign Correspondents' Club of China, 7 luglio 2009: "China Must Stop Harassing Reporters In Xinjiang" (http://www.fccchina.org/2009/07/07/china-must-stop-harassing-reporters-in-xinjiang/).

[189] BBC News, 10 luglio 2009: "China reimposes curfew in Urumqi" (http://news.bbc.co.uk/2/hi/asia-pacific/8144146.stm).

pregare. Fa riflettere come le reazioni dei despoti siano sempre così simili tra loro, come manchino completamente le soluzioni originali nell'affrontare le emergenze interne che lo stesso autoritarismo ha creato. La dittatura finisce per ingoiare se stessa, a cominciare dalle periferie.

19 novembre

## L'UOMO CHE CHIEDE SCUSA AL MONDO

Se era sciocco un anno fa negare la rilevanza storica
dell'elezione di Obama, sarebbe ancora più miope oggi
ignorare la rapidità con la quale l'inquilino della Casa Bianca
più amato dagli europei si sta incaricando di demolire a colpi
di piccone la percezione che degli Stati Uniti hanno coloro
che li ammirano e li difendono. Continuo a pensare che alla
fine sia l'America a fare i presidenti e non viceversa, ma
l'esperienza di quest'anno vissuto *pericolosamente* rischia
seriamente di mettere in discussione questa premessa.
L'immagine che Obama ha dato della *città sulla collina* nel suo
viaggio appena concluso in terra cinese non potrebbe essere
più deprimente. Le percezioni sono importanti in politica e
quella che è scaturita dal suo incontro con Hu Jintao è la
rappresentazione di un'America in procinto di abdicare al
suo ruolo di guida delle nazioni democratiche, di prima
potenza civile del pianeta, a beneficio dell'idra autocratica
cinese.

Non una parola a difesa dei propri principi, non una
rivendicazione convinta delle proprie conquiste, nemmeno il
tempo per un'affermazione della propria storia e della
visione del mondo che gli Stati Uniti hanno, fra alti e bassi,
sempre incarnato. Si presume - si spera - che Obama abbia

mantenuto un profilo così basso per diplomazia, non per convinzione. Ma, anche se così fosse, l'errore non risulterebbe meno grave e meno decisivo in un momento di passaggio come l'attuale. Se tu vai dal capo del Partito Comunista Cinese e ti fai manipolare come un burattino, se vai al cospetto di un gruppo di giovani burocrati della nomenclatura e li scambi per studenti, se visiti la più grande dittatura del pianeta e non sei in grado di spiegare le differenze con la nazione che hai avuto in sorte di governare, allora non puoi - non devi - fare il presidente degli Stati Uniti. Puoi essere un gran conferenziere, un ottimo diplomatico, un buon maggiordomo, ma non il *leader* del mondo libero. Obama è amato in Europa, nei circoli snob che assegnano i premi, nella sinistra che non crede in se stessa, nei sogni dei liberali confusi, non perché sta cambiando l'America. Obama è osannato perché sta indebolendo l'America, proprio come piace a chi l'America l'ha sempre detestata[190].

---

[190] Tre settimane dopo, Obama avrebbe ritirato a Oslo il Premio Nobel per la Pace.

# 2010

10 gennaio

## LA GUERRA NON È UN PRANZO DI GALA

Dopo mesi di investigazioni le Nazioni Unite (non la Bibbia, quindi) hanno deciso che il video in cui si mostrava un'esecuzione di nove prigionieri Tamil da parte di militari dello Sri Lanka è autentico[191]. Il governo di Colombo nega, allegando accuse di manipolazione delle immagini. Chi è passato vicino a quelle trincee, anche se a battaglia ormai conclusa, chi ha parlato con qualche vittima diretta o indiretta della follia Tamil e della conseguente reazione governativa, sa bene che oggi nello Sri Lanka, per la prima volta in 25 anni, c'è una speranza di ritorno alla vita e alla normalità. Quel video[192] non può piacere a nessuno, è chiaro, e come spiega il giornalista di *Channel 4* "*le immagini sono profondamente inquietanti*". Ma un governo che ha sconfitto una guerriglia tra le più spietate del continente (e non solo) potrebbe tranquillamente permettersi, invece di negare, di invitare i funzionari del Palazzo di Vetro ad andarci loro, la prossima volta, a setacciare la foresta in cerca di terroristi. E a scriverlo dopo, il rapporto.

---

[191] Dal blog *The Lede*
(http://thelede.blogs.nytimes.com/2010/01/08/sri-lanka-atrocity-video-appears-authentic-un-says/).
[192] Potete vedere il video a questo indirizzo
(http://link.brightcove.com/services/player/bcpid1184614595?bctid=60832635001).

27 gennaio – 1/4/15 febbraio

## INTERVISTA. "LA MIA VITA PER KIM JONG-IL"

Si chiama Alejandro Cao de Benós, discende da una famiglia dell'aristocrazia rurale catalana ed è, ad oggi, l'unico funzionario occidentale nel governo della Corea del Nord. Nella sua veste di delegato speciale del *Comitato per le Relazioni Culturali con l'Estero*, il trentacinquenne originario di Tarragona si muove per il mondo come un ambasciatore aggiunto, riceve delegazioni straniere a Pyongyang e si incarica di procacciare affari con le aziende del capitalismo avanzato. Come presidente della *Korean Friendship Association* (KFA), da lui fondata nel 2000, si vanta di esportare il verbo di Kim Jong-il e di far conoscere il Regno Eremita a politici (anche italiani) e curiosi.

Mentre le rivoluzioni dell'89 liquidano il totalitarismo in Europa, Alejandro Cao de Benós si lancia alla ricerca di un modello di società che incarni la sua idea di comunismo. Lo trova nella Corea del Nord e da quel momento la sua vita cambia. Comincia a viaggiare a Pyongyang quando ancora nessuno lo fa e a presentare progetti culturali ai rappresentanti del regime. Superate le diffidenze iniziali e gli inviti a ritornare da dove era venuto, Cao si apre gradualmente le porte delle istituzioni facendosi precedere da una delle frasi storiche del Caro Leader: "*La parola impossibile non esiste in coreano*". Quando propone di realizzare il primo sito Internet ufficiale[193] della Repubblica Democratica

311

Popolare di Corea, è Kim Jong-il in persona a cooptarlo all'interno della struttura di potere. Da allora Cao è un soldato fedele all'ideologia *Juche*, quel misto di comunismo asiatico e orgoglio nazionalista frutto dell'elaborazione intellettuale del Presidente Eterno Kim Il-sung. Non è mai stato su un campo di battaglia ma sull'uniforme che indossa quando è a Pyongyang sfoggia onorificenze civili e militari, oltre all'immancabile distintivo dei due Kim. Ho avuto occasione di parlare con lui durante un suo breve soggiorno spagnolo.

**Cominciamo dall'inizio. A quando risale la sua passione per la Corea del Nord?**
A quando avevo 15 anni. Stavo cercando un sistema che rappresentasse al massimo il mio ideale di società egualitaria. Era l'epoca della scomparsa dell'Unione Sovietica, a sinistra tutti volgevano lo sguardo verso la socialdemocrazia e nessuno voleva più chiamarsi comunista. I principi erano in vendita. Analizzai il modello vietnamita, quello cinese e quello cubano. La Corea del Nord in quel momento era tabù anche per la sinistra più radicale. Fu a Madrid che venni in contatto per la prima volta con tre famiglie nordcoreane che rappresentavano il paese nell'Organizzazione Mondiale del Turismo, ottenni materiale sulla Corea del Nord e cominciai a coltivare il mio interesse.

**Come avviene il salto da ammiratore a funzionario del governo nordcoreano? Come ha fatto a conquistarsi la fiducia del regime?**
E' un cammino lungo durato dieci anni, finché nel 2002 il governo di Pyongyang mi riconosce come delegato speciale. Il mio sogno era sempre stato lavorare per un progetto socialista reale. Mi sentivo totalmente identificato con la Corea del Nord non solo a livello ideologico ma anche dal punto di vista spirituale e culturale. All'inizio mi scontrai con un'atmosfera di sospetto e con i legittimi dubbi dei miei interlocutori sulle mie reali capacità. Ma in Corea del Nord

---

[193] Il sito è online a questo indirizzo (http://www.korea-dpr.com/).

se tu riesci a portare avanti le tue proposte con successo, allora alla fine ricevi un appoggio unanime. Dopo anni di tentativi con progetti educativi e culturali, la chiave di volta fu la creazione della pagina web ufficiale della Repubblica Democratica di Corea nel 2000, il primo canale di comunicazione fra la Corea e il mondo. Una volta ottenuta l'autorizzazione dal Ministero degli Esteri e della Cultura fu Kim Jong-il in persona a dare la sua approvazione.

Per legge della Repubblica non è possibile rappresentare il paese se non si è nati in territorio nordcoreano. Nel mio caso le autorità fecero una eccezione riconoscendo che avevo dimostrato di voler davvero realizzare il mio sogno, quello di lavorare per loro.

Tengo a precisare che dal governo nordcoreano non ho mai ricevuto denaro e tutte le posizioni che occupo attualmente sono onorifiche.

**Quali sono esattamente le sue funzioni a Pyongyang? Che cariche riunisce?**

Esercito tutte le funzioni proprie di un ambasciatore su scala mondiale, a livello diplomatico, culturale e commerciale. Mi incarico di accogliere delegazioni straniere, di risolvere problemi logistici quando i diplomatici sono a Pyongyang, di favorire le relazioni e i gemellaggi con i rappresentanti politici che si dimostrano interessati a conoscere la realtà della Corea del Nord, e agisco come portavoce del governo di fronte ai mezzi di comunicazione internazionali. E' un incarico polivalente, che non esisteva prima.

**Qual è il suo livello di partecipazione nella gestione degli affari di governo in Corea? Assiste a riunioni ufficiali? Viene consultato dalle alte cariche dello stato su questioni specifiche?**

Lavoro per il Comitato per le Relazioni Culturali con l'Estero, che dipende sia dagli Esteri che dal Ministero della Cultura. Mi riunisco periodicamente con le principali cariche dello stato, tra cui il Presidente dell'Assemblea del Popolo Kim Yong-nam e i funzionari dei ministeri per cui lavoro.

**Quanti membri e quante sedi ha l'associazione che lei**

presiede?
Siamo 9000 associati in 120 paesi. Quasi tutto il denaro che ci serve proviene dalle mie tasche. Altrimenti ci finanziamo con la vendita dei nostri *gadgets* e con le commissioni sui contratti che procuriamo al governo nordcoreano, ma quest'ultima è una fonte d'ingresso piuttosto limitata. Per esempio in Italia abbiamo appena firmato un accordo con *Indesit*, per la fornitura di elettrodomestici a basso prezzo per la nostra gente. Anche noi come tutti cerchiamo la qualità dei prodotti ed è per questo che preferiamo lavorare con aziende europee piuttosto che con la Cina, ad esempio.

**Qual è il suo obiettivo?**
Avvicinare al nostro paese chiunque sia interessato a conoscerne la realtà. Ovviamente è necessario che rispetti la Corea del Nord, che non manifesti intenzioni ostili o ci insulti.

**Come sa sono in vigore sanzioni americane contro la *Bank Delta Asia*, con sede a Macao, considerata un centro di riciclaggio dei fondi provenienti dalle attività illecite del governo nordcoreano. Quali sono i legami della *Korean Friendship Association* (KFA) con questa entità bancaria?**
La KFA non ha conti bancari all'estero. Come ho già detto tutto il denaro proviene dalle piccole attività che gestiamo o dal mio conto personale, frutto del mio lavoro e dei miei investimenti. Oltretutto il problema della *Bank Delta Asia* è ormai superato. Le accuse americane si sono dimostrate infondate e nel momento in cui gli Stati Uniti hanno mutato il loro atteggiamento passando da una posizione aggressiva ad una più dialogante, i conti correnti sono stati sbloccati. Parliamo già di qualche mese fa.

**Quanti mesi all'anno passa in Corea e quanti all'estero?**
Circa sette mesi in Corea ed il resto del tempo in missione per conto del governo.

**Accompagna diplomatici nordcoreani negli incontri con delegazioni straniere?**

Raramente. Lavoro con gli ambasciatori nordcoreani ma non mi incarico direttamente degli incontri diplomatici.

**Quali sono state le sue ultime missioni?**
Lo scorso novembre sono stato in Canada a trattare con una importante impresa farmaceutica la fornitura di medicinali per il nostro paese: principi attivi ed altri elementi chimici. Inoltre stiamo lavorando sul alcuni progetti relativi alle energie rinnovabili con organizzazioni italiane.

**Gestisce qualche attività economica in Corea?**
No, nessuna.

**Può descriverci la sua giornata tipo quando si trova a Pyongyang?**
Mi alzo alle sette, faccio colazione come tutti e vado a lavorare. Mi riunisco con i direttori dei vari dipartimenti per analizzare l'agenda della giornata e in generale accompagno i delegati in visita a Pyongyang negli incontri con i responsabili dei ministeri. I dirigenti nordcoreani parlano un inglese basico e spesso devo fare da intermediario. Kim Jong-il invece parla correttamente inglese, russo e cinese, oltre al coreano.

**In che parte della capitale vive?**
Vivo in un piccolo appartamento davanti all'Hotel *Koryo*, nel centro di Pyongyang, a due passi dal Ministero degli Esteri e della Cultura. Vado al lavoro a piedi, anche se tutti i funzionari del governo hanno a disposizione l'auto ufficiale.

**Quando non lavora che cosa fa a Pyongyang?**
Non ho molto tempo libero. Lavoriamo dal lunedì alla domenica e normalmente finiamo all'una di notte. A volte le riunioni finiscono al ristorante in piena notte.

**Lei ha la cittadinanza nordcoreana. Ma cosa significa sentirsi nordcoreano?**
Significa lottare per l'indipendenza e per preservare la cultura della nostra patria, avere l'obbligo di creare qualcosa non solo per il proprio beneficio personale ma per l'insieme della

società.

### E' vero che a Pyongyang la gente la ferma per la strada? Cosa le dicono le persone che incontra?

E' vero. Mi conoscono principalmente per i programmi televisivi a cui partecipo e per i discorsi che pronuncio sui canali nazionali e negli stadi. Inoltre canto in coreano per la popolazione in occasione di manifestazioni pubbliche. Mi trattano con affetto e ammirazione, mi vedono come uno di loro, un *"compagno"* come gli altri. In Corea del Nord non esistono differenze sociali e un dirigente del governo è uguale ad un cittadino comune.

### Conosce il coreano così bene?

No, lo sto imparando. Con i miei colleghi parlo in inglese e gli inni li imparo a memoria. Anche gli editoriali che scrivo per il *Rodong Sinmun* sono in inglese e poi vengono tradotti.

### Dal punto di vista dei costumi, quali sono i tratti caratteristici della società nordcoreana?

Innanzitutto il rispetto per la famiglia, per gli anziani, in generale per le altre persone. Nel Sud tutto questo non esiste più a causa dell'influenza occidentale e americana in particolare.

### Cosa rappresentano tutte quelle decorazioni che si vedono sulla sua uniforme?

Sono onorificenze civili e militari. L'Ordine Internazionale per le Attività Culturali, l'Ordine della Bandiera Nazionale per le mie attività civili e una medaglia per meriti di lavoro.

### Ma lei ha combattuto con l'esercito nordcoreano?

No, certo. Ma l'onorificenza militare che porto è un riconoscimento attribuito solo alle unità militari d'élite che mi fu consegnata personalmente a Panmunjom da un colonnello dell'esercito. Dal suo cuore al mio.

### Riceve regali da Kim Jong-il?

Mi fece personalmente un regalo: un servizio da tè di porcellana.

**Non si sente mai un privilegiato rispetto al resto della popolazione?**

No, perché la mia condizione di straniero mi ha sempre procurato più difficoltà che vantaggi. Sono il primo e unico nella storia ad aver conseguito quello che ho conseguito io. Avevo tutto contro. Quando tutti mi dicevano che il mio era un sogno impossibile, io rispondevo che – come dice lo stesso Kim Jong-il – la parola *"impossibile"* non esiste in coreano. Ed io l'ho dimostrato. Qualsiasi coreano può accedere a posizioni di governo, ma in teoria gli stranieri no.

**Qualsiasi coreano? E' sicuro? Chi seleziona la classe dirigente in Corea?**

La seleziona il popolo attraverso votazioni che si svolgono ogni quattro anni, altrimenti il sistema non si potrebbe sostenere.

**Ma se io lavoro in una fabbrica di scarpe e voglio entrare a far parte del Partito e cominciare una carriera politica, come devo fare?**

Devi parlare con i tuoi compagni dell'unità di lavoro durante i momenti di riposo, esporre le tue intenzioni, chiederne l'appoggio. Saranno loro i primi a proporti per l'Assemblea Suprema del Popolo e a votarti. Ti puoi presentare alle elezioni in uno dei tre partiti esistenti.

**Tre?**

Certo, non c'è solo il Partito dei Lavoratori in Corea. Ma le cose non sono come in occidente: gli altri partiti non sono schieramenti di opposizione, non lottano per il potere, ma si complementano nell'attività legislativa.

**Quanti membri ha il Partito dei Lavoratori?**

Circa sei milioni. Ma qualsiasi persona può partecipare alle riunioni del Partito, anche senza essere iscritto.

**C'è una storia che gira su di lei. Dicono che qualche anno fa avrebbe minacciato un giornalista della ABC, Andrew Morse, reo di aver girato un servizio critico nei**

confronti della Corea del Nord. Sarebbe addirittura entrato nella sua stanza d'albergo per spaccare il suo computer. Com'è andata davvero?

I giornalisti americani non possono entrare a Pyongyang senza un visto speciale. Io glielo procurai facendogli un favore, mettendo in gioco la mia reputazione. Lo avvisai più volte che non poteva fare fotografie a obiettivi strategici, come installazioni militari, stazioni ferroviarie. Da subito cominciò a comportarsi in una maniera poco ortodossa, disattendendo le mie indicazioni. Aveva la sua agenda, raccogliere materiale per venderlo all'FBI o al governo americano. Non ebbi altra scelta che agire di forza e requisire il materiale illegale dopo averlo smascherato.

**Lei crede davvero che un giornalista americano possa vendere materiale al proprio governo?**

Certamente, anche perché è l'unico modo di viaggiare in Corea del Nord al di fuori delle limitazioni applicate ai turisti americani. Per noi un turista è uguale a una spia potenziale. Chi entra come turista in Corea del Nord non vede praticamente nulla.

**Dalle immagini che provengono dalla Corea, Pyongyang appare il più delle volte come una città imponente ma deserta, con pochi passanti e vigili urbani che dirigono un traffico inesistente. E' questa la realtà?**

Pyongyang è una città monumentale, ricostruita quasi interamente dopo i bombardamenti americani, in cui abitano meno di 4 milioni persone. La sensazione di vuoto deriva dalle sue dimensioni. In Corea del Nord non c'è traffico perché, a parte la necessità di risparmiare combustibile, il trasporto è interamente pubblico. Ogni impresa, ogni ministero, ogni organizzazione hanno a disposizione 3 o 4 veicoli. Solo alcune categorie di persone dispongono di un'auto privata: coreani residenti in Giappone che tornarono in patria negli anni '80, atleti famosi o scienziati di spicco. A Pyongyang tutti i palazzi sono del popolo ma non ci sono abitazioni private. Lo stato regala la casa ai cittadini i quali non hanno spese di affitto o mantenimento, sempre che rimangano all'interno dei parametri di consumo energetico stabiliti.

### Esiste una vita notturna a Pyongyang? Ci sono cinema, ristoranti?

Non solo: ci sono karaoke, sale da bowling, centri culturali. La vita si basa sulla diffusione della cultura, a Pyongyang come in tutto il paese. La gente frequenta i parchi con le famiglie, gioca a carte, pesca, e in genere va a dormire molto tardi, verso le 2 o le 3 di notte.

### Che film si proiettano?

L'arte cinematografica ha come scopo la formazione di una coscienza sociale. Non si proiettano film che fomentino il capitalismo o la distruzione della società, non esiste la pornografia. Kim Jong-il è un appassionato di cinema ma, al contrario di quanto si dice in occidente, la sua cineteca non contiene titoli hollywoodiani.

### Come vive la gente nella capitale e nel resto del paese? Che differenze ci sono?

Le zone rurali hanno ovviamente servizi ridotti rispetto alla capitale ma in generale nei villaggi si è sempre vissuto meglio che nella grande città. Per esempio, le famiglie possono coltivare di tutto sull'appezzamento di terreno a loro assegnato all'interno delle cooperative. Quando ci furono problemi alimentari i contadini sopravvissero molto meglio che i cittadini dei centri urbani. Inoltre il salario dei lavoratori dei campi è superiore a quello dei funzionari pubblici, quasi il doppio.

Lo stato si fa carico di tutto, dalla casa, all'assistenza sanitaria, ai buoni alimentari.

### Funziona ancora il Sistema Pubblico di Distribuzione degli alimenti (PDS)?

Certamente. Ad ogni famiglia si assegnano delle quote per il cibo – uova, polli - ma anche per gli indumenti – scarpe, vestiti -. E' vero che durante la crisi alimentare questo sistema venne ridimensionato ma non fu mai interrotto e dal 2000 è tornato sui livelli precedenti. E' la base del nostro socialismo.

## Come giudica in generale il livello di vita dei nordcoreani?

E' una vita umile ma degna. La persona non deve preoccuparsi per il domani, non ha mutui da pagare, non ha paura di perdere il lavoro. Ogni sua necessità è coperta dallo stato.

## Supponiamo che io lavori molto per potermi permettere una casa più grande. Perché non posso comprarmela?

Perché devi sacrificare il tuo egoismo per il bene comune. Devi orientare i tuoi obiettivi verso l'ideologia, non verso i tuoi bisogni materiali. E' il vantaggio di un sistema ideologico rispetto ad uno basato esclusivamente sull'economia.

## La gente accetta questa visione?

Totalmente. Per questo il sistema si mantiene saldo. Nel 2010 non è facile rimanere un paese comunista di 24 milioni di persone senza che il popolo sia d'accordo.

## Ci sono molti modi di mantenere in piedi un sistema...

Attualmente tutti senza eccezione appoggiano il sistema e darebbero la vita per la sua sopravvivenza. Non è un'imposizione, è una realtà.

## In una citazione inserita in un recente editoriale sul quotidiano del Partito *Rodong Sinmun*, Kim Jong-il sembra riconoscere che i fabbisogni minimi della popolazione non sono stati ancora coperti. Come si deve interpretare questa ammissione?

Semplicemente come consapevolezza di quel che successe tra il 1995 e il 2000 e che la Corea del Nord non ha mai negato. Dopo il crollo degli altri sistemi comunisti la nostra nazione perse tutto il suo commercio estero, il blocco economico statunitense aumentò di intensità e fummo colpiti da una serie di disastri naturali. Fu necessario riconvertire l'economia del paese perché tornasse a funzionare, aprendosi anche a contatti con aziende del mondo capitalista. Questa fase di riassestamento non è ancora terminata.

**E' noto che le *élites* politiche e militari godono di privilegi rispetto alla popolazione comune (in temini di alloggio, cibo e beni di consumo). Ma la Corea del Nord è un paese egualitario: non c'è contraddizione in questa disparità di trattamento?**
Questo è falso. Un generale dell'esercito vive come un impiegato di una fabbrica di scarpe, in tutte le zone del paese. Il nostro vice-presidente abita in un appartamento esattamente come ogni altro cittadino. Altrimenti il sistema cadrebbe. La gente non è stupida.

**Ma durante la carestia i dirigenti non ricevevano razioni alimentari superiori alla gente comune?**
No, lo stesso Kim Jong-il mangiava una ciotola di riso come tutti i nordcoreani.

**Però lui vive in un palazzo...**
E' un'altra bugia. Il nostro leader ha alcune residenze segrete in diverse zone del paese per il semplice fatto che viaggia continuamente per stare con la gente. Se non fosse così non potresti vedere le sue foto ogni giorno da un luogo differente.

**Sono tutte vere queste immagini?**
Tutte. Oggi è in una fattoria di maiali, domani in un avamposto militare, dopodomani in una cooperativa ed ogni mattina i notiziari aggiornano la popolazione sui suoi spostamenti e sulle persone che ha incontrato nelle loro case.

**Che libri si possono leggere in Corea del Nord? Ho letto che la Biblioteca Nazionale di Pyongyang ospita testi occidentali, tra cui perfino romanzi di Orwell o i classici francesi. E' così? Chi la frequenta?**
Non so se ci sia Orwell, e mi sembra un sarcasmo. Ma libri occidentali ce ne sono molti, normalmente i classici. Non abbiamo problemi sempre che non diffondano pornografia o propaganda capitalista. Tutti i cittadini possono

frequentare la Biblioteca Nazionale.

**E nelle librerie cosa si trova?**
Un po' di tutto: matematica, geometria e le opere dei nostri leader. Logicamente il controllo è fondamentale per garantire la vitalità del sistema.

**E' vero che Kim Jong-il è un appassionato di Internet?**
In generale si interessa alle nuove tecnologie. E so per certo che ha un indirizzo e-mail.

**Chi scrive a Kim Jong-il?**
Io gli ho scritto diverse volte e ho ricevuto sue risposte. Ovviamente lo disturbo solo per le questioni urgenti.

**A quanto ne so, in Corea del Nord non esiste Internet come noi lo intendiamo. Ci può descrivere come funziona la rete e chi la utilizza?**
E' una Intranet a cui gli utenti possono collegarsi gratuitamente per entrare in chat o consultare la loro e-mail. E' uguale al *world wide web* però funziona solo all'interno del paese. Le informazioni si filtrano per evitare che le persone entrino in contatto con contenuti violenti o pornografici.

**Come i notiziari della CNN?**
Quella è pura propaganda, non sono notizie.

**Che immagine hanno di se stessi i nordcoreani? E' un popolo razzista o tollerante? In che misura il sentimento nazionalista contribuisce a cementare il regime? Glielo chiedo perché sta per uscire il libro di B. R. Myers intitolato "*The Cleanest Race*", che credo farà discutere esperti e appassionati.**
I nazionalisti nordcoreani sono inseriti all'interno del Partito dei Lavoratori che difende la sovranità e l'integrità del paese. Ma il concetto di razza è estraneo alla società nordcoreana che, anzi, soffrì immensamente le politiche razziste degli occupanti giapponesi.

**Ha dovuto pagare un prezzo personale per le sue**

convinzioni politiche?
Un prezzo molto alto, perché quella occidentale non è una società libera ma completamente manipolata nell'interesse delle classi dirigenti. Ho perso lavori importanti, amicizie che credevo consolidate, per anni ho avuto problemi con la mia famiglia. Ho sofferto molto. Adesso è diverso, sono una persona conosciuta e rispettata.

**Si sente più libero in Corea del Nord?**
Certamente. Vivo in un paese in cui la gente crede nei miei stessi ideali e dove non devi preoccuparti continuamente di tenere d'occhio il portafoglio. E' un modello sociale che permette di rilassarsi.

**In occidente la Corea del Nord è generalmente considerata come il paradigma dello stato totalitario, nel quale i diritti umani e le libertà fondamentali sono inesistenti e in cui ogni posizione contraria a quella ufficiale è radicalmente repressa. Vorrei conoscere la sua versione dei fatti.**
Chi sostiene una posizione del genere non sa nulla della storia e della cultura nordcoreane. Io sono una persona che ha sempre preferito verificare di persona quello che altri davano per scontato. Così ho fatto con la Corea del Nord e devo dire che la stragrande maggioranza delle persone che visitano il nostro paese cambiano opinione una volta preso atto della realtà.

**Come descriverebbe il sistema politico nordcoreano?**
Come un sistema socialista basato sull'ideologia *Juche*, che ha al centro l'uomo come trasformatore della società.

**Crede che i nordcoreani in generale siano felici del loro modo di vivere?**
Sì, molto felici. Molto più che in occidente. Ogni volta che vengo in Spagna non vedo l'ora di ritornare a Pyongyang, vedendo la quantità di gente in difficoltà economica e preoccupata per il proprio futuro. I nordcoreani vivono in una società migliore dal punto di vista mentale, ideologico o spirituale.

**Perché allora vi sono persone che cercano di scappare all'estero, rischiando la loro stessa vita?**
Perché la propaganda dei media occidentali è molto forte. In ogni caso molti di quelli che in occidente chiamano *"rifugiati"* attraversarono la frontiera con la Cina negli anni della carenza alimentare, perché nel Nord le condizioni erano molto dure. La maggior parte di loro tornarono più tardi e solo poche centinaia di persone decisero di rimanere in Cina, convinte dalle promesse di un guadagno facile. Queste persone, se tornassero oggi in Corea, dovrebbero spiegare perché decisero di non rientrare insieme a tutte le altre. Temendo un rifiuto sociale preferiscono tentare la sorte in Corea del Sud.

**Però anche oggi il flusso di rifugiati continua.**
Sono casi isolati, normalmente influenzati dalla propaganda. In molti casi ritornano e vengono nuovamente accolti. Non c'è nessun castigo per loro, contrariamente a quanto affermano certi media occidentali. Cosa diversa sono i casi di spionaggio che sono a tutti gli effetti un crimine contro lo stato. Per uno che se ne va, migliaia dimostrano ogni giorno la loro fedeltà al regime.

**Perché il governo nordcoreano non permette che i suoi cittadini viaggino al di fuori dei confini dello stato?**
Si può viaggiare all'estero ma sempre con una missione ben precisa della quale il governo sia a conoscenza. Oltretutto viaggiare costa molto e sono necessari fondi che solo lo stato può mettere a disposizione. Nel futuro, quando la economia lo consenta a tutti, i nordcoreani potranno viaggiare liberamente.

**Se io visito Pyongyang posso parlare con la gente comune?**
Sì, se io sono insieme a voi.

**Perché gli stranieri che visitano la Corea del Nord devono sempre essere accompagnati da una guida ufficiale che non li lascia mai soli?**

Perché la gente non li conosce e perché per ragioni di sicurezza dobbiamo mantenere una certa distanza. Ogni giorno gli Stati Uniti cercano di infiltrare spie nel nostro paese, di massacrarci con la loro propaganda per distruggere la nostra economia. Attraverso il *CoCom* gli americani influenzano le nostre relazioni commerciali con l'estero, per esempio i canadesi non possono venderci medicinali perché altrimenti avrebbero problemi con Washington. In questa situazione di continua oppressione a tutti i livelli, un paese così piccolo ed economicamente fragile come il nostro deve potersi difendere da intrusioni indesiderate. Il popolo coreano è stufo di menzogne e di gente falsa.

**Perché in Corea del Nord non c'è nessun tipo di opposizione al governo? Perché non si ascoltano mai opinioni dissenzienti dalla linea del Partito-Stato?**
Perché nel nostro sistema socialista esiste un concetto di unità che ci porta a lavorare tutti per lo stesso progetto comune. In Corea abbiamo un'ideologia che fin da piccoli alimenta nei cittadini una naturale attrazione verso questo tipo di società, della quale tutti vogliono sentirsi partecipi. La chiave della vittoria del sistema sta nell'impedire l'entrata nel paese alla propaganda anti-socialista ma soprattutto nell'educazione delle nuove generazioni. Non ci sono voci discordanti perché nessuno in Corea tenta di imporre la propria visione al vicino.

**Però intimamente ognuno avrà certamente opinioni diverse rispetto alla situazione politica e sociale. Perché queste idee non si possono esprimere pubblicamente?**
Lo si può fare, sempre che si rispettino le istituzioni. Quel che non si può permettere è che i panni sporchi si lavino in pubblico. Chi ha una lamentela può parlare con il rappresentante politico del distretto il quale si incaricherà, se è il caso, di presentare una mozione al Partito e all'Assemblea del Popolo. Non ci saranno rappresaglie se la proposta è rispettosa. Ma bisogna impedire che si crei disordine sociale attraverso attività anti-governative, proselitismo, conflitti tra gruppi religiosi.

**Testimonianze di rifugiati e perfino di ex membri del regime hanno denunciato la presenza di una fitta rete di campi di concentramento in territorio nordcoreano. Che cosa sono questi campi e chi vi è rinchiuso?**
Non esistono campi di concentramento. Ci sono estese porzioni di territorio in cui lavora gente comune, per esempio fattorie collettive o gruppi dedicati a servizi forestali. Non ci sono prigionieri. Le dichiarazioni dei cosiddetti rifugiati sono profumatamente pagate da chi ha interesse a diffondere queste menzogne. Chi parla di campi di concentramento lo fa per denaro, elargito il più delle volte da organizzazioni cristiane fondamentaliste in cambio di testimonianze false. Per una casa e un lavoro a Seul è normale che alcune persone siano disposte a mentire.

**Ma ci sono anche immagini satellitari che dimostrano la presenza di campi recintati e sorvegliati.**
I satelliti non chiariscono di cosa si tratti. Si vedono *"cose"*, non campi di concentramento. La presenza militare è dovuta al fatto che l'esercito è sempre in prima linea nei lavori più importanti e complessi. Le costruzioni che si osservano sono in molti casi basi militari o baracconi in cui alloggiano i soldati. E' impossibile dal satellite distinguere queste costruzioni dalle fattorie collettive.

**Lei nega l'esistenza di prigionieri politici in Corea del Nord?**
E' un fenomeno che non si produce nel nostro paese. Non ho mai avuto notizia di nessuno che abbia protestato contro Kim Jong-il, né ho mai visto scritte anti-governative sui muri delle città o dei villaggi.

**Se non ha nulla da nascondere, perché il governo di Pyongyang non permette all'inviato per i diritti umani dell'ONU di entrare nel paese?**
Tu apriresti la porta della tua casa a chi ha insultato e calunniato pubblicamente te e la tua famiglia? Sia l'ONU che *Amnesty International* si permettono, senza conoscere la realtà del paese, di pubblicare rapporti che danneggiano la nostra reputazione. Da chi sono pagate queste organizzazioni?

Lei crede che in Corea del Nord i diritti umani siano rispettati?
Sì.

**Qual è la sua personale concezione dei diritti umani?**
Tutti hanno diritto alla soddisfazione dei loro bisogni fondamentali, senza eccezione: casa, cibo, lavoro, una vita pacifica, armoniosa e felice. Questi per noi sono i diritti umani essenziali della persona.

**E le libertà di espressione, di stampa, di movimento, di associazione?**
Non si può avere tutto. E' necessario sacrificare una parte della propria individualità per il bene della collettività. Oltretutto questo concetto di libertà è strettamente legato alle capacità economiche delle persone e come tale del tutto teorico: l'80 per cento della popolazione mondiale non può beneficiarne. Speriamo che il capitalismo attraversi altre crisi come questa.

**E la libertà religiosa?**
E' assicurata in Corea del Nord.

**Ci sono ancora nemici di classe in Corea del Nord?**
Non solo nemici di classe ma persone che commettono errori e devono essere rieducate socialmente. Se la persona riconosce pubblicamente il suo errore – per esempio in un caso di corruzione – e si scusa pubblicamente, viene perdonata. Dipendendo dalla posizione che occupa sul posto di lavoro, subisce un declassamento.

**Quindi si svolgono ancora sessioni pubbliche di auto-accusa e indottrinamento ideologico.**
Sì, nelle unità e di lavoro e nelle cellule del Partito. L'idea è quella secondo cui ognuno forma parte di una grande famiglia e deve assumersene la responsabilità di fronte agli altri membri.

**Qual è la sua posizione personale sulla pena di morte?**

**In che casi si applica in Corea del Nord?**
Sono totalmente contrario alla pena di morte. In Corea ufficialmente esiste ma si applica molto raramente, solo in casi di spionaggio e sabotaggio.

**Come descriverebbe il sistema economico nordcoreano?**
Un sistema di proprietà statale e collettiva basato, per quanto possibile, sull'autosufficienza economica. Lo stato destina al popolo in maniera egualitaria i beni che possiede. L'agricoltura costituisce il 60 per cento dell'intera economia, il resto è industria pesante, particolarmente bellica.

**La grande carestia degli anni 1995-1998 avrebbe provocato, secondo alcune fonti, tra uno e due milioni di morti. Sono vere queste cifre?**
Non ci sono cifre ufficiali ma personalmente credo che non si siano superati gli 80.000 morti.

**Quali furono le cause della carestia? Che parte ebbero eventuali errori o omissioni nella gestione economica e in quella degli aiuti da parte del governo di Pyongyang?**
Il governo non commise errori, assolutamente. Se no, come spiegare che dal 1948 al 1995 non successe mai nulla di paragonabile? Negli anni '80 l'economia del Nord era più forte di quella del Sud e tra i paesi socialisti il nostro era tra più prosperi. Le cause della crisi furono la fine del blocco comunista con la conseguente difficoltà ad adattarci a logiche diverse da quelle cui eravamo abituati, e soprattutto i disastri naturali che colpirono il paese.

**Lei cosa ricorda di quel periodo?**
Ho visto morire gente, certamente. Anche senza mangiare, le persone lavoravamo fino a 20 ore al giorno per aiutare il paese a riprendersi. Molte di loro morivano sul posto di lavoro. Non c'era riscaldamento, né elettricità, né acqua corrente. Ricordo tutti i negozi chiusi a Pyongyang, dove funzionava solo il sistema di distribuzione pubblica. Ricordo una collega del ministero con le mani sullo stomaco, per non aver mangiato nulla dal giorno prima. Io mi nutrivo con un

pomodoro, una cipolla e un pezzo di pane congelato della Croce Rossa.

Contrariamente a quanto dicono i media internazionali, in campagna la gente soffriva e moriva meno che in città perché ad ogni famiglia contadina era assegnato un piccolo appezzamento di terreno per uso personale, dove si coltivavano verdure e si allevavano animali. Nel Nord, dove per ragioni climatiche non si poteva far crescere nulla, la crisi fu più dura.

**Com'è oggi la situazione alimentare nel paese?**
Il *World Food Program* (WFP) lancia continuamente allarmi perché ha interesse a farlo. Se no come raccoglierebbe i finanziamenti? Stesso discorso per la FAO. In realtà anche dalle foto satellitari si vede come quest'anno il raccolto è stato il migliore degli ultimi anni. Oltretutto stiamo modernizzando le attrezzature per il lavoro agricolo e standardizzando le caratteristiche dei terreni. Non c'è nessuna emergenza alimentare nel paese attualmente e le cose possono solo migliorare.

**Che prove ha di quel che afferma?**
Visito regolarmente il paese in lungo e in largo, da nord a sud, da est a ovest. Vedo cooperative, ospedali, fattorie.

**Ha accesso a tutto il territorio nazionale?**
No, ci sono zone militari il cui accesso è proibito a tutti. Però la vita del popolo la conosco bene e sto vedendo continui cambiamenti in positivo: più prodotti nazionali, snacks, patate fritte, biscotti, beni di consumo.

**Mentre i nordcoreani morivano di fame lei accompagnava le delegazioni straniere a visitare le opere architettoniche del regime, gli imponenti monumenti all'ideologia e perfino una mastodontica sala da bowling. Poi c'erano le spese militari, gli orologi di lusso, le scorte di cognac per Kim Jong-il. Come difende le priorità del regime e il suo ruolo nel supportarle in quel particolare momento della storia del paese?**

La KFA comincia a organizzare visite nel paese a partire dall'anno 2000, quando la crisi era già terminata. Gli edifici si costruirono per la maggior parte negli anni '80, quando l'economia era in buona salute. Per questo, ad esempio, la costruzione dell'hotel *Ryugyong* si interruppe quando si constatò che i fondi dovevano essere destinati ad altre priorità. Inoltre tutti i materiali per la costruzione provengono dall'interno, non importiamo nulla e quindi non spendiamo nulla. Sul cognac, Kim Jong-il non beve alcolici, quindi è una speculazione.

**E' vero che Kim Jong-il ha ordinato la chiusura di tutte le piccole attività commerciali private sorte dopo la carestia e tollerate dal regime anche se formalmente illegali?**
Non esistono attività private di questo tipo in Corea del Nord, non c'è un'economia alternativa a quella socialista. Tutti i chioschi o le bancarelle che si vedono nelle città o nei villaggi sono di proprietà statale: lo stato ne assegna la gestione a determinate categorie di persone a fini esclusivamente sociali. In questo modo le persone si sentono utili e socializzano con i vicini. E' vero che durante la crisi alimentare si aprirono i cosiddetti open-markets, nei centri urbani soprattutto, un esperimento che però non ha nulla a che vedere con attività private. Ogni azienda statale aveva la possibilità di fissare i propri prezzi entro un margine stabilito dallo stato, una forma embrionale di concorrenza per provare a rendere più dinamica l'economia. Adesso questi open-markets non sono più necessari e verranno chiusi.

**Lei personalmente cosa pensa della proprietà privata?**
Dipende dal paese e dal sistema. Per me la collettività è più importante dell'individuo e lo stato nordcoreano attualmente rappresenta pienamente gli interessi della società.

**In breve, ci può spiegare come funziona il sistema sanitario?**
La sanità è gratuita per tutti. Negli ospedali l'attenzione è immediata. Non solo: ogni mese le famiglie ricevono la visita di un medico che controlla il loro stato di salute. E' un

sistema di medicina preventiva. Il numero di medici è molto alto e in questo modo è possibile sopperire alle carenze tecnologiche che, sfortunatamente, ancora ci portiamo dietro. Nei limiti del possibile utilizziamo i rimedi tradizionali nordcoreani secondo la tradizione orientale.

**In cosa consistono i programmi scolastici e universitari?**
Insegnamento obbligatorio fino alla maggiore età, accesso gratuito all'università, non esiste l'analfabetismo. I programmi scolastici prevedono una parte di studi politici di orientamento ideologico ma soprattutto lo studio delle materie tradizionali, altrimenti il paese non potrebbe progredire dal punto di vista scientifico e non potrebbe produrre i missili intercontinentali che abbiamo.

**Secondo l'iconografia ufficiale Kim Il-sung e Kim Jong-il sono considerati alla stregua di dei o semi-dei. Le loro immagini sono appese non solo negli uffici pubblici ma anche in tutte le case. Le spille con la loro effigie sono ornamento necessario negli indumenti degli adulti. Lei, da occidentale, come giudica questo tipo di culto della personalità?**
Non si tratta di culto della personalità. Io direi piuttosto che si seguono gli insegnamenti di un maestro. In Asia la figura del maestro e del padre è molto più importante che in occidente e la Corea del Nord ha conservato totalmente questa forma di rispetto nei confronti della guida. Kim Il-sung è il padre della nostra società ma nessuno lo definirebbe mai un dio, perché tutti sanno che è morto e che anche suo figlio è mortale. E' un dio nella stessa maniera in cui i cristiani definiscono Gesù Cristo il loro maestro.

**Una volta vidi un documentario – credo fosse del _National Geographic_ - in cui alcune persone si rivolgevano adoranti alle icone del Grande Leader e del Caro Leader ringraziandole di aver ridato loro la vista. Cosa pensa di questo tipo di manifestazioni?**
In quel _reportage_ si cercava il sensazionalismo e si descrivevano fatti al di fuori del loro contesto. I pazienti

ringraziavano i nostri leaders per aver creato un sistema che ha permesso loro di recuperare la vista attraverso una operazione. Un sistema nel quale il chirurgo era andato ad operare non il re o un membro privilegiato del Partito – come si dice sempre - ma una semplice contadina.

**Il sito ufficiale della DPRK, di cui lei è artefice, contiene una esaltazione incondizionata del Grande Leader e del Caro Leader. Lei pensa che Kim Jong-il sia infallibile? Se no, può dirmi quali sono stati, secondo lei, gli errori del Caro Leader?**
Sicuramente ha commesso errori ma da quando io vivo in Corea del Nord non saprei indicarne nessuno. Non posso rimproverare nulla a Kim Jong-il, il cui comportamento è l'esempio grazie al quale il sistema si mantiene. Ho visto errori in altri funzionari del Partito ma non nel nostro leader.

**Si trovava già in Corea quando Kim Il-sung morì? Non è stato quello un incredibile episodio di fanatismo di massa?**
Mi trovavo in Spagna. E' stata una dimostrazione di unità del popolo nei confronti del leader o del padre. Kim Il-sung ha sempre trattato i nordcoreani come suoi figli, addirittura adottò personalmente migliaia di orfani. Quella manifestazione di dolore era quella di un figlio per la morte del proprio padre. Non ci fu nulla di orchestrato in quella occasione, tutto fu spontaneo e un coreano si offenderebbe se qualcuno manifestasse dubbi al proposito.

**Ogni quanto tempo incontra Kim Jong-il?**
Sono stato personalmente al suo cospetto in una sola occasione, nel 2003, poco dopo aver ricevuto la mia imposizione. Ma siedo vicino a lui nelle parate militari e ci teniamo regolarmente in contatto attraverso i rapporti ufficiali che gli faccio pervenire o la posta elettronica. Molte volte mi invia saluti personali nel corso di manifestazioni ufficiali.

**Quale è il suo stato di salute attuale?**
Sta bene ma come ogni persona in età avanzata può a volte

patire qualche acciacco. Si sono dette molte falsità in questi mesi, per esempio non è assolutamente vero che è stato operato al cervello. Non bisogna credere a nessuno perché in tutto il paese solo due persone conoscono lo stato di salute reale del nostro leader. E' un segreto di stato.

**C'è mai stata in questi mesi una situazione di vuoto di potere in Corea?**
Il sistema è perfettamente strutturato in caso di decesso di Kim Jong-il. C'è un presidente dell'Assemblea Popolare che è già il presidente della nazione e come tale rappresenta il popolo e anche la Commissione Nazionale di Difesa, di cui Kim Jong-il è presidente, è dotata di un vice che potrebbe esercitarne le funzioni. Non sarebbero possibili rivoluzioni o colpi di stato perché il livello di coesione della società lo impedirebbe. Certo, il carisma del leader non è riproducibile.

**In chiave successione si parla del terzogenito Kim Jong-un. Sono solo speculazioni o c'è qualcosa di vero?**
Non c'è successore designato né si percepiscono segnali di un prossimo cambio al vertice. Kim Jong-il è al potere perché lo ha voluto il popolo, non perché lo abbia designato suo padre. I nordcoreani non accetterebbero mai un leader a loro imposto dall'alto, io stesso non lo accetterei se non avesse una traiettoria nella quale mi potessi riconoscere.

**Scusi, non ho capito bene.**
Fin da bambino Kim Jong-il vestiva uniforme militare e viveva con i soldati. La gente lo ha sempre visto come un leader potenziale e lui ha sempre avvertito la profonda responsabilità di aiutare il padre. In quanto persona carismatica il popolo lo accolse come sostituto del Presidente Eterno. Non c'era nessun altro come lui.

**L'esercito rimarrà fedele alla linea dettata dal Partito o sono prevedibili iniziative indipendenti?**
Senza nessun dubbio seguirà la linea perché il Partito è ovunque, anche nei ranghi dell'esercito.

**Perché l'esercito nordcoreano ha bisogno di un milione**

**di uomini?**

Per difendersi da una superpotenza come quella americana. E' grazie al nostro esercito che la Corea del Nord ha potuto sopravvivere.

**Qual è il livello di soddisfazione tra i militari? Esistono fenomeni di diserzione o di ammutinamento?**

Ho molti amici nell'esercito e posso assicurare che le nostre divisioni sono compatte intorno al Partito e al suo leader. Non esistono fazioni o frizioni. Anche se ci fosse qualcuno che pensasse diversamente, sarebbe molto complicato posizionarsi contro l'intera società. La principale paura in Corea del Nord è quella di un rifiuto sociale.

**Pensa che i nordcoreani qualche volta non abbiano paura anche del loro governo?**

No, la gente vede il governo come una entità benevola. Io stesso sarei molto più duro in certi casi. Governo, popolo ed esercito sono una cosa sola.

**C'è polizia nelle strade?**

Non è necessaria. In una società libera da problemi sociali, da conflitti, da estremismi, dalla droga, dalla prostituzione, in una società che si autoregola, ogni fenomeno di rottura della coesione verrà corretto dagli stessi cittadini. I carcerati sono pochissimi e generalmente hanno problemi mentali.

**Esiste in Corea del Nord un servizio segreto paragonabile al KGB sovietico o alla Stasi nella Germania Orientale?**

C'è un servizio di intelligenza che dipende dal ministero dell'interno e si incarica di prevenire le minacce alla sicurezza del nostro paese provenienti dall'esterno. Non è una polizia incaricata di spiare la popolazione, perché noi non abbiamo problemi di questo tipo. In Corea del Nord ogni cittadino è un sorvegliante che si incarica volontariamente di controllare il comportamento dei suoi vicini.

**Dove è nato Kim Jong-il, in un villaggio russo o sul Monte Paektu?**

Sul Monte Paektu, dove agivano le forze della guerriglia. In Russia non c'è nulla che ricordi la sua nascita, il Monte Paektu è pieno di cimeli.

**La storia del comunismo è costellata di massacri, povertà e oppressione. Alla luce del crollo dei sistemi comunisti in quasi tutto il mondo, su quali elementi si basa la sua difesa incondizionata di questa ideologia?**
I massacri provocati dal comunismo non sono superiori a quelli che produce continuamente il sistema capitalista. Basta guardare a ciò che è successo in Jugoslavia dopo la fine del regime comunista. Prima tutte le razze convivevano senza problemi, poi si è scatenato l'inferno. E' una menzogna che il comunismo sia stato una tragedia: è vero che alcune persone che hanno applicato l'ideologia comunista hanno commesso errori. La mia difesa dell'ideologia si basa sulla ricerca di una società egualitaria in cui l'uomo non sia sfruttato da altri uomini e dove tutti i mezzi di produzione appartengano al popolo. Il socialismo nel quale credo, quello della Corea del Nord, riunisce tutta la società e tutti sono partecipi della Rivoluzione.

**Che opinione ha dei grandi leader comunisti della storia: Lenin, Stalin, Mao, Pol Pot?**
Stalin e Mao furono grandi rivoluzionari. Ma la Rivoluzione Culturale fu uno sbaglio. Stalin ebbe il merito di integrare all'interno dell'Unione razze e culture diverse e di opporsi al nazismo. Certamente entrambi commisero errori, soprattutto sotto il profilo spirituale. Di Pol Pot non voglio parlare, fu una tragedia e basta.

**Perché secondo lei il sistema comunista nordcoreano non è crollato come gli altri?**
Per la nostra ideologia, che non esclude ma assimila. Per esempio, in Cina o in Unione Sovietica dichiararono guerra alla religione. Noi abbiamo integrato i religiosi all'interno del Partito. Ma soprattutto grazie alla figura dei nostri leader. Kim Il-sung è stato il più grande leader comunista della storia.

**Crede che quello nordcoreano sia un modello da seguire per le altre nazioni?**
Sì, anche se sarebbe impossibile trasferire il modello ad altre realtà nazionali senza adattarlo alle circostanze.

**In cosa consiste, secondo lei, la superiorità del modello nordcoreano rispetto al resto dei sistemi politici?**
Nella capacità di garantire la soddisfazione dei bisogni essenziali dell'essere umano attraverso l'azione del governo inteso come benefattore del popolo. Nell'eliminazione della corruzione economica attraverso la redistribuzione delle risorse alla gente.

**Ci spiega in che cosa consiste l'ideologia della *Juche*?**
La *Juche* è un'idea originale che ha le sue basi nella cultura e nella tradizione nordcoreana, non esente da influenze religiose, perfino buddiste. La sfera spirituale contribuisce all'originalità di una filosofia che, proprio per questo motivo, non potrebbe funzionare altrove. L'inclusione degli artisti e degli scienziati nel Partito provocò molti problemi a Kim Il-sung nei rapporti con gli altri paesi del blocco comunista.

**Crede che la popolazione sappia esattamente di cosa si tratta?**
Sì, senza alcun dubbio. Tutti sarebbero in grado di spiegarla, da un bambino di tre anni a un anziano di 80. La si studia e la si assorbe continuamente.

**Stando alle notizie ufficiali, nel mese di dicembre il governo nordcoreano ha deciso la rivalutazione del won. Quali sono le ragioni di questa riforma monetaria?**
In primo luogo l'obiettivo è renderlo equiparabile al dollaro o all'euro, evitando di sommare zeri. Ma la ragione fondamentale è la lotta contro la falsificazione della moneta. In Italia, ad esempio, è stata recentemente sgominata una banda che aveva stampato milioni di won falsi.

**Ma il won non è una moneta presente nei circuiti internazionali, che senso ha falsificarlo?**
Molta gente pensa che si possa cambiare in valuta

internazionale o manda won in Cina, dove si vende a commercianti coreani.

**Sempre secondo le fonti disponibili, il limite massimo di denaro convertibile sarebbe stato in un primo momento di 100.000 won per persona, per essere poi elevato in seguito a 500.000. Le risulta che questo parziale riaggiustamento sia legato ad alcuni episodi di protesta popolare seguiti alla rivalutazione?**
Per quel che ne so non si è stabilito nessun limite di convertibilità anche se, ovviamente, ogni situazione sospetta di accumulazione viene attentamente esaminata per combattere le irregolarità. Il sistema bancario nordcoreano è uno dei più flessibili del mondo: non solo non esistono tasse sui guadagni personali ma anche i non residenti possono aprire un conto in banca.

**Lei certamente avrà modo di parlare con la gente. Come ha accolto la popolazione la riforma monetaria?**
Al mio ritorno a Pyongyang parlerò con i cittadini di questo argomento.

**Veniamo alla questione nucleare. Questi sono stati anni di sanzioni, di tentativi di accordo, di passi avanti e marce indietro nei negoziati tra la comunità internazionale – e gli Stati Uniti in particolare – e la Corea del Nord. Qual è la situazione al momento?**
La nostra posizione è sempre la stessa, la richiesta di un trattato di pace con gli Stati Uniti che metta fine alla guerra di aggressione scatenata contro di noi. Adesso per la prima volta Washington ascolta le richieste della Corea del Nord, dopo anni di minacce e di atteggiamenti di sfida. Noi tratteremo gli americani come interlocutori di pari livello ma non permetteremo che nessuno imponga la propria autorità su di noi. Solo con un negoziato bilaterale si potranno risolvere i problemi.

**L'impressione da qui è che Pyongyang utilizzi la minaccia nucleare per ricattare la comunità internazionale ed ottenere il potere contrattuale e il**

riconoscimento che altrimenti le verrebbero negati. **Qual è il reale obiettivo del nucleare nordcoreano?** Bush fece chiaramente intendere che gli Stati Uniti ci avrebbero invaso, inserendo la Corea del Nord nel suo famigerato Asse del Male. L'unico deterrente che avevamo era costruire il nostro arsenale nucleare. Vogliamo garanzie dagli Stati Uniti e non è con le sanzioni al Consiglio di Sicurezza che si risolverà il problema.

**Lei crede davvero che gli Stati Uniti abbiano intenzioni aggressive nei confronti della Corea del Nord?** Lo hanno già dimostrato nel 1950, massacrandoci con bombardamenti e armi batteriologiche.

**Una questione che mi ha sempre affascinato è quella della Guerra di Corea, perché se ci sono due cose che dovrebbero essere chiare in un conflitto è chi lo inizia e come finisce. Invece la versione nordcoreana differisce da quella del resto del mondo. Ce la potrebbe illustrare?** La versione occidentale dimostra fino a che punto una macchina propagandistica ben oliata possa influenzare le menti. C'è ancora molta gente viva che può confermare come siano andate davvero le cose, anche in Corea del Sud. Ci sono libri scritti da sudcoreani che descrivono i preparativi dell'attacco americano contro il Nord. A Pyongyang abbiamo decine di documenti provenienti dal palazzo presidenziale di Seul con i piani d'attacco contro Pyongyang. Gli americani, con la scusa che il Nord aveva invaso il Sud, penetrarono nel nostro territorio alcuni chilometri. La controffensiva di Kim Il-sung li costrinse in difesa. Quando si videro circondati, approfittando dell'assenza dei russi e dei cinesi, convinsero il Consiglio di Sicurezza dell'ONU a lanciare una nuova offensiva contro la Corea del Nord. Quindici paesi coalizzati contro di noi occuparono quasi tutta la penisola mentre i bombardamenti americani fecero strage in territorio coreano e cinese. Fortunatamente la Corea del Nord riuscì a vincere la guerra e costrinse le forze ostili all'armistizio.

**Di quante atomiche è in possesso il regime?**

Abbiamo decine di bombe nucleari in grado di colpire bersagli intercontinentali. Possiamo tranquillamente raggiungere gli Stati Uniti.

**Quindi gli americani hanno ragione a preoccuparsi.**
No, perché loro sono gli unici ad averle usate nella storia ed attualmente ne immagazzinano più di seimila. Mi pare che chi deve preoccuparsi non siano gli Stati Uniti. Se vogliono la denuclearizzazione della penisola che comincino loro a dare l'esempio.

**Come si devono interpretare le accuse di proliferazione nucleare rivolte al governo nordcoreano?**
Sono assolute menzogne. Vendiamo tecnologia militare ma lo sviluppo nucleare rimane all'interno del paese.

**E' vero che Pyongyang sta collaborando con i generali birmani nel campo della tecnologia nucleare? Sa qualcosa della vicenda dei tunnel di Naypyidaw?**
Dei tunnel non so nulla anche se è vero che collaboriamo militarmente con molti paesi. Ma si parla solo di tecnologia a scopi difensivi e in ogni caso sempre con stati sovrani, mai con organizzazioni para-statali o terroriste. Abbiamo ricevuto richieste da gruppi terroristi ma le abbiamo sempre respinte.

**Che scopo hanno i lanci di missili nel mar del Giappone?**
Il lancio di missili rientra nelle normali operazioni difensive di un paese, si è sempre fatto e non va interpretato come un atto ostile.

**Crede che a Kim Jong-il piaccia più Obama di GWB?**
Non ci intromettiamo nelle scelte di altri popoli, ci limitiamo ad osservare e ad analizzare. Dopo un inizio deludente, adesso cominciamo a notare un cambio nell'atteggiamento statunitense nei nostri confronti. Più grazie a Bill Clinton che ad Obama, però.

**Lei è stato negli Stati Uniti? Cosa pensa del paese e**

della sua popolazione, al di là della propaganda ufficiale del governo per il quale lavora?

Ho trovato di tutto, da gente con problemi mentali sugli autobus pubblici a persone perbene, molto impegnate, che rischiano molto schierandosi contro il sistema. In generale mi fanno paura le città americane, dopo le sette di sera tutti i bianchi vanno a casa, e i neri e i poveri si riversano nelle strade.

Con il Giappone è sempre aperta la vicenda degli ostaggi sequestrati negli anni '70. Chi erano queste persone, perché sono state prelevate e come è la loro vita attuale?

Quei fatti furono responsabilità di un ufficiale dei servizi segreti che ordinò di prelevare alcuni cittadini per insegnare la lingua e la cultura giapponesi in Corea del Nord. Ma lo fece per una iniziativa personale, non ci furono ordini dall'alto. La nostra dirigenza era all'oscuro di questa operazione. Alcuni di loro sono morti, altri sono stati restituiti al governo giapponese.

Qual è la situazione del missionario americano Robert Park, del quale non si hanno notizie dal dicembre scorso, quando venne arrestato dopo essere entrato in territorio nordcoreano?

E' il classico caso di proselitismo da parte di un fondamentalista religioso che crede di agire in base ad un mandato divino. E' una di quelle persone in cerca di notorietà o con problemi mentali. Le autorità lo stanno sorvegliando ma le sue condizioni certamente sono buone, noi non maltrattiamo nessuno. Basta vedere il trattamento che riservammo alle due giornaliste americane infiltratesi in territorio nordcoreano: furono ospitate in una residenza riservata agli ospiti stranieri che visitano il paese. Avevano cibo, vestiti nuovi e ogni tipo di servizio a loro disposizione. Ovviamente non potevano uscire. Fu un atto di clemenza perché le leggi del paese, per casi analoghi, prevedono il carcere.

Cosa vi hanno offerto gli Stati Uniti in cambio della

liberazione delle due giornaliste?
Questo è un segreto di stato ma ti posso assicurare che è qualcosa di molto importante, i cui effetti si vedranno solo nei prossimi mesi. Dico solo che la loro offerta ha a che vedere con il riavvicinamento dell'amministrazione Obama alle nostre posizioni.

**Anche l'ultimo Bush dimostrò una maggior predisposizione al dialogo con Pyongyang.**
Questo avvenne precisamente grazie al nostro arsenale nucleare. Bush passò dalla dottrina dell'attacco nucleare preventivo alla tavola del negoziato, dopo aver constatato ciò di cui eravamo capaci dopo i nostri test atomici.

**Quali sono i principali progetti di investimento dall'estero in atto in questo momento in Corea del Nord?**
Le aziende straniere ci chiedono confidenzialità su questo punto, per evitare speculazioni o manipolazioni. Comunque sono soprattutto progetti cinesi.

**Quali sono i principali partner commerciali della Corea del Nord?**
Cina principalmente, ma anche Russia e Sud-Est asiatico.

**Come sta andando l'esperimento di Kaesong? Come interpreta la presenza di elementi capitalisti nella roccaforte del comunismo?**
Kaesong è soprattutto un'idea politica, un cammino verso l'integrazione e la riunificazione attraverso l'economia. Ha funzionato bene fino ad oggi tanto per noi, grazie all'entrata di capitali stranieri, quanto per le aziende del Sud che possono produrre a costi inferiori e con una qualità superiore. Adesso il governo ultra-conservatore di Seul ha rotto tutti gli accordi stipulati dai suoi predecessori, un po' come fece Bush dopo Clinton. Ma la società civile sudcoreana e gli imprenditori sono favorevoli a una riunificazione. Non c'è contaminazione ideologica a Kaesong perché non si ammette nessun tipo di propaganda sui luoghi di lavoro.

**Gli operai nordcoreani in queste aziende guadagnano di più dei loro connazionali?**
No, l'unico vantaggio sono gli extra – vestiti, dolci – che a volte i dirigenti delle aziende sudcoreane danno loro.

**Ci sono altre zone speciali in programma nel prossimo futuro?**
C'è una zona industriale nel nord-est del paese che risale agli anni '80 e poi la porzione di territorio destinato alle visite turistiche di cittadini del Sud, controllato dai militari e isolato.

**Lei è spesso a Pechino. Chi incontra quando va in Cina?**
Imprenditori, coreani che vivono là, stampa internazionale. Ma sono soprattutto incontri d'affari.

**Qual è l'influenza reale della Cina sulla politica nordcoreana?**
Politicamente non ha nessuna influenza. Siamo una nazione sovrana e seguiamo solo la nostra linea. Se avessimo dato ascolto ai leader cinesi, a quest'ora saremmo un paese capitalista.

**Quali sono i piani politici ed economici del governo per i prossimi cinque anni? Che cosa dovrebbe succedere nel 2012, quando si celebrerà il centenario della nascita di Kim Il-sung?**
I piani sono finalizzati al 2012 quando comincerà una nuova fase destinata alla creazione della superpotenza nordcoreana, non solo in termini politici e militari ma anche economici. Rafforzeremo l'industria nazionale, l'agricoltura e il commercio estero. Nel paese entrerà una gran quantità di moneta internazionale e ci troveremo nel punto algido del nostro sviluppo. Abbiamo riserve di petrolio, di oro, di minerali ma attualmente non possediamo le tecnologie per sfruttare queste risorse. Stiamo lavorando per preparare la nostra prima centrale nucleare ad acqua leggera, quella che avrebbero docuto fornirci gli americani in base ad accordi poi disattesi. Grazie a questa centrale risolveremo i problemi

elettrici del nostro paese e alimenteremo le industrie.

**Perché dopo tutti questi anni la Corea del Nord non ha ancora sviluppato queste infrastrutture?**
Principalmente per il blocco economico cui siamo sottoposti, anche se il sistema non è perfetto e necessita miglioramenti.

**Qual è il salario medio di un nordcoreano?**
8.000 won al mese (con il vecchio cambio) per un funzionario, 16.000 per un contadino.

**Che tipo di elettrodomestici ci sono nelle case dei cittadini comuni?**
Televisore, radio, riscaldamento. Il frigorifero solo nei nuovi appartamenti. A Pyongyang è in corso un boom edilizio importante, si stanno costruendo più di 150.000 abitazioni.

**E' vero che la radio è sintonizzata su una sola frequenza?**
Ci sono diverse frequenze ma logicamente tutte le radio sono statali. C'è poi un sistema di allarme in tutte le case, attraverso il quale vengono diffusi gli avvisi in caso di emergenza e quando c'è bisogno di mobilitare la popolazione.

**E' vero che strappare una pagina di giornale con l'immagine dei Leader può portare ad una condanna penale?**
No. Però il tuo vicino come minimo ti picchierebbe.

**Hanno vacanze i lavoratori nordcoreani?**
Certo, 25 o 30 giorni pagati dallo stato, dipende dal tipo di lavoro. Si lavora dal lunedì al giovedì, mentre il venerdì è dedicato al lavoro volontario nei campi o nelle fabbriche. La mattina del sabato è riservata allo studio.

**Esistono località di villeggiatura in Corea del Nord?**
Certo, località costiere tipicamente destinate all'ozio. Lo stato paga l'hotel, i trasporti, i cittadini non spendono nulla.

**Quest'anno la Corea del Nord parteciperà ai mondiali di calcio in Sudafrica. E' vero che Kim Jong-il ha vietato la trasmissione in diretta delle partite?**
Non è un divieto ma un problema di copyright. Non possiamo destinare milioni di dollari a pagare i diritti delle partite. Però vediamo partite delle squade di calcio europee sui nostri tre canali nazionali, attraverso satelliti pirata.

**Da poco è stato introdotto un sistema di telefonia cellulare nel paese grazie ad un importante contratto con una impresa egiziana del settore. Chi e quanti sono gli utenti? E' prevista una sua espansione? Che costi ha il servizio? Sono sostenibili dalla popolazione comune?**
Il servizio sta crescendo gradualmente anche se è ancora abbastanza caro. Normalmente c'è un cellulare per famiglia. Credo che le ultime statistiche parlino di 80.000-100.000 telefoni. Tutti possono usufruirne, non solo gli ufficiali del Partito, anche se ovviamente le comunicazioni sono soltanto interne. Non è possibile comunicare con l'estero.

**Parliamo un po' di come sono trattate le minoranze in Corea del Nord. Per esempio, l'omosessualità è tollerata? E' vero che nelle strade del paese non si vedono disabili? Quanto c'è di vero nelle denunce di bambini denutriti negli orfanotrofi?**
L'omosessualità è un fatto privato, lo stato non entra nella vita privata dei cittadini. Si condanna il proselitismo ma non la pratica in sé. Per la strada è frequente vedere uomini mano nella mano. I disabili circolano per le strade, anche se i turisti non li vedono. I bambini ebbero problemi durante la crisi alimentare, ma adesso queste situazioni sono state superate.

**Cosa pensa degli esperti occidentali in questioni nordcoreane (Lankov, Cummings, Becker, Demick)? Legge i loro libri o i loro articoli? La dirigenza nordcoreana li legge?**
Io leggo tutto fatta eccezione per la spazzatura. Mi consta che i nostri dirigenti ricevano regolarmente dalle ambasciate i libri che riguardano la Corea del Nord. La maggior parte

delle volte purtroppo quel che si legge è pura speculazione, senza una base di verità.

**Si è mai sentito spiato nella sua attività quotidiana a Pyongyang?**
Osservato ma non spiato. Come occidentale suscito ancora curiosità tra la popolazione.

**Si è mai sentito in pericolo in Corea?**
Tutto il contrario, la Corea del Nord è il paese più sicuro del mondo.

**Ha mai pensato di essere stato usato dalla dirigenza nordcoreana?**
No, anche perché sono stato io a chiedere di collaborare con loro e non viceversa.

**Cosa risponde a chi la accusa di essere, mi scusi, un "utile idiota" al servizio di un regime criminale?**
Chi insulta non merita risposta. Accusare gli altri senza fare nulla di utile per il proprio sistema è assolutamente insensato. Io sono sempre stato coerente con le mie idee, mi hanno trattato come un terrorista, e continuo a pagare un mutuo.

**Supponiamo che un giorno il regime di Pyongyang crolli, come il resto dei sistemi comunisti che lo hanno preceduto. Come vede il futuro dei 24 milioni di cittadini nordcoreani e il suo futuro personale?**
Personalmente abbandonerei inmediatamente tutte le mie cariche di governo, trasformerei la *Korean Friendship Association* (KFA) in un centro-studi dell'opera di Kim Il-sung e farei opposizione al nuovo governo dall'estero. Ai nordcoreani toccherebbe un destino simile ai cinesi, con tutte le diseguaglianze e i problemi che questo comporterebbe. Il desiderio del governo cinese sarebbe quello di incorporare il nostro territorio e la sua popolazione. Pechino cura solo i propri interessi e, anche se tradizionalmente vi sono rapporti di fratellanza, dal punto di vista ideologico è ormai agli antipodi rispetto a noi. Ci

rispettiamo ma non ci amiamo.

**Ha appena pubblicato un libro sulla Corea del Nord, tramite l'associazione che presiede. Ci può descrivere in breve il suo contenuto?**
E' un libro sul sistema politico nordcoreano e, in parte, sulla mia esperienza personale. Spero di poterlo tradurre al più presto.

24/27 febbraio – 18 marzo

## LA FAME VERA

Spiace che Emma Bonino e i radicali si lascino andare ancora una volta a scimmiottamenti di azioni di protesta degne di miglior causa[194]. Mentre loro proclamano l'ennesimo sciopero della fame e della sete per un presunto *oscuramento* da campagna elettorale, a Cuba c'è chi per fame è morto davvero in una prigione del gulag castrista. Oggi il cadavere di Orlando Zapata Tamayo è stato trasferito nella casa di famiglia dove le visite si moltiplicano, a dispetto degli ostacoli frapposti dalle autorità che lo hanno ammazzato. Non ci sono parole per descrivere il livello di abominio cui il comunismo caraibico e familiare dei Castro è giunto. Non cambierà nulla, nemmeno stavolta.

*******

---

[194] Corriere della Sera, 22 febbraio 2010: "La rabbia di Emma: siamo discriminati, via allo sciopero totale di fame e sete" (http://roma.corriere.it/roma/notizie/politica/10_febbraio_22/b onino-sciopero-fame-1602516710766.shtml).

## NECROFAGI

Bisognerà ricordare editoriali come questo[195] quando il comunismo sarà scomparso anche dagli ultimi angoli oscuri del pianeta. Bisognerà ricordare l'insulto, la calunnia, la menzogna, l'assenza di compassione di questa ideologia disumana, disumanamente applicata dai burattinai del potere e della repressione. Bisognerà spiegare ai nostri figli cosa è stato, per quanto tempo ha ammorbato le vite e disprezzato le morti che ha causato.

*******

## LA PEGGIO VECCHIAIA

Immaginate di vivere in una società che vi rifiuta, e della quale percepite tutta l'ingiustizia. Immaginate di dover uscire a gridare per i diritti di tutti mentre i senzadiritti, invece di accompagnarvi, si scagliano contro di voi inneggiando il nome del loro (e del vostro) carnefice. Frustrante, a dir poco. Cuba è questo, un posto dove dieci *Damas Blancas* devono rischiare la pelle per difendere un principio, un'idea di giustizia, un barlume di dignità. Il regime, quello che la sinistra buona e giusta ha tanto amato e in parte continua ad ammirare, figlio vigliacco, putrido e indecente della *Revolución*, manda i suoi sgherri - impauriti o convinti che siano - ad intimidire le signore. In questo filmato[196] c'è tutta la violenza di un linciaggio promosso da

---

[195] Dal sito online di Granma, organo ufficiale del Partito Comunista Cubano
(http://www.granma.cu/espanol/2010/febrero/sabado27/Para-quien.html).
[196] Trovate il video a questo indirizzo
(http://video.repubblica.it/mondo/cuba-la-protesta-delle-donne-

un potere infame. *Viva Cuba Libre*. E noi qui a toccarci.

in-bianco/44165/44000?ref=hpmm).

15 marzo

## SPACCAITALIA

Io non sono per le *idee tiepide* in politica, ci
mancherebbe. Ma dopo aver passato il fine settimana in
Italia (l'ultima volta ci ero stato per Natale) ho notato un
clima davvero esasperato, ai limiti della rottura. Non voglio
analizzare qui di chi siano le principali colpe o chi abbia
iniziato per primo. Un'idea ce l'ho ma fa niente. Però non
avevo mai percepito una radicalizzazione così estrema delle
posizioni, al limite della negazione della dignità politica
(speriamo sia solo quella) dell'avversario. La lettura dei
giornali è diventata un difficile esercizio di equilibrismo su
un campo minato, la visione dei programmi televisivi un
*climax* di tensione e di scontro senza precedenti,
indipendentemente dall'oggetto del contendere. Per un
Minzolini militarizzato che ormai fa un editoriale al giorno,
in contemporanea il duetto mellifluo Fazio-Gramellini
ammorba di retorica e di doppiezza lo spazio pre-serale. A
chi giova tutto questo? Perfino gli interlocutori di sempre
nella vita normale appaiono nervosi, sull'attenti, sempre
pronti alla zampata difensiva. Una persona che conoscevo
appena mi ha confessato: *"siamo stremati"*. Ci credo.

9 aprile

## HASTA LA PANTALLA SIEMPRE

Yoani Sánchez[197] è probabilmente un personaggio un po' più complesso di come ce la descrive Alessandro Scotti nel suo lungo pezzo[198] su *Wired*. Odiata dai fedelissimi del regime ed etichettata spesso come agente dalla CIA, non è nemmeno l'eroina di tutti i dissidenti, come qualcuno potrebbe pensare, e se non ci credete chiedete a Zoe Valdés. Anche la definizione di *"simbolo della libertà in rete"* mi sembra suscettibile di qualche precisazione. Primo perché rimango scettico sull'effettivo potenziale rivoluzionario di Internet e sul potere salvifico delle cosiddette rivoluzioni digitali: non ho ancora visto nessun regime cadere a colpi di *Twitter*[199]. Poi perché Yoani Sánchez non è esattamente una Giovanna d'Arco anti-regime ma piuttosto una sottile (a volte troppo) fustigatrice delle quotidiane storture dell'isola dei Castro.

C'è un elemento però che non può essere messo in discussione: Cuba, anche se nessuno lo sa, ha una delle

---

[197] Questo l'indirizzo del suo blog (http://www.desdecuba.com/generaciony/).

[198] Wired, 1 aprile 2010: "Cuba Libre" (http://mag.wired.it/rivista/storie/cuba-libre.html).

[199] Foreign Policy, 8 aprile 2010: "Kyrgyzstan's Analog Revolution" (http://neteffect.foreignpolicy.com/posts/2010/04/08/kyrgyzstans_analog_revolution).

blogosfere più attive e agguerrite dell'universo autoritario. Non solo coraggiosi dissidenti costretti ad acrobazie psicologiche e tecnologiche per diffondere i loro messaggi, ma anche solerti difensori della causa *rivoluzionaria*, disposti a propagandare le parole d'ordine del governo ad ogni costo. Il confronto è impari, ovviamente, e non si può parlare di guerra ma piuttosto di incursioni digitali contro eserciti regolari. Tuttavia è significativo, considerato il contesto sfavorevole nel quale si svolge. Ecco, in tutto questo Yoani Sánchez ha avuto un ruolo fondamentale, dando al blog una dignità sconosciuta prima a Cuba. Il regime non cadrà sotto i colpi dei suoi post, anche perché non sembra questa la sua intenzione. Ma certamente il movimento e l'interesse che si sono creati attorno a lei non possono far piacere ai gerarchi comunisti de L'Avana.

18 maggio

## CHE CI VUOLE?

La stupidità della decisione israeliana di negare l'entrata a Chomsky non sta nelle ragioni addotte da *Haaretz*, che non ce la fa nemmeno stavolta ad evitare un ritratto apologetico di uno dei personaggi più impresentabili del panorama culturale e politico contemporaneo[200]. Sta piuttosto nella debolezza che una simile presa di posizione evidenzia: per quale ragione la più prospera democrazia del medioriente dovrebbe aver paura di uno che difese (negandolo) il genocidio perpetrato dai khmer rossi? Così come la categoria dei reati di opinione andrebbe ampiamente rivista negli ordinamenti democratici (in generale abolendola), allo stesso modo dovremmo essere felici di permettere che le tesi deliranti di certi presunti *guru* di fama mondiale si smontino da sole in un semplice dibattito a viso aperto. So di non dire nulla di nuovo, ma a volte vale la pena ricordare a noi stessi chi siamo, per non fare confusione.

---

[200] Haaretz, 18 maggio 2010: "Declaring war on the intellect - Israel and Noam Chomsky" (http://www.haaretz.com/print-edition/opinion/declaring-war-on-the-intellect-israel-and-noam-chomsky-1.290903).

30 maggio

## I GOVERNANTI PASSANO, I
## PENNIVENDOLI RESTANO

Peggio di Zapatero e del suo governo ci sono solo quelli che fino all'altro ieri lo collocavano su un piedistallo qualsiasi idiozia facesse o proferisse e oggi lo descrivono come un cadavere ambulante auspicandone la fine politica imminente. Uno che dall'inizio, dal primo istante di questa insulsa avventura dell'estremismo *pseudo-progre*, ha provato a spiegare la fallacia del grande imbonitore, dovrebbe esultare per la presa di coscienza collettiva di un fallimento ampiamente annunciato. Siccome però gli ipocriti mi urtano molto più degli stolti, credo che l'ultima giravolta della stampa e dell'opinione pubblica di questo paese sia solo l'ennesima dimostrazione di un opportunismo che non potrà mai affrancare la società spagnola dai suoi vizi ancestrali. Zapatero passerà presto ad altre occupazioni e questa è una notizia eccellente per tutti. Purtroppo però l'*intelligentsia* che lo ha prima esaltato e che oggi lo affossa continuerà a far danni.

8 giugno

## L'ITALIA DAGLI OCCHI TRISTI

Mi è capitato recentemente di vedere le due puntate di *Blu Notte* dedicate alla storia delle Brigate Rosse (disponibili sul sito della RAI[201]). Prima di tutto devo dire che quello di Lucarelli è un lavoro di sintesi e approfondimento veramente esemplare, sia dal punto di vista storico che narrativo. Ma non è questo il punto. Quelli della mia generazione erano bambini in quei famigerati anni '70. Personalmente delle BR ricordo poco o nulla, e nomi, luoghi, avvenimenti di quel tempo mi sono diventati familiari solo dopo, leggendo, studiando, sentendone parlare. Un giorno sì che lo ricordo ed è il pomeriggio in cui un impiegato di mio padre entrò in ufficio e disse che avevano ammazzato Moro. *"L'hanno ammazzato"*, ripetè mio padre come per farsene una ragione.

Ricordo bene anche un nome, quello di Patrizio Peci. Torino fu un tremendo campo di battaglia in quella lunghissima notte della racione, nonché la principale base operativa e strategica dei terroristi. E proprio dalla *colonna torinese* venne fuori il primo *pentito* ufficiale nella storia delle BR, Patrizio Peci appunto. Fu suo fratello Roberto, però, a pagare il prezzo di quel tradimento. Per ragioni ancora controverse venne prima *processato* da un *tribunale del popolo* e poi condannato a morte. La *sentenza* fu eseguita con undici

---

[201] A questo indirizzo
(http://www.rai.tv/dl/RaiTV/programmi/media/ContentItem-a160efda-5f99-4e6f-91a1-6ac455edce94.html?p=0).

fucilate nella campagna romana. Penso di aver visto pochi documenti video più agghiaccianti della farsa criminale cui Roberto Peci, terrorista anche lui, fu sottoposto. La lettura della decisione finale, accompagnata dalle note dell'*Internazionale*, rappresenta da sola tutta l'infamia di questa pagina sinistra e macabra della storia del nostro paese. Qualcuno continua a chiamarli *compagni che sbagliavano*. Invece erano solo squallidi esecutori di un'ideologia assassina, accomunati al resto dei carnefici imbandierati di rosso da un unico linguaggio di morte.

Tendiamo ad osservare l'Italia di oggi come se prima non ci fosse stato nulla. Ripercorrere il nostro recente passato può invece servire a rileggere le vicende contemporanee nella giusta prospettiva. Mi domando quale altro paese, nelle stesse condizioni, sarebbe riuscito ad evitare un conflitto civile generalizzato o un'involuzione autoritaria. L'Italia ne è venuta fuori ferita a morte ma viva, senza sacrificare la sua essenza di nazione democratica, certamente imperfetta ma pur sempre solida. Conviene pensarci ogni tanto, prima di mandare il cervello all'ammasso.

5/6/15 luglio

## IL PREGIUDIZIO ANTI-RELIGIOSO

Se formalmente viviamo in una società che dichiara di lottare contro ogni pregiudizio e discriminazione e che sul principio di eguaglianza fonda gran parte della sua stessa legittimità, è evidente come nella realtà diverse forme di pregiudizio o discriminazione vengano accettate e promosse. Pensiamo alla differenza di età pensionabile tra uomini e donne, per fare solo un esempio banale, che non si fonda su nessuna considerazione razionale ma su un semplice pregiudizio *positivo*. E infatti basta parlare di discriminazioni *positive* perché tutto vada a posto, dal momento che la neolingua del politicamente corretto calma le nostre coscienze e ci fa sentire bene. I casi sono molteplici, guardatevi attorno. Arrivo al punto. Io sono credente ma non religioso nel senso classico del termine. Vivo in un paese e soprattutto in una regione - Spagna, Catalogna - in cui la dittatura del pensiero unico raggiunge vette spesso grottesche, a causa del dominio ideologico della sinistra. E credo non sia una casualità che, in questo tipo di società, il pregiudizio anti-religioso sia il sentimento dominante soprattutto tra la popolazione giovane, cresciuta a pane e *progresismo*. Questo pregiudizio rivela tutta la sua (in)consistenza soprattutto nei confronti della religione cattolica, sotto il fuoco incrociato del governo socialista e dei gruppi di pressione alla moda, collettivi gay, gioventù *izquierdistas* e *independentistas*, cantautori e artisti del *buen rollito*. Ma se passiamo la frontiera il paesaggio è abbastanza simile.

Penso di poter affermare che, nell'occidente del XXI secolo, il pregiudizio anti-religioso sia la forma di discriminazione più radicata e incoraggiata. Tu sei religioso, devi essere un primitivo. Tu credi in Dio, non puoi interpretare le dinamiche sociali con la mente aperta. Tu hai fatto le scuole cattoliche, sarai un mezzo *facha*. Tu vai a messa la domenica, la tua lettura degli avvenimenti sarà certamente distorta. Non solo chi manifesta sentimenti religiosi viene considerato una specie di insetto raro, ma si cerca di prevenire la *contaminazione* del pensiero laico con vere e proprie campagne anti-religiose, mentre chi alimenta e nutre questo pregiudizio rappresenta la modernità, la razionalità, e sfoggia il suo senso di appartenenza all'*élite* intellettuale della società. Tutto questo, oggi, sembra del tutto naturale, in quanto la retorica dell'eguaglianza e della non-discriminazione (perversione delle buone intenzioni originarie) ha creato un clima di linciaggio morale (e, spesso, non solo) nei confronti di chiunque si discosti dalla linea di pensiero ufficiale.

L'ultima ideologia occidentale, il politicamente corretto, chiude il dibattito su dogmi considerati *a priori* intoccabili, siano essi il cambio climatico, o la prevalenza del pensiero laico e scientifico su quello religioso. Censura le idee contrarie alla realtà desiderata (non a quella oggettiva, che non esiste più) e applica una delle più subdole forme di discriminazione che si possano osservare: quella in nome del progresso e dei deboli (o presunti tali) contro le forze che si oppongono alla inesorabile marcia del bene. Tra queste la religione, non solo nelle sue forme di assimilazione con il potere, ma anche come concetto a se stante, come manifestazione pubblica (e perfino privata) di un sentimento collettivo (e individuale). La superiorità del non-religioso sul religioso è ormai un fatto compiuto e indiscutibile. L'ultima ideologia occidentale, frutto del delirio di onnipotenza del progressismo illuminato, elimina Dio dalla storia e dalla vita degli individui. Il pregiudizio anti-religioso è la frontiera più estrema dell'ideologia *buona e giusta* che, per trionfare, ha bisogno di abbattere qualsiasi ostacolo.

Conseguenza immediata del pregiudizio anti-religioso e soprattutto della sua accettazione sociale è una sfacciata manipolazione della realtà. Prendiamo il caso dei preti pedofili, fenomeno di stretta attualità di cui sarebbe assurdo negare la gravità. C'è chi si è addirittura disturbato ad elaborare mappe geografiche evidenziando l'incidenza degli abusi a seconda della zona in cui sono stati commessi. Numeri, grafici, disegni, volti a dimostrare che il male ha molte diramazioni ma un'unica origine. Il meccanismo mentale secondo cui i crimini commessi da alcuni prelati si estenderebbero automaticamente alla Chiesa come istituzione universale ha la stessa consistenza di quello che porta ad accusare di molestie sessuali ai danni di minori tutti gli scrittori omosessuali per il fatto che una volta uno di loro (Aldo Busi) ebbe a dichiarare che non vedeva nulla di scandaloso nel fatto che *"un ragazzino"* compiesse atti sessuali con un adulto. Ma sono sicuro che i nostri amici *progre* si guarderebbero bene dal fare estensiva a tutta la categoria l'apologia della pedofilia del partecipante all'*Isola dei Famosi*. Le strade della diffusione di un pregiudizio sono infinite e conducono spesso alla madre di tutte le generalizzazioni, quella secondo cui la religione sarebbe la causa di ogni male, una sorta di vaso di Pandora da cui scaturirebbero solo conflitti e disastri per l'umanità (anche nella variante secondo cui se non ci fossero le religioni gli uomini vivrebbero in pace e concordia permanente). A parte che i portatori sani di pregiudizio anti-religioso sarebbero certamente disposti a riconoscere attenuanti perfino a Stalin e a Hitler ma difficilmente a un vescovo o a un Papa, questa affermazione è semplicemente smentita dalla storia: sono stati soprattutto i regimi atei ad aver prodotto miseria, oppressione e devastazione in quantità industriale nel corso del XX secolo. Certo, si potrebbe opporre, in realtà anche in quei regimi si adorava un dio, in quel caso il partito-stato o il leader supremo. Allora bisogna mettersi d'accordo: non era l'ateismo la sublimazione del pensiero laicista e razionalista? Vuoi vedere che l'ateismo altro non è che una forma di fanatismo religioso dedito alla negazione dell'esistenza di Dio o alla sua sostituzione con idoli di diversa natura? Pensandoci bene non è difficile individuare nell'ateismo militante un fenomeno uguale e contrario a quello del fanatismo religioso: dove gli uni vedono Dio in ogni cosa, gli altri vedono assenza di Dio ovunque.

Il pregiudizio anti-religioso presenta poi un'altra peculiarità, ovvero la tendenza ad identificare *il diverso da sé*, *l'altro* solamente nella sua dimensione religiosa. Il fatto di credere in Dio, di vivere un sentimento religioso o anche semplicemente di parlare di religione diventa uno stigma da cui è praticamente impossibile affrancarsi. Se ho fede, tutto quel che dico sulla religione, sulla scienza, sulla società verrà letto attraverso le lenti del mio credo. La mia religiosità non sarà solo parte del mio essere, come il fatto che mi piaccia viaggiare o che tifi per la Juventus, ma immediatamente diventerà fattore costitutivo della mia persona e determinerà la mia identità sociale. Quello è un prete, quello è un bigotto, quello è un molestatore di bambini. E' un atteggiamento molto vicino al razzismo.

C'è infine una variante nella lettura del pregiudizio anti-religioso come frontiera estrema del politicamente corretto. La sinistra si trova spesso davanti a un dilemma: partendo dal presupposto che la religione è un problema, che fare con la religiosità degli oppressi (o presunti tali)? E qui entra in gioco un ulteriore criterio di correzione politica, ennesima dimostrazione di quanto sia pericolosamente ridicolo questo modo di pensare: mentre il cattolicesimo è doppiamente condannabile perché associabile alle società opulente e sviluppate, l'induismo, il buddismo, e perfino l'islamismo vengono trattate dalle autoproclamatesi *élites* intellettuali con maggiore indulgenza, in quanto espressione di un terzomondismo spesso anti-occidentale. Fino all'estremo di giustificare il fanatismo religioso nella sua versione politica e anti-imperialista nello stesso momento in cui si grida allo scandalo per l'omelia domenicale del prete di paese. Analizzate queste derivate, torno sulla questione principale.

Nel tentativo di eliminare l'elemento religioso dalla categoria dei fenomeni sociali, i laicisti finiscono per cadere nell'eccesso opposto, quello di sopravvalutare l'influenza che la religione esercita sugli individui, sulle comunità e sulle istituzioni. Questa tendenza va oltre la condanna della religione cattolica (che, come si è visto, dipende nella maggior parte dei casi da riflessi condizionati anti-capitalisti e anti-occidentali) e si estende ad altre religioni storiche, principalmente all'ebraismo e all'Islam. La stessa lettura delle vicende geopolitiche internazionali ne esce falsata. E' frequente ad esempio, nell'interpretazione degli avvenimenti in medioriente, cadere nella semplificazione secondo cui il decennale scontro tra Israele e i suoi vicini rientrerebbe nella casistica della lotta fra integralismi religiosi uguali e contrari. Di nuovo, la religione come causa di tutti i mali. Questa visione ha il grande merito, agli occhi dei suoi fautori, di risparmiare l'analisi delle dinamiche politiche e sociali interne ai paesi coinvolti e di evitare paragoni che potrebbero risultare non in linea con i dogmi del politicamente corretto.

Se faccio notare che Israele è una democrazia nella quale vivono centinaia di migliaia di cittadini di origine araba mentre i suoi vicini sono generalmente dittature nel cui territorio non posso nemmeno mettere piede se sul mio passaporto c'è un timbro israeliano, normalmente verrò accusato di imperialismo e sionismo. Ma se accomuno in un'unica censura il fanatismo religioso dei rabbini con le invocazioni filo-terroriste degli imam, allora ho qualche possibilità di essere ascoltato e preso sul serio. Prendiamo poi il caso della (defunta) strategia americana di diffusione della democrazia in medioriente. Ci sono diversi modi di rifiutarne metodi e finalità: dire che è tutta una montatura per coprire interessi geo-strategici ed economici, tacciarla di imperialismo e di militarismo, presentarla come una nuova crociata e così via. Ma esiste anche forma più subdola di denigrazione, quella che fa leva sull'irriformabilità dell'Islam, sull'impossibilità per le società musulmane di raggiungere livelli di sviluppo politico e sociale paragonabili a quelli occidentali. E' inutile tentare di democratizzare paesi condannati per l'eternità al medioevo islamico. Ancora una volta, non sarebbe la struttura autocratica e illiberale delle società coinvolte a impedirne l'affrancamento, ma il peso della religione sulla vita dei cittadini. Non varrebbe la pena, in sostanza, cercare di aprire al mondo popoli soggetti alla dittatura e alla repressione, in quanto l'elemento religioso finirebbe sempre per prevalere, impedendo qualsiasi evoluzione. Pensiero consolante e vagamente razzista. Pensiero che assegna alla religione un ruolo totalizzante e ai principi della democrazia liberale una funzione del tutto marginale. Pensiero proprio di chi non crede che l'individuo possa trasformarsi nel motore del cambiamento. Se l'Islam è il problema maggiore, la tirannia, le camere di tortura, l'assenza delle libertà fondamentali diventano automaticamente questioni secondarie. Non ha senso scomodarsi per aprire società chiuse se alla fine la chiusura dipende dalla religione e non dalle ideologie totalitarie che ne determinano la radicalizzazione.

In questa inversione delle responsabilità sta l'ennesima manipolazione su cui il pregiudizio anti-religioso fonda la sua presunta legittimità. Come ogni forma di discriminazione ha bisogno di presentare l'oggetto della sua disapprovazione in forma caricaturale, per guadagnare appoggio e visibilità. Ma, al contrario di altre forme di discriminazione, gode di un consenso sociale generalizzato e aumenta progressivamente i suoi adepti. Insieme al politicamente corretto, di cui è manifestazione preminente, sarà probabilmente ricordato tra qualche decennio come un esempio paradigmatico dell'impazzimento ideologico che ha caratterizzato la società occidentale tra la fine del XX e l'inizio del XXI secolo.

2011

23 febbraio

## "ESPORTARE LA DEMOCRAZIA"

Piaccia o no l'espressione, significa semplicemente tentare di rimuovere gli ostacoli che impediscono il libero esercizio dei diritti politici e delle libertà individuali in un paese sottoposto a un regime dittatoriale. A seconda dei casi questo si può ottenere finanziando le opposizioni, boicottando o logorando i governi, uccidendo i dittatori o, quando serve, facendo la guerra. Il tutto per creare le condizioni necessarie allo sviluppo di una società civile. Obiettivi essenziali: la fine della dittatura e della repressione, l'instaurazione dei principi di rappresentanza e di alternanza politica, il rispetto delle opposizioni, la garanzia dei diritti e delle libertà. Insomma il cammino verso lo stato di diritto, un processo lungo, costoso e pieno di ostacoli, ma meritevole di essere iniziato e perseguito. Non c'è bisogno di girarci attorno e non è difficile come dicono alcuni. E' un concetto semplice, civile, umano che, come tutte le cose quando si fanno politiche, si incontra e qualche volta si scontra anche con logiche di altro tipo. Se ne può discutere, litigare e perfino fregarsene. Ma per favore non credete a chi vi dice che il mondo è più complicato e che queste sono solo chiacchiere da bar. In genere è perché lui quel mondo e quelle chiacchiere non le capisce molto bene.

24 marzo

## IL BUCO NERO

Africa, medioriente, Iran. Il fronte della rivolta anti-autocratica si estende, tra mezze vittorie e fuochi di guerra civile, in quella parte di mondo che molti pensavano immune a qualsiasi contagio democratico. Gli esiti sono ancora incerti, ma il risveglio delle coscienze è in sé un fatto (e un atto) rivoluzionario. Resiste solo una striscia di terra, come un villaggio di Asterix alla rovescia, tra la *West Bank* e Gaza, dove il tempo sembra non passare, dove qualsiasi prospettiva di cambiamento finisce per essere inghiottita da un buco nero. Ci hanno spiegato per anni che il medioriente non sarebbe mai cambiato prima che il *conflitto* israelo-palestinese fosse risolto. Scuse. Quella delle popolazioni arabe coalizzate con i loro despoti contro il comune nemico - Israele - era la favola oscena delle diplomazie, degli ideologi del terrore e dei loro simpatizzanti. I popoli si sono ribellati, ma la loro rabbia non si è scatenata contro Gerusalemme o Washington. Sorpresa.

Invece dal buco nero ieri è partito un nuovo attacco[202] che ha sventrato una fermata d'autobus e sfregiato di

---

[202] The Jerusalem Post, 23 marzo 2011: "Woman killed, dozens hurt in Jerusalem bombing" (http://www.jpost.com/Video-Articles/Video/Woman-killed-dozens-hurt-in-Jerusalem-bombing).

passaggio una cinquantina di persone. Cambiano i linguaggi della rivendicazione in medioriente, ma per i palestinesi, per il loro figli indottrinati nelle scuole dell'odio, per i mandanti e gli esecutori delle stragi tutto sembra rimanere uguale. Un mondo chiuso dentro uno che rompe il guscio. Nessuna domanda, nessuna voglia di riscatto. E poi accuse, e accuse e scuse, senza ritorno. E prima c'erano stati Ehud e Ruth, assassinati a Itamar[203] insieme ai loro tre bambini. Coloni, certo, vil razza dannata, come si incaricano di ricordare[204] appena possono i nostri *progressisti*, sempre così attenti a leggere la complessità del mondo da perdersi nella semplicità di un crimine senza attenuanti. Scuse. E così non si esce dal buco nero.

---

[203] Haaretz, 17 marzo 2011: "Itamar massacre was borne on a wave of PA incitement" (http://www.haaretz.com/print-edition/opinion/itamar-massacre-was-borne-on-a-wave-of-pa-incitement-1.349709).

[204] "Il fatto che dei coloni vivano a Itamar (…) è una dichiarazione di guerra". Dal blog *Distanti saluti* (http://www.distantisaluti.com/frutto-di-farabutti/).

12 maggio

## STANNO TUTTI BENE

La campagna di Libia è la guerra che le legittima tutte, la quadratura del cerchio, l'avvento di una nuova era. Due mesi di bombardamenti e nessuna famiglia straziata, nessun bambino dilaniato, nessun matrimonio distrutto in piena festa; le bombe tutte a bersaglio con una precisione e un'intelligenza di recentissima acquisizione, visto che prima sparavamo a casaccio e facevamo un sacco di morti civili; nessun telegionale listato a lutto, nessun quotidiano con gli orrori del conflitto in prima pagina, nemmeno un editorialino rosso per l'indignazione; non un coro anti-imperialista nelle piazze, nessuno studente pugnetti chiusi barba incolta e striscione, i pacifisti tutti a casa ad aspettare l'estate, e le università aperte e liberate. E' il paradiso, una società finalmente matura, che distingue il bene dal male e sa che ai cattivi bisogna sempre fare un mazzo così. E' il silenzio della convinzione e della consapevolezza, l'unanimismo del diritto e della civiltà. Siamo un corpo e un'anima sola, protesi verso il riscatto degli oppressi, nell'attesa dell'angelo liberatore e del ritorno della giustizia.

La guerra è pace, scriveva qualcuno. Prima non ne venivamo a capo ma finalmente ce l'abbiamo fatta. Questo intervento straordinario, voluto e approvato da tutti, senza obiettivi e senza spargimenti di sangue, è il conflitto del XXI secolo, la sublimazione dell'umanitarismo, la soluzione finale. La guerra *progressista* ci proietta verso un'epoca nuova, quella in cui potremo abbattere tutti i malvagi - finalmente - senza sentirci criminali, senza che ci sputino addosso. E' buona, giusta e profuma di pulito. E soprattutto stanno tutti zitti.

28 agosto

## INCOMPATIBILI

Quando sarà finita, se finirà, sarò felice per i libici come lo fui per gli iracheni otto anni fa. Non c'è bisogno di dirlo. Quando sarà finita, però, bisognerà anche ripetere finché basti (ma non basterà mai) che molti di quelli che oggi inneggiano ai *fantastici 4* (Obama, Cameron e annessi) per aver liberato la Libia dal dittatore, otto anni fa insultavano come assassini quelli che liberavano l'Iraq da quell'altro dittatore. Di questi alcuni (pochi) avranno compiuto un percorso di maturazione personale, e a loro andranno la mia comprensione e perfino un briciolo di stima. Ma i più, semplicemente, avranno solamente espresso al meglio la loro natura di ipocriti. Ecco, so che è un sogno irrealizzabile, ma io con questa gente vorrei non aver nulla a che fare, mai più. Perché sono i peggiori di tutti, l'essenza di una mentalità profondamente corrotta dal politicamente corretto, dalla menzogna ideologica e dall'opportunismo codardo. Normalmente stanno a sinistra. E se qualcuno si offende non è colpa mia. Stessa mentalità corrotta e ideologia da codardi dimostrata dai facinorosi che, vengo a sapere, nei giorni scorsi hanno insultato e aggredito per le strade di Madrid i partecipanti cattolici alla giornata della gioventù, con la presenza del Papa. Credo che questo paese, la Spagna, non sia mai caduto così in basso in democrazia. Anche qui, otto anni di anticlericalismo governativo e di sequestro civile ad opera della *progresía* illuminata hanno dato i loro frutti. E se qualcuno si offende non è colpa mia.

La sinistra (socialista, europea) è incompatibile con la democrazia liberale. Ecco, l'ho scritto. Se per caso un giorno me lo dimentico.

1 settembre

## ZOMBIES

Certo, a dittatore mezzo morto tutti a bravi a scavare[205] tra le macerie dei suoi palazzi, della sua famiglia, delle sue prigioni. Tutti in prima linea a denunciarne crimini e misfatti, a mostrarne la faccia d'orco, a scandalizzarsi del lusso delle sue piscine e della lussuria delle sue notti. Prima però tutti zitti, eh? Mai un *network* di peso che si prendesse il disturbo di chiamare per nome il tiranno, mai un giornale serio che sbattesse il mostro in prima pagina, mentre era arzillo e magari comprava azioni in borsa per colazione. Piuttosto cautela, distinguo, ammiccamenti e interviste in ginocchio. Quante volte avete sentito associare le parole Libia e dittatura sui *mainstream media* prima del marzo scorso? Per non parlare di Egitto, di Yemen, di Tunisia. Tutti bravi e dalla parte giusta, adesso. Tanto nessuno se ne ricorderà.

---

[205] CNN, 1 settembre 2011: "A glimpse into the Gadhafi family" (http://edition.cnn.com/2011/WORLD/africa/09/01/libya.gadh afi.family/index.html?hpt=hp_c1).

2 settembre

## ANNESSIONE

Pare che a *Little Havana* da un bel po' si siano stancati di combattere. Forse aspettano che muoia il grande vecchio, poi che muoia il fratello, poi tutti i lacché del regime. Aspettano, insomma. A vederla la *Calle Ocho* di Miami è una strada lunga e bruttina, una Cuba americana, ma troppo lenta nel ritmo e nei pensieri, dove nessuno sembra aver più voglia di mettere il dito nell'occhio alla famiglia Castro. Hanno anche invitato Pablo Milanés a cantare, come se tutto fosse finito, e invece la guerra continua. Continua per quel taxista che diciassette anni fa ha rischiato la vita su una *balsa* e oggi può spiegare di essere *"nato un'altra volta"* dopo aver messo piede in America. Continua perché sull'isola lui non ci torna nemmeno per vedere sua madre ma i soldi a casa li deve mandare comunque, e a Fidel i dollari dei *gusanos* piacciono eccome. Continua perché, come ha scritto uno che ne sa più di me, finché anche uno solo si sente in guerra, la guerra non è finita. Ma i cubani di combattere hanno sempre avuto poca voglia, mi pare. Certo, i Castro sono bestie feroci e quella del comunismo caraibico è la favola dei salotti *progre* europei e degli snob dal culo caldo. Ma anche Gheddafi spara, anche Assad fa fucilare gli oppositori. Eppure.

A volte penso che l'unica soluzione per Cuba sarebbe l'annessione da parte degli Stati Uniti d'America. Rocca dice che Obama ha un piano[206]. Rocca dice sempre che Obama ha un piano. Rocca dice di essere di sinistra. Quindi dovete credergli. Speriamo faccia in fretta però, se no invece di *miamizzare* l'Havana, finiranno per *havanizzare* Miami. Non lo dico io, ma quello che ne sa più di me[207]. Spero che qualcuno si annetta anche la Birmania, dopo aver visto Aung San Suu Kyi sorridere ai suoi carcerieri, come se niente fosse. Pensano di comprarsi un po' di benevolenza con il loro pacifismo ostentato, perdente. Ma la riconciliazione è l'ultima menzogna delle dittature, un'idea falsa, pericolosa e insultante finché gli assassini sono vivi, vegeti e al potere. E' come chiedere scusa di essere vittime, è trovarsi dalla parte della ragione senza crederci fino in fondo. E' un'allucinazione che ti fa pensare che un cantore del regime totalitario come Milanés possa essere in buona fede perfino quando scrive lettere vergognose e svergognate[208] o butta lì frasi da sbirro come *"ciò non implica che sia in disaccordo con Fidel e che sia d'accordo con las Damas de Blanco"*. Non sia mai che ti tolgano i privilegi da bardo comunista, caro compagno Pablo.

E Yoani applaude, e come applaude[209], dal suo rifugio di dissidente cibernetica, intoccabile, ormai ospite fissa dei salotti buoni (in contumacia). Quanto le piace il Pablo che parla di amicizia, ponti e mani tese. Sorriderà anche lei

---

[206] Dal blog *Camillo* (http://www.camilloblog.it/archivio/2011/08/22/prossima-tappa-cuba/).

[207] Juan Abreu, *Emanaciones* (http://www.emanaciones.com/).

[208] Café Fuerte, 30 agosto 2011: "Carta abierta de Pablo Milanés a Edmundo García" (http://cafefuerte.com/index.php?option=com_content&view=article&id=1164&catid=143&Itemid=534).

[209] Dal Twitter di Yoani Sánchez: "Cosas que tambien me hacen querer y admirar a Pablo Milanés" (https://twitter.com/yoanisanchez/status/108282077186768896).

quando Raúl la inviterà a pranzo davanti alle telecamere di stato? Potete scommetterci. E' la riconciliazione, tesoro. E chi non è d'accordo è un fottuto fascista.

3 settembre

## NORMALIZZATI

Scopro che Yoani Sánchez ha scritto un manuale di *Wordpress*, in vendita nelle migliori librerie del Regno. Caspita. Quelli da cinquant'anni zittiscono, minacciano, imprigionano, torturano, fucilano e lei scrive un manuale di *Wordpress*. Ci ho messo un po' per mettere d'accordo intuizione e ragione ma il mio giudizio sull'*eroina* cibernetica è ormai formato. Yoani Sánchez appartiene a quella categoria di dissidenti organici ai regimi, ovvero quel genere di oppositori di cui le dittature hanno bisogno per legittimarsi e consolidarsi. La maggior parte delle volte non sono consapevoli del ruolo a loro assegnato e, mentre gli attivisti realmente significativi si trovano in galera o in esilio, continuano a lubrificare la macchina della repressione attraverso la comoda menzogna della riforma del sistema dall'interno. Non è una figura nuova nella storia delle dittature. Una volta una studentessa di letteratura tedesca mi spiegò con convinzione teutonica che Christa Wolf era in realtà una oppositrice del governo della DDR. E temo che presto dovremo includere nella categoria anche la Aung San Suu Kyi post-liberazione, un vero peccato. Devo imparare a fidarmi di più delle mie intuizioni.

6 settembre

## NOPASARÁN

La Spagna è una nazione fondata su due ideologie, il politicamente corretto e il nazionalismo. Non c'è nessun'altra idea di peso che abbia cittadinanza in questo paese da operetta senza spartito, sfilacciato, contorto e ripiegato su se stesso. Del politicamente corretto ho scritto fin troppo. Del nazionalismo non si scriverà mai abbastanza. Non conosco democrazia in cui a questa stortura del pensiero politico, che annulla l'individuo in nome di una fantomatica comunità e promuove sfacciatamente la discriminazione su base identitaria, si assegni un valore così alto, quasi assoluto. Puoi pisciare sul liberalismo, sputare sul capitalismo, sfregiare le parrocchie, ma il nazionalismo no, quello non si tocca. Che sia l'affermazione della nazione spagnola o quella delle cosiddette identità regionali (qui chiamate ovviamente nazionali), tutti i giorni una classe politica inetta inietta nelle vene di una massa plaudente e sfinita la sua dose di veleno totalitario.

L'ultima botta di vita arriva da una pronuncia del Tribunale Supremo che, accogliendo un'istanza di tre famiglie catalane, sancisce che è un diritto dei genitori scegliere in che lingua devono essere educati i loro figli, catalano o *castellano*. In un posto normale, in cui il bilinguismo previsto dalla costituzione venisse regolarmente applicato, una decisione del genere non avrebbe nessuna ragione di esistere, incaricandosi le istituzioni di compiere il loro dovere a tutela delle prerogative di ciascuno. Siccome invece gli stati in cui la teoria e la pratica della democrazia liberale sono considerate inutili ammennicoli i diritti non li garantiscono ma pretendono di crearli o di distruggerli, in Catalogna la sentenza è stata accolta come un'offesa all'identità nazionale. Levata di scudi della dirigenza, barricate, *Braveheart*. Il tutto in nome del mantenimento di un modello trentennale, fortemente discriminatorio, in base al quale nelle scuole la lingua veicolare (cioè quella in cui si insegnano tutte le materie) è e deve continuare ad essere il catalano. Con buona pace del bilinguismo, della costituzione, e di chi la pensa diversamente. Un franchismo linguistico al contrario, un branco di pecore senza pastore. *No pasará*, la democrazia.

19 settembre

# LA FINE DELLA PRIMA RIVOLTA ARABA

Sulla cosiddetta *primavera araba* ho nutrito fin dal principio alcune perplessità, ed è anche per questo che non ne ho scritto molto. I dubbi non riguardavano certo la paura dell'ignoto cui sempre si richiamano quelli che vogliono che tutto rimanga com'è: al contrario, l'influenza della dottrina Bush sui movimenti di piazza continua a sembrarmi del tutto verosimile, coerente ed auspicabile. Piuttosto si riferivano all'esistenza stessa di una vera rivoluzione democratica in medioriente, o meglio alla possibilità che lo spirito di liberazione che aveva caratterizzato le manifestazioni delle prime settimane potesse concretizzarsi ed estendersi fino a prevalere.

Sgombrato il campo da parallelismi sciocchi e anti-storici (su tutti quello con il 1989, completamente diverso nelle premesse, nello svolgimento e - adesso sarà chiaro anche ai più superficiali - nelle conclusioni), rimaneva da vedere fino a che punto l'inerzia si sarebbe mantenuta dalla parte dello spontaneismo democratico dell'inizio e quale sarebbe stata la reazione di regimi che avevano in comune tra di loro soltanto una più o meno marcata tendenza all'autoritarismo e alla repressione. Scrivono Agha e Malley in questo articolo[210] che la *primavera araba* è finita l'11

379

febbraio 2011, quando Mubarak è stato deposto. E' anche la mia impressione. Paradossalmente, proprio nel momento in cui l'impeto *anti-establishment* sembrava destinato a trionfare oltre Tunisia ed Egitto, è cominciata la normalizzazione, che potremmo effettivamente chiamare controrivoluzione se solo riconoscessimo nelle ribellioni prodottesi fino a quel momento le caratteristiche di un moto rivoluzionario coerente e organizzato. Cosa della quale personalmente continuo a dubitare. La normalizzazione si è sviluppata su due fronti: il primo interno ai nuovi regimi, che sono rimasti controllati *de facto* da personalità vicine agli autocrati deposti o direttamente dai militari; il secondo provocato dalla reazione dei governi in carica, per nulla intenzionati a farsi abbattere da una serie di manifestazioni popolari più o meno pacifiche (Bahrein, Yemen, Siria e Libia). Da qui la violenza, l'intervento straniero e tutto quel che ne è derivato.

Le cause di questo semi-fallimento (perché non di fallimento totale si tratta) possono essere molteplici: l'assenza di tradizione democratica, la mancanza di un'opposizione organizzata e di una *leadership* riconoscibile, l'eterogeneità degli ideali e delle rivendicazioni in nome dei quali il popolo si è sollevato e via dicendo. Ma secondo me c'è un fattore decisivo che rimane sempre (volutamente) fuori dalle analisi e che invece ha giocato un ruolo determinante nel ridimensionamento delle aspettative iniziali: l'ambiguità dell'occidente e l'indefinizione del suo ruolo nel contesto della ribellione mediorientale. Purtroppo la retorica sulla necessità del multilateralismo e del carattere autoctono delle rivolte, unita al rifiuto ipocrita del concetto di intervento per la democrazia (sostituito dalla nozione politicamente corretta di *intervento umanitario*, che non è la

---

[210] The New York Review of Books, 31 agosto 2011: "The Arab Counterrevolution" (http://www.nybooks.com/articles/archives/2011/sep/29/arab-counterrevolution/?page=2).

stessa cosa), ha creato un simulacro di politica internazionale, priva di strategia, di obiettivi e di progetto, in cui la trama di ideali e interessi è diventata - adesso sì - assolutamente inestricabile. Prova ne sia la sconclusionata e improvvisata avventura libica, che finirà bene solo perché alla fine i regimi criminali sono comunque destinati all'insuccesso, ma che rappresenta il tipo di guerra confusa e ammantata di imprecisati propositi che tanto piace ai progressisti e ai funzionari delle Nazioni Unite. Dietro alle favole per bambini del *leading from behind*, del pragmatismo e della riscoperta di un realismo con finalità redentrici da parte dell'amministrazione Obama, si nasconde l'equivoco di fondo che riduce l'azione dell'occidente (e degli Stati Uniti in particolare) ad una caricatura di se stessa. Quella che i *liberal* salutano come la prova definitiva del superamento dell'era Bush e i neoconservatori di sinistra (o presunti tali) come la continuazione della sua dottrina, è invece un ibrido senza capo né coda che toglie legittimità a qualsiasi pretesa di stare dalla parte giusta della storia, semplicemente perché si è incapaci di riconoscere la parte giusta.

La principale differenza fra l'America che piantava parlamenti in mezzo al deserto e quella che non sa bene cosa fare da grande, è che per Bush promozione della democrazia e interessi americani (occidentali) coincidevano, mentre per Obama i due concetti non sono necessariamente assimilabili. Anzi, possono essere in contraddizione. Se non si capisce questo si finisce per credere davvero che Obama e Bush siano la stessa cosa, promuovano gli stessi principi, portino avanti la stessa politica. O, al contrario, che siano come il diavolo e l'acqua santa. Questa è, a mio avviso, la chiave di interpretazione di quel che sta succedendo al Cairo e a Washington. E' difficile perseguire una politica di liberazione senza un ideale coerente da contrapporre alla pratica autoritaria. E' opportunista e controproducente parlare di democrazia a Tripoli, di moderazione a Damasco e di *status quo* a Manama. E si rischia di fare la fine di Israele che, da modello democratico in costante lotta per la sopravvivenza, si è autodeclassato a nano politico in balia degli eventi, incapace di decidere se preferisce continuare a trattare con regimi non esplicitamente ostili o spingere, coerentemente con la propria natura, per la rinascita della cittadinanza araba anche al di fuori dei suoi confini.

Tra tutte le opzioni sul futuro della *primavera araba*, la più probabile mi sembra quella che vede nelle attuali rivolte soltanto la prima ondata di un movimento di democratizzazione che si definirà nel corso dei prossimi anni, forse decenni. Ma la strada sarà ancora più tortuosa in assenza di una strategia politica che punti alla liberalizzazione delle masse arabe e contemporaneamente alla democratizzazione delle *élites* laiche e filo-occidentali. La congiunzione di queste due trasformazioni (epocali) rappresenterà la vera svolta per il medioriente. Purtroppo un occidente tentennante e insicuro del proprio ruolo difficilmente potrà contribuire a questo processo e dovrà accontentarsi, per dirla con Agha e Malley, di negoziare i propri margini di influenza con una classe dirigente di estrazione islamista che finirà per proporsi come il suo principale interlocutore (ed alleato). La prospettiva non è delle più stimolanti.

27 settembre

## LA MASSA

*L'intelligenza non avrà mai peso, mai nel giudizio di questa pubblica opinione*, denunciava Pasolini in una sentenza poetica d'acciaio. Pasolini poeta è un bel leggere, per mitigare la noia dei suoi romanzi. Passano gli anni e il verso continua ad aprire l'inno nazionale italiano, quello fattuale, non l'improbabile versione eroica di Mameli. Sempre nel gruppo gli italiani, da buoni individualisti irresponsabili quali ci hanno insegnato ad essere fin da piccoli, a scuola. Farsi furbi, questa la nostra religione. La coerenza mai, quella la lasciamo ai protestanti.

Se l'intelligenza avesse peso sarebbe possibile giudicare la statura politica di Berlusconi (a conti fatti modesta) distinguendola dal linciaggio morale-politico-giudiziario di cui è oggetto da anni (a conti fatti criminale). Berlusconi politico ha deluso molti (quelli che si erano illusi), ha lasciato indifferente qualcuno e ha soddisfatto pochi. Pensare che da questo semi-fallimento debba necessariamente scaturire la forca è roba da primati, non da cittadini. C'è un'opposizione che ha costruito la sua identità sulla *character assassination*. E' tutto quel che hanno saputo produrre dopo Honecker. Ma sono i presunti liberali, quelli che prima vendevano Silvio come Margaret e adesso lo trattano da pezzente, i veri sconfitti di questa (a conti fatti piuttosto squallida) fase

383

politica. I presunti liberali si sono fatti massa: incapaci di produrre un pensiero non dico alternativo ma neppure parallelo a quello del capo quando le cose andavano bene, penosamente asserviti alle tesi degli assassini (nell'accezione di cui sopra) quando la barca affonda. Sfacciatamente vendutisi alcuni, servilmente elemosinanti altri, convertitisi alla religione della puzza sotto il naso i più. Facile ridere della Gelmini quando - italianamente - preferisce fare la furba che pensare. Ma la Gelmini siete voi, siamo noi. Il paese è questo e non c'è un solo pseudo-liberale che oggi possa vantarsi di aver fatto qualcosa per cambiarlo. Ha vinto l'assimiliazione, ancora una volta, ed eserciti di individualisti irresponsabili si preparano ad obbedire allegramente, senza rimpianti né rimorsi, alla nuova legge del gregge: Berlusconi boia, stai meglio appeso che con i pantaloni abbassati. Dovevate dargli addosso prima e difenderlo adesso, branco di pecore. Per dirla con Pasolini.

7 ottobre

# LA PIÙ GRANDE DI TUTTE LE FACEZIE

Rastani era un impostore, si dice[211]. No. Rastani ha giocato le sue carte nella *fiction* globale che ci circonda e ha vinto la mano. A perdere mano e faccia non sono oggi i Rastani di turno, ma quelli che affidano loro i propri microfoni e megafoni. In questo caso la BBC, ma potrebbe essere chiunque, visto il livello di professionalità con cui ormai si confezionano i prodotti mediatici. Quando dico che Internet ha moltiplicato ma allo stesso tempo svilito la comunicazione e il messaggio, non è perché io sia contro la diffusione delle idee in rete ma piuttosto perché ho la sensazione che la possibilità globale e indiscriminata di esprimersi porti inevitabilmente ad accettare come valida la più grande di tutte le facezie: che tutte le opinioni sono uguali e hanno lo stesso valore. Se così fosse, nulla sarebbe.

Ed è verso il nulla della conoscenza, della competenza, della scelta, della decisione che ci stiamo avviando, grazie all'effetto esponenziale del blob che non l'informazione di

---

[211] The Telegraph, 27 settembre 2011: "BBC financial expert Alessio Rastani: I'm an attention seeker not a trader" (http://www.telegraph.co.uk/finance/economics/8792829/BBC-financial-expert-Alessio-Rastani-Im-an-attention-seeker-not-a-trader.html).

massa ma la divulgazione di massa ha prodotto. C'è un delirio da mandare in onda? Garantisce la BBC. E giganteggia l'eco e tutti ne parlano e la bolla cresce. E non importa chi sia Rastani, quel che importa è che dica quel che vogliamo sentire: che la finanza è senza cuore, che le banche falliranno, che il capitalismo è un vampiro succhiasangue. Invece di trattenere il fiato, le masse trattengono il ragionamento. Le *élites* (o supposte tali) pure, tanto è vero che a Rastani rispondono dopo cinque minuti ministri ed economisti, dimostrando in fondo di crederci. E se domani succedesse quel che ha detto Rastani non sarà perché aveva ragione lui. Sarà perché una società che si fa dettare l'agenda informativa, politica ed economica da Rastani è capace di qualsiasi cosa. Perfino di divorare se stessa senza accorgersene.

7 ottobre

# LA PARABOLA DEL BUON CAPITALISTA

Nella corale dimostrazione di stima e affetto seguita alla morte di Steve Jobs a non convincere sono le motivazioni, tipiche di una società che, lungi dall'ammirare lo spirito del capitalismo di cui si è nutrita, finisce comunque per disprezzarlo. Il grande semplificatore è lodato per aver *"cambiato la vita"* delle persone attraverso le innovazioni tecnologiche di cui è stato promotore. Alla sua azione imprenditoriale viene quindi automaticamente assegnato un carattere sociale, ai limiti del filantropismo: lo giudichiamo favorevolmente per quello che ha dato al mondo, non perché è stato il più bravo di tutti nel suo lavoro, nella creazione di ricchezza e nel fare tanti soldi. In una società capitalista che si odia, è impensabile che il profitto in sé venga considerato un valore da cui far derivare a cascata una serie di benefici per gli individui (e di conseguenza per la collettività). E' invece necessario assegnare all'azione di un grande capitalista, il cui obiettivo principale era vendere-guadagnare-investire-guadagnare di più, una funzione sociale che lo redima: in questo caso quella di aver reso la vita più agevole a milioni di persone. Ma quella di migliorare e modernizzare la realtà è una virtù insita nell'etica capitalista e nello svolgimento dell'attività economica nei sistemi di libero mercato.

Il fatto che per lodare un capitalista ci sentiamo in dovere di glorificarne il ruolo di benefattore della società non è che l'ennesimo esempio di come in fondo continuiamo a vergognarci di quello che siamo e a considerare il denaro, il profitto, la ricchezza come peccati da espiare. Steve Jobs era essenzialmente un uomo alla ricerca della felicità personale. E proprio per questo ha fatto felici tanti altri esseri umani.

18 ottobre

## PERCHÉ POSSONO

Juan Abreu[212], pittore e scrittore cubano in esilio, è stato uno dei primi a denunciare il crimine di regime perpetrato contro Laura Pollán e la dissidenza. Gli ho rivolto alcune domande sulla vicenda, in attesa che anche da noi qualcuno se ne accorga.

**Nel suo blog lei ha commentato la morte della dissidente Laura Pollán definendola un omicidio di stato. Perché pensa che il regime dei Castro abbia ucciso la Dama en Blanco?**
Per un regime totalitario come quello cubano, l'omicidio di stato è quanto di più naturale possa esserci. La macchina della repressione cubana è figlia del KGB, che usava questo metodo contro i dissidenti, come è ampiamente documentato. Quando una donna come Laura Pollán entra in un ospedale dello stato, controllato dalla polizia statale, io penso sempre che la sua esecuzione sia probabile. Perché? Perché possono. Perché la dittatura cubana non ha nessuna barriera morale. Perché no?

---

[212] Il suo blog è *Emanaciones* (http://www.emanaciones.com/), già citato.

**Circolano in rete immagini di un'aggressione perpetrata contro Laura Pollán pochi giorni prima di morire. Pensa che possa essere stata questa la circostanza decisiva della sua morte e cosa la convince di questa ipotesi?**

E' molto probabile. E' un metodo usato altre volte dai maestri del DSE cubano, il KGB. L'immagine in questione mostra chiaramente un'emissaria del regime che tenta di tagliare la pelle alla signora Pollán. La pelle della signora Pollán era la sua ultima linea di difesa.

**Nell'attuale situazione cubana c'è qualche possibilità di dimostrare che il regime è il responsabile dell'omicidio di Laura Pollán?**

Nessuna. E probabilmente non ci sarà mai questa possibilità. Gli assassini cubani non sono come i tedeschi, suppongo che distruggeranno ogni prova dei loro crimini. Se c'è qualcosa di certo nel futuro di Cuba è che sarà un futuro di impunità.

**In occidente nessun mezzo di comunicazione si è fatto finora portavoce della tesi dell'omicidio. Crede che ciò tolga credibilità alle accuse? Perché la stampa occidentale è così prudente quando si tratta di affari cubani?**

No. La stampa occidentale non ha nessuna credibilità su Cuba. Lo dimostra una lunga storia. Stiamo ancora aspettando un *reportage* serio sulle prigioni e i campi di lavoro forzato. Dopo cinquant'anni! Dopo mille *reportages* su Guantanamo! Nel caso in questione, l'omicidio di Laura Pollán, suppongo che vorranno una dichiarazione giurata di Fidel Castro in cui si fa responsabile del crimine, o un documento in triplice copia dell'ordine di eliminazione. Francamente mi importa molto poco di quel che dica la stampa occidentale su Cuba.

**Qual è la sua opinione sul ruolo della Chiesa cattolica e specialmente del cardinal Ortega nell'attuale quadro politico cubano?**

La Chiesa cattolica ha voltato le spalle alle vittime e agisce da molti anni come complice della dittatura. Nessuna sorpresa, d'altra parte, se guardiamo alla storia della Chiesa. Per il cardinal Ortega non nutro nessun tipo di rispetto. Qualunque prostituta cubana merita più rispetto del cardinal Ortega.

**Come definirebbe la dissidenza digitale di Yoani Sánchez?**

Rispetto tutti i dissidenti che corrono rischi all'interno del paese, indipendentemente dal metodo che abbiano scelto per denunciare o criticare la dittatura. In ogni caso mi pare che non ci sarà libertà per Cuba, almeno nel breve periodo, senza violenza. Chiaramente è facile dirlo da Barcellona, però è mio dovere farlo.

28 ottobre – 3 novembre

## OCCUPY DONOSTI

Strano paese la Spagna: sfregiata da decenni di marxismo rivoluzionario, più la violentano e più perdona. Gli incappucciati di ETA (ma perché non vi togliete quelle maschere adesso che siete diventati bravi ragazzi?) hanno comunicato la scorsa settimana che non hanno più voglia di giocare e si portano a casa il pallone. Senza arrendersi, senza pentirsi, senza chiedere perdono, senza un cenno alle vittime, senza sciogliersi, senza consegnare le armi. Rivendicando. Mentendo come sempre. E tutto un paese in piedi, ad applaudire, a ringraziare.

Gliel'avevano preparato bene lo scenario, quelli che adesso applaudono. *Conferenza di pace* l'hanno chiamata, la messinscena andata in onda a San Sebastián, pochi giorni prima del comunicato. Partiti, sindacati e associazioni baschi riuniti per permettere ai terroristi *"un'uscita di scena dignitosa"*. Se la meritano d'altronde: 859 morti ammazzati, sequestri, minacce, estorsioni, esecuzioni. Compagni che sbagliano. E poi c'è la pace da fare, vuoi mica metterti a spaccare il capello in quattro. Invitati speciali: Kofi Annan, l'eroe del Ruanda, 2 milioni di euro in tasca, e un altro esperto di negoziati in punta di pistola, Gerry Adams. Un documento finale che riprendeva perfino le espressioni usate dalla banda nel corso di questi anni, su tutte l'indecenza suprema, quella di definire la guerra terrorista di un gruppo di fanatici contro civili inermi come *"conflitto armato"*.

ETA era alle corde e le hanno regalato una bella conferenza di pace. Il PSOE agonizzava e gli hanno servito il comunicato per cena. Leggetelo, il comunicato[213], trasmesso decine di volte per televisione e alla radio. Se aprivate una finestra in Spagna la sera dell'addio alle armi, sentivate la voce dei carnefici in stereofonia. *"La Spagna non dimentica"*, sussurrava il fantasma di Zapatero a reti unificate. Ma è già tutto cancellato dalla memoria e dalla storia. Si apre la trattativa. O credete che i bombaroli facciano qualcosa per niente? Impunità garantita per i fuggiaschi e presto revisione delle sentenze. *"Si sono arresi"*, grida il popolo. Curioso modo di arrendersi, armi in pugno. *"Hanno perso"*, ma nessuno che si consegni alle autorità. ETA è ben protetta, a Madrid e nei Paesi Baschi. Sabato sono scese in piazza centomila persone convocate dalla *izquierda abertzale*, il braccio politico del terrore. Tanto per chiarire come vanno le cose da quelle parti. Per gentile concessione del governo e dei tribunali si sono già presi il municipio di San Sebastián alle amministrative di maggio. Bel colpo, meglio di un'autobomba. Adesso si preparano a sbarcare in parlamento, forze nuove, ideologia vecchia, *"Euskadi Ta Askatasuna, organización socialista revolucionaria vasca de liberación nacional"*.

Il *País Vasco* andava occupato per tempo o consegnato ai terroristi. Fare uscire prima la gente per bene, dare asilo ai profughi del totalitarismo *etarra*, ai minacciati, ai taglieggiati. Poi entrare o lasciar perdere. C'è tanta gente che parla di *"conflitto armato"* là, mica solo quelli che le armi le hanno usate. Tante menti *privilegiate* che in tutti questi anni hanno

---

[213] El Mundo, 20 ottobre 2011: "La declaración de la banda" (http://www.elmundo.es/elmundo/2011/10/20/espana/1319132 546.html).

difeso e giustificato gli omicidi in nome di un nazionalismo truce. Tanti fanatici che hanno goduto del dolore altrui, e che hanno spinto a provocarne di più. Sempre di più. E che oggi, invece di vergognarsi, sollevano la testa e stilano un elenco di pretese. Riconciliazione, l'altra grande menzogna. Come riconciliarsi con chi va così fiero delle proprie mattanze da dichiarare *"la lucha de largos años ha creado esta oportunidad"*? Massacri uguale opportunità. Glielo lasciano dire, c'è la pace da fare. Si vomita di nascosto in questo paese, dietro gli angoli delle case. Prossima tappa: l'avvicinamento dei *"prigionieri"* di ETA, prima fase dell'amnistia. ETA considera i suoi in carcere come vittime, al pari della bambina saltata in aria all'*Hipercor* di Barcellona. E tutti tacciono, sperando di guadagnarsi una qualche indulgenza dagli incappucciati.

Strano paese la Spagna: più la violentano e più sorride. E nessuno che dica che non c'è pace senza giustizia, che non può vincere lo stato di diritto se rinuncia a sconfiggere i suoi nemici, se invece di obbligarli alla resa accetta le loro concessioni. Nessuno che dica che se ETA non si inginocchia davanti alle vittime e non consegna quel che resta del suo arsenale, continuerà a condizionare la vita politica del paese, anche se smette di ammazzare. Che se ETA non si scioglie e non si cancella dal panorama politico e sociale senza condizioni, quel che oggi è la fine della violenza domani potrà essere un nuovo inizio e tutti a sorprendersi e a chiedersi: *"com'è possibile?"*. I Paesi Baschi hanno un enorme problema di libertà ma per non riconoscerlo usano la parola *pace* come un esorcismo. Il ricatto dell'ideologia non scompare dietro un comunicato e la vita continua come prima, tra paure, sguardi di sfida e omertà. Non batti il totalitarismo facendoti perdonare la vita dai tuoi aguzzini. Lo vinci non perdonandola a loro.

C'è un aspetto particolarmente ripugnante in questa

politica del perdono che la Spagna sta promuovendo: il ricatto emozionale del governo verso le vittime del terrorismo. Se perdoni gli assassini di tuo padre o di tua sorella – dicono i governanti - sei una persona rispettabile che accetta di passare pagina per un bene superiore, la *pace* sociale. Se non accetti però, sei un rancoroso che si interpone come un ostacolo nel nostro *processo*. La società ti giudicherà come meriti. Ecco, nessuna vittima dovrebbe soffrire questa umiliazione, nessun governo decente dovrebbe costringere le vittime a una scelta di questo tipo. Il perdono è un atto individuale e non obbligatorio per definizione. Quando si fa campagna istituzionale e atto dovuto diventa una vigliaccata.

18 novembre

# LA BESTIA UMANA (RIPORTARE AUSCHWITZ DENTRO LA STORIA)

Circa un anno fa la *New York Review of Books* pubblicava un lungo ed appassionante articolo di Anne Applebaum[214] sull'argomento che meglio conosce, i totalitarismi del XX secolo. In realtà si trattava di una recensione di due libri appena usciti (all'epoca), *Bloodlands: Europe between Hitler and Stalin* di Timothy Snyder e *Stalin's Genocides* di Norman M. Naimark. Riprendo adesso quel pezzo per le riflessioni che seguono, pensando che l'analisi della Applebaum meriti di essere considerata a parte per la quantità di spunti che offre. Non ne farò un riassunto (consiglio la stesura integrale) e mi limiterò a commentarne alcuni passaggi significativi, a partire dalla citazione iniziale di Czeslaw Milosz. (Milosz è uno dei miei eroi intellettuali, autore dell'imprescindibile *The Captive Mind*[215], che tratta degli effetti della morsa totalitaria sulle società che l'hanno sperimentata. Il capitolo IX riguarda l'annessione dei Paesi Baltici all'Unione Sovietica e resta, a

---

[214] The New York Review of Books, 23 dicembre 2010: "The Worst of the Madness"
(http://www.nybooks.com/articles/archives/2010/nov/11/worst -madness/).

[215] Ne ho già scritto nel post del 14 ottobre 2003.

mio avviso, una delle più potenti denunce dell'ideologia comunista mai scritte. Milosz riesce a rendere perfettamente l'atmosfera di cupezza e disperazione che le popolazioni di Estonia, Lettonia e Lituania furono costrette a vivere nel corso di quel drammatico salto all'indietro nel tempo imposto da Mosca). Di Milosz la Applebaum sceglie alcuni pensieri dedicati al degrado dei sentimenti umani in tempo di guerra, quando tutto attorno si fa tetro e l'abitudine alla morte prende il sopravvento:

*"Mass violence, he explained, could shatter a man's sense of natural justice. In normal times "had he stumbled upon a corpse on the street, he would have called the police. A crowd would have gathered, and much talk and comment would have ensued. Now he knows he must avoid the dark body lying in the gutter, and refrain from asking unnecessary questions (...)"*[216].

La banalità del male, la perdita dell'innocenza, di qualsiasi dimensione sociale, il rifugiarsi dentro se stessi, creandosi un mondo chiuso nel quale non poter essere attaccati. E' vero, come sostiene Milosz, che generalmente all'uomo occidentale manca la capacità non solo di comprendere ma perfino di immaginare tragedie di vaste proporzioni (si pensi al cittadino americano, che le ha vissute – almeno fino all'11 settembre – solo da lontano o in maniera mediata, ma anche a quegli stati dell'Europa occidentale che non sono stati teatro di massacri a sfondo politico). E' anche vero però che nella nostra epoca, fatte salve tutte le differenze del caso, un simile sentimento di

---

[216] "La violenza di massa, spiega (Milosz), può distruggere il senso di giustizia naturale proprio dell'uomo. In tempi normali *se qualcuno avesse inciampato su un cadavere per la strada, avrebbe chiamato la polizia. Una folla si sarebbe radunata, e ne sarebbe scaturito un gran parlare. Adesso quella stessa persona sa che deve evitare il corpo che giace nell'oscurità e nel fango, e astenersi dal fare domande inutili (...)".*

estraneità alla realtà che ci circonda è comunque riscontrabile nei comportamenti quotidiani di molti di noi. Come spiegare altrimenti la freddezza con cui si osserva una madre ricevere in diretta televisiva la notizia della morte della propria figlia, o la calcolata follia di chi massacra di botte un taxista per aver involontariamente investito un cane? Il paragone è azzardato, lo riconosco, probabilmente fuori luogo. Ma il parallelismo non riguarda tanto l'origine del male, che nel caso degli stermini del secolo scorso (con appendici nel presente) era frutto di ideologie assassine mentre nell'odierno panorama di ordinaria alienazione è addebitabile ad una serie di concause molto più sfuggenti. Riguarda piuttosto la nostra reazione di fronte al male, lo scudo di protezione che ci costruiamo perché il sangue non ci macchi il vestito, o l'anima, fino a non porci più nessuna domanda.

Per spiegare meglio ciò che intendo, prendo a prestito la versione di Neil Postman[217] sulle analogie-differenze tra la realtà descritta da Orwell in *1984* e quella rappresentata da Huxley in *Brave New World*. Si può dire che il passato totalitario e la guerra hanno il loro corrispettivo nella censura, nel controllo capillare e nell'indottrinamento delle menti raccontato in 1984, mentre la contemporaneità smarrita, la perdita del senso della realtà, il rifiuto di alcuni valori essenziali alla convivenza, l'indifferenza di fronte al male, rientrano nelle categorie dell'eccesso di stimoli (visioni, desideri, informazioni) e della superficialità dei messaggi che ci vengono veicolati continuamente. Allora, se Orwell aveva completamente ragione sul XX secolo, Huxley ha parzialmente ragione sul XXI: la banalità del male si

---

[217] L'autore spiega nell'introduzione al suo libro "Amusing Ourselves to Death" che la lezione di Huxley si adatta meglio al mondo contemporaneo rispetto a quella di Orwell: saremo sopraffatti da ciò che desideriamo e non da ciò che odiamo. Per una spiegazione più completa si veda la pagina di *Wikipedia* (http://en.wikipedia.org/wiki/Amusing_Ourselves_to_Death).

manifesta in forme e proporzioni diverse, ma è un eterno ritorno e non ci abbandona. Da qui la necessità di non cedere di un millimetro nella difesa delle società democratiche in cui viviamo, sia dall'attacco delle nuove/vecchie ideologie sia dalle sirene dell'apatia e della rassegnazione. "*Il pacifismo è oggettivamente pro-fascista*", scriveva sempre Orwell, e se il "*lasciateci in pace*" è un comprensibile anelito in tempi di distruzione, diventa un'intollerabile scusa per la passività e l'inazione nelle epoche di benessere.

Se avessimo sempre combattuto il male, tutto il male anziché solo una parte, forse avremmo risparmiato a noi stessi e soprattutto ad altri una lunga serie di incubi. Come quelli che tormentarono le notti degli abitanti di quelle terre di mezzo che da *borderlands* diventarono *bloodlands*, territori di frontiera intrisi del sangue di vittime innocenti. Proprio di questo si occupa il saggio di Snyder, dei popoli che dovettero subire la dominazione e le politiche di annientamento di entrambi i totalitarismi, quello nazista e quello comunista. Insomma di quelle anime perse che passarono due volte per il tritacarne dell'ideologia e che ne rimasero brutalmente schiacciate. Polonia, Ucraina, Bielorussia, Paesi Baltici appunto: qui rossi e neri si succedettero, si scontrarono, si spartirono il bottino, si alimentarono a vicenda. Qui Stalin e Hitler commisero gli stessi atroci crimini, sulle stesse popolazioni, in analoga misura, con metodi ed obiettivi praticamente identici. Qui l'artificiosa distinzione tra male assoluto e male necessario, mantenuta dai profeti dell'ipocrisia nei decenni successivi, perse fin da subito qualsiasi significato. Cito ancora da Anne Applebaum:

"*This region was also the site of most of the politically motivated killing in Europe—killing that began not in 1939 with the invasion of Poland, but in 1933, with the famine in Ukraine. Between 1933 and 1945, fourteen million people died there, not in combat but because someone made a deliberate decision to murder them*"[218].

Non a caso i nazisti potevano declinare le loro ambizioni sull'Ucraina dichiarando che il socialismo in un solo paese sarebbe stato rimpiazzato dal socialismo per la razza tedesca; non a caso sia Hitler che Stalin scatenarono una guerra senza quartiere contro le *élites* intellettuali, politiche e religiose di quei paesi; non a caso il trattamento dei prigionieri di guerra rispondeva su entrambi i fronti alle stesse logiche assassine, la morte per inedia e per abbandono nei rispettivi campi di detenzione (almeno nei primi anni di conflitto). Da qui la necessità di studiare le atrocità naziste e sovietiche come parte di una comune storia del terrore, perché è così che le vittime delle *bloodlands* le hanno vissute e patite, ma anche di capire come i due totalitarismi si alimentassero a vicenda:

*"Yet Snyder does not exactly compare the two systems either. His intention, rather, is to show that the two systems committed the same kinds of crimes at the same times and in the same places, that they aided and abetted one another, and above all that their interaction with one another led to more mass killing than either might have carried out alone"*[219].

---

[218] "Questa regione fu anche il teatro della maggior parte degli assassinî politicamente motivati perpetrati in Europa – assassinî che cominciarono non nel 1939 con l'invasione della Polonia, ma nel 1933 con la carestia in Ucraina. Tra il 1933 e il 1945, quattordici milioni di persone morirono in quell'area, non in combattimento ma perché qualcuno prese la deliberata decisione di ucciderle".

[219] "Snyder comunque non paragona esattamente i due sistemi. La sua intenzione, piuttosto, è dimostrare che i due sistemi commisero lo stesso genere di crimini contemporaneamente e negli stessi luoghi, che si aiutarono e supportarono a vicenda, e soprattutto che la loro interazione provocò un numero di assassinî di massa superiore a quello che avrebbero potuto perpetrare da soli".

Ma uno degli spunti di riflessione più originali viene dalla riconsiderazione che Snyder compie del ruolo dei campi di concentramento e dei prigionieri che vi furono rinchiusi. Contrariamente a quanto si è portati a pensare, la maggior parte delle vittime dei due regimi totalitari non trovò la morte nei lager e nei gulag ma fu il prodotto di politiche di sterminio portate a termine con modalità e tempistiche diverse, esecuzioni di massa, camere a gas, fucilazioni, decessi per fame indotti da politiche genocide. Sia nel caso tedesco che in quello sovietico i campi erano destinati allo sfruttamento di una enorme forza lavoro ridotta in schiavitù per alimentare le rispettive macchine da guerra (interne ed esterne). Certamente vi furono milioni di morti anche all'interno dei campi, per la durezza del lavoro e le precarie condizioni di vita, ma gli internati, a differenza di coloro che vennero giustiziati in numero ben maggiore al di fuori dei sistemi concentrazionari, servivano vivi. Quell'*Arbeit macht frei* non era solo un macabro ghigno rivolto a chi entrava ad Auschwitz o a Dachau ma conteneva un fondo di verità (il lavoro forzato): tanto è vero che, mentre abbiamo immagini di sopravvissuti ai lager e ai gulag, praticamente non vi sono testimonianze dirette degli stermini di massa avvenuti nelle foreste, nelle campagne, tra le montagne, al riparo da sguardi indiscreti.

Perché è importante questa valutazione? Perché fa cadere la falsa dicotomia, alimentata da decenni di ipocrisia politicamente motivata, tra campi di sterminio (nazisti) e campi di lavoro (comunisti), tra un sistema concepito per uccidere ed un altro in cui la morte era solo una possibile conseguenza, quasi un fattore accidentale, anche se accettato o previsto. In realtà sia il lager che il gulag erano industrie di schiavi, luoghi in cui l'uomo veniva usato come bestia da lavoro e spremuto fino alle ultime conseguenze. Ma anche luoghi in cui, se in grado di lavorare al servizio dei propri carcerieri, un prigioniero aveva qualche possibilità di sopravvivenza. Sono questioni enormi, me ne rendo conto, che richiederebbero analisi molto più approfondite. Ma alcune linee guida si possono comunque tracciare.

La Applebaum si sofferma poi sul concetto di *genocidio*, partendo dai limiti della sua definizione, frutto di una decisione essenzialmente politica condizionata dagli equilibri scaturiti dalla conclusione della seconda guerra mondiale. L'opposizione dell'Unione Sovietica, una delle potenze uscite vittoriose dal conflitto (almeno formalmente), impedì che la definizione di genocidio adottata dalla Convenzione delle Nazioni Unite del 1948 includesse la distruzione intenzionale di gruppi politici, sociali ed economici. Soltanto i crimini commessi contro gruppi nazionali, etnici, razziali o religiosi rientrarono nel testo finale. I motivi sono ovvi dato che, se fosse andata diversamente, i sovietici avrebbero dovuto rispondere davanti alla comunità internazionale delle loro campagne omicide contro i nemici di classe e gli oppositori politici. Il vizio d'origine di questa definizione si sarebbe trascinato come un macigno nei decenni successivi, condizionando non solo il dibattito storiografico ma la stessa percezione dei massacri compiuti dai regimi totalitari da parte dell'opinione pubblica. Ancora oggi la nostra concezione della storia del XX secolo risulta distorta a causa del compromesso storico tra democrazie e stalinismo.

Un patto col diavolo di cui, ancor più tristemente, hanno fatto le spese per quasi cinquant'anni i popoli dell'Europa dell'Est che avevano già sofferto le atrocità delle anteriori occupazioni e della guerra. Alla liberazione di una parte del continente corrispose la consegna dell'altra metà alla dittatura comunista, un peso politico e morale difficilmente sostenibile per chiunque abbia combattuto in nome della democrazia:

"*As a result, we liberated one half of Europe at the cost of enslaving the other half for fifty years. We really did win the war against one genocidal dictator with the help of another. There was a happy end for us, but not for everybody. This does not make us bad—there were limitations, reasons, legitimate explanations for what happened. But it does make us less exceptional. And it does make World War II less exceptional, more morally ambiguous, and thus more similar to the wars that followed"*[220].

La cappa di silenzio calata sulle terre dell'Europa orientale per mezzo secolo non fu solo quella imposta da Mosca e dai gerarchi comunisti che per conto dell'Unione Sovietica reggevano le sorti dei rispettivi paesi, ma ebbe il suo corrispettivo anche nella pavida e spesso complice condiscendenza delle classi politiche e soprattutto delle *élites* culturali occidentali, ben liete queste ultime di farsi portavoce delle parole d'ordine dell'ideologia e di propagandare le virtù del socialismo reale. E' un'onda lunga la cui portata non si è ancora esaurita.

Ma torniamo al genocidio, per concludere. Uno dei problemi fondamentali è che la sua definizione pone l'accento più sulla categoria delle vittime che non sulla responsabilità degli esecutori. E' come se considerassimo *omicidio* solo l'uccisione di uomini con certe caratteristiche di età, peso e titoli accademici, lasciando il resto dei comuni mortali senza protezione giuridica. Un nome è solo un nome, si dirà. Ma non nelle corti di giustizia, dove la forma è sostanza, e nemmeno nella valutazione del crimine di massa

---

[220] "Come conseguenza, liberammo metà dell'Europa al prezzo della schiavitù dell'altra metà durante i successivi cinquant'anni. Vincemmo davvero la guerra contro un dittatore genocida con l'aiuto di un altro. Fu un finale felice per noi, ma non per tutti. Questo non ci rende cattivi – ci furono limitazioni, ragioni, legittime spiegazioni per ciò che accadde. Ma ci rende meno eccezionali. E rende la Seconda Guerra Mondiale meno eccezionale, più ambigua moralmente, e perciò più simile alle guerre che seguirono".

da parte della collettività. Da qui la reticenza di politici, storici e società civile a qualificare come genocidi una serie di massacri la cui corrispondenza alla definizione ufficiale non fosse strettamente ed immediatamente attribuibile, come se per le vittime facesse qualche differenza, come se la gravità e la portata di un crimine di stato dipendessero non tanto dalle caratteristiche oggettive dell'atto (numero di morti, modalità di esecuzione, intenzionalità, conseguenze e così via) quanto da una decisione politica presa a tavolino in un preciso momento storico e dettata da esigenze di *realpolitik*.

La Applebaum fa riferimento, tra gli altri, al classico caso del genocidio armeno, oggetto di controversie politico-diplomatiche mai del tutto risolte. Ma perfino uno storico dell'Unione Sovietica del calibro di Robert Service, nel suo *A History of Modern Russia*[221], evita di qualificare la carestia ucraina come *genocidio* sulla base del fatto che gli ucraini in quel momento non costituivano che il settanta per cento della popolazione del territorio colpito e che in senso stretto Stalin non avrebbe perseguito una politica di annientamento di un gruppo etnico in quanto tale. Naimark, al contrario, in *Stalin's Genocides* assume che, anche in base all'attuale enunciato della Convenzione delle Nazioni Unite, i crimini del regime staliniano nei confronti della popolazione ucraina, dei kulak, e di altri gruppi etnici minoritari sarebbero atti di genocidio. Tutto ciò rende necessaria una ridefinizione del concetto o, meglio, un suo superamento.

A mio avviso occorrerebbe parlare semplicemente di *stermini di massa* o, come suggerisce la Applebaum, di *"assassinî di massa compiuti per ragioni politiche"*. Questa *democratizzazione* del termine, aumentandone il valore universale e superando le limitazioni imposte da

---

[221] Robert Service, "A History of Modern Russia", Harvard, 2005 (http://www.amazon.com/History-Modern-Russia-Nicholas-Vladimir/dp/067401801X/ref=sr_1_1?ie=UTF8&qid=12952675 20&sr=8-1).

compromessi diplomatici che nulla hanno a che vedere con la sofferenza delle vittime, consentirebbe anche di chiarire una volta per tutte un equivoco sul quale generazioni di studenti e di storici si sono costantemente incagliati: quello della presunta *unicità* dell'Olocausto. Ragioni, di nuovo, prevalentemente ideologiche hanno suggerito a molti – e non parlo qui degli ebrei, i quali forse hanno diritto a considerare la loro situazione storica da un punto di vista non strettamente obiettivo – di mantenere Auschwitz in una categoria a parte, in un luogo della memoria collettiva separato dal resto, come se si trattasse di una parentesi avulsa dalla storia, di una tragedia non paragonabile ad altre esperienze analoghe. Io credo che nella pretesa *unicità* della *Shoah* si nasconda il rischio della rimozione di tutto quanto *Shoah* non sia. Non si può capire l'Olocausto senza inserirlo nella storia dei totalitarismi del XX secolo. Non si possono onorarne le vittime senza costruire giorno dopo giorno una coscienza antitotalitaria complessiva, integrale, assoluta. E' proprio perché questa presa di coscienza collettiva non si è realizzata (e in molti casi non è nemmeno cominciata) che dopo quell'*unicum* ce ne sono stati molti altri. E non è finita. Se si avesse finalmente il coraggio di collocare Auschwitz dentro la storia – e il libro di Snyder certamente contribuisce all'evoluzione del dibattito – , si comincerebbe a colmare il divario che separa il ricordare dal non dimenticare per non ripetere. Non basta dire *mai più*. Bisogna crederci sempre e in qualunque luogo. Troppe vittime aspettano ancora che si renda loro omaggio, troppi campi della morte devono ancora ospitare il loro 27 gennaio, troppi carnefici sono stati perdonati dal sonno della memoria. Mai più.

9 dicembre

## LO SCANDALO MONTI

D'Alema candidamente confessa[222] a *La Stampa* che, dietro al governo tecnico, c'è un'operazione dall'inconfondibile sapore politico, finalizzata a defenestrare Berlusconi.

*"(…) l'alternativa non era tra governo tecnico o elezioni, ma tra governo tecnico o permanenza di Berlusconi. Se non si fosse concretizzata l'ipotesi di Monti, la maggioranza di centrodestra non si sarebbe sfarinata e noi avremmo ancora il Cavaliere a palazzo Chigi. Altro che politica morta… Si è trattato, al contrario, di una positiva operazione politica".*

Benvenuti, come sempre aveva ragione chi aveva torto.

Approfitto della certificazione dell'ex presidente del consiglio per tornare brevemente sulle singolari modalità del recente cambio di governo, benedetto da Berlino, dalla sinistra e dai benpensanti di ogni estrazione. Ai critici del

---

[222] La Stampa, 9 dicembre 2011: "D'Alema: Questa volta pagano pure i ricchi. Non era mai successo" (http://www.lastampa.it/2011/12/09/italia/politica/d-alema-questa-voltapagano-pure-i-ricchinon-era-mai-successo-V4DOOBY9z0DvSZxGyBEYJJ/pagina.html).

*golpe* morbido - tra i quali mi annovero - è stato fatto notare da più parti che l'Italia è una repubblica parlamentare, per cui gli elettori scelgono i loro rappresentanti alle camere e non i governi. Nessun *vulnus* deriverebbe quindi dalla nomina di un esecutivo di tecnici al posto di uno espressione (seppur indiretta) del voto popolare, in quanto la fiducia del parlamento sarebbe l'unica condizione richiesta perché un governo possa operare. Tutto vero, dal punto di vista della dottrina. Ma anche rimanendo sul piano strettamente formale e tralasciando per un momento le considerazioni politiche che l'avvicendamento Berlusconi-Monti implica (vedi D'Alema), c'è un passaggio che proprio non torna, e che è stato colpevolmente trascurato da chi ha deciso che, stavolta, il fine giustificava i mezzi.

Berlusconi entra al Quirinale da presidente del consiglio tra gli schiamazzi della piazza e le pressioni di palazzo e ne esce destituito. In nessun momento il parlamento - dove risiede la fonte di legittimità del governo - viene coinvolto. Non si ritiene necessario inscenare non dico una mozione di sfiducia ma nemmeno un pallido rituale dal quale emerga la perdita della maggioranza da parte dell'esecutivo di centrodestra. Improvvisamente della repubblica parlamentare non se ne ricorda più nessuno: né la folla vociante, né la sinistra plaudente che subito dopo si richiamerà ad essa per giustificare l'intronizzazione di Monti, né il presidente della repubblica, né la sempre attenta stampa nazionale, né le cancellerie europee. Berlusconi esce di scena come un Mubarak qualunque, rimosso, sollevato dai propri incarichi, politicamente eliminato dall'azione congiunta dell'asse Berlino-Parigi, del Quirinale e di un tumulto di piazza. Mancava l'esercito. Ora, capisco che le intemerate rozze degli *indignados* e la scarsa dimestichezza della sinistra con la pratica della democrazia possano contribuire a creare un po' di confusione, ma l'Italia non è l'Egitto e nello stato di diritto la forma è sostanza. I paladini della repubblica parlamentare farebbero bene a ricordarsene prima di dare il loro appoggio incondizionato a manovre che mettono in discussione proprio quei principi cui non esitano a richiamarsi quando fa loro comodo. Al di là delle simpatie o antipatie politiche e dell'opportunità o meno di accelerare la fine di Berlusconi, un precedente di questa natura meriterebbe riflessioni un po' meno superficiali di quelle che si sono lette ed ascoltate. Per le prossime volte, ché non si sa mai.

# 2012

21 gennaio

## VI VOGLIONO CADAVERI

Suicidarsi per fame[223] a Cuba è un gesto senza senso.
Mi dispiace per chi si toglie la vita pensando di ricavarne
qualcosa per quelli che restano, ma non è un atto eroico.
Perché è inutile. Un simile sacrificio potrebbe valere (forse)
la pena se riuscisse ad incrinare le certezze del potere e se il
mondo avesse occhi per guardare. Ma la dittatura cubana è
una bestia feroce, e i suoi agnellini li vuole già disossati per il
banchetto. Perché togliere ai Castro la responsabilità di
premere il grilletto? Perché consegnarsi ai propri carnefici
senza lottare? Il mondo poi è troppo impegnato a lodare le
*riforme* del fratello n. 2 e a piangere per i terroristi di
Guantanamo, per occuparsi di quel che succede nel resto
dell'isola, dove le carceri vere si svuotano a colpi di arresti
cardiaci e polmoniti. Suicidarsi per fame è il delirio estremo
della rassegnazione, è la bandiera bianca della resa, è la
vittoria degli squadroni della morte del socialismo reale
tropicale. Vi vogliono cadaveri, brindano sulle vostre tombe,
ci vuole tanto a capirlo?

---

[223] El Mundo, 19 gennaio 2012: "Muere el disidente cubano
Wilman Villar tras 50 días en huelga de hambre"
(http://www.elmundo.es/america/2012/01/20/cuba/132703001
2.html).

410

25 gennaio

## MAESTRI E SECCHIONI

Dall'inchino d'ordinanza ai Sofri non ci si salva più.
Non passa giorno in cui un'idiozia del Luca[224], una cronaca-
pistolotto dell'Adriano[225] e adesso perfino una *rentrée* della
dama non vengano celebrati dall'italico *web* in pompa magna.
E' diventato un dazio da pagare se vuoi leggere i blog nel
*belpaese*. Mai visto un gruppo di aspiranti *opinion-makers* così
appiattito, conformista e leccapiedi. Ormai non si scrive più
per farsi capire, ma solo per farsi notare. Sono buoni solo gli
inizi, quando si è liberi da condizionamenti sociali. Poi,
appena raggiunto un briciolo di notorietà, è tutto un correre
a farsi aprire le porte del salotto buono, dove non entri se
non ti raccomanda il *figlio di* a suon di *links*. Fenomeno
professionale a sinistra ma non esclusivo di quella parte della
blogosfera. Basti pensare al curioso destino di *TocqueVille*,
nata per costituire l'avanguardia pensante del centrodestra,

---

[224] Dal blog *Wittgenstein*
(http://www.wittgenstein.it/2012/01/17/della-pirlaggine-dei-
comunisti/?utm_source=twitterfeed&utm_medium=twitter).
[225] Repubblica, 16 gennaio 2012: "Il bimbo davanti alla balena
spiaggiata: piangevano, gli ho dato le mie coperte"
(http://www.repubblica.it/cronaca/2012/01/16/news/bimbo_co
perte_costa_concordia-28198057/).

trasformatasi da subito nel classico aggregatore di massa e convertitasi nella piattaforma di lancio dei soliti quattro amici, un modo come un altro per far scrivere chi ci sta simpatico e per lasciar fuori tutti gli altri. Mentre altrove i *bloggers* danno l'assalto alle redazioni, trasformano le campagne dei politici e fondano testate giornalistiche, qui è tutto un citarsi addosso, un richiamare l'attenzione del re taumaturgo, uno stilare classifiche dei direttori nella speranza che ci tocchi la prossima *nomination*.

Ma torniamo alla dinastia Sofri, un fenomeno che più italiano non si può (altro che Schettino e De Falco). Se i coniugi sono fenomeni passeggeri assurti a pubblica notorietà - ognuno nel proprio ambito di incompetenza - per la banalità del paesaggio che li (ci) avvolge, la faccenda si fa seria quando si parla di Sofri *quello anziano*. In libertà da pochi giorni al termine di una sentenza che probabilmente non avrebbe dovuto mai scontare (e su questo certamente non è il caso di ironizzare), è stato anch'egli immediatamente intronizzato da agiografi[226] ed entusiasti[227] alla categoria di maestro, filosofo e pensatore di riferimento. Scrive complicato Sofri, almeno per me. Per esempio, del suo libro su Pinelli non sono riuscito a venire a capo. Ma questo è un problema mio. Problema di tutti è invece un paese che non va in bagno senza che qualcuno l'accompagni, che non respira senza una guida spirituale che gli sollevi le braccia, che non esiste senza capipopolo, siano essi ufficiali di navigazione, direttori 2.0 o ex lottatori continuisti.

Per me la questione Sofri si chiude con questa lettera[228] al *Foglio* di tre anni fa. Ne ho già scritto: al di là della

---

[226] Dal blog *Distanti saluti* (http://www.distantisaluti.com/adriano-sofri/).

[227] Dal sito *Giornalettismo*, 17 gennaio 2012: "La lezione di Adriano Sofri all'Italia" (http://networkedblogs.com/sMRAl).

[228] Il Foglio, *Piccola Posta* dell'11 settembre 2008 (http://www.ilfoglio.it/piccolaposta/82).

definizione giuridica, pur importante, il problema sta nei contenuti, nelle rivendicazioni, nelle giustificazioni, nelle equiparazioni. Insomma nell'ideologia. Le sentenze (anche quelle probabilmente ingiuste) hanno una data di scadenza, le idee sbagliate purtroppo no. Soprattutto se chi le ha professate, con conseguenze politiche e sociali anche gravi, non è disposto a riconoscerne - nemmeno a quarant'anni di distanza - tutto il potenziale criminogeno. Qui le scuse non le deve solo lo stato a Sofri, ma anche Sofri al resto della società. Ovvero a quelle persone che mentre lui predicava la lotta di classe con mezzi quantomeno discutibili, mandavano avanti il paese senza colpo ferire, e soprattutto senza rivendicare nulla se non la dignità della propria esistenza e del proprio lavoro. Per questo di maestri come Sofri l'Italia non solo *può* ma *deve* fare a meno, se vuole diventare grande.

Gli ex impiegati della violenza, alllergici come sono alle professioni di umiltà, potrebbero almeno limitarsi a un decoroso silenzio. La loro conversione alle regole della dialettica democratica (di cui è lecito dubitare nonostante montagne di articoli e innumerevoli citazioni nei salotti buoni, anzi proprio per questo) non vale a renderli migliori di chi nella democrazia ha sempre creduto, anche quando i *compagni che sbagliavano* preferivano la P38. Ognuno si sceglie i modelli che può. Ma sono convinto che di certi esempi di *coerenza* e *moralità* possiamo fare tranquillamente a meno, sia come individui che come società. Insomma, ditino alzato a più non posso, ché natura chiama. Ma a casa vostra.

29 gennaio

## ERA TUTTA UNA FINZIONE

Il punto di Pierluigi Battista sullo stato comatoso del liberalismo[229] nel nostro paese conferma una vecchia tesi di questo blog: i liberali italiani non esistono e chi si definisce tale in realtà non conosce il significato del termine. Dissipatasi la nebbia della confusione al sole tiepido ma in fondo confortante della crisi finanziaria, la folla si dirige sbandata verso l'unico totem che è sempre stata in grado di riconoscere: il dirigismo statale, nelle sue multiformi perversioni. Direi che i segnali, a saperli leggere, ci avvisavano da tempo. E' una malattia europea, non solo italiana, ma nel nostro paese assume come sempre connotazioni grottesche, da buoni navigatori incapaci di tenere dritto il timone per più di cinque minuti.

La facezia del *liberalismo di sinistra* - laddove la sinistra è sempre stata sinonimo di socialismo, o peggio - non durerebbe il tempo di una pernacchia in un paese serio, con una autentica cultura liberale alle spalle e un minimo di senso del ridicolo di fronte. E invece, mentre il centrodestra

---

[229] Corriere della Sera, gennaio 2012: "La fine dell'illusione liberale"
(http://lettura.corriere.it/debates/la-fine-dell%E2%80%99illusione-liberale/).

politico riusciva nella sconcertante impresa di consegnare a nuove e vecchie generazioni un paese più *a*liberale di quello che aveva trovato, il promesso riscatto dei liberali si trasformava in frustrazione. Non si può dire che la battaglia culturale sia stata persa. Il problema è che non è mai iniziata. Una sinistra mai così a corto di idee ha potuto così sopravvivere e capitalizzare, se non in parlamento certamente nella società, il vuoto esistenziale di un liberalismo fantasma. Le masse tornano contente all'ovile dello stato-chioccia (quando va bene) o dello stato-feticcio (quando va meno bene). Sembrava non aspettassero altro: far la fila per essere ammesse alla procedura fallimentare. Si va a fondo, ma tutti insieme e la responsabilità sarà del capitano. Solo la cornice traballante dello stato di diritto e la forma sempre più irregolare della liberaldemocrazia ci salvano da esiti peggiori.

9 febbraio

## FUORI TEMPO

Quando, anni fa, una sparuta minoranza di *bloggers* e giornalisti denunciava l'immobilismo della *vecchia Europa* in un momento in cui occorreva invece posizionarsi e decidere, il meglio che poteva capitare era essere considerati a libro paga della CIA o etichettati come rappresentanti di chissà quale cospirazione *neocon* volta ad estendere l'influenza dell'impero americano sul globo terrestre. Pur sforzandomi, non riesco a ricordare all'epoca elogi del modello Clint Eastwood[230] nelle colonne dei *gramellini* di turno, gli stessi che solo oggi si accorgono, pensa un po', che l'Europa viaggia con una marcia in meno. Ho perfino l'impressione, ma si sa che la memoria gioca a volte brutti scherzi, che la caratteristica distintiva dell'*intelligentsia* del tempo non fosse precisamente il filo-atlantismo. Cambiare idea è da saggi, si usa dire. Vero, basterebbe l'onestà intellettuale di riconoscerlo. Scommetto invece che, se interpellati, i *gramellini* rivendicherebbero una coerenza di fondo che solo la proverbiale disattenzione dei lettori ha impedito loro di

---

[230] La Stampa, 9 febbraio 2012: "Secondo tempo"
(http://www.lastampa.it/2012/02/09/cultura/opinioni/buongior no/secondo-tempo-
TEBT7HDSnh9hcWBfy6XZXP/pagina.html).

cogliere. E' del tutto improbabile, comunque, che qualcuno abbia voglia di rilevare pubblicamente la contraddizione. Ci sono solo due modi per aver sempre ragione nella vita: non pronunciarsi mai su niente o pontificare da sinistra. Molti scelgono il secondo.

2 marzo

## APPUNTI SULLE RIVOLTE ARABE. ANNO I

Chi legge questo blog sa che per il sottoscritto la fine di una dittatura, comunque si produca, è uno sviluppo da celebrare. In nessun caso l'incertezza sul *dopo* può costituire un alibi per l'acquiescenza o l'inazione, dal momento che lo *status quo* autoritario è naturalmente destinato a produrre reiterate violazioni dei diritti fondamentali sul piano interno e instabilità a medio o lungo termine sullo scenario internazionale. Questa premessa vale ovviamente anche per la cosiddetta *primavera araba*. Conviene tuttavia tentare una sintesi il più possibile oggettiva di quanto accaduto in Medioriente e in Nordafrica negli ultimi dodici mesi, soprattutto per evitare di inserire gli eventi in una prospettiva storica errata.

Qualsiasi bilancio di questo primo anno dovrebbe, per esempio, partire da un dato di fatto spesso taciuto, eppure difficilmente oppugnabile: **su 22 paesi della Lega Araba solo 6** sono stati teatro di rivolte aperte contro i regimi al potere. Senza nulla togliere alla portata di eventi simultanei e certamente non previsti in una zona geografica che fino a qualche anno fa sembrava destinata ad un immobilismo senza via d'uscita, è un po' poco per parlare di *rivoluzione* nel mondo arabo. Come ho già sottolineato in altre occasioni, il

418

dato fondamentale di questi tredici mesi mi sembra invece la tenuta dei governi dell'area rispetto alle spinte destabilizzatrici provenienti da varie direzioni.

Analizzando le dinamiche del *regime change*, due sono i dittatori caduti in seguito alle proteste (Tunisia, Egitto), uno quello rimosso da un intervento esterno (Libia), uno costretto all'esilio senza però rinunciare a controllare e dirigere il passaggio di potere (Yemen), tre i governi che hanno usato la forza con alterne fortune (Bahrain, Libia, Siria), tre i paesi in cui è scoppiata una guerra civile (Libia, Siria, Yemen), sei le nazioni principali che mancano all'appello (Arabia Saudita, Marocco, Algeria, Giordania, Iran, Emirati Arabi Uniti). Un quadro sufficientemente eterogeneo da sconsigliare generalizzazioni, perfettamente coerente peraltro con la diversità di situazioni di partenza con cui i manifestanti hanno dovuto misurarsi: anche se parlare di *ondata rivoluzionaria* nel mondo arabo può essere evocativo e stimolante, non è lo stesso avere a che fare con Ben Ali che morire sotto i colpi dei cecchini di Gheddafi o di Assad.

Di fatto, uno degli aspetti caratteristici di queste dittature era (è) **l'assenza di un collante ideologico** che le potesse (possa) in qualche modo assimilare: esistevano (esistono) regimi storicamente filo-occidentali, altri il cui posizionamento risponde alle convenienze del momento, altri dichiaratamente avversi alle democrazie liberali. Ciò che univa Mubarak a Saleh, Saleh ad Assad e Assad alle famiglie reali del golfo era (è) soltanto una più o meno pronunciata tendenza all'autoritarismo, esercitato con un grado di intensità variabile, contro oppositori di diversa estrazione e con finalità spesso antitetiche. Significativo a questo proposito il fatto che, secondo un recente sondaggio di opinione[231], la maggioranza degli egiziani interpellati giudichi le rivolte in corso come fenomeni specifici di ciascun paese e non come un movimento complessivo di carattere regionale.

Chi ha tentato di descrivere le sollevazioni arabe come una risposta alle politiche pro-occidentali degli autocrati al potere ha quindi, ancora una volta, mancato il bersaglio per ragioni puramente ideologiche. Non esiste una linea di politica estera ed economica comune ai governi in esame, ma una serie di approcci difficilmente omologabili a temi come i rapporti con l'occidente e con la comunità internazionale in generale, il caso palestinese, le relazioni con Israele, il sostegno al terrorismo, la gestione delle questioni etniche e religiose, l'appartenenza confessionale dei gruppi dirigenti, l'inclusione delle minoranze, la repressione del dissenso. Non solo. Insieme al concetto di cittadinanza, di cui parlerò in seguito, è proprio la **fine della demonizzazione di un *nemico esterno*** l'elemento distintivo delle rivolte. Le famose masse arabe, invece di scagliarsi contro il satana occidentale, hanno scelto come bersaglio della loro ira i regimi dispotici che le soggiogavano. Un bel capovolgimento di prospettiva rispetto alle previsioni funeree di esperti occidentalisti e orientalisti, secondo cui le guerre di Bush avrebbero provocato una *jihad* dagli effetti devastanti. Se *jihad* c'è stata, è stata una guerra civile, non religiosa, ed ha avuto come obiettivo le gerarchie di un potere marcio e decadente che stava disgregandosi dalle fondamenta. Un rivolta di massa che, nei paesi in cui si è sviluppata, ha perfino contribuito a **tacitare la minaccia fondamentalista e terrorista**, sottraendo ai *jihadisti* storici il terreno della rabbia popolare su cui costruire la loro ideologia di distruzione. Che poi le condizioni oggettive del post-rivolta aprano spazi ad

---

[231] Gallup, 22 febbraio 2012: "Majority see regional uprisings as indigenous phenomenon"
(http://www.gallup.com/poll/152879/Opinion-Briefing-Egyptians-Arab-Spring.aspx).

infiltrazioni terroriste, come preconizzato da molti, resta da vedere. Per adesso assistiamo ad un indebolimento delle organizzazioni che usano la violenza come sistema, ottenuto sia grazie alle guerre afghana e irachena, veri e propri campi di battaglia sui quali è avvenuta la decimazione degli eserciti del terrore, sia nelle piazze della protesta, sufficientemente mature per non lasciarsi strumentalizzare dai malintenzionati.

In questo contesto, leggere **le vittorie elettorali** dei Fratelli Musulmani in Egitto e di *Ennhada* in Tunisia come la conquista del potere da parte del fondamentalismo islamico è approssimativo e semplicistico. Primo perché non risulta che i seguaci di Bin Laden si siano mai sottoposti all'approvazione degli elettori prima di lanciare i loro attacchi; secondo perché il grado di estremismo di questi partiti è una questione aperta e la loro struttura confessionale tutt'altro che monolitica, visto che al loro interno si fanno strada da tempo correnti eterogenee; infine perché il fatto stesso di aver accettato le regole della democrazia, salvo smentite, contribuirà a cambiarne non solo il modo di fare politica ma anche la relazione con la società che pretendono di rappresentare e al cui giudizio, d'ora in poi, dovranno sottostare.

Il fatto che nelle prime elezioni democratiche siano quasi sempre i gruppi islamici ad ottenere i migliori risultati **dice più del passato** che del presente o del futuro di una nazione. Dice che in una società chiusa, in cui la circolazione delle idee è limitata, sono gli ideologi ad avere la meglio sul pensiero critico. E dice che in assenza di una cultura politica radicata e condivisa è la religione, per quanto perseguitata, a creare quella rete di complicità, assistenze e connivenze che, nel momento dell'apertura, sono le prime ad emergere.

D'altra parte, visti i precedenti, è comprensibile

l'inquietudine che serpeggia in alcuni ambienti. Sentire i salafiti o i settori più integralisti dei futuri partiti di governo ragionare di applicazione della *sharia*, di limitazioni al turismo e della necessità di ristabilire strette regole morali e comportamentali, non può non far scattare l'allarme. In gioco non c'è soltanto il destino delle transizioni democratiche, che un nuovo autoritarismo di stampo religioso comprometterebbe forse irrimediabilmente. Ci sono soprattutto interessi ed equilibri internazionali che potrebbero essere sconvolti da un giro radicale nella politica degli stati in oggetto: si pensi ai timori di Israele, non per nulla la nazione democratica ad aver reagito con maggiore ambiguità e freddezza agli sviluppi della *primavera araba*.

Meno comprensibile è che questa legittima preoccupazione si traduca in una richiesta di disimpegno o addirittura di resistenza al cambiamento da parte delle potenze occidentali. Il **rischio di derive fondamentaliste** dovrebbe, a mio avviso, essere disinnescato con una maggiore implicazione da parte delle democrazie, non con una fuga dalle proprie responsabilità. Nessun equilibrio tra società civile e principi religiosi, tra diritti e tradizione, tra stato e confessioni, tra libertà e ordine, potrà mai essere raggiunto se nel mondo arabo (includendo per estensione anche l'Iran) non si verifica la convergenza tra due fattori decisivi: la **democratizzazione delle *élites*** e la **liberalizzazione delle masse**. Un processo descritto da Roberto Toscano in un articolo[232] di qualche mese fa e che si può riassumere in due parole: democrazia liberale. Chi può promuovere, orientare, influenzare un percorso di questo genere, se non le nazioni che già regolano la loro esistenza in base a quei principi? Come per gli interventi in Afghanistan e in Iraq, non è solo una questione di idealismo, di

---

[232] Wilson Center, 5 luglio 2011: "A Premature Spring" (http://www.wilsoncenter.org/article/premature-spring).

promozione dei propri valori in territori ostili. Si tratta di una strategia molto più pratica di quanto possa sembrare: è forse realista scommettere sulla stabilità in un momento di cambiamento rivoluzionario? Se è vero che le *rivoluzioni* (ammesso e non concesso che di *rivoluzioni* si possa parlare in questo caso) non portano necessariamente alla democrazia e spesso aprono il cammino a nuovi regimi dispotici, è altrettanto evidente che la stabilità delle dittature è un'illusione (per di più immorale) e che prima o poi i regimi crollano, con un fragore direttamente proporzionale al loro grado di rigidità. Oltretutto, una posizione di neutralità o di sostegno ai governi in carica determinerebbe una perdita definitiva di credibilità agli occhi delle popolazioni arabe e lascerebbe campo libero alle manovre di chi non ha mai avuto interesse a che la democrazia attecchisca nelle proprie zone di influenza. Parlo di Teheran, ma anche di Mosca e Pechino.

Più che dal fattore religioso in sé, lo **sviluppo della democrazia liberale** in Medioriente è frenato da una serie di ragioni storiche e culturali, a partire dall'assenza di precedenti significativi. Non esiste un modello cui ispirarsi, a parte Israele che, per ovvi motivi, non può giocare questo ruolo nella coscienza collettiva araba. Anche transizioni epocali di maggior impatto, su tutte quella dell'89, hanno dimostrato l'enorme differenza tra la presenza o l'assenza di una tradizione democratica pregressa. Se vi aggiungiamo le limitazioni nell'accesso alle fonti storiche, un sistema educativo bloccato e in generale arretrato, la soppressione della vita politica intesa non solo come prassi parlamentare ma soprattutto in termini di libertà di espressione e di normale dialettica sociale, il quadro che ne deriva è sconfortante. Contro la dittatura, l'islamismo non ha saputo costruire un pensiero politico alternativo, basato sul rifiuto della violenza come metodo di composizione delle differenze e sull'affermazione del valore della persona. A prevalere è stata ancora una volta una forma di collettivismo, in questo caso di carattere religioso, che invece di essere una spina nel fianco per i regimi autoritari ne ha rappresentanto, per contrasto, la più importante fonte di legittimazione.

Certo, ammesso che esista, la volontà di far fronte a questo stato di cose non basta. Occorrerebbe una *leadership* occidentale in grado di disegnare un piano concreto di trasformazione democratica per le *élites* e di promuovere una cultura liberale tra le masse (o meglio tra le persone che le compongono). Una politica che vada oltre i discorsi di circostanza in qualche università egiziana e che non retroceda alle prime accuse di imperialismo, che parli con le maggioranze parlamentari religiose ma sostenga contemporaneamente la crescita delle opposizioni laiche. Un'impresa monumentale per i pigmei che attualmente governano in Europa e negli Stati Uniti.

E' innegabile che il tavolo da gioco mediorientale sia oggi al centro di interessi contrastanti, in quello che può essere definito come il primo vero conflitto latente post-guerra fredda. Ma, al contrario di quanto sostenuto dai cospirazionisti anti-occidentali, è assurdo pensare che le proteste **siano state eterodirette**. Europa e Stati Uniti sono stati svegliati nel sonno dalla *primavera araba*. Si considerino i tentennamenti dell'amministrazione Obama sul significato da assegnare alla rivolta egiziana: sintomo di un'attitudine dubitativa mai risolta nei confronti dei movimenti per la democrazia (si veda il caso Iran), sono da leggere soprattutto come la conseguenza dell'abitudine a un malinteso concetto di *stabilità*. Prima di decidere che Mubarak doveva andarsene, Washington aveva fatto sapere che considerava *"sotto controllo"* la situazione al Cairo e (tramite Biden) che il capo di stato egiziano in nessun caso poteva definirsi *"un dittatore"*. Analogamente, sarebbe oggi meno complicato assumere decisioni sulla crisi siriana se, a suo tempo, da *Foggy Bottom* non si fossero affrettati a qualificare Assad come *"un riformatore"*.

Sempre a rimorchio degli avvenimenti, incapace di formulare una strategia coerente per il Medioriente, Obama (ma più ancora di lui i suoi zelanti adulatori) si è nascosto dietro la facezia del *leading from behind,* una maniera come un'altra per mascherare **l'assenza di una dottrina** intelligibile in politica estera. Dalla famosa allocuzione del Cairo, quella della mano tesa, ai bombardamenti su Tripoli, passando per la involontaria quanto grossolana equiparazione tra gli obiettivi dei manifestanti nelle piazze arabe e quelli dei terroristi di Al Qaeda (discorso sui confini del '67[233]), abbiamo assistito ad una serie di convulsioni bellico-diplomatiche senza capo né coda. Perfino la guerra delle buone intenzioni, l'intervento in Libia, non è riuscita a concludersi come era cominciata, contribuendo a fare a pezzi definitivamente la già compromessa credibilità delle Nazioni Unite. Senza la *leadership* americana non esiste una posizione occidentale nelle crisi internazionali, ma solo una serie di tattiche scoordinate e contraddittorie che relegano le democrazie liberali a un ruolo di secondo piano. Dalla seguente analisi sulla situazione paese per paese questo aspetto emergerà con maggiore chiarezza.

A dispetto della sua insignificanza territoriale, il **Bahrain** è uno stato-chiave per comprendere cosa bolle nel calderone mediorientale. Di fatto un protettorato dell'Arabia Saudita (che ne ha già paventato, seppur ufficiosamente, una sorta di incorporazione per la fine dell'anno), è sede del quartier generale della *Quinta Flotta* statunitense, responsabile

---

[233] The New York Times, 19 maggio 2011: "Obama's Mideast Speech"
(http://www.nytimes.com/2011/05/20/world/middleeast/20pre xy-text.html?pagewanted=all&_r=0).

delle forze navali americane nel Golfo Persico. Ma soprattutto è un caso di scuola di una minoranza religiosa sunnita che governa in maniera dispotica e discriminatoria su una popolazione maggioritariamente sciita. Il Bahrain è un microcosmo delle tensioni etiche e geopolitiche che stanno sconvolgendo il mondo arabo. Non a caso è stato l'unico paese in cui, per schiacciare le rivolte, gli stati del Golfo hanno inviato truppe a supporto della casa regnante degli Al Khalifa, il cui regime è tollerato con ostentata benevolenza anche da Washington. In Bahrain la casa reale saudita si gioca un pezzo della propria influenza in chiave anti-iraniana. La guerra fredda tra Riyadh e Teheran passa per Manama e le manifestazioni anti-regime della maggioranza sciita sono state ascritte nemmeno troppo velatamente ad una strategia di destabilizzazione messa in opera dagli ayatollah. Che questo sia vero o no, è chiaro che l'Iran avrebbe tutto l'interesse a vedere indebolita o rovesciata la dinastia sunnita al potere e a prendere il posto dei sauditi come burattinaio del Bahrain. Gli Al Khalifa per il momento sono al sicuro e possono continuare ad arrestare giornalisti e medici, incarcerare oppositori e privare del posto di lavoro gli elementi considerati ostili. Nessuno in occidente può permettersi di fare la voce grossa sui diritti umani mentre incombe la minaccia iraniana.

Un breve inciso sull'accennata contrapposizione tra **Arabia Saudita e Iran**. Gli elementi per uno scontro tra due potenze regionali i cui regimi rappresentano interpretazioni concorrenti dell'Islam ci sono tutti. Però, a leggere tra le righe, il quadro è leggermente più complesso. Gli iraniani sono stati accusati di sfruttare e manipolare a livello ideologico e pratico le rivolte, in virtù del vincolo religioso che li lega alla componente sciita negli stati dominati da monarchie sunnite. Allo stesso tempo, però, sono stati gli stessi sciiti a rimproverare a Teheran una certa freddezza nel fornire assistenza ai ribelli. In realtà l'Iran si trova in una situazione piuttosto ambigua: da una parte è portato ad agire come un fattore di disturbo, dall'altra non può permettersi di rompere le relazioni con i governi del Golfo. Questi ultimi, Arabia Saudita in testa, vedono come il fumo negli occhi un Iran nucleare ma non si fidano completamente degli Stati Uniti, esitanti e contemporaneamente aperti ad un avvicinamento nei confronti degli ayatollah. Secondo *Stratfor*, questa *impasse* potrebbe portare Riyhad ad anticipare Washington nel dialogo con Teheran. A questo punto la presunta guerra fredda diventerebbe una più verosimile strategia di collaborazione per il mantenimento dello *status quo* (almeno di quello acquisito), volta a frenare la possibile estensione della *primavera araba,* con conseguente consolidamento del modello autoritario saudita-iraniano.

Si potrebbe obiettare che questo scenario è inverosimile e che la crisi siriana ne smentisce totalmente le premesse. Il maggior alleato dell'Iran in Medioriente è stato espulso dalla **Lega Araba** in mezzo a forti condanne per la repressione attuata da Assad e, a quanto pare, i paesi del Golfo si preparano a rifornire di armi i ribelli. A mio avviso, però, gli ultimi sviluppi diplomatici sono stati il frutto del precipitare degli eventi a Damasco, più che una decisione dettata da genuini intenti umanitari. Non si dimentichi che gli stati che si sono espressi contro il regime siriano sono essi stessi potenziali obiettivi di proteste e ribellioni. In questo contesto, l'atteggiamento della Lega Araba non va letto come un'adesione dei governi della regione al *people power,* ma piuttosto come la prova del contrario: un tentativo di consolidare il loro potere blindandosi da minacce interne ed esterne. Scaricare Assad e privare Teheran di un alleato diventa la naturale conseguenza di una situazione sfuggita al controllo. La Siria disturba i regimi mediorientali non perché stia usando la violenza contro gli oppositori, ma perché nonostante abbia usato la violenza - e in quantità industriali - non è riuscita a schiacciare la rivolta in tempi rapidi.

Damasco merita una lezione non per la sua spietatezza, ma per la sua inefficacia. Il recente riposizionamento di **Hamas**, in linea con le cancellerie arabe e in opposizione all'asse sciita, rende ancora più vulnerabile la posizione di Assad, privato anche dell'alibi del sostegno alla *causa* palestinese.

La **Siria** è un rebus nel rebus. Regime laico con alleati religiosi ed *élites* urbane che continuano ad appoggiare la casta alawita al potere, come peraltro fa la minoranza cristiana, preoccupata per una eventuale deriva islamista. Deriva in ogni caso assai meno probabile che in altri contesti, visto che quella siriana è una delle opposizioni più filo-occidentali della regione e meno influenzata, almeno in teoria, dal fattore religioso. Certo, la guerra e le (in)decisioni degli attori internazionali possono cambiare tutto. Ma perfino tra gli alawiti la fedeltà ad Assad non è assicurata, anche perché ben pochi di loro vivono in condizioni paragonabili al clan che governa il paese. La domanda che risuona nelle cancellerie di mezzo mondo sul *che fare* in Siria non ha una risposta univoca. Probabilmente la chiave di volta la possiede la Turchia, con la possibile creazione di una zona cuscinetto sul versante sud-occidentale per permettere il rifornimento e l'organizzazione delle forze anti-regime, dal punto di vista militare e politico. Ma qui si entra nel terreno delle speculazioni e non è detto che un'assistenza parziale ai ribelli, senza un intervento diretto nel conflitto da parte delle potenze che se ne farebbero carico, possa portare a svolte decisive. I precedenti sembrano piuttosto indicare il contrario, ovvero un prolungamento delle ostilità con moltiplicazione dei fronti. Un'azione bellica sul modello libico sembra peraltro fuori discussione, per una serie di ragioni più o meno convincenti. Intanto la carneficina continua ed è grave che manchi una qualsiasi strategia occidentale per tentare di risolvere la crisi in senso favorevole agli insorti. Russia e Iran sanno perfettamente cosa fare, alimentare la repressione, costringere i ribelli ai negoziati, favorire riforme di facciata (vedi referendum-farsa sulla costituzione), e rilegittimare la figura di Assad come unico collante contro la disgregazione. Che intenzioni ha Washington, a parte dichiarare che dei ribelli *"ci si può fidare"*? Di chi, esattamente, dobbiamo fidarci? Siamo sicuri che il compito degli Stati Uniti sia stare a guardare sperando che i *nostri* ce la facciano in qualche modo e a qualsiasi prezzo? I segnali inviati dalla diplomazia, con il vertice di Tunisi e la designazione di Kofi Annan come uomo di campo, sono a dir poco sconfortanti. Cosa rimanga della rivolta democratica degli inizi, tra i bombardamenti sui civili e le truppe in ordine sparso dell'esercito di liberazione, nessuno lo sa. E' questo il grande problema della *primavera araba*: che più avanza, meno la riconosci.

Ma se cercate un esempio da manuale di *rivoluzione* tradita lo troverete nello **Yemen**. Qui abbiamo assistito alla classica involuzione gattopardesca di un regime che si finge altro per preservarsi. Che l'abbia fatto in maniera sfacciata e grottesca aggiunge sdegno allo stupore, soprattutto mentre Hillary Clinton ne loda la messinscena di transizione come *"un passo fondamentale verso la democrazia"*. Eccolo, il passo fondamentale. Il regime di Saleh, ben visto dagli americani per la sua sbandierata avversione ad Al Qaeda, traballa sotto i colpi della rivolta più giovane di tutto il mondo arabo. Stormi di ragazzini si riversano nelle strade come passeri infuriati e gridano la loro rabbia verso il grande dittatore. Saleh adotta una strategia multiforme: divide le opposizioni, fa guerra alle tribù (e la subisce), reprime la protesta e prepara il caos. Viene anche ferito in uno strano episodio da guerra civile e ripara all'estero (prima in Arabia, poi negli Stati Uniti) per curarsi. Ristabilitosi, firma con il *Gulf Cooperation Council* (GCC) un accordo che gli garantisce l'immunità in cambio della rinuncia al potere. Il comando passa formalmente al suo vice che viene ratificato come presidente pochi giorni fa, nel corso di un'elezione in cui è l'unico candidato. Riceve il 99,8 per cento delle preferenze. Nessuna struttura portante dell'antico regime viene smantellata, né si prevede di farlo. Il *General People's Congress*, il partito di Saleh, non viene sciolto - contrariamente a quanto avvenuto in Tunisia ed Egitto - e continua a dominare la scena politica del paese. La famiglia dell'ex-dittatore, pronto a muovere i fili della *transizione* dalla sua prossima località di villeggiatura (si parla di un esilio in Etiopia o in Oman), controlla il 70% delle forza armate yemenite. La coalizione di opposizione, riunita sotto l'ombrello del *Joint Meeting Party*, saluta il passaggio di potere interno al regime come se fosse opera sua. La gioventù che aveva cominciato la protesta, pagandone il prezzo più alto, viene completamente esautorata dalla scena politica. Dei giorni della speranza non rimane nemmeno il ricordo e ad opporsi al gattopardo restano solo Al Qaeda e i gruppi secessionisti del sud del paese, mentre la coalizione islamica e tribale dei fratelli Al-Ahmar sta a guardare, in attesa del momento favorevole per chiudere i conti con il clan Saleh.

La **Libia** post-Gheddafi è un paese in cui la guerra civile non è ancora terminata. Decine di milizie facenti capo alle diverse tribù si danno battaglia sul territorio, tra vendette trasversali e regolamenti di conti, mentre il *National Transitional Council* fa quello che può: resistere. L'intervento umanitario senza occupazione, senza ricostruzione, senza strategia, ha ottenuto l'enorme risultato di abbattere Gheddafi, lasciando però allo scoperto tutte le sue contraddizioni. Un *potrei ma non voglio* che non aiuta chi lotta per la libertà e i diritti e apre la strada a nuove pratiche arbitrarie. Anche qui, difficile ritrovare lo spirito di Bengasi nei figuri che minacciano i vertici dell'NTC. Rimettere in piedi una nazione priva di istituzioni, piagata da 40 anni di terra bruciata, senza un sistema giudiziario funzionante e in mano alle rivalità tribali, è di per sé un'impresa colossale. Se tocca farlo da soli, diventa praticamente impossibile.

Quando tutto cominció, l'**Egitto** era unanimemente indicato come il faro del mondo arabo. Quel che succederà in Egitto avrà ripercussioni sul resto della regione, si diceva. C'è da sperare che non sia così, viste le difficoltà in cui versa l'ennesima rivolta mutilata. Mi limito ad alcune considerazioni, la storia del dopo-Mubarak è nota. In un'economia in crisi profonda (PIL in caduta libera, turismo ai minimi storici, inflazione crescente, disoccupazione alle stelle), la giunta militare (SCAF) - che si è incaricata di perpetuare un *mubarakismo* senza Mubarak - ha voluto a tutti i costi lo svolgimento di elezioni prima di un'assemblea costituente, al contrario dei gruppi liberali che invocavano (con scarsa convinzione e minor credito nella società) il processo inverso. Dal voto sono scaturite la maggioranza dei Fratelli Musulmani, di cui si è già detto, e l'affermazione dell'estremismo salafita. La costituzione si scriverà quindi secondo le loro regole. Le ricorrenti proteste e la presunta minaccia islamica hanno fatto finora il gioco dei militari, che non hanno dovuto faticare troppo per giustificare l'imposizione di *law and order* nelle piazze, sempre più nervose per il sequestro della *rivoluzione*. Una *rivoluzione* che gli islamisti non hanno cominciato ma di cui sono diventati i principali beneficiari. E adesso premono per accelerare il passaggio di consegne e formare un governo civile a maggioranza religiosa. La crisi economica è dalla loro parte e i loro sforzi sono concentrati nell'accreditarsi come un partito di governo affidabile, con un programma misto tra liberalizzazioni e *welfare*. I gruppi secolari finora sembrano contare troppo poco per rappresentare un'alternativa credibile all'Islam politico. A un anno dall'inizio della rivolta egiziana, i militari mostrano di credere che la *rivoluzione* si sia esaurita nella caduta di Mubarak, indipendentemente dalle cause e dalle forze che l'hanno provocata. Possono perfino permettersi di dichiarare guerra alle ONG internazionali senza temere ritorsioni: i soldi da Washington continueranno ad arrivare.

Forse solo per la **Tunisia** si può parlare di transizione compiuta. Un primo esecutivo composto da membri del vecchio regime ed esponenti della società civile ha ben presto lasciato spazio - causa pronta reazione popolare - ad un governo meno compromesso con il passato. Da qui all'elezione di un'assemblea costituente il passo è stato relativamente breve e oggi le principali cariche dello stato sono il risultato di accordi di coalizione con le forze laiche, promossi e diretti dagli islamisti di *Ennhada*. Se i lavori per la nuova costituzione procederanno senza intoppi e non ci saranno passi indietro in materia di libertà di espressione (alcuni episodi di intimidazione contro giornalisti indipendenti lasciano qualche dubbio al proposito), la Tunisia potrebbe diventare un precedente confortante per chi crede nella democrazia nel mondo arabo.

Molte altre nazioni devono ancora vivere il loro momento di risveglio civile. Tra queste la Giordania e il Marocco. In entrambi i paesi i rispettivi sovrani hanno apparentemente avviato un processo riformatore destinato a scongiurare movimenti popolari che ne metterebbero in discussione l'autorità. Ma i dubbi sull'effettiva consistenza dei cambiamenti sono molti. Premesso che in **Giordania** vige un regime realtivamente tollerante in materia di costumi e di libertà (parliamo sempre e comunque di stati autoritari), è difficile vedere nelle promesse di Abdullah II un reale progresso politico: la possibilità che il primo ministro sia scelto dal parlamento, per esempio, è neutralizzata dallo stretto controllo che la casa reale continua ad esercitare sul processo di formazione dei partiti. In **Marocco** la cessione di una fetta di potere da parte di Mohammed VI, sancita con un referendum costituzionale, non priva il re delle sue prerogative essenziali in materia di indirizzo politico. Se è vero che lo spazio per la società civile è aumentato dopo il riconoscimento - almeno sulla carta - di alcuni diritti prima negati (tra cui la sanzione dell'eguaglianza sociale per le donne), la monarchia mantiene il suo carattere assolutista in materia di forze armate, politica estera, potere giudiziario e religione. Adesso il primo ministro deve essere espressione del partito più votato, ma l'intero ciclo elettorale e il normale svolgimento della dialettica politica restano pesantemente condizionati dalla figura del sovrano.

Il carattere circoscritto delle proteste, almeno di quelle significative, la portata limitata e contraddittoria dei cambiamenti negli apparati di potere, la resistenza della maggior parte dei regimi a realizzare riforme sostanziali e non puramente cosmetiche, l'ipoteca saudita e iraniana sugli assetti definitivi della regione, la debolezza dell'occidente nel sostegno alle opposizioni laiche e liberali, la graduale perdita di spontaneità delle manifestazioni anti-regime, la violenza della repressione e il conseguente passaggio dalle proteste di piazza al conflitto armato, sono tutti elementi che inducono a **ridimensionare le aspettative** più ottimistiche, almeno nel breve termine. Non stiamo assistendo in questo caso alla fine repentina di un sistema basato su un'ideologia totalitaria con pretese universalistiche, ciò che renderebbe la lettura dei fatti e la previsione degli esiti molto più agevole, ma piuttosto ad una serie di **movimenti insurrezionali a carattere nazionale**, in cui le variabili etniche, religiose e istituzionali si mescolano e si modellano a vicenda. Si conferma che il 2011 arabo ha ben poco a che vedere con il 1989 dell'Europa Orientale, non condividendone né le premesse, né lo svolgimento, né le ormai probabili conclusioni.

Ciò non ne riduce l'importanza come avvenimento storico e come prova (l'ennesima) delle comuni aspirazioni degli uomini alla libertà, all'indipendenza dal potere e al riconoscimento dei diritti civili e politici. La rivendicazione pubblica di questi valori universali rappresenta il vero punto di non ritorno, il superamento del limite della paura e la prima tappa di un percorso di emancipazione individuale e collettiva. Ha ragione chi dice che, più che la democrazia, l'idea che sta animando le piazze arabe è quella di cittadinanza. Forse non vedremo *Westminster* nel deserto fra un anno, fra cinque o nemmeno fra dieci, ma nessuno potrà continuare ad agire come se negli ultimi tredici mesi non fosse successo nulla: il principale risultato delle proteste, indipendentemente dal loro esito immediato, è stata la **(ri)nascita del cittadino arabo**, inteso come soggetto di diritti e portatore di legittime istanze nei confronti dello stato. L'assenza di *leaders* riconoscibili, se è stata uno svantaggio dal punto di vista organizzativo, si è rivelata una carta vincente sul piano della coscienza collettiva. I manifestanti, chi li appoggiava, perfino coloro che non hanno osato esporsi direttamente sono stati protagonisti di un passaggio rapidissimo dall'infanzia all'adolescenza. Anche se i nuovi parlamenti, dove saranno eletti, non ne rappresenteranno immediatamente le istanze, il passo che il mondo arabo ha compiuto è irreversibile. Nel 1848, in Europa, le rivolte furono sconfitte ma i semi del liberalismo, della democrazia e del nazionalismo (non si può avere tutto) rimasero sul terreno per germogliare più tardi. Oggi, mentre le nuove realtà scaturite dalle proteste e le vecchie ancora non toccate dai movimenti popolari sembrano lasciare poco spazio all'ottimismo, l'unica lettura possibile della *primavera araba* è che rappresenti solo la prima fase di un lungo percorso di liberazione e modernizzazione.

Concludo con una breve riflessione sulla capacità di interpretazione degli avvenimenti da parte dei professionisti della comunicazione politica, siano essi giornalisti, politologi o sedicenti esperti di relazioni internazionali. Se c'è una lezione che la cosiddetta *primavera araba* si è incaricata di ribadire è che **nessuno sa niente** di quel che succederà domattina, figurarsi nei prossimi mesi o anni. Qualsiasi previsione in ambito storico e geopolitico è quasi sempre destinata al fallimento, e i rari casi di successo sono dovuti principalmente alla casualità. I fatti si sviluppano in base a leggi che normalmente non siamo in grado di riconoscere e le cause degli eventi non sono rintracciabili, se non *a posteriori*. Solo lo studio della natura dei sistemi politici e delle differenze fra i regimi può fornirci qualche indicazione di massima, ma le variabili sono così numerose che il quadro generale è destinato a sfuggirci. Il giorno prima che Bouazizi si desse fuoco, nessuno conosceva l'esistenza del villaggio di Sidi Bouzid e molti ignoravano perfino il nome del presidente tunisino. Il giorno dopo, erano diventati tutti analisti in preda all'ansia da comparazione. Abbiamo visto quanto fossero attendibili certe previsioni e analogie fondate sul nulla.

Il **quarto potere** si è particolarmente distinto per insipienza, e questa non è esattamente una novità. Il famigerato *reportage* di *Vogue* sull'intimità del dittatore siriano e della sua famiglia (poi ritirato per vergogna) rimarrà una pagina indelebile nella storia della disinformazione, così come le affettuose missive dei corrispondenti occidentali alla segretaria tuttofare dello stesso Assad[234], descritte dal *Weekly Standard*. Ma, in generale, era compito arduo riuscire a trovare negli articoli di stampa il termine *dittatura*, in riferimento ai regimi arabi pre-rivolta. Questo atteggiamento omertoso, riflesso condizionato di un terzomondismo invecchiato male, ha avuto ricadute anche sull'incapacità manifesta di descrivere il contesto in cui gli avvenimenti stavano prendendo forma e quindi di anticiparne lo svolgimento e le conseguenze. Se gli analisti politici hanno

---

[234]   The   Weekly   Standard,   20   febbraio   2012: "Assad@axisofevil.com . . ."
(http://www.weeklystandard.com/articles/assadaxisofevilcom_62 6642.html?nopager=1).

mancato il bersaglio, spesso anche clamorosamente, diverso dev'essere il giudizio complessivo sul lavoro degli inviati nelle zone di protesta o di guerra. Forse perché in certe situazioni non c'è il tempo di elaborare le notizie, dal punto di vista giornalistico è sicuramente **la cronaca** la grande trionfatrice della *primavera araba*. Complice l'immediatezza di *Twitter*, stiamo assistendo da un anno a questa parte alla redazione di *reportages* in tempo reale dai luoghi dell'azione. Come in una diretta televisiva arricchita dai meccanismi dell'interazione tra giornalisti e *freelance*, la notizia, l'immagine, l'intervista anticipano il lavoro delle redazioni, perfino di quelle *online*. Stavolta non è stato solo il *citizen journalism* a by-passare i tradizionali canali di comunicazione, ma anche l'uso (per la prima volta) sapiente che gli inviati hanno fatto dei nuovi *media*. Nonostante la retorica che ne sta accompagnando la diffusione, *Twitter* e *Facebook* restano essenzialmente mezzi di trasmissione rapida del pensiero e delle informazioni, e non per il fatto di essere usati durante le proteste si trasformano di per sé in strumenti rivoluzionari. Le istituzioni sono gerarchiche, i *social media* smantellano le gerarchie. E' importante, ma finisce qui. Le reti sociali veicolano la critica al potere, ma non legittimano l'alternativa ai regimi, non costituiscono i governi. Bisogna stare con i piedi per terra per poter volare alto.

4 aprile

# BIRMANIA, ISTRUZIONI PER L'USO

Fino a un anno e mezzo fa, in Birmania, pronunciare pubblicamente il nome di Aung San Suu Kyi era proibito. Per non parlare della sua foto o del suo partito. Domenica scorsa il premio Nobel per la Pace è stata eletta per la prima volta al parlamento, le sue immagini sono da mesi esposte nelle strade di città e villaggi e la *Lega Nazionale per la Democrazia* ha vinto quasi tutti i seggi in palio nelle elezioni suppletive (più di 40 su un totale di 45). Sembra un miracolo o, per i non credenti, la realizzazione di quella *via birmana alla democrazia* promessa da tempo dalla giunta militare. Tutto bene, quindi? Troppo presto per dirlo.

E' innegabile l'importanza di quanto avvenuto nel paese da quando Thein Sein, l'ex generale convertitosi in presidente della nazione, ha avviato il suo processo *riformatore*. Centinaia di prigionieri politici sono stati scarcerati, la censura sui media rilassata, il principale partito di opposizione legalizzato, i rapporti diplomatici con l'occidente ripresi. Gli ottimisti hanno certamente ragione ad esultare. Ma forse gli scettici non meritano ancora di essere messi da parte come anticaglie. Rimangono nelle prigioni birmane un migliaio di dissidenti, i militari continuano a detenere di fatto il controllo politico, la stampa resta condizionata dal regime e soprattutto mancano tutte le più elementari premesse legali, giuridiche e culturali per l'affermazione dello stato di diritto. In qualsiasi momento la casta civil-militare al potere potrebbe decidere di fare marcia indietro, e nessuno - nemmeno formalmente - sarebbe in grado di impedirglielo. Quelle che seguono sono alcune considerazioni sulle conseguenze del voto di domenica.

- L'errore più comune delle cancellerie occidentali è stato salutare l'elezione al parlamento di Aung San Suu Kyi come un punto di svolta nel processo di democratizzazione del paese. C'è una gran voglia di alleggerire le sanzioni e di cominciare a fare affari. Legittimo, ma pericoloso. In realtà un vero e proprio processo riformatore non esiste al momento. Abbiamo assistito ad una serie di gesti isolati da parte di Thein Sein, certamente significativi ma difficilmente inquadrabili all'interno di un preciso programma di modernizzazione. Siamo di fronte a gentili concessioni dalle quali non è ancora possibile ricavare la certezza di una effettiva volontà di cambiamento.

- La rapidità con cui il governo ha agito affinché Aung San Suu Kyi potesse reincorporarsi nella vita politica del paese sembra rispondere più a un disegno di legittimazione internazionale che ad una sorta di ravvedimento sincero, a fronte delle ingiustizie cui è stata sottoposta nel corso degli anni. Invece che un segnale concreto verso la riabilitazione della sua figura, la sua elezione rappresenta ad oggi la via diretta per cooptare e assimilare la più famosa dissidente del mondo all'interno delle strutture di potere. Includerla per neutralizzarla. In una parola, usarla. Non a caso la parziale vittoria elettorale della *Lega Nazionale per la Democrazia* avviene in una fase iniziale e incerta delle cosiddette *riforme*, e non al termine di un processo condiviso e concordato tra governo e opposizione. La presunta *transizione* è guidata e diretta da quella stessa classe politico-militare che fino a ieri si era rifiutata persino di contemplarla, e non presenta nessuna delle caratteristiche proprie di un passaggio di potere. Non è quindi in grado, di per sé, di favorire il consolidamento di un'alternativa politica all'attuale classe dirigente. In questo contesto il riconoscimento immediato del risultato elettorale da parte di Thein Sein deve essere interpretato come un campanello d'allarme, contrariamente a quanto si potrebbe pensare: il piano del regime sta dando i frutti sperati. Con la *normalizzazione* di Aung San Suu Kyi sarà più facile allentare la morsa delle sanzioni e presentarsi come un interlocutore affidabile sulla scena diplomatica. Magari mi sbaglio e i militari son diventati agnellini. Ma altre opzioni sono aperte, mi sembra.

- Per rendersi conto dello scollamento fra istituzioni e paese basta guardare all'attuale composizione del parlamento birmano. I seggi conquistati dalla LND rappresentano poco più del 5 per cento del totale, mentre gli esponenti legati al regime per affiliazione politica o appartenenza alle forze armate sono circa il 75 per cento. Tecnicamente l'opposizione non ha nessuna possibilità di influenzare le politiche del governo. A livello ideale e simbolico, è vero, la presenza di Aung San Suu Kyi a Naypyidaw presenta elementi di indubbio interesse e perfino potenzialità destabilizzatrici. Ma questo dipende soprattutto da come lei interpreterà il suo ruolo, se in appoggio o in contrapposizione ai militari. Anche qui, il tempo dirà. In ogni caso, estrapolando - senza pretese di scientificità - l'appoggio ricevuto dalla *Lega* in questa tornata parziale (sembra si aggiri sull'80 per cento dei voti), la proiezione a livello nazionale assegnerebbe a questo partito circa 400 seggi su un totale di 664, un 60 per cento del totale, dal momento che i generali deterrebbero a priori un 25 per cento degli scanni che nessuno potrebbe toccare. Per cambiare la costituzione è necessario arrivare al 75 per cento.

Ammesso e non concesso che nel 2015 (data prevista per le prossime elezioni generali) il voto sia regolare, il consenso ad Aung San Suu Kyi si mantenga intatto e il regime riconosca la sconfitta, nemmeno così l'opposizione sarebbe nelle condizioni di cambiare le regole del gioco. In tre anni, comunque, possono succedere molte cose, in un senso o nell'altro.

- I birmani hanno votato e possono chiaccherare di politica con meno timore di prima, ma il paese non è cambiato. La povertà e il degrado economico sono piaghe endemiche, i rifugiati continuano ad affollare i campi profughi al confine con la Thailandia, completamente dimenticati da tutti, i conflitti etnici continuano con intensità crescente, nonostante i tentativi di Naypyidaw di dimostrare il contrario e, *dulcis in fundo*, le prigioni trattengono ancora centinaia di oppositori, forse più di un migliaio. I generali possono aver posato le uniformi, ma la guerra non è finita.

Infine, provo a rispondere alla domanda sottesa a tutte le analisi degli ultimi mesi. Dando per buona la veridicità del processo in atto e la buona fede delle parti in causa, come è possibile che un regime militare brutale come quello birmano si apra alle riforme? Tralascio le ragioni utilitaristiche per concentrarmi su aspetti di dottrina politica. Per me la chiave di interpretazione è la seguente. Per quanto repressiva, la dittatura birmana non era (è) fondata su un'ideologia, su un discorso politico autoritario. Il potere dei generali si è sempre appoggiato su altri elementi: la forza dell'esercito, l'intimidazione e il controllo sociale tramite la rete di spie, la corruzione. Nemmeno il nazionalismo ha costituito un vero e proprio collante ideologico, in quanto utilizzato principalmente in chiave negativa, come strumento di lotta contro le etnie minoritarie.

I sistemi oppressivi prodotti o sostenuti da un'ideologia

sono irriformabili. Nel momento in cui cambiano le premesse del discorso politico autoritario, per ragioni che adesso non è possibile approfondire, crolla l'intera struttura di potere. L'esempio classico è rappresentato dalla caduta dei regimi comunisti tra il 1989 e il 1991. Una crepa nel muro determina la fine del sistema. In Unione Sovietica, la *perestroika* nasce per salvare il *moloch* ma finisce rapidamente sepolta sotto le sue macerie. Al contrario, nei regimi dittatoriali *a-ideologici*, come quello birmano, una decisione d'imperio può avviare un cambiamento senza mettere in discussione l'esistenza stessa dell'organismo malato. Per farla breve, nel contesto birmano il cambiamento è (teoricamente) possibile agendo *solo* sul piano formale (le istituzioni) e sul piano sostanziale (i rapporti di forza fra stato e cittadini), mentre l'ideologia corrompe immediatamente l'essenza di un sistema, e ne determina la sua natura fino a diventarne ontologicamente inseparabile. Volendo simplificare ulteriormente, è la differenza che passa fra autoritarismo e totalitarismo, o tra fascismo e comunismo. L'argomento merita ben altro spazio, ma mi fermo qui. I commenti sono aperti.

26 aprile

## CANTA CHE TI PASSA

In Norvegia oggi quarantamila persone hanno cantato[235] una canzone che (cito da *Il Post*) *"parla di un cielo pieno di stelle, del mare azzurro e di terre piene di fiori, dove vivono i bambini dell'arcobaleno"*. L'hanno fatto per manifestare contro Breivik, il *serial killer* che qualche mese fa ha sterminato a sangue freddo una settantina di persone. Per capirci: un nazista biondo fa una strage di proporzioni epiche, semina il terrore per ore, ammazza come conigli decine di ragazzi, e i norvegesi - invece di sotterrarlo vivo - gli dedicano un motivetto da figli dei fiori.

Diranno che è una forma altissima di protesta civile. Diranno che dimostra la superiorità della civiltà dell'amore e della convivenza sulla brutalità della violenza. Diranno che è un esempio dello sviluppo sociale dei paesi scandinavi. Diranno un sacco di stronzate come queste. Ma non diranno che con questa pagliacciata politicamente corretta la Norvegia si è definitivamente consegnata al suo assassino, dimostrando che ama l'idea che ha di se stessa e del suo presunto modello più dei suoi figli. Lo si era già intuito il

---

[235] Il Post, 26 aprile 2012: "La canzone odiata da Anders Breivik" (http://www.ilpost.it/2012/04/26/la-canzone-odiata-da-anders-breivik/).

giorno dello sterminio, quando mandarono poliziotti disarmati a fermare il criminale impazzito, un'ora e mezza dopo, con la proverbiale calma socialdemocratica. Poi quella prigione, tirata a lucido, piena di accessori, mancava il *cinemascope* (o c'era?). E questo giudizio, bellino, pulito, profumato, in perfetto stile *progre*, con il nazista che piange, rivendica, e quella voglia matta di dichiararlo malato di mente e non se ne parli più. Tutto molto civile, in effetti. Come lo zecchino d'oro di oggi. Nessuno che in tutti questi mesi abbia preso un fucile e sia andato a fare quel che il modernissimo stato norvegese non sarà mai in grado di garantire, un minimo di giustizia. Breivik finirà per insegnare educazione civica ai bambini, dopo qualche anno di carcere alla Pablo Escobar. Ogni volta che penso al modello scandinavo mi vengono i conati di vomito.

28 aprile

## DESCAMISADOS

Avevo avvisato. Cristina Kirchner va fermata prima che sia tardi. Il giro nazionalista sulle *Falklands* ha trovato la sua naturale conseguenza nell'espropriazione del 51% di *Repsol YPF*, avvenuta pochi giorni dopo. I due avvenimenti sono strettamente collegati sul piano ideologico: la denuncia del colonialismo britannico si concretizza nell'attacco frontale a un colosso petrolifero straniero, accusato nemmeno troppo sottilmente di sfruttare le risorse del sottosuolo argentino in contrasto con gli interessi nazionali. Gli ingredienti di questa deriva populista sono noti, e Buenos Aires si posiziona ufficialmente sulla linea rossa tracciata in precedenza da Caracas, La Paz, Quito. Seguiranno Brasilia e Montevideo. Questa è la prima riflessione, quasi ovvia. La seconda, meno ovvia, è la seguente. Repsol YPF è (era) un'azienda privata, il cui presidente, il catalano Brufau, non ha mai dimostrato nessuno scrupolo nell'investire in paesi in cui il quadro di protezione legale del *business* è - per usare un eufemismo - quantomeno incerto. Famosa l'immagine dell'industriale seduto sotto il ritratto gigante di Che Guevara, nel corso di una riunione con il presidente boliviano Evo Morales.

Ora, anche volendo scomodare il concetto di impresa di interesse nazionale, essendo Brufau il responsabile principale di un'azienda privata e non statale, non c'è alcuna

444

ragione per cui il governo di Madrid debba intervenire nella questione. I dirigenti di Repsol sono persone responsabili delle loro azioni e, quando decidono di andare a fare affari nella giungla, lo fanno evidentemente conoscendone tutte le possibili implicazioni. Se Brufau è così amico dei capi di stato bolivariani, perché non è riuscito a salvare Repsol YPF? Perché non garantisce per loro di fronte agli altri imprenditori spagnoli ed europei in preda al panico per quello che potrà succedere da ora in avanti? Per farla breve: se oggi vai a farti fotografare sotto il ritratto di Che Guevara, puoi anche pensare che magari domani l'azienda qualcuno te la porta via. Detto questo, qualcuno fermi la Kirchner, la sua gioventù peronista e il suo viceministro dell'economia[236].

---

[236] La versione di Axel Kiciloff sull'espropriazione, in questo video (http://www.youtube.com/watch?v=8y_ZOS9LNsI).

3 maggio

## STORIA DEL CINESE CIECO E DEI SUOI FALSI AMICI

C'era una volta un cinese cieco. Era una brava persona, aiutava la gente, parlava con le madri che non volevano abortire. Come sempre succede, a qualcuno non piaceva la sua buona volontà. Un giorno arriva un ordine dalla capitale e il cinese cieco di buona volontà e la sua famiglia sono cacciati dal loro villaggio e mandati a svernare altrove. Non possono muoversi e sono controllati dalle guardie del governo in ogni momento. Sembra che siano in galera ma non sono criminali, solo persone per bene a cui qualcuno ha deciso di fare del male. Un giorno la galera finisce e il cinese cieco e i suoi tornano a casa. Ma anche questa volta la casa ha l'aspetto di una prigione. Perché fuori ci sono dei cani rabbiosi che girano intorno e non lasciano uscire nessuno.

Una notte, approfittando del sonno dei cani rabbiosi, il cinese cieco salta dalla finestra e si mette a correre. Si fa male a un piede ma non vuole fermarsi, perché sa che se rallenta i cani rabbiosi lo raggiungeranno. Lungo la strada trova alcuni amici che lo portano lontano, fino alla capitale. Il cinese cieco ha sentito che nella capitale ci sono degli uomini che possono aiutarlo. Sono forestieri e vivono là per lavoro. Vengono da un grande paese, una terra veramente libera, chiamata America. Il cinese cieco va a casa di questi uomini,

446

certo della loro accoglienza. Ma, per sua sorpresa, quegli stranieri così ben vestiti non sembrano molto contenti di vederlo. Invece di festeggiare il suo arrivo, cominciano a guardarsi intorno preoccupati e a fare un mucchio di telefonate. Al cinese cieco piacerebbe tanto visitare la terra libera da cui vengono quei forestieri ma non lo dice, aspettando che siano loro ad invitarlo. Invece, la mattina dopo, i suoi ospiti gli dicono che è meglio che se ne vada, che quella non è proprio casa loro e che i veri padroni di casa non hanno piacere che lui alloggi lì.

Il cinese cieco non sa cosa fare ma, alla fine, si convince che è meglio ascoltare quel consiglio per evitare che la sua famiglia ne soffra. Dicendo di voler curare la sua ferita al piede, i signori ben vestiti della terra libera lo accompagnano all'ospedale. Qui, ad aspettarlo, trova i veri padroni di casa che lo prendono in custodia e lo sottraggono a sguardi indiscreti. Il cinese cieco si accorge che quei forestieri in fondo erano più amici dei padroni di casa che amici suoi. E comincia ad avere paura e a raccontare la sua storia alla gente. Ma nessuno può aiutarlo, perché i padroni di casa non lo lasciano mai solo. Da lontano il cinese cieco sente i cani rabbiosi abbaiare. E capisce che qualcuno lo ha tradito[237].

---

[237] Chen Guancheng - la cui storia ho parafrasato in queste righe - ottenne finalmente il permesso di viaggiare negli Stati Uniti, ufficialmente "per studiare"
(http://en.wikipedia.org/wiki/Chen_Guangcheng).

31 maggio

## PRIMA UCCIDERE, POI CONTROLLARE

C'è un lungo articolo[238] sul *NYT* a proposito delle operazioni antiterroriste di Obama. Se alla fine della lettura vi troverete confusi, senza un'idea precisa su cosa pensare, non sarà colpa di una prosa difficile. Dipenderà semplicemente dal fatto che Obama ha fatto dell'ambiguità la cifra della sua presidenza. Obama fa la guerra al terrorismo ma al tempo stesso se ne vergogna. Ha tolto qualsiasi significato ideale alla lotta al fondamentalismo islamico, trasformandola in una pratica burocratica qualsiasi. Questo è un comportamento tipico del funzionario statale che in questo momento (e probabilmente anche nei prossimi quattro anni) occupa la Casa Bianca. Ma nel pezzo c'è un passaggio francamente sconcertante, che avrebbe meritato un approfondimento più ampio da parte degli autori: quello che riguarda il calcolo delle morti civili causate dai bombardamenti con i droni. Sembra che Obama usi un

---

[238] The New York Times, 29 maggio 2012: "Secret 'Kill List' Proves a Test of Obama's Principles and Will"
(http://www.nytimes.com/2012/05/29/world/obamas-leadership-in-war-on-al-
qaeda.html?_r=3&pagewanted=9&hp&adxnnlx=1338289213-gFazCDrgzwY2RtQCER9fGQ&pagewanted=all&).

metodo peculiare per stabilire il numero di *danni collaterali* nelle zone di guerra, un metodo che gli consente di evitare le accuse di crimini contro l'umanità che avevano caratterizzato la gestione del suo predecessore: tutti quelli che si trovano nei paraggi sono considerati terroristi:

*"It in effect counts all military-age males in a strike zone as combatants, according to several administration officials, unless there is explicit intelligence posthumously proving them innocent"*[239].

In pratica l'amministrazione Obama ha instaurato il principio della presunzione di colpevolezza nei teatri di guerra nei quali agisce. Ora, io non sono mai stato di quelli che ritenevano opportuno andare per il sottile con i terroristi. Piuttosto il contrario. Ma detesto la doppiezza e l'ipocrisia, come forse si sarà capito. E posso perfino ammettere e giustificare quella dei politici, ma considero criminale quella dei *media*. Se la lista nera di Obama, che non discrimina fra combattenti e civili, facendoli rientrare tutti nella stessa categoria di terroristi legittimamente attaccabili, fose stata concepita da Bush, le pagine dei giornali e gli spazi di approfondimento televisivo sarebbero pieni di immagini del presidente con i baffetti alla Hitler. Oggi, quattro anni dopo l'elezione di Obama, sui metodi antiterroristi dell'amministrazione americana regna un silenzio tombale. E così capita che l'uomo più potente della terra possa tranquillamente presentarsi all'opinione pubblica come colui le cui decisioni belliche hanno risparmiato il cento per cento di vittime civili. Ovvero, tutti i morti sono terroristi. Un risultato straordinario, se non fosse frutto della menzogna e della manipolazione. Un esempio di omertà del quarto

---

[239] "Di fatto – secondo diversi ufficiali dell'amministrazione - vengono contati come combattenti tutti i maschi in età di servizio militare che si trovano nella zona dell'attacco, a meno che dopo la morte non emergano elementi di prova che li scagionino".

potere - l'ennesimo - che fa capire fino a che punto si spinga la prostituzione intellettuale in certe redazioni:

*"But in interviews, three former senior intelligence officials expressed disbelief that the number could be so low. The C.I.A. accounting has so troubled some administration officials outside the agency that they have brought their concerns to the White House. One called it "guilt by association" that has led to "deceptive" estimates of civilian casualties. "It bothers me when they say there were seven guys, so they must all be militants," the official said. "They count the corpses and they're not really sure who they are"*[240].

---

[240] "Ma tre ex ufficiali veterani del dipartimento di intelligenza, intervistati, hanno espresso incredulità su un numero così basso. I resoconti della CIA hanno turbato a tal punto alcuni esponenti dell'amministrazione esterni all'agenzia che gli stessi hanno manifestato la loro preoccupazione alla Casa Bianca. Uno di loro definisce la fattispecie come '*colpevole per associazione*', ciò che ha condotto a stime '*ingannevoli*' di vittime civili. '*Mi urta quando affermano che c'erano sette uomini, e quindi dovevano essere tutti militanti*', aggiunge l'ufficiale. '*Contano i cadaveri e non sanno realmente chi siano*".

2 giugno

## KEYNES E L'ASPIRINA

Io sbaglio su un sacco di cose, si sa. Però ci sono questioni sulle quali non ho mai avuto dubbi, perché le ho poppate fin dall'infanzia: che non dovevo rubare le caramelle negli autogrill, che la Juve era la squadra più forte d'Italia, che i liberali stavano da una parte e Keynes da un'altra. Tralascio i primi due pilastri della mia esistenza e mi butto sul terzo. Io, che di economia non è che sia un esperto, ho sempre associato Keynes alla spesa pubblica, allo scavare una buca per riempirla, alle sovvenzioni dello stato. Insomma tutta quella roba lì, che con il liberalismo non è che abbia tanto a che fare. Lo so che Keynes ha detto un sacco di cose, e magari tra quelle a cercarle ce ne trovi perfino di liberali, diciamo. Però uno quando pensa al mercato gli viene in mente Hayek, mica Keynes. Io, giuro, ad associare Keynes e i liberali non ci avevo mai pensato. Mai. Era un pilastro, appunto.

Poi un giorno parlo con Christian Rocca, uno che in genere pensa cose giuste ma per farle accettare dagli amici deve dire che sono di sinistra. E lui mi spara, e quasi mi viene un colpo perché io di Rocca un po' mi fidavo, che la guerra fredda non l'hanno vinta Reagan e Thatcher ma Keynes. E che Keynes era un liberale così. Io gli chiedo, ma sei sicuro? E lui, certo, non capisci un cazzo, quelli che credono che Keynes fosse un marxista sono degli imbecilli come te. Io gli rispondo che mica credevo che Keynes fosse un marxista, ma che tra essere un liberale ed essere un marxista c'è un mare. E che Keynes, aggiungo, in quel mare ci aveva navigato parecchio. Per me la questione era chiusa. Rocca stava per diventare direttore e si prendeva qualche licenza poetica. Certo, uno che ti dice che nel XX secolo ha vinto la sinistra fa un po' pensare, ma contento lui.

Solo che poi oggi mi imbatto in un articolone che si intitola: *Keynes era un liberale?*[241] e mi ricordo di quella conversazione. I punti interrogativi a volte sono uno shock, perché ti trasformano una certezza in un dubbio con un semplice segno sulla carta. Non sono mica facili i punti interrogativi, bisognerebbe prenderli un po' più sul serio. Prima ancora di leggerlo, mi dico: caspita, se uno dedica così tanto tempo a spiegare che uno non è una cosa, significa che la possibilità che quello sia quella cosa è abbastanza alta. Se no sarebbe scemo. E allora chiedo a chi mi ha segnalato l'articolo: ma sei sicuro che sia una cosa seria? Non so, io conosco solo uno che pensa che Keynes sia un liberale, tu quanti ne conosci? E lui mi dice che c'è un sacco di gente che lo pensa, per esempio al *Giornale*, a *Libero* o al *Tempo*. Cioè, per riassumere, c'è una buona parte della destra italiana che crede che Keynes sia un liberale, e che quelle cose delle buche, dell'intervento statale e via dicendo siano dettagli insignificanti.

Ora, non è che la destra italiana di liberalismo ci abbia mai capito tanto, ma questa è solo un'opinione, ci mancherebbe. Però uno può capirci poco ed evitare comunque di spararle grosse. Invece no, se è vero che al *Giornale*, a *Libero* o al *Tempo* c'è un sacco di gente che quando

---

[241] Ludwig von Mises Italia, 2 giugno 2012: "Keynes era un liberale?" (http://vonmises.it/2012/06/02/keynes-era-un-liberale/).

sente la parola liberalismo non pensa ad Adam Smith ma a Keynes, ecco io credo che un po' la cosa dovrebbe preoccupare. Perché della destra italiana me ne frega abbastanza poco, però la confusione, l'improvvisazione e la manipolazione ideologica sono cose serie e uno non può mica lasciarle in mano, che so, al direttore di *IL24* o a qualche amico suo di sinistra pagato dalla destra. Io lo so che Keynes non era un liberale. Ma l'articolo l'ho letto lo stesso. E' stato come prendere l'aspirina, anche se sai che il mal di testa prima o poi ti passa.

22 luglio

## IL SORDIDO, SQUALLIDO E CRIMINALE REGIME DEI FRATELLI CASTRO

Tutto fa pensare che, dopo Orlando Zapata Tamayo e Laura Pollán, il sordido, squallido e criminale regime dei fratelli Castro abbia fatto fuori anche Oswaldo Payá. Le notizie sono confuse, c'è stato un incidente, qualcuno è morto. Ma sembra che la polizia abbia già telefonato alla famiglia. Cioè, gli assassini hanno avvisato le vittime che il crimine di *stato* è stato perpetrato. Una situazione apparentemente grottesca ma in realtà del tutto coerente in un paese sequestrato da più di mezzo secolo da una mafia comunista pseudo-rivoluzionaria. E' un gran peccato che nessuno in questi anni abbia armato i cubani per mettere fine al sordido, squallido e criminale regime dei fratelli Castro (ma forse si sarebbero venduti i fucili e in ogni caso non li avrebbero centrati). In questa ennesima giornata di infamia, va ricordato che in occidente il sordido, squallido e criminale regime dei fratelli Castro continua a vantare schiere di ammiratori, non solo tra gli irriducibili del Muro di Berlino, ma anche all'interno della cosiddetta sinistra democratica (scusate l'ossimoro). Assassini, complici e apologeti. Sarete contenti. La vostra ricompensa in un tempo meno ipocrita e codardo sarà la memoria di quello che siete stati.

**Update.** A chi sta pensando che non si può accusare senza prove nemmeno un regime come quello cubano, suggerirei di dare un'occhiata a questa lettera[242] battuta a macchina dallo stesso Payá pochi giorni dopo un altro *incidente*, del quale era stato suo malgrado protagonista. Il 25 giugno, infatti, gli sbirri di Castro ci avevano già provato ad ammazzarlo, investendo la sua auto e provocandone il ribaltamento[243]. La stessa dinamica che sembra sia stata utilizzata anche domenica scorsa, questa volta però con successo.

*"Tutti pensano che sia stato un attentato. Tranquilli. Si vedrà".*

Si vedrà.

---

[242] L'originale a questo indirizzo (http://docs.martinoticias.org/es-CU/2012/07/23/5aa3fac6-1697-4ae2-b44b-cbd55406d60e.pdf).

[243] Martí Noticias, 23 luglio 2012: "Reciente carta de Payá revela temor por su vida"
(http://www.martinoticias.com/content/accidente-oswaldo-semanasatras/13041.html).

25 luglio

## BATMAN È STANCO

Se dovessi definire in tre parole la cifra della società occidentale all'inizio del XXI secolo direi così: senso di colpa. Siamo una civiltà che si vergogna e si pente di se stessa, a prescindere. Appena possibile, invece di andare fieri delle conquiste che ci hanno reso un episodio unico e finora ineguagliato nella storia dell'umanità, gettiamo il sale sulle ferite che spesso ci autoinfliggiamo, il più delle volte assumendoci responsabilità che non abbiamo. Non solo i grandi dibattiti, ma perfino le semplici relazioni quotidiane risultano permeate dal senso di colpa. Da nevrosi individuale a stato d'animo collettivo, in cerca di improbabile redenzione nel tic quasi totalitario del politicamente corretto. Una deriva sconcertante, da qualsiasi punto di vista la si osservi. Questo per dire che, secondo me, Christian Bale non doveva andare a visitare i feriti della sparatoria di Aurora[244].

---

[244] Huffington Post, 24 luglio 2012: "Christian Bale In Aurora: Actor Visiting Victims Of Shooting At 'Dark Knight Rises' Showing"
(http://www.huffingtonpost.com/2012/07/24/christian-bale-aurora-victims-shooting-dark-knight_n_1699662.html).

30 agosto - 3 settembre

## DETARTRASE DI COSCIENZA

Sono iniziate a Londra le Paralimpiadi, i giochi per atleti disabili. Quest'anno si registra la più alta partecipazione di sempre, 4200 iscritti. Le considerazioni che seguono non riguardano i sacrifici, gli sforzi e la forza di volontà dei singoli, che il sottoscritto riconosce ed ammira. Riguardano l'idea stessa di una competizione sportiva di alto livello riservata a persone handicappate. Se il senso delle Olimpiadi è mettere a confronto i migliori atleti del mondo, i più veloci, i più alti, i più forti, se il loro scopo è la ricerca dell'eccellenza fisica e psicologica, se la loro organizzazione risponde a criteri di massima competitività, le Paralimpiadi sono una contraddizione esplicita dei concetti appena esposti. E' indiscutibile il diritto dei disabili a vivere una vita piena, completa e priva di barriere ma cosa diversa è pretendere di replicare in scala la logica di una competizione che, per definizione, è riservata ai migliori, ai più atletici, a coloro che la natura ha dotato di possibilità superiori alla media. Perché, altrimenti non organizzare anche dei giochi per bambini o per anziani? Perché non istituire le Olimpiadi dei magrolini, dei sovrappeso, degli asmatici? Vero che sarebbe considerata un'intollerabile discriminazione riservare un evento sportivo mondiale unicamente a omosessuali, casalinghe e riserve indiane?

I portatori di handicap sono per certi versi la parte migliore delle nostre società, ed è un dovere collettivo permetterne l'integrazione a pieno titolo in ogni aspetto della vita quotidiana. Ma le Olimpiadi sono un'altra cosa, rispondono ad una logica diversa e, semplicemente, sono destinate ad altre categorie di persone. Le Paralimpiadi sono espressione della stessa mentalità politicamente corretta che, invece di prendere atto della realtà e agire di conseguenza per migliorarne gli aspetti meno edificanti, preferisce ignorarla. E' più difficile affrontare un problema che comportarsi come se non esistesse.

Il problema dei Paralimpici involontariamente illustrato da Oscar Pistorius. Corre, perde e si lamenta[245] che il vincitore aveva le gambe artificiali più lunghe, replicando esattamente le accuse che venivano mosse contro di lui nei giochi tradizionali. Le Olimpiadi per disabili non possono che essere una competizione irregolare, in quanto *ortopedicamente* adattata a situazioni che per la loro eccezionalità dovrebbero essere trattate diversamente. Ovviamente non rappresentano un problema per nessuno, anzi per molti sono motivo di gioia e realizzazione personale. La mia è solo una considerazione di carattere concettuale: l'uguaglianza delle opportunità non implica il disconoscimento o il rifiuto della differenza, con tutte le conseguenze che ne derivano (anche se i nostri desideri vanno in direzione ostinata e contraria). Non basta essere *buoni*, bisogna anche sapere perché, se no si rovina tutto.

---

[245] BBC News, 3 settembre 2012: "Oscar Pistorius apologises for timing of Paralympics criticism"
(http://www.bbc.co.uk/sport/0/disability-sport/19462059).

1/19 ottobre

# IL SECOLO STRONZO

Se uno dicesse che l'utopia nazista giustificava lo sterminio di sei milioni di ebrei verrebbe giustamente trattato come un individuo pericoloso e probabilmente fuori di senno. Siccome invece Hobsbawm lo sosteneva a proposito dell'URSS è annoverato tra i più importanti storici del novecento. Ricordo che quando lessi *Il secolo breve* rimasi di stucco di fronte all'affermazione per cui erano i regimi fascisti e non quelli comunisti a presentare i tratti caratteristici del totalitarismo (sì, lo so che Mussolini introdusse la parola e via dicendo, ma parlo qui di quel che poi è successo nella realtà, che uno che si occupa di storia dovrebbe raccontare con un minimo di onestà). In quel momento pensai a un errore di stampa. Invece era il marxismo.

Vale la pena ritornare brevemente su un'intervista[246] che Hobsbawm concesse all'inizio di quest'anno alla rivista *In These Times*. Lo storico recentemente scomparso parla della primavera araba e, tra le altre cose, ad un certo punto dichiara quanto segue:

---

[246] In These Times, 6 marzo 2012: "Revolution Springs Eternal for Eric Hobsbawm"
(http://inthesetimes.com/article/12708/revolution_springs_etern al_for_eric_hobsbawm/).

*"The Arab Spring is encouraging. I didn't expect to see in my lifetime a genuine, old-fashioned revolution with people going on the streets and overthrowing regimes, something like the 1848 revolution, which is actually the origin of the name Arab Spring"*[247].

Se ne deduce che Hobsbawm ha completamente cancellato dal proprio orizzonte ideologico le rivoluzioni anti-comuniste del 1989 che posero fine all'esperienza totalitaria nell'Europa dell'Est, vale a dire l'evento che ha segnato in maniera decisiva la fine del *secolo breve*. Per Hobsbawm non esiste, non merita riconoscimento, semplicemente non conta come *"genuino"* movimento popolare anti-regime. Probabilmente nella sua lista è classificato come disordine sociale controrivoluzionario. Dov'era Hobsbawm nell'89? Asserragliato negli stanzoni di qualche comitato centrale? Dal giustificazionismo, al negazionismo, alla rimozione.

---

[247] "La Primavera Araba è incoraggiante. Non mi sarei aspettato di vedere nel corso della mia vita un rivoluzione genuina, vecchio-stile in cui la gente si riversasse in strada e rovesciasse i regimi, qualcosa di simile alla rivoluzione del 1848, da cui di fatto deriva il nome Primavera Araba".

9 ottobre

## NATI IERI

Daniele Raineri è bravo ed è sempre nelle zone di guerra. Uno dei pochi che scrivono ancora di quello che vedono e non di quello che leggono da qualche altra parte. Però fa un po' cadere le braccia quando scrive nel suo *Twitter* che "*è tempo di cominciare a distinguere*" i *terroristi* dagli *attivisti*. Io non sono così vecchio ma ricordo che la battaglia terminologica in questione risale almeno a 9 anni fa, ai tempi della guerra in Iraq. Fu allora che certa stampa, la maggioritaria, cominciò a chiamare *resistenti* e *attivisti* perfino i membri di Al Qaeda che facevano saltare in aria gli iracheni al mercato con una frequenza quasi quotidiana. Era allora che bisognava cominciare a distinguere, e qualcuno di noi ci ha fatto più di una battaglia dai suoi blog. Il problema del giornalismo attuale è che non ha memoria e non contestualizza. Ogni giorno è un giorno nuovo, si ricomincia sempre daccapo. Così è più facile sembrare originali, senza dover sempre ricordarsi delle spalle dei giganti (nani a loro volta) su cui si è appoggiati. Quelli del *Foglio* e gli ex di turno, poi, sono specialisti in questa sorta di perenne giovinezza argomentativa.

10 ottobre

## IL VUOTO DAVANTI

Dai nazionalisti intenti a catalanizzare tutto, ai ministri che rispondono[248] (a parole) con la necessità di *spagnolizzare* gli studenti catalani. E' diventato uno scontro fra dementi la politica, in questo paese di nazioni inventate. Alla base del delirio, l'equivoco colossale - condiviso pressoché all'unanimità da partiti e opinione pubblica - per cui è compito dello stato, del potere pubblico, imporre un modello culturale ed educativo, così come economico, sociale e via dicendo. Nessuno in Spagna discute più la pretesa che l'istituzione prevalga sull'individuo, nessuno mette in dubbio che la massa debba avere la meglio su tutto il resto, stato di diritto compreso. La massa che si è prestata a farsi bandiera catalana durante Barça-Real Madrid, ha rappresentato graficamente la sua sottomissione volontaria al ruolo attribuitole da una classe politica fallimentare e fallita: quello di strumento inerte e ubbidiente. Tutto già visto, ma qui nessuno sa nulla, nessuno ricorda nulla.

Questo declino ha molti padri, viene da lontano, ma gli

---

248 El Mundo, 10 ottobre 2012: "Wert: Nuestro interés es españolizar a los niños catalanes"
(http://www.elmundo.es/elmundo/2012/10/10/espana/1349858 437.html).

ultimi dieci anni di intossicazione ideologica sono stati decisivi. Qualsiasi seme di liberalismo che fosse sopravvissuto alle avventure delle sinistre rivoluzionarie prima e del franchismo poi, è stato sterminato dai virus del relativismo, del qualunquismo e del politicamente corretto. Si apre adesso un vero e proprio baratro ma la contrapposizione non è quella falsa, tra cittadini e classe politica, che i giornali vendono da mesi. E' il divario fra una mentalità corrotta, assistenziale, protezionista e la modernità quello che condanna questo paese di nazioni inventate all'irrilevanza. Sempre che vada bene.

17 ottobre

## LA PREMESSA È ERRONEA

A parte che il *True Progressivism* dell'*Economist* si riduce a tre idee piuttosto banalotte[249], un *pout-pourri* di destra e sinistra che non si sa da che parte prendere; il punto principale, però, è che perfino una delle riviste più prestigiose del mondo sembra confondere due concetti piuttosto diversi, la diseguaglianza e l'ingiustizia sociale. Si tratta di una visione moralistica del dato economico, tipica degli avversari del capitalismo che, perfino quando ne riconoscono i successi, non possono fare a meno di criticarne le intenzioni (atteggiamento uguale e contrario a quello riservato al socialismo). L'*Economist* non rientra ovviamente in questa categoria, ma il ragionamento in questione si avvicina pericolosamente a quello descritto.

La mia opinione è che la diseguaglianza sociale non sia un problema di per sé, in un contesto di crescita dell'economia e di creazione della ricchezza, che è poi la condizione essenziale del capitalismo. Lo diventa - più a livello psicologico che reale - quando l'economia ristagna e lo sviluppo si ferma. Anche in questo caso, però, non si tratta di una questione di giustizia sociale, ma di impoverimento

---

[249] The Economist, 13 ottobre 2012: "True Progressivism" (http://www.economist.com/node/21564556).

generale, che colpirà in maniera diversa a seconda delle situazioni di partenza. Per farla breve, se tutti diventiamo più ricchi e viviamo meglio, la diseguaglianza resta un fenomeno fisiologico, insito nella natura stessa delle cose umane. Se diventiamo tutti più poveri, oggettivamente il discorso non cambia, ma cambia la percezione del problema. L'unico caso in cui la diseguaglianza diventa intrinsecamente ingiusta, a mio avviso, si verifica quando, in un contesto di crisi economica, alcuni approfittano delle difficoltà dei più per arricchirsi in maniera esponenziale e soprattutto illegale. Ma sono casi estremi, che non servono comunque a dimostrare il teorema secondo cui diseguaglianza e ingiustizia sociale sarebbero sinonimi.

24 ottobre

# LA CONTINUAZIONE DELLA SINISTRA
# CON ALTRI MEZZI

La vittoria di nazionalisti, separatisti e filo-*etarras* nel *País Vasco*, e quella degli stessi soggetti politici che si prospetta in Catalogna a fine novembre, a parte le letture ovvie, ne contiene una che mi pare non sia stata ancora sufficientemente esplicitata. Quando la sinistra decise, con Zapatero, di sciogliere le briglie del fondamentalismo identitario, per puro calcolo politico, firmò probabilmente la propria sentenza di morte, almeno nei territori interessati.

Il nazionalismo, forma primordiale di populismo, è naturalmente destinato ad inghiottire gran parte dell'elettorato attratto da parole d'ordine come comunità, solidarietà (nazionale), corporativismo, perfino collettivismo. Come la sinistra socialdemocratica o comunista, i nazionalisti fanno appello alla retorica pubblica contro l'individualismo, ai diritti della massa (e, per estensione, del territorio) in contrapposizione a quelli della persona. Ma, al contrario della sinistra che l'ha persa da tempo, hanno dalla loro una spinta emotiva in grado di rispondere all'esigenza di *caudillismo* che si sta chiaramente manifestando nella società spagnola. Non credo che il PSE (socialisti baschi) e il PSC (socialisti catalani) siano in grado di trarre le dovute conclusioni dalle loro rispettive *débacles* elettorali, ma farebbero bene a farlo. L'esplosione dell'isteria identitaria è destinata a far piazza pulita del loro discorso politico, ormai svuotato di contenuti e a disposizione del miglior offerente. Proprio un bel lavoro.

26 ottobre

## UN PASSO AVANTI, DUE INDIETRO

La finzione della *village democracy* in Cina è ben rappresentata dalla storia di Wukan, il villaggio che saltò alle cronache lo scorso anno per una rivolta che, apparentemente, aveva piegato le autorità. Dodici mesi dopo, gli insorti hanno adottato linguaggi e modi dei loro predecessori[250]. La rimozione di alcuni funzionari di partito e la cooptazione di persone fino al momento estranee all'amministrazione pubblica non significava affatto che l'apparato accettasse di perdere il controllo del territorio e dell'attività politica che vi si svolgeva. Al contrario, si trattava di un modo per neutralizzare la protesta e ricondurla nei binari consueti. Questo è quel che succede in Cina da anni e continuerà allo stesso modo finché una vera rivoluzione civile rompa il monopolio centrale del partito unico.

---

[250] The Economist, 20 ottobre 2012: "A revolution fizzles" (http://www.economist.com/news/china/21564871-year-after-their-uprising-wukan%E2%80%99s-leaders-see-drawbacks-democracy).

# 2013/2014

8 settembre

## CI VOLEVA IL SARIN?

Tra i vari equilibrismi usati da stampa e opinione pubblica per spiegare che le guerre di Obama sono giuste mentre quelle di Bush erano sbagliate c'è quello - incredibile - per cui Saddam non aveva armi chimiche mentre Assad sì. Come se le immagini televisive avessero improvvisamente assunto valenza di prova inconfutabile e, soprattutto, come se i villaggi annientati dai gas di Saddam qualche anno prima della seconda guerra del Golfo non fossero mai esistiti. Tra gli argomenti di chi, invece, anche stavolta si oppone ad un intervento prevale quello per cui un premio Nobel per la Pace non dovrebbe mai iniziare una guerra. Insomma la buona fede del presidente degli Stati Uniti non è comunque mai messa in discussione, visto che è democratico, nero e parla bene. Nessuno che dica che l'unica maniera di meritarsi davvero quel premio sarebbe farla finita con il regime di Assad, esattamente come il suo predecessore fece con quelli di Saddam e del mullah Omar, indipendentemente dall'uso di armi più o meno convenzionali. Nessuno che risponda a chi ancora chiede prove dei crimini del dittatore con una cifra che stranamente non si ricorda mai, proprio come i villaggi di Saddam: quindicimila cadaveri in due anni. Senza sarin.

22 ottobre

## PARADOSSI

Aung San Suu Kyi ha finalmente potuto ritirare il premio Sacharov[251], ventitre anni dopo. Assegnatole quando era un'icona imprigionata dal regime, lo riceve nel momento in cui sembra piuttosto un'ambasciatrice di quelli che fino a ieri erano i suoi carcerieri. Impossibile scendere a patti con la politica senza perdere la santità che solo la lotta solitaria e il sacrificio quotidiano possono conferirti, questo è chiaro. Ma osservare oggi Aung San Suu Kyi seduta nel parlamento di Naypyidaw trasmette comunque una sensazione di disagio. Troppo flebile la sua voce di condanna nei confronti di una dittatura che ha soggiogato non solo le sue velleità ma quelle di un intero popolo per decenni e che non ha ancora compiuto nessun passo indietro sostanziale. Troppo ambigue le sue prese di posizione contro la repressione nei confronti dei gruppi etnici delle regioni periferiche e delle minoranze musulmane. Troppo semplice questa transizione dall'autoritarismo militare all'amministrazione civile, benedetta da chi fino ieri era l'antitesi del potere e oggi, a ben guardare, ne è parte integrante. In realtà Aung San Suu Kyi non ha mai smesso di essere un ostaggio, nemmeno oggi che ottiene il suo meritato riconoscimento.

[251] CNN, 23 ottobre 2013: "Aung San Suu Kyi receives Sakharov Prize, finally"
(http://edition.cnn.com/2013/10/22/world/europe/suu-kyi-prize/index.html?hpt=hp_t3).

23 ottobre

# POSTGIUDIZI NEGATIVI

Non avrebbe tutti i torti Filippo Sensi nell'osservare che la foto di Maria[252] accanto alla coppia Rom sa un po' di *sbatti il mostro in prima pagina*. Dal punto di vista della comunicazione l'impatto è notevole e scatena una serie di speculazioni di cui sicuramente non si sente il bisogno: la realtà si imporrà e alla fine è l'unica cosa che conta. Purtroppo però la credibilità del suo articolo viene meno fin dall'inizio, nel momento in cui si sente in dovere di rendere noto il suo *pregiudizio positivo* nei confronti dei Rom.

Nel repertorio argomentativo della sinistra politicamente corretta non basta affermare l'assenza di pregiudizi o semplicemente non dir nulla, come sarebbe normale in un pezzo giornalistico: bisogna far sapere che si nutre un pregiudizio *positivo* verso coloro che si considerano discriminati. Come le azioni *positive* e il penso *positivo* perché son vivo (e di sani principi). Io non so se i Rom rapiscano per sistema i bambini altrui, può darsi che sia successo qualche volta, ci saranno zingari e zingari, così come direttori di quotidiani e direttori di quotidiani. Quel che so, comunque, è che in genere non trattano troppo bene i propri, almeno non lo dimostrano. Non riesco ad albergare troppi pregiudizi positivi quando vedo neonati abbruttiti

[252] Europa Quotidiano, 22 ottobre 2013: "La foto di Maria e i rom *ladri di bambini*" (http://www.europaquotidiano.it/2013/10/22/la-foto-di-maria-e-i-rom-ladri-di-bambini/#).

dalla strada accompagnare i genitori nelle loro questue quotidiane, né quando osservo che chi dovrebbe aver cura di loro li utilizza come strumenti di *lavoro*, non sempre con le migliori intenzioni (gli eufemismi sono contagiosi). Forse quella foto non confermerà i sospetti e le illazioni ma la realtà bisognerebbe provare a raccontarla tutta, soprattutto se si è giornalisti. Alla fine la coscienza ne risulterà sollevata e perfino il gentile pubblico ringrazierà.

24 novembre

# BOMBE, DIPLOMATICI E APATICI

L'accordo sul nucleare raggiunto questa notte a Ginevra tra le sei potenze e l'Iran, subito definito "*storico*" dalla stampa internazionale (tutto quello che fa Obama è storico per principio), lascia intatta l'attuale struttura atomica di Teheran e di fatto non sposta di un millimetro la situazione venutasi a creare nel corso degli anni. Come tutti i documenti di questo genere, si basa essenzialmente su promesse che in teoria il controllo internazionale dovrebbe incaricarsi di far rispettare. Come in Iraq, come in Corea del Nord. L'esperienza insegna che questi *deals* sono destinati al fallimento, soprattutto perché quello che in occidente non si mette mai in discussione - ovvero la buona fede della controparte - nel caso di stati fondamentalisti come quelli citati è il punto che sempre fa saltare il banco, prima o poi. Ma sembra che dagli errori, in diplomazia, non si impari mai nulla.

Detto questo, c'è una considerazione che si sente ripetere con frequenza e che fa particolarmente riflettere: quella secondo cui il patto permetterebbe all'Iran di compiere i primi passi verso il suo rientro nella comunità internazionale, come se si trattasse di un obiettivo auspicabile di per sé, indipendentemente dalle caratteristiche e dall'evoluzione del regime islamista. A parte che non mi risulta che, nonostante le sanzioni, l'Iran fosse mai stato escluso dal consesso mondiale, colpisce in ogni caso la supeficialità con la quale si continua a pensare che il virus

474

fondamentalista (religioso o laico) non costituisca più un pericolo per il solo fatto di essere inserito all'interno di un organismo sano (mi si passi la semplificazione).

Si torna a temi abusati come l'*appeasement*, la *realpolitik* e tutto l'armamentario di chi non contempla la componente ideologica nelle relazioni internazionali. Non mi ci soffermo più, per non annoiare. Mi limito a notare che anche certo liberalismo difensivo contribuisce a questo equivoco, che secondo me rappresenta la principale causa della mancata soluzione dei conflitti alla radice. Nelle sue *Memorie* per esempio, Raymond Aron - liberale e democratico come pochi altri - si ostina ad affermare che la democrazia non si può imporre. Da un punto di vista puramente teorico la tesi potrebbe perfino considerarsi coerente con i principi del liberalismo, se solo la decisione di vivere o no in un regime democratico non fosse un'imposizione (questa sì) del potere politico ma una scelta di chi vi è sottoposto. Purtroppo la seconda ipotesi non risulta agli atti, almeno che io sappia: anche chi vota governi che, una volta consolidatisi, assumeranno caratteri autoritari, non lo fa con l'intenzione di vivere nell'oppressione, privato di diritti e di libertà, ma in base a valutazioni di altro tipo. Allora, rifiutando l'azione per eliminare l'oggettiva disparità di forze e di intenti tra cittadini e governo dittatoriale, il liberalismo finisce per accettare che la volontà dello stato prevalga su quella degli individui, contraddicendo se stesso. Si può essere tolleranti con gli intolleranti? Certamente, a patto di essere disposti a pagarne il prezzo e soprattutto a farlo pagare a chi non può esprimersi. Tra liberalismo e apatia a volte il passo è brevissimo.

14 dicembre

# SPREGEVOLE FECCIA UMANA, PEGGIO DI UN CANE

Il comunicato[253] con il quale l'agenzia di stampa ufficiale nordcoreana ha reso nota l'esecuzione di Jang Song-taek è già un pezzo di storia del comunismo. Un documento di rara ferocia, redatto in una prosa incalzante e ansimante, allo stesso tempo tragico e ridicolo, un esempio illuminante di quali estremi possa raggiungere la propaganda in uno stato totalitario. *The Atlantic* si prende la briga di analizzare[254] il testo nei suoi punti essenziali. Questo articolo è dedicato a quelli che pensano che se gli Stati Uniti sono in possesso di armi nucleari è normale che debbano poterle produrre anche altri regimi.

---

[253] North Korea Tech, 13 dicembre 2013: "Full text of KCNA announcement on execution of Jang"
(http://www.northkoreatech.org/2013/12/13/full-text-of-kcna-announcement-on-execution-of-jang/).

[254] The Atlantic, 13 dicembre 2013: "'Thrice-Cursed Acts of Treachery'? Parsing North Korea's Report on the Execution of Kim Jong Un's Uncle"
(http://www.theatlantic.com/international/archive/2013/12/-thrice-cursed-acts-of-treachery-parsing-north-koreas-report-on-the-execution-of-kim-jong-uns-uncle/282339/).

Come ogni purga che si rispetti, a parte l'eliminazione politica (e fisica) dell'accusato, anche questa porta con sé un messaggio per gli altri alti funzionari:

*"The Japanese newspaper Mainichi Shimbun has reported the execution of Ri Chol, another Kim family confidante who, prior to getting wrapped up with Jang and business deals in China, had been a childhood protector of Kim Jong Un and the family fortune in Switzerland. Other aides may meet the same fate, but the vast majority of Jang's patronage network will likely be given the chance to repent for their sins. This, in fact, is now the message to the public at large: Make a clean break with any lingering affections for Jang and his foreign-flavored brand of leadership"*[255].

Ma c'è un punto specialmente significativo che spicca tra le ragioni della sua condanna, secondo quanto esposto nel comunicato: la mancanza di entusiasmo nell'appoggio alla successione ereditaria disposta da Kim Jong-il. Quella che avrebbe tutto il sapore di una vendetta personale attuata da Kim Jong-un nei confronti dello zio si manifesta in un particolare grottesco: Jang Song-taek non avrebbe applaudito abbastanza forte e abbastanza a lungo nella cerimonia di insediamento del rampollo a vice-presidente della *Commissione Militare Centrale.*

*"The notion of a death sentence for tepid applause is both tragic and easily parodied. KCNA is unintentionally echoing the inmate's anecdote in Aleksandr Solzhenitsyn's The Gulag Archipelago of a man imprisoned in the Soviet Union for being the first to stop clapping for Stalin near the end of a 10-minute ovation. And clearly the*

---

[255] "Il quotidiano giapponese *Mainichi Shimbun* ha riportato l'esecuzione di Ri Chol, un altro uomo di fiducia della famiglia Kim che, prima di essere coinvolto negli affari di Jang in Cina, era stato tutore del giovane Kim Jong-un e garante della fortuna della famiglia in Svizzera. Altri collaboratori possono andare incontro allo stesso destino, ma alla maggior parte dei componenti della rete di *protegés* di Jang sarà data l'opportunità di pentirsi dei propri peccati. Questo è, infatti, il messaggio per il pubblico: rompete tutti i vincoli con Jang e con la sua leadership dal sapore straniero".

*"towering resentment" Jang evoked is to be read retrospectively; no one noted the slight publicly at the time. Jang might have been more mindful of the example of his old rival, General Ri Yong Ho, who appeared to be borderline insubordinate during the outrageously campy and ebullient performance given by the gesticulating, babbling Kim Jong Un at his first on-site inspection as leader in January 2012. If the clapping accusation is merely a pretext for removing Jang, perhaps it is tragicomic. Far scarier is the idea that North Korean officials may take the charge seriously and feel that unenthusiastic applause, or the slightest downgrading of the Kimist personality cult, is tantamount to a criminal offense against the very sovereignty of North Korea"*[256].

Jang Song-taek non è solo una vittima del sistema che egli stesso ha contribuito a consolidare. La sua storia è soprattutto l'ennesima dimostrazione di come i regimi totalitari tendano a cannibalizzarsi, ad inghiottire se stessi, ad autodistruggersi. Dove finirà la purga? Quanti altri esponenti del vertice politico nordcoreano ne saranno coinvolti? Forse uno, forse molti. Impossibile saperlo, dipende dalle

---

[256] "La nozione di una pena di morte comminata per un applauso troppo tiepido è allo stesso tempo tragica e caricaturale. La KCNA sta involontariamente ricalcando l'aneddoto del prigioniero nell'Arcipelago Gulag di Aleksandr Solzhenitsyn, un uomo incarcerato in Unione Sovietica per essere stato il primo a smettere di applaudire Stalin verso la fine di un'ovazione lunga dieci minuti. E chiaramente la 'profonda amarezza' evocata da Jang va letta retrospettivamente; nessuno all'epoca rilevò pubblicamente lo sgarbo. Jang avrebbe dovuto essere cosciente dell'esempio del suo antico rivale, il Generale Ri Yong Ho, che si spinse fino ai limiti dell'insubordinazione durante la sfacciatamente leziosa e spumeggiante *performance* di un balbettante Kim Jong-un alla sua prima ispezione come leader nel gennaio 2012. Se l'accusa si rivelasse solo un pretesto per rimuovere Jang, sarebbe forse tragicomica. Molto più spaventosa sarebbe l'idea che gli ufficiali nordcoreani potessero prendere sul serio l'accusa e pensare che un applauso poco entusiasta, o il minimo affievolirsi del culto della personalità nei confronti dei Kim, equivalesse a un crimine contro la sovranità della Corea del Nord".

circostanze, dalle percezioni, dall'entità dei sospetti che la paranoia ideologica è in grado di alimentare. Ecco rivelata la funzione essenziale di una condanna di alto livello come questa: nessuno può né deve sentirsi al sicuro. Il Partito ha lanciato una campagna di tensione a livello nazionale, un avvertimento collettivo: state attenti a quel che fate, a quel che dite, a quel che pensate. Non solo. Per le dittature come quella di Pyongyang il tempo è circolare e il passato non è mai passato realmente. Le immagini di Jang Song-taek sono scomparse dai documentari e dalle immagini ufficiali poco prima della sua esecuzione, la prova che il regime può agire a trecentossanta gradi, plasmando non solo il presente e il futuro ma anche gli eventi già accaduti. Tutti sono in pericolo, non solo per quel che potrebbero fare da oggi in avanti ma anche e soprattutto per quello che il potere potrebbe pensare delle loro azioni già compiute, perfino quelle che siano state oggetto di pubblica approvazione.

Ma, al di lá della minaccia del terrore, è una mossa intelligente aver sacrificato un esponente di spicco così vicino alla famiglia Kim in modo tanto plateale? C'è chi pensa[257] allora che la decisione sia stata presa da altri:

*"The scale of the publicity is a surprise for other reasons, according to Jang Jin-sung, a former propaganda official who defected to South Korea in 2004. He thinks it suspicious that the purge took place in a Politburo meeting. Kim Jong Il rarely convened such pow-wows; after all, quietly orchestrated dismissals were made at his sole discretion. That Mr Jang's ouster took place in such a public setting suggests that it was out of Mr Kim's hands, he says—as do the charges of womanising, which damage Ms Kim and, by extension, the young Mr Kim himself. Another oddity is that the news was broadcast first to the outside world on KCNA, and only then on internal media. Previous purges were usually publicised (if at all) weeks or months after the event"*[258].

---

[257] The Economist, 13 dicembre 2013: "His final purge" (http://www.economist.com/blogs/banyan/2013/12/north-korean-intrigue).

[258] "Il livello di pubblicità è sorprendente anche per altre ragioni,

Una purga anti-Kim? Una purga anti-Cina?[259] O tutto il contrario? Cremlinologia applicata alla realtà nordcoreana. Esercizio quasi impossibile, ai limiti dell'inutilità[260]:

"(…) *but in the words of the KCNA, he is now a traitor for all eternity*"[261].

---

secondo Jang Jin-sung, un ex ufficiale della propaganda che disertò in Corea del Sud nel 2004 e che considera sospetto che la purga abbia avuto luogo in una riunione del Politburo. Kim Jong-il raramente convocava simili assemblee; dopotutto le dimissioni venivano orchestrate senza enfasi a sua esclusiva discrezione. Che l'espulsione di Jang sia avvenuta pubblicamente suggerisce che la decisione sia stata presa al di fuori del controllo di Kim, dice – così come le accuse di essere un dongiovanni, che danneggiano la signorina Kim e, di conseguenza, lo stesso Kim. Un'altra stranezza è rappresentata dal fatto che la notizia sia stata trasmessa dalla KCNA prima al resto del mondo, e solo dopo ai mezzi di comunicazione interni. Le precedenti purghe erano normalmente comunicate (quando lo erano) settimane o mesi dopo essere state eseguite".

[259] The Weekly Standard, dicembre 2013: "The Purge of Jang Song-thaek" (http://www.weeklystandard.com/articles/purge-jang-song-thaek_770845.html?page=1).

[260] Foreign Policy, 13 dicembre 2013: "Jang Song Thaek's Execution Is Even Weirder Than You Think" (http://blog.foreignpolicy.com/posts/2013/12/13/jang_song_thaeks_execution_is_even_weirder_than_you_think#sthash.HIHflAT8.dpbs).

[261] "(…) ma secondo la KCNA, (Jang) è adesso un traditore per l'eternità".

23 marzo

# GRANDE RUSSIA E PICCOLE PATRIE

La facilità con cui Putin ha potuto realizzare l'operazione Crimea, in una successione di eventi prevedibile e allo stesso tempo apparentemente inarrestabile, è una conferma dello stato comatoso in cui si trovano le relazioni e il diritto internazionali. L'irrilevanza dell'ONU, nuovamente bloccata dal veto della potenza i cui interessi sono in gioco, è solo la punta del'*iceberg* dell'assoluta impotenza della diplomazia nel dirimere le controversie tra stati. L'unica regola tuttora vigente, dopo secoli di battaglie e di trattati, è quella dell'azione di forza e della possibile reazione. Reazione che (anche) questa volta non c'è stata: la comunità internazionale e le potenze democratiche hanno certo ammonito, applicato sanzioni simboliche, perfino minacciato, ma sostanzialmente sono rimaste a guardare sperando che Putin si fermi qui. E' una Monaco senza i crismi dell'ufficialità, un *appesement* informale, un ulteriore passo indietro nella difesa dei propri principi.

A guardarla dal punto di vista della *realpolitik* la scelta del lasciapassare potrebbe perfino considerarsi fortunata. In fondo con il cambio di governo a Kiev l'Ucraina si è allontanata dalla sfera di influenza politica di Mosca e l'occidente ha di fatto recuperato un alleato strategico. Il prezzo pagato è stato la perdita di una porzione di territorio certamente importante ma tutto sommato non così decisiva negli equilibri di forza. Insomma due a uno per noi. Però nella storia i precedenti spesso contano di più dei dati di

481

fatto e l'annessione della Crimea apre una porta verso la destabilizzazione di altre aree con conseguenze potenzialmente inquietanti. La Russia nega ma la questione ucraina non può certo dirsi conclusa e altri protettorati di fatto[262] attendono solo l'autorizzazione ufficiale dello zar per seguire i passi di Sebastopoli. Il prossimo obiettivo potrebbe essere la Transnistria, e di lì a seguire.

Parliamoci chiaro, perché Putin dovrebbe fermarsi qui? Mai come in questo caso i parallelismi sono fuori luogo: il padrone del Cremlino non è Hitler e, se l'URSS ha incarnato il peggior sistema dittatoriale della storia, la Russia è *soltanto* un regime in perenne transizione con costanti ricadute autoritarie. Ma è tuttavia evidente che Putin ha consacrato il suo terzo mandato all'espansionismo, a quell'idea di *Greater Russia* (dove *greater* sta per grande ma anche per potente e rispettata) che da tempo va sgranando sotto gli occhi distratti delle cancellerie d'Europa e d'America. Il pericolo della situazione attuale sta tutto in questa visione, frutto tutto sommato della decadenza politica di chi la promuove all'interno e all'esterno del paese, e forse proprio per questo ancora più preoccupante. Putin non è uno sciocco ma, mentre tutti pensavano che fosse uno statista dai modi un po' bruschi affezionato alla *realpolitik*, lui stava costruendo una profezia alla quale ha finito per credere. Bisogna capire fino a che punto ci credano i russi.

Una considerazione finale. Il nazionalismo sembra definitivamente destinato ad affermarsi come l'ideologia dominante di questo inizio di secolo. Il vuoto lasciato dalla sconfitta dei totalitarismi è stato solo in parte riempito dall'affermazione delle libertà individuali e dello stato di diritto. A livello di coscienza collettiva non sono stati i principi liberali ad affermarsi ma un nuovo senso di appartenenza *pubblica*: dalla Catalogna, alla Scozia, alla Russia è tutto un fiorire di retorica *revanchista*, di piccole e grandi patrie, di terre intrise dal sangue *dei nostri*. Possiamo far finta

---

[262] Foreign Policy, 20 marzo 2014: "Take me Home, Mother Russia" (http://foreignpolicy.com/2014/03/20/take-me-home-mother-russia/).

di non accorgercene ma non per questo saremo esonerati dall'occuparcene.

21 aprile

## IMMACOLATO

Lessi *Cent'anni di solitudine* da adolescente e ne fui catturato. Poi imparai a situare libri, fatti e persone nel contesto appropriato e cominciai a separare la prosa fluente e accattivante dalla personalità degli autori. Mi regalai in fondo una semplice operazione di igiene mentale che ben pochi hanno osato compiere in questi giorni di ricordi[263], necrologi e alleluia in cui la figura del narratore deve andare in paradiso a dispetto di tutto e a nessuno sembra concesso chiedere conto delle sue opzioni politiche. Sul sostegno di García Márquez a Fidel Castro e al suo regime rimando alle poche righe[264] dello scrittore cubano Juan Abreu, che evidentemente appartiene a un circolo letterario diverso da quello del colombiano. Lui dall'isola è dovuto fuggire come molti suoi colleghi mentre a Gabo il Partito regalava una casa nei dintorni de L'Avana. Io mi limito a chiosare con la domanda di sempre, certo di non ricevere nemmeno questa volta una risposta soddisfacente: se invece della *revolución* il premio Nobel avesse appoggiato una qualunque delle dittature di destra che ha conosciuto l'America Latina nel secolo scorso, cosa leggeremmo oggi sul suo conto?

---

[263] Gabriel García Márquez muore il 17 aprile 2014 a Città del Messico.

[264] Juan Abreu, *Emanaciones* (http://www.emanaciones.com/1735).

1 giugno

## GLI STRUZZI

La guerra scontata e sfrontata che la Russia ha portato in territorio ucraino, mediante la stessa strategia che ha sempre usato nel corso di tutta la sua storia dai tempi dell'antica Kiev (provocazione, falsa richiesta d'aiuto, annessione), è uno scandalo politico che svela l'impotenza di una comunità internazionale che - in assenza di guida americana - si conferma un concetto privo di sostanza e perfino di significato. Anche l'informazione ha ormai rassegnato le dimissioni: la stampa ha inserito il pilota automatico e si limita a registrare il numero di morti negli scontri senza nemmeno soffermarsi sulle cause e sulle responsabilità di quanto sta avvenendo. Esattamente come quando descriveva l'aggressione serba alle repubbliche dell'ex Jugoslavia come *"guerra civile"*. Il problema che abbiamo oggi, in occidente, è che abbiamo perso la capacità di dare i nomi alle cose, di esprimere giudizi, di assegnare le colpe. Per paura, per viltà, per comodità. Ci siamo dimenticati che nonostante tutto siamo i buoni, e che esistono i cattivi. Non vediamo i nazionalismi di ritorno, ci crediamo immuni alle schermaglie che precedono i conflitti, non partecipiamo più a nessuna battaglia ideale. Forse perché le idee le abbiamo esaurite e nemmeno un piccolo duce con velleità espansioniste ci fa più effetto, se non si fa vedere dalle nostre parti. E' già successo, ricordate?

9 novembre

## QUANDO ERAVAMO GIOVANI

Venticinque anni dopo, l'occidente politicamente corretto preferisce parlare semplicemente di riunificazione di un continente, di fine della guerra fredda. Ma il 9 novembre 1989 fu un giorno di liberazione. Fu il trionfo di un sistema politico, economico e sociale imperfetto ma rispettoso della dignità umana su un altro che ambiva alla perfezione facendo scempio delle più elementari norme di civiltà. Fu l'epilogo del più tragico e grottesco esperimento totalitario mai concepito. Fu una storia di vincitori e di sconfitti. Fu il giovedì in cui le democrazie liberali seppellirono il socialismo reale sotto i mattoni della sua stessa alienazione. Che il vero significato di quella data possa sopravvivere alla polvere delle celebrazioni ufficiali[265].

---

[265] Scritto in occasione del venticinquesimo anniversario della caduta del Muro di Berlino.

## BREVISSIMA NOTA BIOGRAFICA

*Enzo Reale nasce a Torino un 9 novembre. Studi classici, laurea in Giurisprudenza, vive a Barcellona dal 2002. Vorrebbe scrivere per mestiere, ma deve lavorare.*

www.ingramcontent.com/pod-product-compliance
Lightning Source LLC
Chambersburg PA
CBHW061956280526
45787CB00005B/1882